普通高等教育"十二五"规划教材
上海市本科教育高地税收学建设项目

会计精品系列

税 法

（第二版）

主编／赵迎春 王 瑶

立信会计出版社
LIXIN ACCOUNTING PUBLISHING HOUSE

图书在版编目(CIP)数据

税法/赵迎春,王瑶主编. —2版. —上海: 立信会计出版社,2015.1

普通高等教育"十二五"规划教材. 税收精品系列上海市本科教育高地税收学建设项目

ISBN 978-7-5429-4518-1

Ⅰ. ①税… Ⅱ. ①赵… ②王… Ⅲ. ①税法—中国—高等学校—教材 Ⅳ. ①D922.22

中国版本图书馆CIP数据核字(2015)第010438号

策划编辑 方士华
责任编辑 方士华
封面设计 周崇文

税法(第二版)

出版发行	立信会计出版社		
地　　址	上海市中山西路2230号	邮政编码	200235
电　　话	(021)64411389	传　　真	(021)64411325
网　　址	www.lixinaph.com	电子邮箱	lxaph@sh163.net
网上书店	www.shlx.net	电　　话	(021)64411071
经　　销	各地新华书店		
印　　刷	常熟市梅李印刷有限公司		
开　　本	787毫米×960毫米	1/16	
印　　张	23.75	插　　页	1
字　　数	490千字		
版　　次	2015年1月第2版		
印　　次	2015年1月第1次		
印　　数	1—3100		
书　　号	ISBN 978-7-5429-4518-1/D		
定　　价	39.00元		

前　言

本《税法》教材是上海市精品课程教材。为了增强经济管理类学生对中国现行税收法律、法规学习的应用能力，掌握最新税收理论与实务，作者根据多年从事税收理论与实务的教学实践，总结多年来积累的教学经验和案例，参考了大量税收法律、法规和其他权威资料编写了本教材。

本书在结构上分为两个部分：第一部分是税法的上篇，主要包括商品劳务税和与商品劳务税相关的税种；第二部分是税法的下篇，主要包括所得税类、资源税类和财产税类。这种结构既可以为财经类院校提供系统学习税法的体系，又可以为财经类院校分学期学习税法提供方便。本书编写分工如下：第一章由闫锐编写；第二、第三、第四、第五章、第六章第二、第四节由赵迎春编写；第六章第一、第三节、第七、第八、第十章由王瑶编写；第九章由崔文秀编写。全书由赵迎春教授统稿，赵迎春、王瑶对全书进行了修改、补充和审阅。

本书在编写过程中虽经多次修改，但限于时间和作者水平，一定还会有缺点、错误和不足之处，恳请国内同行和读者批评指正。

最后要感谢本书责任编辑方士华先生，他认真负责的审阅工作，剔除了本书原稿中的许多瑕疵，增加了书稿内容的可读性。

编　者

2015年1月

目　录

上篇　税 法 Ⅰ

下篇　税法 Ⅱ

上篇　税 法 Ⅰ

第一章 税法概述

第一节 税法的概念和特征

一、税法的概念

税法是有权的国家机关制定的用以调整国家与纳税人之间在征纳税方面的权利及义务关系的法律规范的总称。它是国家及纳税人依法征税、依法纳税的行为准则。其目的是保障国家利益和纳税人的合法权益,维护正常的税收秩序,保证国家的财政收入。

税收是经济学概念,税法是法学概念。税法与税收密不可分,正所谓"有税必有法,无法不成税"。税法是税收的法律表现形式,税收则是税法所确定的具体内容。因此,了解税收的本质与特征是非常必要的。税收是国家为了行使其职能而取得财政收入的一种方式。它的特征主要表现在三个方面:

一是强制性。主要是指国家凭借政治权力,依照法律、法规等形式进行征税,任何单位和个人不得违抗。征税的主体是国家,除了国家之外,任何机构和团体,都无权征税。国家征税依据的是其政治权力,这种政治权力凌驾于财产权利之上,没有国家的政治权力为依托,征税就无法实现。

二是无偿性。主要是指国家征税以后,税款即为国家所有,既不需要归还纳税人,也不需要对纳税人支付任何报酬。

三是固定性。主要是指在征税之前,以法的形式预先规定了课税对象、课税额度和课税方法等。纳税人应该按照规定标准纳税,政府也只能按预定标准征税。

因此,税法就是国家凭借其权力,利用税收强制性、无偿性和固定性的特征参与社会产品和国民收入分配的法律规范的总称。

二、税法的特征

税法的特征可以从三个方面加以限定。

(一)从立法过程来看,税法属于制定法

现代国家的税法都是经过一定的立法程序制定出来的,即税法是由国家制定而不是认可的,这表明税法属于制定法而不是习惯法。尽管从税收形成的早期历史来考察,不乏由种种不规范的缴纳形式逐渐演化而成的税法，但其一开始就是以国家强制力为后盾形成的规则，而不是对人们自觉形成的纳税习惯以立法的形式予以认可。因此，我们虽然不能绝对地排除习惯法或司法判例构成税法渊源的例外，但是从总体上讲，税法是由国家制定而不是认可的。

（二）从法律性质看，税法属于义务性法规

义务性法规是相对授权性法规而言的，是指直接要求人们从事或不从事某种行为的法规，即直接规定人们某种义务的法规。义务性法规的一个显著特点是具有强制性，它所规定的行为方式明确而肯定，不允许任何个人或机关随意改变或违反。授权性法规与义务性法规的划分，只是表明其基本倾向，而不是说一部法律的每一规则都是授权性或义务性的。

（三）从内容看，税法具有综合性

税法不是单一的法律，而是由实体法、程序法、争讼法等构成的综合法律体系，其内容涉及课税的基本原则、征纳双方的权利义务、税收管理规则、法律责任、解决税务争议的法律规范等，包括立法、行政执法、司法各个方面。其结构大致有：宪法加税收法典；宪法加税收基本法加税收单行法律、法规；宪法加税收单行法律、法规等不同的类型。税法具有综合性，是保证国家正确行使课税权力，有效实施税务管理，确保依法足额取得财政收入，保障纳税人合法权利，建立合作信赖的税收征纳关系的需要，也表明税法在国家法律体系中的重要地位。

以上税法的特征，应该注意的是：首先，税法的特征应与其他法律部门的特征相区别；其次，税法的特征是税收上升为法律后的形式特征，应与税收属于经济范畴的形式特征相区别；再次，税法的特征是指其一般特征，不是某一历史时期、某一社会形态、某一国家税法的特点。

三、税法的分类

税法体系中按各税法的立法目的、课税对象、权限划分、适用范围、职能作用的不同，可分为不同类型的税法。

（一）按照税法的基本内容和效力的不同，可分为税收基本法和税收普通法

税收基本法是税法体系的主体和核心，在税法体系中起着税收母法的作用。其基本内容一般包括：税收制度的性质、税务管理机构、税收立法与管理权限、纳税人的基本权利与义务、税收征收范围（税种）等。我国目前还没有制定统一的税收基本法，随着我国税收法制建设的发展和完善，今后，将研究制定税收基本法。税收普通法是根据税收基本法的原则，对税收基本法规定的事项分别立法实施的法律。如个人所得税法、税收征收管理法等。

（二）按照税法的职能作用的不同，可分为税收实体法和税收程序法

税收实体法主要是指确定税种立法，具体规定各税种的征收对象、征收范围、税目、税

率、纳税地点等。例如,《中华人民共和国企业所得税法》、《中华人民共和国个人所得税法》就属于税收实体法。税收程序法是指税务管理方面的法律,主要包括税收管理法、纳税程序法、发票管理法、税务机关组织法、税务争议处理法等。《中华人民共和国税收征收管理法》(以下简称《税收征收管理法》)就属于税收程序法。

(三)按照税法课税对象的不同,可分为四种税法

1. 对商品和劳务课税的税法

对商品和劳务课税的税法主要包括增值税、营业税、消费税、关税等。这类税法的特点是与商品生产、流通、消费有密切联系。对什么商品征税,税率多高,对商品经济活动都有直接的影响。

2. 对所得额课税的税法

对所得额课税的税法主要包括企业所得税、个人所得税等。其特点是可以直接调节纳税人收入,发挥其公平税负、调整分配关系的作用。

3. 对财产、行为课税的税法

对财产、行为课税的税法主要是对财产的价值或某种行为课税。包括房产税、印花税等。

4. 对自然资源课税的税法

对自然资源课税的税法主要是为保护和合理使用国家自然资源而课征的税。我国现行的资源税、城镇土地使用税等税种均属于资源课税的范畴。

(四)按照主权国家行使税收管辖权的不同,可分为国内税法、国际税法、外国税法等

国内税法一般是按照属人或属地原则,规定一个国家的内部税收制度。国际税法是指国家间形成的税收制度,主要包括双边或多边国家间的税收协定、条约和国际惯例等。外国税法是指外国各个国家制定的税收制度。

(五)按照税收收入归属和征收管辖权限的不同,可分为中央税、地方税和中央与地方共享税

中央税属于中央政府的财政收入,由国家税务局征收管理,如消费税、关税等为中央税。地方税属于各级地方政府的财政收入,由地方税务局征收管理,如城镇土地使用税、房产税等为地方税。中央与地方共享税属于中央政府和地方政府的共同收入,主要由国家税务局征收管理,如增值税。有的中央与地方共享税由国家税务局和地方税务局共同征收管理,如企业所得税。

四、税法的作用

由于税法调整的对象涉及社会经济活动的各个方面,与国家的整体利益及企业、单位、个人的直接利益有着密切的关系。我国税法的重要作用主要体现在以下几方面。

（一）税法是国家组织财政收入的法律保障

为了维护国家机器的正常运转以及促进国民经济健康发展，必须筹集大量的资金，即组织国家财政收入。为了保证税收组织财政收入职能的发挥，必须通过制定税法，以法律的形式确定企业、单位和个人履行纳税义务的具体项目、数额和纳税程序，惩治偷逃税款的行为，防止税款流失，保证国家依法征税，及时足额地取得税收收入。

（二）税法是国家对经济进行宏观调控的法律手段

我国建立市场经济体制，一个重要的改革目标，就是从过去国家习惯于用行政手段直接管理经济，向主要运用法律、经济的手段宏观调控经济转变。税收作为国家宏观调控的重要手段，通过制定税法，以法律的形式确定国家与纳税人之间的利益分配关系，调节社会成员的收入水平，调整产业结构和社会资源的优化配置，使之符合国家的宏观经济政策；同时，以法律的平等原则，公平经营单位和个人的税收负担，鼓励平等竞争，为市场经济的发展创造良好的条件。

（三）税法对维护经济秩序有重要的作用

纳税人的各项经营活动都纳入税法的管理范围之内，这样税法就确定了一个规范有效的纳税秩序和经济秩序，监督纳税人依法经营，加强核算，提高经营管理水平；同时，税务机关按照税法规定对纳税人进行税务检查，严肃查处偷逃税款及其他违反税法规定的行为，也将有效地打击各种违法经营活动，为国民经济的健康发展营造良好、稳定的经济环境。

（四）税法能有效地保护纳税人的合法权益

由于国家征税直接涉及纳税人的切身利益，如果税务机关随意征税，就会侵犯纳税人的合法权益，影响纳税人的正常经营。因此，税法在确定税务机关征税权力和纳税人履行纳税义务的同时，相应规定了税务机关必尽的义务和纳税人享有的权利，如纳税人享有延期纳税权、申请减税免税权、多缴税款要求退还权、不服税务机关的处理决定申请复议或提起诉讼权等。

（五）税法是维护国家权益，促进国际经济交往的可靠保证

在国际经济交往中，任何国家对在本国境内从事生产、经营的外国企业或个人都拥有税收管辖权，这是国家权益的具体体现。我国自实行对外开放以来，国际经济交流与合作日益频繁，我国在建立和完善涉外税法的同时，还同 80 多个国家签订了避免双重征税的协定。这些税收规定既维护了国家的权益，又为鼓励外商投资，保护国外企业或个人在华的合法经营，发展国家间平等互利的经济技术合作关系，提供了可靠的法律保障。

五、税法法律关系

国家征税与纳税人纳税形式上表现为利益分配的关系，但经过法律明确其双方的权利与义务后，这种关系实质上已上升为一种特定的法律关系。了解税收法律关系，对于正

确理解国家税法的本质，严格依法纳税、依法征税都具有重要的意义。

（一）税收法律关系的构成

税收法律关系在总体上与其他法律关系一样，都是由权利主体、客体和法律关系内容三方面构成的，但在三方面的内涵上，税收法律关系则具有特殊性。

1. 权利主体

权利主体即税收法律关系中享有权利和承担义务的当事人。在我国税收法律关系中，权利主体一方是代表国家行使征税职责的国家税务机关，包括国家各级税务机关、海关和财政机关，另一方是履行纳税义务的人，包括法人、自然人和其他组织，在华的外国企业、组织、外籍人、无国籍人，以及在华虽然没有机构、场所但有来源于中国境内所得的外国企业或组织。

在税收法律关系中权利主体双方法律地位平等，只是因为主体双方是行政管理者与被管理者的关系，所以双方的权利与义务不对等，因此，与一般民事法律关系中主体双方权利与义务平等是不一样的，这是税收法律关系的一个重要特征。

2. 权利客体

权利客体即税收法律关系主体的权利、义务所共同指向的对象，也就是征税对象。例如，所得税法律关系客体就是生产经营所得和其他所得，财产税法律关系客体即是财产，流转税法律关系客体就是货物销售收入或劳务收入。税收法律关系客体也是国家利用税收杠杆调整和控制的目标，国家在一定时期根据客观经济形势发展的需要，通过扩大或缩小征税范围调整征税对象，以达到限制或鼓励国民经济中某些产业、行业发展的目的。

3. 税收法律关系的内容

税收法律关系的内容就是权利主体所享有的权利和所应承担的义务，这是税收法律关系中最实质的东西，也是税法的灵魂。它规定权利主体可以有什么行为，不可以有什么行为，若违反了这些规定，须承担相应的法律责任。

国家税务主管机关的权利主要表现在依法进行征税、税务检查以及对违章者进行处罚；其义务主要是向纳税人宣传、辅导税法，接受税法咨询，及时把征收的税款解缴国库，依法受理纳税人对税收争议的申诉等。

纳税义务人的权利主要有多缴税款申请退还权、延期纳税权、依法申请减免税权、申请复议和提起诉讼权等。其义务主要是按税法规定办理税务登记、进行纳税申报、接受税务检查、依法缴纳税款等。

（二）税收法律关系的产生、变更与消灭

税法是引起税收法律关系的前提条件，但税法本身并不能产生具体的税收法律关系。税收法律关系的产生、变更和消灭必须有能够引起税收法律关系产生、变更或消灭的客观情况，也就是由税收法律事实来决定。这种税收法律事实，一般指税务机关依法征税的行为和纳税人的经济活动行为，发生这种行为才能产生、变更或消灭税收法律关系。例如纳税人开业经营即产生税收法律关系，纳税人转业或停业就造成税收法律关系的变更或消灭。

第二节 税法原则

税法原则是构成税收法律规范的基本要素之一。任何国家的税法体系和税收法律制度都要建立在一定的税法原则基础上。税法原则可以分为税法基本原则和适用原则两个层次。

一、税法基本原则

从法理学的角度分析，税法基本原则可以概括成税收法律主义、税收公平主义、税收合作信赖主义与实质课税原则。

（一）税收法律主义

税收法律主义也称税收法定主义、法定性原则，是指税法主体的权利义务必须由法律加以规定，税法的各类构成要素皆必须且只能由法律予以明确规定，征纳主体的权利义务只以法律规定为依据，没有法律依据，任何主体不得征税或减免税收。税收法律主义的要求是双向的：一方面，要求纳税人必须依法纳税；另一方面，课税只能在法律的授权下进行，超越法律规定的课征是违法和无效的。税收法律主义可以概括成课税要素法定、课税要素明确和依法稽征三个具体原则：

第一，课税要素法定原则。即课税要素必须由法律直接规定。首先，这里的课税要素不仅包括纳税人、征税对象、税率、税收优惠，而且还应包括征税基本程序和税务争议的解决办法等。其次，课税要素的基本内容应由法律直接规定，实施细则等仅仅是补充，以行政立法形式通过的税收法规、规章，如果没有税收法律作为依据或者违反了税收法律的规定都是无效的。再次，税收委托立法只能限于具体和个别的情况，不能作一般的、没有限制的委托，否则即构成对课税要素法定原则的否定。

第二，课税要素明确原则。即有关课税要素的规定必须尽量地明确而不出现歧义、矛盾，在基本内容上不出现漏洞。

第三，依法稽征原则。即税务行政机关必须严格依据法律的规定稽核征收，而无权变动法定课税要素和法定征收程序。除此之外，纳税人同税务机关一样都没有选择开征、停征、减税免税、退补税收及延期纳税的权力（利），即使征纳双方达成一致也是违法的。

（二）税收公平主义

税收公平最基本的含义是：税收负担必须根据纳税人的负担能力分配，负担能力相等，税负相同；负担能力不等，税负不同。当纳税人的负担能力相等时，以其获得收入的能力为确定负担能力的基本标准，但收入指标不完备时，财产或消费水平可作为补充指标；

当人们的负担能力不等时，应当根据其从政府活动中期望得到的利益大小缴税或使社会牺牲最小。

（三）税收合作信赖主义

税收合作信赖主义，也称公众信任原则。一方面，纳税人应按照税务机关的决定及时缴纳税款，税务机关有责任向纳税人提供完整的税收信息资料，征纳双方应建立起密切的税收信息联系和沟通渠道；另一方面，没有充足的依据，税务机关不能提出对纳税人是否依法纳税有所怀疑，纳税人有权利要求税务机关予以信任，纳税人也应信赖税务机关的决定是公正和准确的，税务机关作出的法律解释和事先裁定，可以作为纳税人缴税的根据，当这种解释或裁定存在错误时，纳税人并不承担法律责任，甚至纳税人因此而少缴的税款也不必再补缴。

税收合作信赖主义与税收法律主义存在一定的冲突，因此，许多国家税法在适用这一原则时都作了一定的限制。

（四）实质课税原则

实质课税原则即指应根据纳税人的真实负担能力决定纳税人的税负，不能仅考核其表面上是否符合课税要件。也就是说，在判断某个具体的人或事件是否满足课税要件，是否应承担纳税义务时，不能受其外在形式的蒙蔽，而要深入探求其实质，如果实质条件满足了课税要件，就应按实质条件的指向确认纳税义务。例如，纳税人借转让定价而减少计税所得，若从表面看，应按其确定的价格计税。但是，这不能反映纳税人的真实所得，因此，税务机关根据实质课税原则，有权重新估定计税价格，并据以计算应纳税额。实质课税原则的意义在于防止纳税人的避税与逃税，增强税法适用的公正性。

二、税法适用原则

税法适用原则是指税务行政机关和司法机关运用税收法律规范解决具体问题所必须遵循的准则。税法适用原则并不违背税法基本原则，而且在一定程度上体现着税法基本原则。

（一）法律优位原则

法律优位原则也称行政立法不得抵触法律原则，其基本含义为法律的效力高于行政立法的效力。法律优位原则明确了税收法律的效力高于税收行政法规的效力，对此还可以进一步推论为税收行政法规的效力优于税收行政规章的效力。效力低的税法与效力高的税法发生冲突，效力低的税法即是无效的。

（二）法律不溯及既往原则

法律不溯及既往原则是绝大多数国家所遵循的法律程序技术原则。其基本含义为：一部新法实施后，对新法实施之前人们的行为不得适用新法，而只能沿用旧法。

（三）新法优于旧法原则

新法优于旧法原则也称后法优于先法原则，其含义为：新法、旧法对同一事项有不同规定时,新法的效力优于旧法。新法优于旧法原则的适用,以新法生效实施为标志,新法生效实施以后准用新法,新法实施以前包括新法公布以后尚未实施这段时间,仍沿用旧法,新法不发生效力。新法优于旧法原则在税法中普遍适用,但是当新税法与旧税法处于普通法与特别法的关系时,以及某些程序性税法引用“实体从旧,程序从新原则”时,可以例外。

(四)特别法优于普通法的原则

特别法优于普通法的原则是指对同一事项两部法律分别有一般和特别规定时,特别规定的效力高于一般规定的效力。当对某些税收问题需要作出特殊规定,但是又不便于普遍修订税法时,即可以通过特别法的形式予以规范。凡是特别法中作出规定的,即排斥普通法的适用。特别法优于普通法原则打破了税法效力等级的限制,即居于特别法地位级别较低的税法,其效力可以高于作为普通法的级别较高的税法。

(五)实体从旧、程序从新原则

实体从旧、程序从新原则是指实体税法不具备溯及力,但程序性税法在特定条件下具备一定的溯及力。即对于一项新税法公布实施之前发生的纳税义务在新税法公布实施之后进入税款征收程序的,原则上新税法具有约束力。在一定条件下允许“程序从新”,是因为程序税法规范的是程序性问题,不应以纳税人的实体性权利义务发生的时间为准,判定新的程序性税法与旧的程序性税法之间的效力关系。并且,程序性税法主要涉及税款征收方式的改变,其效力发生时间的适当提前,并不构成对纳税人权利的侵犯。

(六)程序优于实体原则

程序优于实体原则是关于税收争讼法的原则,其基本含义为:在诉讼发生时税收程序法优于税收实体法适用。即纳税人通过税务行政复议或税务行政诉讼寻求法律保护的前提条件之一,是必须事先履行税务行政执法机关认定的纳税义务,而不管这项纳税义务实际上是否完全发生。否则,税务行政复议机关或司法机关对纳税人的申诉不予受理。

第三节 税法要素

一、税法的构成要素

税法的构成要素一般包括总则、纳税义务人、课税对象、税目、税率、纳税环节、纳税期限、纳税地点、减税免税、罚则、附则等项目。

(一)总则

总则主要包括立法依据、立法目的、适用原则等。

(二)纳税义务人

即纳税主体,主要是指一切履行纳税义务的法人、自然人及其他组织。

（三）课税对象

即纳税客体，有时也称为征税对象，主要是指税收法律关系中征纳双方权利义务所指向的物或行为。课税对象是区分不同税种的主要标志，我国现行税收法律、法规都有自己特定的课税对象。比如，企业所得税的课税对象就是应税所得，增值税的课税对象就是商品或劳务在生产和流通过程中的增值额。

（四）税目

税目是各个税种所规定的具体征税项目。它是征税对象的具体化。比如，消费税具体规定了烟、酒、化妆品等 14 个税目。

（五）税率

税率是对征税对象的征收比例或征收额度。税率是计算税额的尺度，也是衡量税负轻重与否的重要标志。我国现行的税率主要有：比例税率、累进税率和定额税率。

（六）纳税环节

纳税环节主要是指税法规定的征税对象在从生产到消费的流转过程中应当缴纳税款的环节。如商品劳务税在商品或劳务的生产和流通环节纳税、所得税在分配环节纳税等。

（七）纳税期限

纳税期限是指纳税人按照税法规定缴纳税款的期限。比如，企业所得税在月份或者季度终了后 15 日内预缴，年度终了后 5 个月内汇算清缴，多退少补；增值税的纳税期限，分别为 1 日、3 日、5 日、10 日、15 日、1 个月或者 1 个季度。纳税人的具体纳税期限，由主管税务机关根据纳税人应纳税额的大小分别核定，不能按照固定期限纳税的，可以按次纳税。

（八）纳税地点

纳税地点主要是指根据各个税种纳税对象的纳税环节和有利于对税款的源泉控制而规定的纳税人（包括代征、代扣、代缴义务人）的具体纳税地点。

（九）减税免税

减税免税主要是对某些纳税人和征税对象采取减少征税或者免予征税的特殊规定。

（十）罚则

罚则主要是指对纳税人违反税法的行为采取的处罚措施。

（十一）附则

附则一般都规定与该法紧密相关的内容。比如该法的解释权、生效时间等。

二、税收实体法要素

（一）纳税义务人

纳税义务人简称纳税人，是税法中规定的直接负有纳税义务的单位和个人，也称“纳税主体”。无论征收什么税，其税负总要由有关的纳税人来承担。每一种税都有关于纳税义务人的规定，通过规定纳税义务人落实税收任务和法律责任。纳税义务人一般分为自然人和法人两种。

自然人是指依法享有民事权利，并承担民事义务的公民个人。例如，在我国从事工商业活动的个人，以及工资和劳务报酬的获得者等，都是以个人身份来承担法律规定的民事责任及纳税义务。

法人是指依法成立，能够独立地支配财产，并能以自己的名义享受民事权利和承担民事义务的社会组织。例如，我国的国有企业、集体企业、合资企业等，都是以其社会组织的名义承担民事责任的，称之为法人。法人同自然人一样，负有依法向国家纳税的义务。

实际纳税过程中与纳税义务人相关的概念：

负税人。纳税人与负税人是两个既有联系又有区别的概念。纳税人是直接向税务机关缴纳税款的单位和个人，负税人是实际负担税款的单位和个人。纳税人如果能够通过一定途径把税款转嫁或转移出去，纳税人就不再是负税人。否则，纳税人同时也是负税人。

代扣代缴义务人。代扣代缴义务人是指有义务从持有的纳税人收入中扣除其应纳税款并代为缴纳的企业、单位或个人。如《个人所得税法》规定：个人所得税以所得人为纳税义务人，以支付所得的单位或个人为扣缴义务人。

代收代缴义务人。代收代缴义务人是指有义务借助与纳税人的经济交往而向纳税人收取应纳税款并代为缴纳的单位。如受托加工单位。

代征代缴义务人。代征代缴义务人是指因税法规定，受税务机关委托而代征税款的单位和个人。如我国车船税由保险机构代征代缴。

（二）课税对象

课税对象又称征税对象，是税法中规定的征税的目的物，是国家据以征税的依据。通过规定课税对象，解决对什么征税这一问题。

每一种税都有自己的课税对象，否则，这一税种就失去了存在的意义。凡是列为课税对象的，就属于该税种的征收范围；凡是未列为课税对象的，就不属于该税种的征收范围。

例如，我国增值税的课税对象是货物和应税劳务在生产、流通过程中的增值额；所得税的课税对象是企业利润和个人工资、薪金等项所得；房产税的课税对象是房屋等。总之，每一种税首先要选择确定它的课税对象，因为它体现着不同税种征税的基本界限，决定着不同税种名称的由来以及各个税种在性质上的差别，并对税源、税收负担问题产生直接影响。

课税对象是构成税收实体法诸要素中的基础性要素。这是因为：第一，课税对象是一种税区别于另一种税的最主要标志。就是说，税种的不同最主要是起因于课税对象的不同。正是由于这一原因，各种税的名称通常都是根据课税对象确定的。例如，增值税、所得税、房产税、车船税等。第二，课税对象体现着各种税的征税范围。第三，其他要素的内容一般都是以课税对象为基础确定的。例如纳税人，国家开征一种税，所以要选择这些单位和个人作为纳税人，而不选择其他单位和个人作为纳税人，其原因是这些单位和个人拥有税法或税收条例中规定的课税对象，或者是发生了规定的课税行为。可见，纳税人同课税对象相比，课税对象是第一性的。凡拥有课税对象或发生了课税行为的单位和个人，才有可能成为纳税人。又如税率这一要素，也是以课税对象为基础确定的。税率本身表示对课税对象征税的比率或征税数额，没有课税对象，也就无从确定税率。此外，纳税环节、减税免税等，也都是以课税对象为基础确定的。

1. 计税依据

计税依据，又称税基，是指税法中规定的据以计算各种应征税款的依据或标准。

不同税种的计税依据是不同的。我国增值税的计税依据是货物和应税劳务的增值额；营业税的计税依据是应税劳务营业额；所得税的计税依据是企业和个人的利润、工资或薪金等所得额；消费税的计税依据是应税产品的销售额。需要注意的是，计税依据在表现形态上一般有两种：一种是价值形态，即以征税对象的价值作为计税依据，在这种情况下，课税对象和计税依据一般是一致的，如所得税的课税对象是所得额，计税依据也是所得额；另一种是实物形态，就是以课税对象的数量、重量、容积、面积等作为计税依据，在这种情况下，课税对象和计税依据一般是不一致的，如我国的车船税，它的课税对象是各种车辆、船舶，而计税依据则是车船的数量（辆）或吨位。

课税对象与计税依据的关系是：课税对象是指征税的目的物，计税依据则是在目的物已经确定的前提下，对目的物据以计算税款的依据或标准；课税对象是从质的方面对征税所作的规定，而计税依据则是从量的方面对征税所作的规定，是课税对象量的表现。

2. 税源

税源是指税款的最终来源，或者说税收负担的最终归宿。税源的大小体现着纳税人的负担能力。纳税人缴纳税款的直接来源是一定的货币收入，而一切货币收入都是由社会产品价值派生出来的。在社会产品价值中，能够成为税源的只能是国民收入分配中形成的各种收入，如工资、奖金、利润、利息等。当某些税种以国民收入分配中形成的各种收入为课税对象时，税源和课税对象就是一致的，如对各种所得课税。但是，很多税种其课税对象并不是或不完全是国民收入分配中形成的各种收入，如营业税、消费税、房产税等。可见，只是在少数的情况下，课税对象同税源才是一致的。对于大多数税种来说两者并不一致，税源并不等于课税对象。课税对象是据以征税的依据，税源则表明纳税人的负担能力。

3. 税目

税目是课税对象的具体化，反映具体的征税范围，代表征税的广度。不是所有的税种都规定税目，有些税种的课税对象简单、明确，没有另行规定税目的必要，如房产税。但是，从大多数税种来看，一般课税对象都比较复杂，且税种内部不同课税对象之间又需要采取不同的税率档次进行调节。这样就需要对课税对象作进一步的划分，作出具体的界限规定，这个规定的界限范围，就是税目。

划分税目的主要作用：一是进一步明确征税范围。凡列入税目的都征税，未列入的不征税。例如，商品批发和零售未列入营业税税目，则该项业务不属于营业税征税范围。二是解决课税对象的归类问题，并根据归类确定税率。每一个税目都是课税对象的一个具体类别或项目，通过这种归类可以为确定差别税率打下基础。实际工作中，确定税目同确定税率是同步考虑的，并以"税目税率表"的形式将税目和税率统一表示出来。例如，消费税税目税率表、营业税税目税率表、资源税税目税额表等。

（三）税率

税率是应纳税额与课税对象之间的比例，是计算税额的尺度，代表课税的深度，关系着国家收入多少和纳税人的负担程度，因而它是体现税收政策的中心环节。

税率的设计要体现国家政治、经济政策。如消费税税率设计原则之一是体现国家消费政策，限制某些商品的消费；税率的设计要保持公平、简化的性质，如增值税只设了基本税率、低税率和零税率三档税率。

税率是一个总的概念，在实际应用中可分为两种形式：一种是按绝对量形式规定的固定征收额度，即定额税率，它适用于从量计征的税种；另一种是按相对量形式规定的征收比例，这种形式又可分为比例税率和累进税率，它适用于从价计征的税种。

1. 比例税率

比例税率是指对同一征税对象或同一税目，不论数额大小只规定一个比例，都按同一比例征税，税额与课税对象成正比例关系。

在具体运用上，比例税率又可分为以下几种：

（1）产品比例税率。即一种（或一类）产品采用一个税率。我国现行的消费税、增值税等都采用这种税率形式。如消费税中，烟、酒按类设计税率，小汽车依照排气量设计税率。

（2）行业比例税率。即对不同行业采用不同的税率。它一般适用于对营业收入的征税，如：交通运输业税率为3%，服务业税率为5%。

（3）地区差别比例税率。即对同一课税对象，按照不同地区的生产水平和收益水平，采用不同的税率。如我国现行的城市建设维护税按照地区差别规定三档不同税率。

（4）有幅度的比例税率。即对同一课税对象，税法只规定最低税率和最高税率。在这个幅度内，各地区可以根据自己的实际情况确定适当的税率。如我国现行的契税税率。

比例税率的基本特点是税率不随课税对象数额的变动而变动。这就便于按不同的产品设计不同的税率，有利于调整产业（产品）结构，实现资源的合理配置。同时，课税对象数额越大，纳税人相对直接负担越轻，从而在一定程度上推动经济的发展。但是，从另一个角度看，上述情况有悖于税收公平的原则。这表明比例税率调节纳税人收入的能力不及累进税率，这是它的不足。比例税率的另一个特点是计算简便。

2. 累进税率

累进税率是指同一课税对象，随数量的增大，征收比例也随之增高的税率，表现为将课税对象按数额大小分为若干等级，不同等级适用由低到高的不同税率，包括最低税率、最高税率和若干等级的中间税率。一般多在收益课税中使用。它可以更有效地调节纳税人的收入，正确处理税收负担的纵向公平问题。按照税率的累进依据的性质，累进税率分为"额累"和"率累"两种。额累是按课税对象数量的绝对额分级累进，如所得税一般按所得额大小分级累进。率累是按与课税对象有关的某一比率分级累进。额累和率累按累进依据的构成又可分为"全累"和"超累"。如额累分为全额累进和超额累进；率累分为全率累进和超率累进。全累是对课税对象的全部数额，都按照相应等级的累进税率征税。超累是对课税对象数额超过前级数额的部分，分别按照各自对应的累进税率计征税款。两种方式相比，全累的计算方法比较简单，但在累进分界点上税负呈跳跃式递增，不够合理。超累的计算方法复杂一些，但累进程度比较缓和，因而比较合理。

(1) 全额累进税率，是以课税对象的全部数额为基础计征税款的累进税率。它有两个特点：一是对具体纳税人来说，在应税所得额确定以后，相当于按照比例税率计征，计算方法简单；二是税收负担不合理，特别是在各级征税对象数额的分界处负担相差悬殊，甚至会出现增加的税额超过增加的课税对象数额的现象，不利于鼓励纳税人增加收入。

(2) 超额累进税率，是分别以课税对象数额超过前级的部分为基础计算应纳税的累进税率。采用超额累进税率征税的特点是：① 计算方法比较复杂，征税对象数量越大，包括等级越多，计算步骤也越多；② 累进幅度比较缓和，税收负担较为合理。特别在征税对象级次分界点上下，只就超过部分按高一级税率计算，一般不会发生增加的税额超过增加的征税对象数额的不合理现象，有利于鼓励纳税人增产增收；③ 边际税率和平均税率不一致，税收负担的透明度较差。

超额累进税率是各国普遍采用的一种税率。为解决超额累进税率计算税款比较复杂的问题，在实际工作中引进了"速算扣除数"这个概念，通过预先计算出的速算扣除数，即可直接计算应纳税额，不必再分级分段计算。采用速算扣除数计算应纳税额的公式为：

应纳税额＝应税所得额×适用税率－速算扣除数

速算扣除数是为简化计税程序而按全额累进税率计算超额累进税额时所使用的扣除数额。反映的具体内容是按全额累进税率和超额累进税率计算的应纳税额的差额。采用速算扣除数方法计算的应纳税额同分级分段计算的应纳税额，其结果完全一样，但方法简便得多。通常，速算扣除数事先计算出来后，附在税率表中，并与税率表一同颁布。

(3) 超率累进税率，是指以课税对象数额的相对率为累进依据，按超累方式计算应纳税额的税率。采用超率累进税率，首先需要确定课税对象数额的相对率，如在对利润征税时以销售利润率为相对率，对工资征税时以工资增长率为相对率，然后再把课税对象的相对率从低到高划分为若干级次，分别规定不同的税率。计税时，先按各级相对率计算出应税的课税对象数额，再按对应的税率分别计算各级税款，最后汇总求出全部应纳税额。现行税制中的土地增值税即采用超率累进税率计税。

3. 定额税率

定额税率又称固定税额。这种税率是根据课税对象计量单位直接规定固定的征税数额。课税对象的计量单位可以是重量、数量、面积、体积等自然单位，也可以是专门规定的复合单位。例如，现行税制中的城镇土地使用税、耕地占用税以“平方米”这一自然单位为计量单位；资源税中的天然气则以“千立方米”这一复合单位为计量单位；按定额税率征税，税额的多少只同课税对象的数量有关，同价格无关。定额税率适用于从量计征的税种。

定额税率在表现形式上可分为单一定额税率和差别定额税率两种。在同一税种中只采用一种定额税率的，为单一定额税率；同时采用几个定额税率的，为差别定额税率。

4. 其他形式的税率

（1）名义税率与实际税率。名义税率与实际税率是分析纳税人负担时常用的概念。名义税率是指税法规定的税率。实际税率是指实际负担率，即纳税人在一定时期内实际缴纳税额占其课税对象实际数额的比例。由于某些税种中计税依据与征税对象不一致，税率存在差异，减免税手段的使用以及逃税和错征等因素的实际存在，实际税率常常低于名义税率。

（2）边际税率与平均税率。边际税率是指再增加一些收入时，增加的这部分收入所纳税额同增加收入之间的比例。在这里，平均税率是相对于边际税率而言的，它是指全部税额与全部收入之比。在比例税率条件下，边际税率等于平均税率。在累进税率条件下，边际税率往往要大于平均税率。

（3）零税率与负税率。零税率是以零表示的税率，是免税的一种方式，表明课税对象的持有人负有纳税义务，但不需缴纳税款。通常适用于两种情况：一是在所得课税中，对所得中的免税部分规定税率为零，目的是保证所得少者的生活和生产需要；二是在商品税中，对出口商品规定税率为零，即退还出口商品的产、制和流转环节已纳的商品税，使商品以不含税价格进入国际市场，以增强商品在国际市场上的竞争力。

负税率是指政府利用税收形式对所得额低于某一特定标准的家庭或个人予以补贴的比例。负税率主要用于负所得税的计算。所谓负所得税，是指现代一些西方国家把所得税和社会福利补助制度结合的一种主张和试验，即对那些实际收入低于维持一定生活水平所需费用的家庭或个人，按一定比例付给所得税。负税率的确定是实施负所得税计划的关键。

（四）减税、免税

减税、免税是对某些纳税人或课税对象的鼓励或照顾措施。减税是从应征税款中减征部分税款;免税是免征全部税款。减税、免税规定是为了解决按税制规定的税率征税时所不能解决的具体问题而采取的一种措施,是在一定时期内给予纳税人的一种税收优惠,同时也是税收的统一性和灵活性相结合的具体体现。

1. 减免税的基本形式

(1) 税基式减免,即通过直接缩小计税依据的方式实现的减税、免税。具体包括起征点、免征额、项目扣除以及跨期结转等。其中起征点是征税对象达到一定数额开始征税的起点。免征额是在征税对象的全部数额中免予征税的数额。起征点与免征额同为征税与否的界限,对纳税人来说,在其收入没有达到起征点或没有超过免征额的情况下,都不征税,两者是一样的。但是它们又有明显的区别。其一,当纳税人收入达到或超过起征点时,就其收入全额征税;而当纳税人收入超过免征额时,则只就超过的部分征税。其二,当纳税人的收入恰好达到起征点时,就要按其收入全额征税;而当纳税人收入恰好与免征额相同时,则免予征税。两者相比,享受免征额的纳税人就要比享受同额起征点的纳税人税负轻。此外,起征点只能照顾一部分纳税人,而免征税额则可以照顾适用范围内的所有纳税人。项目扣除是指在课税对象中扣除一定项目的数额,以其余额作为依据计算税额。跨期结转是将以前纳税年度的经营亏损等在本纳税年度经营利润中扣除,也等于直接缩小了税基。

(2) 税率式减免,即通过直接降低税率的方式实行的减税、免税。具体包括重新确定税率、选用其他税率、零税率等形式。

(3) 税额式减免,即通过直接减少应税额以及纳税额的方式实行的减税、免税。具体包括全部免征、减半征收、核定减免率、抵免税另定减征税额等。

2. 减免税的分类

(1) 法定减免,是减免税的一种分类,凡是由各种税的基本法规定的减税、免税都称为法定减免。它体现了该种税减免的基本原则规定,具有长期的适用性。法定减免必须在基本法规中明确列举减免税项目、减免税的范围和时间。如《中华人民共和国增值税暂行条例》明确规定:农业生产者销售的自产农业产品、避孕用品等免税。

(2) 临时减免,又称"困难减免",是指除法定减免和特定减免以外的其他临时性减税、免税,主要是为了照顾纳税人的某些特殊的暂时的困难,而临时批准的一些减税、免税。它通常是定期的减免税或一次性的减免税。

(3) 特定减免,是根据社会经济情况发展变化和发挥税收调节作用的需要,而规定的减税、免税。特定减免主要有两种情况:一是在税收的基本法确定以后,随着国家政治经济情况的发展变化所作的新的减免税补充规定;二是在税收基本法中,不能或不宜一一列举,而采用补充规定的减免税形式。

减税、免税是减轻税负的措施。与之相对应,税收附加和税收加成是加重纳税人负担的措施。

税收附加也称为地方附加，是地方政府按照国家规定的比例随同正税一起征收的列入地方预算外收入的一种款项。正税是指国家正式开征并纳入预算内收入的各种税收。税收附加由地方财政单独管理并按规定的范围使用，不得自行变更。例如，教育费附加只能用于发展地方教育事业。税收附加的计算方法是以正税税款为依据，按规定的附加率计算附加额。

税收加成是指根据税制规定的税率征税以后，再以应纳税额为依据加征一定成数和税额。加征一成相当于纳税额的10%，加征成数一般规定在一成至十成之间。例如，《个人所得税法》规定，对劳务报酬所得畸高的，可以实行加成征收，加五成或十成。

（五）纳税环节

纳税环节是指税法上规定的课税对象从生产到消费的流转过程中应当缴纳税款的环节。纳税环节有广义和狭义之分。广义的纳税环节指全部课税对象在再生产中的分布情况。例如，资源税分布在生产环节，商品税分布在流通环节，所得税分布在分配环节等。狭义的纳税环节是指应税商品在流转过程中应纳税的环节，具体指每一种税的纳税环节，是商品课税中的特殊概念。按照纳税环节的多少，可将税收课征制度划分为两类，即一次课征制和多次课征制。

一次课征制是指同一税种在商品流转的全过程中只选择某一环节课征的制度，是纳税环节的一种具体形式。实行一次课征制，纳税环节多选择在商品流转的必经环节和税源比较集中的环节，以便既避免重复课征，又避免税款流失。多次课征制是指同一税种在商品流转全过程中选择两个或两个以上环节课征的制度。

（六）纳税期限

纳税期限是纳税人向国家缴纳税款的法定期限。国家开征的每一种税都有纳税期限的规定。合理确定和严格执行纳税期限，对于保证财政收入的稳定性和及时性有重要作用。

我国现行税制的纳税期限有三种形式：

(1) 按期纳税。即根据纳税义务的发生时间，通过确定纳税间隔期，实行按日纳税。按期纳税的纳税间隔期分为1日、3日、5日、10日、15日、1个月或1个季度，共7种期限。纳税人的具体纳税间隔期限由主管税务机关根据情况分别核定。以1个月为一期纳税的，自期满之日起15天内申报纳税；以其他间隔期为纳税期限的，自期满之日起5天内预缴税款，于次月1日起15天内申报纳税并结清上月税款。

(2) 按次纳税。即根据纳税行为的发生次数确定纳税期限。如车辆购置税、耕地占用税以及临时经营者，个人所得税中的劳务报酬所得等均采取按次纳税的办法。

(3) 按年计征，分期预缴或缴纳。如企业所得税按规定的期限预缴税款，年度结束后汇算清缴，多退少补。房产税、城镇土地使用税实行按年计算、分期缴纳。这是为了对按年度计算税款的税种及时、均衡地取得财政收入而采取的一种纳税期限。分期预缴一般是按月或按季预缴。

采取哪种形式的纳税期限缴纳税款,同课税对象的性质有着密切关系。一般来说,商品课税大都采取"按期纳税"形式;所得课税采取"按年计征,分期预缴"形式。

第四节 我国税收制度的沿革

中华人民共和国成立60多年来,随着国家政治、经济形势的发展,税收制度的建立与发展经历了一个曲折的过程。从总体上来看,我国税制改革的发展大致上经历了三个历史时期:第一个时期是从1949年新中国成立到1957年,即国民经济恢复和社会主义改造时期,这是新中国税制建立和巩固的时期。第二个时期是从1958年到1978年底党的第十一届中央委员会第三次全体会议召开之前,这是我国税制曲折发展的时期。第三个时期是1978年党的十一届三中全会召开之后的新时期,是我国税制建设得到全面加强、税制改革不断前进的时期。

在上述三个时期内,我国的税收制度先后进行了五次重大的改革。第一次是新中国成立之初的1950年,在总结老解放区税制建设的经验和全面清理旧中国税收制度的基础上建立了中华人民共和国的新税制。第二次是1958年税制改革,其主要内容是简化税制,以适应社会主义改造基本完成、经济管理体制改革之后的形势的要求。第三次是1973年税制改革,其主要内容仍然是简化税制。第四次是1984年税制改革,其主要内容是普遍实行国营企业"利改税"和全面改革工商税收制度,以适应发展有计划社会主义商品经济的要求。第五次是1994年税制改革,其主要内容是全面改革工商税收制度,以适应建立社会主义市场经济体制的要求。

我国税制改革情况大致可以分为以下五个阶段。

一、1978年以前的税制改革

从1949年中华人民共和国成立到1978年约29年间,我国税制建设的发展历程十分坎坷。

新中国诞生后,立即着手建立新税制。1950年1月30日,中央人民政府政务院发布《全国税政实施要则》,规定全国共设14种税收,即货物税、工商业税(包括营业税和所得税两个部分)、盐税、关税、薪给报酬所得税、存款利息所得税、印花税、遗产税、交易税、屠宰税、房产税、地产税、特种消费行为税和使用牌照税。此外,还有各地自行征收的一些税种,如农业税、牧业税等。

在执行中,税制做了一些调整。例如,将房产税和地产税合并为城市房地产税,将特种消费行为税并入文化娱乐税(新增)和营业税,增加契税和船舶吨税。试行商品流通税,农业税由全国人民代表大会常务委员会正式立法。薪给报酬所得税和遗产税始终未开征。

总的来说，从1950年到1958年，我国根据当时的政治、经济状况，在清理旧税制的基础上，建立了一套以多种税、多次征为特征的复合税制。由于党和国家的重视以及各方面的努力，这套新税制的建立和实施，对于保证革命战争的胜利，实现国家财政经济状况的根本好转，促进国民经济的恢复和发展，以及配合国家对于农业、手工业和资本主义工商业的社会主义改造，建立社会主义经济制度，发挥了重要的作用。

1958年，我国进行了新中国成立以后第一次大规模的税制改革，其主要内容是简化工商税制，试行工商统一税，甚至一度在城市国营企业试行“税利合一”，在农村人民公社试行“财政包干”。至此，我国的工商税制共设9个税种，即工商统一税、工商所得税、盐税、屠宰税、利息所得税（1959年停征）、城市房地产税、车船使用牌照税、文化娱乐税（1966年停征）和牲畜交易税（无全国性统一法规）。1962年，开征了集市交易税，1966年以后各地基本停征。

在“文化大革命”当中，已经简化的税制仍然被批判为“繁琐哲学”。1973年，我国进行了新中国成立以后第二次大规模的税制改革，其核心仍然是简化工商税制。至此，我国的工商税制一共设有7种税，即工商税（包括盐税）、工商所得税、城市房地产税、车船使用牌照税、屠宰税、工商统一税和集市交易税。对国营企业只征收一道工商税。对集体企业只征收工商税和工商所得税两种税，城市房地产税、车船使用牌照税、屠宰税仅对个人和极少数单位征收，工商统一税仅对外适用。

总的来看，从生产资料私有制的社会主义改造基本完成到1978年的20多年间，由于“左”的指导思想的作用和苏联经济理论及财税制度的某些影响，我国的税制建设受到了极大的干扰。税制几经变革，走的都是一条片面简化的路子。同时，税务机构被大量撤并，大批税务人员被迫下放、改行。结果是税种越来越少，税制越来越简单，从而大大地缩小了税收在经济领域中的活动范围，严重地影响了税收职能作用的发挥。

二、1978—1982年的税制改革

在此期间，中共十一届三中全会明确地提出了改革经济体制的任务，党的十二大进一步提出要抓紧制订改革的总体方案和实施步骤，在“七五”期间（即1986—1990年）逐步推开，这些重要的会议及其所做出的一系列重大决策，对于这一期间我国的经济体制改革和税制改革具有极为重要的指导作用。

这一时期可以说是我国税制建设的恢复时期和税制改革的准备、起步时期，从思想上、理论上、组织上、税制上为后来的改革做了大量的准备工作，打下了坚实的基础。在此期间，我国的税制改革取得了改革开放以后的第一次全面重大突破。

从1980年9月到1981年12月，我国第五届全国人民代表大会先后通过并公布了《中外合资经营企业所得税法》、《个人所得税法》和《外国企业所得税法》。同时，对中外合资

企业、外国企业和外国人继续征收工商统一税、城市房地产税和车船使用牌照税。这样，就初步形成了一套大体适用的涉外税收制度，适应了我国对外开放初期引进外资、开展对外经济技术合作的需要。

在建立涉外税制的同时财税部门就改革工商税制和国营企业利润分配制度做了大量的调研工作，并在部分地区进行了试点。在此基础上，财政部于1981年8月向国务院报送了《关于改革工商税制的设想》，并很快获得批准。

1982年11月，国务院向五届全国人大五次会议提交的《关于第六个五年计划的报告》，提出了包括利改税在内的今后3年税制改革的任务，并获得会议批准。

在此期间，国务院还批准开征了烧油特别税，发布了牲畜交易税暂行条例。

三、1983—1991年的税制改革

在此期间，我国的社会主义经济理论的发展有了重大突破，提出了发展有计划的社会主义商品经济，自觉运用价值规律，充分发挥税收等经济杠杆的作用，搞活经济，加强宏观调节。在所有制理论上，提出了所有权与经营权分离的论点，并客观地肯定了集体经济、个体经济和私营经济存在的必要性。这一时期可以说是我国税制改革全面探索的时期，取得了改革开放以后税制改革的第二次重大突破。

作为企业改革和城市改革的一项重大措施，1983年，国务院决定在全国试行国营企业利改税，即将新中国成立以后实行了30多年的国营企业向国家上缴利润的制度改为缴纳企业所得税的制度，并取得了初步的成功。这一改革从理论上和实践上突破了国营企业只能向国家缴纳利润，国家不能向国营企业征收所得税的禁区。这是国家与企业分配关系改革的一个历史性转变。

为了加快城市经济体制改革的步伐，经第六届全国人民代表大会及其常委会批准，国务院决定从1984年10月起在全国实施第二步利改税和工商税制改革，发布了关于征收国营企业所得税、国营企业调节税、产品税、增值税、营业税、盐税、资源税的一系列行政法规。这是我国改革开放以后第一次、新中国成立以后第四次大规模的税制改革。

此后，国务院又陆续发布了关于征收集体企业所得税、私营企业所得税、城乡个体工商业户所得税、个人收入调节税、城市维护建设税、奖金税（包括国营企业奖金税、集体企业奖金税和事业单位奖金税）、国营企业工资调节税、固定资产投资方向调节税（其前身为1983年开征的建筑税）、特别消费税、房产税、车船使用税、城镇土地使用税、印花税、筵席税等税收法规。

1991年，第七届全国人民代表大会第四次会议将中外合资企业所得税法与外国企业所得税法合并为外商投资企业和外国企业所得税法。

至此，我国的工商税制共有32种税收，即产品税、增值税、营业税、资源税、盐税、城镇土地使用税、国营企业所得税、国营企业调节税、集体企业所得税、私营企业所得税、城乡

个体工商业户所得税、个人收入调节税、国营企业奖金税、集体企业奖金税、事业单位奖金税、国营企业工资调节税、固定资产投资方向调节税、城市维护建设税、烧油特别税、筵席税、特别消费税、房产税、车船使用税、印花税、屠宰税、集市交易税、牲畜交易税、外商投资企业和外国企业所得税、个人所得税、工商统一税、城市房地产税和车船使用牌照税。

从1978年到1992年,随着经济的发展和改革的深入,我国的工商税制改革进行了全面的探索,改革逐步深入,取得了很大的进展,初步建成了一套内外有别的、以流转税和所得税为主体、其他税种相配合的新的税制体系,大体适应了我国经济体制改革起步阶段的经济状况,税收的职能作用得以全面加强,税收收入持续稳定增长,宏观调控作用明显增强,对于贯彻国家的经济政策及调节生产、分配和消费,起到了积极的促进作用。

这套税制的建立,在理论上、实践上突破了长期以来封闭型税制的约束,转向开放型税制,突破了统收统支的财力分配的关系,确立了国家与企业新的分配关系,突破了以往税制改革片面强调简化税制的框子,注重多环节、多层次、多方面地发挥税收的经济杠杆作用,由单一税制转变为复合税制。这些突破使中国的税制建设开始进入健康发展的新轨道,与国家经济体制、财政体制改革的总体进程协调一致。

四、1992—1994年的税制改革

1992年9月召开的中共十四大,提出了建立社会主义市场经济体制的战略目标,其中包括税制改革的任务。1993年6月,中共中央、国务院做出了关于加强宏观调控的一系列重要决策,其中的重要措施之一就是要加快税制改革。同年11月,中共十四届三中全会通过了《关于建立社会主义市场经济体制若干问题的决定》,明确提出了税制改革的基本原则和主要内容。

建立社会主义市场经济体制战略目标的提出,给我国的经济改革与发展指明了方向,也给我国的税制改革带来了许多新情况、新问题,同时为全面推行税制改革提供了一次极好的机遇。从市场机制的角度来看,要求统一税法、简化税制、公平税负、促进竞争。从国家经济管理的角度来看,国家要运用税收等手段加强宏观调控,体现产业政策,调整经济结构,优化资源配置,调节收入分配,保证财政收入,并配合其他改革的推行。

为此,在中共中央、国务院的直接领导下,从1992年起,财税部门就开始加快税制改革的准备工作,1993年更是抓住机遇,迅速制定了全面改革工商税制的总体方案和各项具体措施,并完成了有关法律、法规的必要程序,于1993年底之前陆续公布,从1994年起在全国实施。这是我国改革开放以后第二次、新中国成立以后第五次大规模的税制改革。

1994年税制改革的主要内容是:第一,全面改革了流转税制,实行了以比较规范的增值税为主体,消费税、营业税并行,内外统一的流转税制。第二,改革了企业所得税制,将过去对国营企业、集体企业和私营企业分别征收的多种所得税合并为统一的企业所得税。第三,改革了个人所得税制,将过去对外国人征收的个人所得税、对中国人征收的个人收

入调节税和个体工商业户所得税合并为统一的个人所得税。第四,对资源税、特别目的税、财产税、行为税做了大幅度的调整,如扩大了资源税的征收范围,开征了土地增值税,取消了盐税、奖金税、集市交易税等7个税种,并将屠宰税、筵席税的管理权下放到省级地方政府,新设了遗产税和证券交易税(但是一直没有立法开征)。

经过1994年税制改革和多年来的逐步完善,我国已经初步建立了适应社会主义市场经济体制需要的税收制度,对于保证财政收入,加强宏观调控,深化改革,扩大开放,促进经济与社会的发展,起到了重要的作用。

五、2003年以后的新一轮税制改革

废止农业税条例。2005年12月29日,第十届全国人民代表大会常务委员会第十九次会议决定,自2006年1月1日起,废止1958年6月3日通过的《中华人民共和国农业税条例》。

合并内外资企业所得税。2007年3月16日,第十届全国人民代表大会第五次会议决定,自2008年1月1日起,开始施行《中华人民共和国企业所得税法》,1991年的《中华人民共和国外商投资企业和外国企业所得税法》和1993年12月国务院发布的《中华人民共和国企业所得税暂行条例》同时废止。

2008年11月10日,国务院总理温家宝签署国务院令,公布修订后的《中华人民共和国增值税暂行条例》、《中华人民共和国消费税暂行条例》和《中华人民共和国营业税暂行条例》。新修订的三个条例于2009年1月1日起施行。

2014年,政府推动新一轮的税制改革。试行营业税改增值税试点,扩大增值税征收范围。实行资源税改革。

第五节　我国税法的制定与实施

税法的制定和实施就是我们通常所说的税收立法和税收执法。税法的制定是税法实施的前提,有法可依,有法必依,执法必严,违法必究,是税法制定与实施过程中必须遵循的基本原则。

一、税法的制定

税收立法是指有权的机关依据一定的程序,遵循一定的原则,运用一定的技术,制定、公布、修改、补充和废止有关税收法律、法规、规章的活动。

(一)税收立法机关

根据我国《宪法》、《全国人民代表大会组织法》、《国务院组织法》以及《地方各级人民代表大会和地方各级人民政府组织法》的规定,我国的立法体制是:全国人民代表大会及

其常务委员会行使立法权，制定法律；国务院及所属各部委，有权根据宪法和法律制定行政法规和规章；地方人民代表大会及其常务委员会，在不同宪法、法律、行政法规抵触的前提下，有权制定地方性法规，但要报全国人大常委会和国务院备案；民族自治地方的人大有权依照当地民族政治、经济和文化的特点，制定自治条例和单行条例。

各有权机关根据国家立法体制规定，所制定的一系列税收法律、法规、规章和规范性文件，构成了我国的税收法律体系。需要说明的是，我们平时所说的税法，有广义和狭义之分。广义概念上的税法包括所有调整税收关系的法律、法规、规章和规范性文件，是税法体系的总称；而狭义概念上的税法是特指由全国人民代表大会及其常务委员会制定和颁布的税收法律。由于制定税收法律、法规和规章的机关不同，其法律级次不同，因此其法律效力也不同。下面简单地予以介绍。

1. 全国人民代表大会和全国人大常委会制定的税收法律

《宪法》第五十八条规定："全国人民代表大会和全国人民代表大会常务委员会行使国家立法权。"上述规定确定了我国税收法律的立法权由全国人大及其常委会行使，其他任何机关都没有制定税收法律的权力。在国家税收中，凡是基本的、全局性的问题，例如，国家税收的性质，税收法律关系中征纳双方权利与义务的确定，税种的设置，税目、税率的确定等，都需要由全国人大及其常委会以税收法律的形式制定实施，并且在全国范围内，无论对国内纳税人，还是涉外纳税人都普遍适用。在现行税法中，如《企业所得税法》、《个人所得税法》、《税收征收管理法》等都是税收法律。除《宪法》外，在税收法律体系中，税收法律具有最高的法律效力，是其他机关制定税收法规、规章的法律依据，其他各级机关制定的税收法规、规章，都不得与《宪法》和税收法律相抵触。

2. 全国人大或人大常委会授权立法

授权立法是指全国人民代表大会及其常务委员会根据需要授权国务院制定某些具有法律效力的暂行规定或者条例。授权立法与制定行政法规不同。国务院经授权立法所制定的规定或条例等，具有国家法律的性质和地位，它的法律效力高于行政法规，在立法程序上还需报全国人大常委会备案。1984 年 9 月 1 日，全国人大常委会授权国务院改革工商税制和发布有关税收条例。1985 年全国人大授权国务院在经济体制改革和对外开放方面可以制定暂行的规定或者条例，都是授权国务院立法的依据。按照这两次授权立法，国务院从 1994 年 1 月 1 日起实施工商税制改革，制定实施了增值税、营业税、消费税、资源税、土地增值税、企业所得税等 6 个暂行条例。授权立法在一定程度上解决了我国经济体制改革和对外开放工作急需法律保障的当务之急。税收暂行条例的制定和公布施行，也为全国人大及常委会立法工作提供了有益的经验和条件，在条件成熟时，将这些条例上升为法律做好了准备。

3. 国务院制定的税收行政法规

国务院作为最高国家权力机关的执行机关，是最高的国家行政机关，拥有广泛的行政立法权。我国《宪法》规定，国务院可“根据宪法和法律，规定行政措施，制定行政法规，发布决定和命令”。行政法规作为一种法律形式，在中国法律形式中处于低于宪法、法律和高于地方法规、部门规章、地方规章的地位，也是在全国范围内普遍适用的。行政法规的立法目的在于保证宪法和法律的实施，行政法规不得与宪法、法律相抵触，否则无效。国务院发布的《企业所得税法实施条例》、《税收征收管理法实施细则》等，都是税收行政法规。

4．地方人民代表大会及其常委会制定的税收地方性法规

根据《地方各级人民代表大会和地方各级人民政府组织法》的规定，省，自治区，直辖市的人民代表大会以及省、自治区的人民政府所在地的市和经国务院批准的较大的市的人民代表大会有制定地方性法规的权力。由于我国在税收立法上坚持“统一税法”的原则，因此地方权力机关制定税收地方法规不是无限制的，而是要严格按照税收法律的授权行事。目前，除了海南省、民族自治地区按照全国人大授权立法规定，在遵循宪法、法律和行政法规的原则基础上，可以制定有关税收的地方性法规外，其他省、市一般都无权自定税收地方性法规。

5．国务院税务主管部门制定的税收部门规章

《宪法》第九十条规定：“国务院各部、各委员会根据法律和国务院的行政法规、决定、命令，在本部门的权限内，发布命令、指示和规章。”有权制定税收部门规章的税务主管机关是财政部、国家税务总局及海关总署。其制定规章的范围包括：对有关税收法律、法规的具体解释、税收征收管理的具体规定、办法等，税收部门规章在全国范围内具有普遍适用效力，但不得与税收法律、行政法规相抵触。例如，财政部颁发的《增值税暂行条例实施细则》、国家税务总局颁发的《税务代理试行办法》等都属于税收部门规章。

6．地方政府制定的税收地方规章

《地方各级人民代表大会和地方各级人民政府组织法》规定：“省、自治区、直辖市以及省、自治区的人民政府所在地的市和国务院批准的较大的市的人民政府，可以根据法律和国务院的行政法规制定规章。”按照“统一税法”的原则，上述地方政府制定税收规章，都必须在税收法律、法规明确授权的前提下进行，并且不得与税收法律、行政法规相抵触。没有税收法律、法规的授权，地方政府是无权自定税收规章的，凡越权自定的税收规章没有法律效力。例如，国务院发布实施的城市维护建设税、车船税、房产税等地方性税种暂行条例，都规定省、自治区、直辖市人民政府可根据条例制定实施细则。

（二）税收立法程序

税收立法程序是指有权的机关，在制定、认可、修改、补充、废止等税收立法活动中，必须遵循的法定步骤和方法。

目前我国税收立法程序主要包括以下几个阶段。

1. 提议阶段

无论是税法的制定，还是税法的修改、补充和废止，一般由国务院授权其税务主管部门(财政部或国家税务总局)负责立法的调查研究等准备工作，并提出立法方案或税法草案上报国务院。

2. 审议阶段

税收法规由国务院负责审议。税收法律在经国务院审议通过后，以议案的形式提交全国人民代表大会常务委员会的有关工作部门，在广泛征求意见并做修改后，提交全国人民代表大会或其常务委员会审议通过。

3. 通过和公布阶段

税收行政法规，由国务院审议通过后，以国务院总理名义发布实施。税收法律，在全国人民代表大会或其常务委员会开会期间，先听取国务院关于制定税法议案的说明，然后经过讨论，以简单多数的方式通过后，以国家主席名义发布实施。

二、税法的实施

税法的实施即税法的执行。它包括税收执法和守法两个方面：一方面要求税务机关和税务人员正确运用税收法律，并对违法者实施制裁；另一方面要求税务机关、税务人员、公民、法人、社会团体及其他组织严格遵守税收法律。

由于税法具有多层次的特点，因此，在税收执法过程中，对其适用性或法律效力的判断，一般按以下原则掌握：一是层次高的法律优于层次低的法律；二是同一层次的法律中，特别法优于普通法；三是国际法优于国内法；四是实体法从旧，程序法从新。

所谓遵守税法是指税务机关、税务人员都必须遵守税法的规定，严格依法办事。遵守税法是保证税法得以顺利实施的重要条件。

第六节　我国现行税收管理体制

一、税收管理体制的概念

税收管理体制是在各级国家机构之间划分税权的制度或制度体系。税权的划分有纵向划分和横向划分的区别。纵向划分是指税权在中央与地方国家机构之间的划分；横向划分是指税权在同级立法、司法、行政等国家机构之间的划分。

我国的税收管理体制是税收制度的重要组成部分，也是财政管理体制的重要内容。税收管理权限，包括税收立法权、税收法律法规的解释权、税种的开征或停征权、税目和税率的调整权、税收的加征和减免权等。如果按大类划分，可以简单地将税收管理权限划分为税收立法权和税收执法权两类。

二、税收立法权的划分

(一) 税收立法权划分的种类

税收立法权是制定、修改、解释或废止税收法律、法规、规章和规范性文件的权力。它包括两方面的内容：一是什么机关有税收立法权；二是各级机关的税收立法权是如何划分的。税收立法权的明确有利于保证国家税法的统一制定和贯彻执行，充分、准确地发挥各级有权机关管理税收的职能作用，防止各种越权自定章法、随意减免税收现象的发生。

税收立法权的划分可按以下不同的方式进行：

第一，可以按照税种类型的不同来划分，如按流转税类、所得税类、地方税类来划分。有关特定税收领域的税收立法权通常全部给予特定一级的政府。

第二，可以根据任何税种的基本要素来划分。任何税种的结构都由几个要素构成：纳税人、征税对象、税基、税率、税目、纳税环节等。理论上，可以将税种的某一要素如税基和税率的立法权，授予某级政府。但在实践中，这种做法并不多见。

第三，可以根据税收执法的级次来划分。立法权可以给予某级政府，行政上的执行权给予另一级，这是一种传统的划分方法，能适用于任何类型的立法权。根据这种模式，有关纳税主体、税基和税率的基本法规的立法权放在中央政府，更具体的税收实施规定的立法权给予较低级政府。因此，需要指定某级政府制定不同级次的法律。我国的税收立法权的划分就是属于此种类型。

(二) 我国税收立法权划分的现状

第一，中央税、中央与地方共享税以及全国统一实行的地方税的立法权集中在中央，以保证中央政令统一，维护全国统一市场和企业平等竞争。其中，中央税是指维护国家权益、实施宏观调控所必需的税种，具体包括消费税、关税、车辆购置税等。中央和地方共享税是指同经济发展直接相关的主要税种，具体包括增值税、企业所得税、个人所得税、证券交易印花税。地方税具体包括营业税、资源税、土地增值税、印花税、城市维护建设税、城镇土地使用税、房产税、车船税等。

第二，依法赋予地方适当的地方税收立法权。我国地域辽阔，地区间经济发展水平很不平衡，经济资源包括税源都存在着较大差异，这种状况给全国统一制定税收法律带来一定的难度。因此，随着分税制改革的进行，有前提地、适当地给地方下放一些税收立法权，使地方可以实事求是地根据自己特有的税源开征新的税种，促进地方经济的发展。这样，既有利于地方因地制宜地发挥当地的经济优势，同时便于同国际税收惯例对接。

具体地说，我国税收立法权划分的层次是这样的：

(1) 全国性税种的立法权，即包括全部中央税、中央与地方共享税和在全国范围内征收的地方税税法的制定、公布和税种的开征、停征权，属于全国人民代表大会(简称全国人大)及其常务委员会(简称常委会)。

(2) 经全国人大及其常委会授权,全国性税种可先由国务院以"条例"或"暂行条例"的形式发布施行。经一段时期后,再行修订并通过立法程序。由全国人大及其常委会正式立法。

(3) 经全国人大及其常委会授权,国务院有制定税法实施细则、增减税目和调整税率的权力。

(4) 经全国人大及其常委会的授权,国务院有税法的解释权;经国务院授权,国家税务主管部门(财政部和国家税务总局)有税收条例的解释权和制定税收条例实施细则的权力。

(5) 省级人民代表大会及其常务委员会有根据本地区经济发展的具体情况和实际需要,在不违背国家统一税法,不影响中央的财政收入,不妨碍我国统一市场的前提下开征全国性税种以外的地方税种的税收立法权。税法的公布,税种的开征、停征,由省级人民代表大会及其常务委员会统一规定,所立税法在公布实施前须报全国人大常委会备案。

(6) 经省级人民代表大会及其常务委员会授权,省级人民政府有本地区地方税法的解释权和制定税法实施细则、调整税目、税率的权力,也可在上述规定的前提下,制定一些税收征收办法,还可以在全国性地方税条例规定的幅度内,确定本地区适用的税率或税额。上述权力除税法解释权外,在行使后和发布实施前须报国务院备案。

地区性地方税收的立法权应只限于省级立法机关或经省级立法机关授权同级政府,不能层层下放。所立税法可在全省(自治区、直辖市)范围内执行,也可只在部分地区执行。

关于我国现行税收立法权的划分问题,迄今为止,尚无一部法律对之加以完整规定,只是散见于若干财政和税收法律、法规中,尚有待于税收基本法作出统一规定。

三、税收执法权的划分

根据国务院《关于实行财政分税制有关问题的通知》等有关法律、法规的规定,我国现行税制下税收执法管理权限的划分大致如下:

(1) 首先根据国务院关于实行分税制财政管理体制的决定,按税种划分中央和地方的收入。将维护国家权益、实施宏观调控所必需的税种划为中央税;将同国民经济发展直接相关的主要税种划为中央与地方共享税;将适合地方征管的税种划为地方税,并充实地方税税种,增加地方税收收入。同时根据按收入归属划分税收管理权限的原则,对中央税,其税收管理权由国务院及其税务主管部门(财政部和国家税务总局)掌握,由中央税务机构负责征收;对地方税,其管理权由地方人民政府及其税务主管部门掌握,由地方税务机构负责征收;对中央与地方共享税,原则上由中央税务机构负责征收,共享税中地方分享的部分,由中央税务机构直接划入地方金库。在实践中,由于税收制度在不断地完善,因此,税收的征收管理权限也在不断地完善之中。

(2) 地方自行立法的地区性税种。其管理权由省级人民政府及其税务主管部门掌握。省级人民政府可以根据本地区经济发展的实际情况,自行决定继续征收或者停止征收屠宰税和筵席税。继续征收的地区,省级人民政府可以根据《屠宰税暂行条例》和《筵席税暂行条例》的规定,制定具体征收办法,并报国务院备案。

(3) 属于地方税收管理权限,在省级及其以下的地区如何划分,由省级人民代表大会或省级人民政府决定。

(4) 除少数民族自治地区和经济特区外,各地均不得擅自停征全国性的地方税种。

(5) 经全国人大及其常委会和国务院的批准,民族自治地方可以拥有某些特殊的税收管理权,如全国性地方税种某些税目税率的调整权以及一般地方税收管理权以外的其他一些管理权等。

(6) 经全国人大及其常委会和国务院的批准,经济特区也可以在享有一般地方税收管理权之外,拥有一些特殊的税收管理权。

(7) 上述地方(包括少数民族自治地区和经济特区)的税收管理权的行使,必须以不影响国家宏观调控和中央财政收入为前提。

(8) 涉外税收必须执行国家的统一税法,涉外税收政策的调整权集中在全国人大常委会和国务院,各地一律不得自行制定涉外税收的优惠措施。

(9) 根据国务院的有关规定,为了更好地体现公平税负、促进竞争的原则,保护社会主义统一市场的正常发育,在税法规定之外,一律不得减税免税,也不得采取先征后返的形式变相减免税。

四、税务机构设置和税收征管范围划分

(一) 税务机构设置

根据我国经济和社会发展及实行分税制财政管理体制的需要,现行税务机构设置是中央政府设立国家税务总局(正部级),省及省以下税务机构分为国家税务局和地方税务局两个系统。

国家税务总局对国家税务局系统实行机构、编制、干部、经费的垂直管理,协同省级人民政府对省级地方税务局实行双重领导。

(1) 国家税务局系统包括省、自治区、直辖市国家税务局,地区、地级市、自治州、盟国家税务局,县、县级市、旗国家税务局,征收分局、税务所。征收分局、税务所是县级国家税务局的派出机构,前者一般按照行政区划、经济区划或者行业设置,后者一般按照经济区划或者行政区划设置。

省级国家税务局是国家税务总局直属的正厅(局)级行政机构,是本地区主管国家税收工作的职能部门,负责贯彻执行国家的有关税收法律、法规和规章,并结合本地实际情况制定具体实施办法。局长、副局长均由国家税务总局任命。

(2) 地方税务局系统包括省、自治区、直辖市地方税务局，地区、地级市、自治州、盟地方税务局。县、县级市、旗地方税务局，征收分局、税务所。省以下地方税务局实行上级税务机关和同级政府双重领导、以上级税务机关垂直领导为主的管理体制，即地区(市)、县(市)地方税务局的机构设置、干部管理、人员编制和经费开支均由所在省(自治区、直辖市)地方税务局垂直管理。

省级地方税务局是省级人民政府所属的主管本地区地方税收工作的职能部门，一般为正厅(局)级行政机构，实行地方政府和国家税务总局双重领导，以地方政府领导为主的管理体制。

国家税务总局对省级地方税务局的领导，主要体现在税收政策、业务的指导和协调，对国家统一的税收制度、政策的监督，组织经验交流等方面。省级地方税务局的局长人选由地方政府征求国家税务总局意见之后任免。

(二) 税收征收管理范围划分

目前，我国的税收分别由财政、税务、海关等系统负责征收管理：

第一，国家税务局系统负责征收和管理的项目有：增值税，消费税，车辆购置税，铁道部门、各银行总行、各保险总公司集中缴纳的营业税、所得税、城市维护建设税，中央企业缴纳的所得税，中央与地方所属企业、事业单位组成的联营企业、股份制企业缴纳的所得税，地方银行、非银行金融企业缴纳的所得税，海洋石油企业缴纳的所得税、资源税，证券交易税(开征之前为对证券交易征收的印花税)，个人所得税中对储蓄存款利息所得征收的部分，中央税的滞纳金、补税、罚款。

第二，地方税务局系统负责征收和管理的项目有：营业税、城市维护建设税(不包括上述由国家税务局系统负责征收管理的部分)，地方国有企业、集体企业、私营企业缴纳的所得税、个人所得税(不包括对银行储蓄存款利息所得征收的部分)、资源税、城镇土地使用税、耕地占用税、土地增值税、房产税、车船税、印花税、契税及其地方附加，地方税的滞纳金、补税、罚款。

此外，依据国税发[2002]8 号文件通知规定，企业所得税、个人所得税的征收管理范围按以下规定执行：

(1) 2001年 12 月 31 日以前国家税务局、地方税务局征收管理的企业所得税、个人所得税(包括储蓄存款利息所得个人所得税)，仍由原征管机关征收管理，不作变动。

(2) 自2002年 1 月 1 日起，按国家工商行政管理总局的有关规定，在各级工商行政管理部门办理设立(开业)登记的企业，其企业所得税由国家税务局负责征收管理。但下列办理设立(开业)登记的企业仍由地方税务局负责征收管理：① 两个以上企业合并设立一个新的企业，合并各方解散，但合并各方原均为地方税务局征收管理的；② 因分立而新设立的企业，但原企业由地方税务局负责征收管理的；③ 原缴纳企业所得税的事业单位改制为企业办理设立登记，但原事业单位由地方税务局负责征收管理的；④ 在工商行政管理部门办理变更登记的企业，其企业所得税仍由原征收机关负责征收管理。

(3) 自2002年1月1日起，在其他行政管理部门新登记注册、领取许可证的事业单位、社会团体、律师事务所、医院、学校等缴纳企业所得税的其他组织，其企业所得税由国家税务局负责征收管理。

(4) 2001年12月31日前已在工商行政管理部门和其他行政管理部门登记注册，但未进行税务登记的企事业单位及其他组织，在2002年1月1日后进行税务登记的，其企业所得税按原规定的征管范围，由国家税务局、地方税务局分别征收管理。

(5) 2001年年底前的债转股企业、中国企事业单位参股的股份制企业和联营企业，仍由原征管机关征收管理，不再调整。

(6) 不实行所得税分享的铁路运输(包括广铁集团)、国家邮政、中国工商银行、中国农业银行、中国银行、中国建设银行、国家开发银行、中国农业发展银行、中国进出口银行以及海洋石油天然气企业，由国家税务局负责征收管理。

(7) 除储蓄存款利息所得以外的个人所得税(包括个人独资、合伙企业的个人所得税)，仍由地方税务局负责征收管理。

为了加强税收征收管理，降低征收成本，避免工作交叉，简化征收手续，方便纳税人，在某些情况下，国家税务局和地方税务局可以相互委托对方代征某些税收。

第三，在部分地区，地方附加、耕地占用税，仍由地方财政部门征收和管理。

第四，海关系统负责征收和管理的项目有关税、行李和邮递物品进口税，同时负责代征进出口环节的增值税和消费税。

(三) 中央政府与地方政府税收收入划分

根据国务院关于实行分税制财政管理体制的规定，我国的税收收入分为中央政府固定收入、地方政府固定收入和中央政府与地方政府共享收入：

(1) 中央政府固定收入包括消费税(含进口环节海关代征的部分)、车辆购置税、关税、海关代征的进口环节增值税等。

(2) 地方政府固定收入包括城镇土地使用税、耕地占用税、土地增值税、房产税、车船税、契税。

(3) 中央政府与地方政府共享收入主要包括：① 增值税(不含进口环节由海关代征的部分)：中央政府分享75%，地方政府分享25%。② 营业税：铁道部、各银行总行、各保险总公司集中缴纳的部分归中央政府，其余部分归地方政府。③ 企业所得税：铁道部、各银行总行及海洋石油企业缴纳的部分归中央政府，其余部分中央与地方政府按60%与40%的比例分享。④ 个人所得税：除储蓄存款利息所得的个人所得税外，其余部分的分享比例与企业所得税相同。⑤ 资源税：海洋石油企业缴纳的部分归中央政府，其余部分归地方政府。⑥ 城市维护建设税：铁道部、各银行总行、各保险总公司集中缴纳的部分归中央政府，其余部分归地方政府。⑦ 印花税：证券交易印花税收入的94%归中央政府，其余

6%和其他印花税收入归地方政府。

复习思考题

一、单项选择题

1. 税收具有强制性、固定性和无偿性三个特征，其中占据核心特征的是(　　)。

A. 强制性　　B. 无偿性　　C. 固定性　　D. 强制性和无偿性

2. 按照职能作用的不同，税法可分为(　　)。

A. 税收基本法和税收普通法　　B. 税收实体法和税收程序法

C. 国内税法和国际税法　　D. 中央税和地方税

3. 在税收实体法的构成要素中，构成第一性要素的是(　　)。

A. 纳税人　　B. 税率　　C. 课税对象　　D. 计税依据

二、多项选择题

1. 以下项目中，属于税法特征的是(　　)。

A. 税法属于制定法　　B. 税法属于习惯法

C. 税法属于授权性法规　　D. 税法属于义务性法规

E. 税法具有综合性

2. 税收减免的基本形式包括(　　)。

A. 税基式减免　　B. 税率式减免　　C. 税额式减免　　D. 法定式减免

3. 关于税率的相关表述，下列说法中，正确的是(　　)。

A. 在任何情况下，名义税率大于实际税率

B. 在累进税率下，边际税率大于平均税率

C. 比例税率具有一定的累退性

D. 定额税率不受课税对象价值量的影响

三、简述题

1. 简述税收与税法的关系。
2. 税法基本原则和税法适用原则分别包括哪些内容？
3. 税收实体法要素有哪些？
4. 简述课税对象与计税依据的关系。
5. 中央政府与地方政府税收收入如何划分？

第二章　增　值　税

第一节　增 值 税 概 述

一、增值税的概念

增值税是对我国境内单位和个人在生产经营过程中取得的增值额为课税对象征收的一种货物、劳务税。

增值额是增加的价值额，即企业在生产经营过程中创造的新价值。现实经济生活中，对增值额这一概念可以从以下四个视角来理解：

(1) 单一企业增值额。从单个生产经营单位来看，增值额是指该单位销售货物或提供劳务的收入额扣除外购的货物和应税劳务价款后的正余额。

(2) 单一货物增值额。从某一货物来看，增值额是该货物经历的生产和流通的各个环节所创造的增值额之和，也就是该项货物的最终销售价值。例如，某项货物最终销售价格为1 000元，这1 000元是由三个生产经营环节共同创造的。假定每一环节没有物质消耗，都是该环节自己新创造的价值，那么，该货物在三个环节中创造的增值额之和就是该货物的全部销售额。该货物每一环节的增值额和销售额的数量及关系见表2－1。

表2－1

各环节增值过程表

单位：元

项目环节	销售额	增值额
制造环节	600	600
批发环节	750	150
零售环节	1 000	250
合　计		1 000

该项货物在上述三个环节创造的增值额之和为1 000元，该项货物的最终销售价格也是1 000元。这种情况说明，实行增值税时，在税率一致的情况下，对每一生产流通环节征收的增值税之和，实际上就是等于按货物最终销售额征收的增值税。

(3) 理论上的增值额。从理论上讲，增值额是企业在生产经营过程中新创造的那部分价值。即货物或劳务价值中 V+M 部分，在我国相当于净产值或国民收入部分。

(4) 法定的增值额。实行增值税的国家，据以征税的增值额并非理论上的增值额，而是一种法定增值额。所谓法定增值额是指各国政府根据各自的国情、政策要求，在规定扣除范围时，对外购固定资产的处理办法不同。一般来说，各国在确定征税的增值额时，对外购流动资产价款都允许从货物总价值中扣除。但是，对外购固定资产价款各国处理办法则有所不同，有些国家允许扣除，有些国家不允许扣除。在允许扣除的国家，扣除情况也不一样。

二、增值税的类型

从理论上讲，按对外购固定资产处理方式的不同，增值税可以划分为生产型增值税、收入型增值税和消费型增值税。

(一) 生产型增值税

生产型增值税是指计算增值税时，不允许扣除任何外购固定资产的价款，作为课税基数的法定增值额除包括纳税人新创造价值外，还包括当期计入成本的外购固定资产价款部分，即法定增值额相当于当期工资、利息、租金、利润等理论增值额和折旧额之和。从整个国民经济来看，这一课税基数大体相当于国民生产总值的统计口径，故称为生产型增值税。此种类型的增值税对固定资产存在重复征税，而且越是资本有机构成高的行业，重复征税就越严重。这种类型的增值税虽然不利于鼓励纳税人进行投资，但有利于保证财政收入。

(二) 收入型增值税

收入型增值税是指计算增值税时，对外购固定资产价款只允许扣除当期计入产品价值的折旧费部分，其增值额相当于当期工资、利息、租金和利润等各增值项目之和。从整个国民经济来看，这一课税基数相当于国民收入部分，故称为收入型增值税。此种类型的增值税从理论上讲是一种标准的增值税，但由于外购固定资产价款是以计提折旧的方式分期转入产品价值的，且转入部分没有逐笔对应的外购凭证，故给凭发票扣税的计算方法带来困难，从而影响了这种方法的广泛采用。

(三) 消费型增值税

消费型增值税是指计算增值税时，允许将当期购入的固定资产价款一次全部扣除。作为课税基数的法定增值额相当于纳税人当期的全部销售额扣除外购的全部生产资料价款后的余额。从整个国民经济来看，这一课税基数仅限于消费资料价值的部分，故称为消费型增值税。此种类型的增值税在购进固定资产的当期因扣除额大大增加，会减少财政收入。但这种方法最宜规范凭发票扣税的计算方法，可以一次将其已纳税款全部扣除，既便于操作，也便于管理；同时有利于鼓励纳税人进行投资，可以减少占用纳税人上一环节已缴纳的税款。所以是三种类型最简便、最能体现增值税优越性的一种类型。我国从2009年1月1日开始全面实行消费型增值税。

三、增值税的计税方法

增值税的计税方法分为直接计算法和间接计算法两种类型。

（一）直接计算法

所谓直接计算法是指首先计算出应税货物或劳务的增值额，然后用增值额乘以适用税率求出应纳税额。直接计算法按计算增值额的方法不同，又可分为加法和减法。

1. 加法

加法是把企业在计算期内实现的各项增值项目一一相加，求出全部增值额。增值项目包括工资、奖金、利润、利息、租金以及其他增值项目。这种加法只是一种理论意义上的方法，实际应用的可能性很小，甚至不可能。这是因为：① 由于企业实行的财务会计制度不同，致使确定增值项目与非增值项目的标准也不尽相同，在实际工作中容易造成争执，难以执行。② 增值额本身就是一个比较模糊的概念，很难准确计算。如企业支付的各种罚款、没收的财物或接收的捐赠等是否属于增值额有时难以确定。加法只是理论上的一种计算方法，现实中很少国家采用。

2. 减法

减法是以企业在计算期内实现的应税货物或劳务的全部销售额减去规定的外购项目金额以后的余额作为增值额，这种方法又叫扣额法。当采取购进扣额法时，该计算方法同扣税法没有什么区别，但必须有一个前提条件，即只有在采用一档税率的情况下，这种计算方法才具有实际意义，如要实行多档税率的增值税制度，则不能采用这种方法计税。

（二）间接计算法

所谓间接计算法是指不直接根据增值额计算增值税，而是首先计算出应税货物的整体税负，然后从整体税负中扣除法定的外购项目已纳税额。由于这种方法是以外购项目的实际已纳税额为依据，所以又叫扣税法。扣税法又分购进扣税法和实耗扣税法。实行增值税的国家一般采用发票购进扣税法，这种方法简便易行，计算准确，既适用于单一税率，又适用于多档税率。

四、增值税的特点和优点

增值税与其他货物、劳务税相比，具有以下特点和优点。

（一）增值税的特点

1. 不重复征税

增值税只对货物或劳务销售额中没有征过税的那部分增值额征税，对销售额中属于转移过来的、以前环节已征过税的那部分销售额则不再征税。从而有效地排除了重叠征税因素。

2. 具有中性税收的特征

所谓中性税收是指税收对经济行为包括企业生产决策、生产组织形式等不产生影响，由市场对资源配置发挥基础性、主导性作用。政府在建立税制时，以不干扰经营者的投资决策和消费者的消费选择为原则。此外，增值税税率档次少，一些国家只采取一档税率，即使采取二档或三档税率的，其绝大部分货物一般也都是按一个统一的基本税率征税。这不仅使得绝大部分货物的税负是一样的，而且同一货物在经历的所有生产和流通的各环节的整体税负也是一样的。这种情况使增值税对生产经营活动以及消费行为基本不发生影响，从而使增值税具有中性税收的特征。

3. 具有征收的普遍性和连续性

增值税由于克服了重复征税，可以多环节征税，具有广阔的税基。从生产经营的横向关系看，无论工业、商业或者劳务服务活动，只要有增值收入就要纳税；从生产经营的纵向关系看，每一货物无论经过多少生产经营环节，都要按各道环节上发生的增值额逐次征税。

（二）增值税的优点

增值税的优点是由增值税的特点决定的。具体体现如下。

1. 能够平衡税负，促进公平竞争

增值税具有不重复征税的特点，能够彻底解决同一种货物由全能厂生产和由非全能厂生产所产生的税负不平衡问题。因为，从一个企业来看，增值税税负的高低不受货物结构中外购协作件所占比重大小的影响；从一项货物来看，增值税不受该货物所经历的生产经营环节多少的影响。也就是说，一种货物无论是由几个、十几个、甚至几十个企业共同完成，还是自始至终由一个企业完成，货物只要最终销售价格相同，那么该货物所负担的增值税税负也相同。从而彻底解决了同一货物由全能厂生产和由非全能厂生产所产生的税负不平衡问题。增值税能够平衡税负的这种内在合理性使得增值税能够适应专业化、协作化经济发展的需要，为在市场经济下的公平竞争提供良好的外部条件。

2. 有利于对出口货物退税，又可避免对进口货物征税不足

世界各国为保护和促进本国经济的发展，在对外贸易上都采取“奖出限入”的经济政策。为此，各国为使出口货物以不含税价格进入国际市场，对出口货物普遍实行退税政策。对进口货物实行征收增值税，有利于贯彻国际货物境内销售应同等纳税的原则，避免产生进口货物的税负轻于国内同类货物，以及进口货物利润大于国内相同货物利润的假

象。因为按全部流转额征税时,同一货物在国内因经历流转环节多而存在重复征税,税负较重;而对进口货物只能在进口环节按进口货物总值征一次税,不存在重复征税问题。因而导致进口货物的税负轻于国内同类货物的税负,这是对进口货物征税不足所引起的。实行增值税后,排除了国内货物重叠征税因素,使进口货物和国内同类货物承担相同的税负,从而能够正确比较和衡量进口货物的得失,既体现了国际同等纳税的原则,又维护了国家经济权益。

3. 具有内在制约、交叉控制的机制

增值税实行凭发票扣税的征收制度,通过发票把买卖双方连为一体,并形成一个有机的扣税链条。即销售方销售货物开具的增值税发票既是销货方计算销项税额的凭证,同时也是购货方据以扣税的凭证。正是通过发票才得以把货物承担的税款从一个经营环节传递到下一个经营环节,最后传递到最终消费者身上。在这一纳税链条中,如有哪一环节少缴了税款,必然导致下一个环节多缴税款。可见,增值税发票使买卖双方在纳税上形成了一种利益制约关系。这种制约关系一方面可以避免纳税人逃避缴纳税款和错计税款,另一方面也有助于税务机关进行检查和监督。

五、增值税产生与发展

法国于1954年成功地推行增值税后,对欧洲和世界各国都产生了重大影响,特别是对当时的欧洲共同体国家的影响更大。在随后的十几年里欧共体成员国相继实行了增值税,紧跟着欧洲其他一些国家以及非洲和拉丁美洲的一些国家为改善自己在国际贸易中的竞争条件也实行了增值税。亚洲国家自 20 世纪 70 年代后期也开始推行增值税。

目前,世界上已有 140 多个国家和地区实行了增值税。从增值税在国际上的广泛应用可以看出,增值税既可以多环节征税,又可以避免重复征税的特性,得到世界大多数国家认可。目前,美国还没有实行增值税。

我国于1979年引进、试点增值税,1984年第二步利改税和整个工商税制改革时正式建立,公布了《增值税条例(草案)》及其实施细则。1994年增值税改革时,选择生产型增值税。2009 年起全面实行消费型增值税,2012 年开始,逐步扩大增值税征收范围,实行营业税改增值税改革。

第二节 增值税的征税范围

一、增值税的征税范围

增值税的征税范围包括货物的生产、批发、零售和进口四个环节,此外,加工和修理修配等部分劳务也属于增值税的征税范围。增值税征税范围具体内容如下。

1. 销售货物

“货物”是指除土地、房屋和其他建筑物等一切不动产之外的有形动产。包括电力、热力和气体在内。销售货物是指有偿转让货物的所有权。“有偿”不仅仅指从购买方取得货币,还包括取得货物或其他经济利益。

2. 提供加工和修理修配劳务

“加工”是指接收来料承做货物,加工后的货物所有权仍属于委托者的业务,即通常所说的委托加工业务。“委托加工业务”是指由委托方提供原料及主要材料,受托方按照委托方的要求制造货物并收取加工费的业务。“修理修配”是指受托对损伤和丧失功能的货物进行修复,使其恢复原状和功能的业务。这里的“提供加工和修理修配劳务”都是指有偿提供加工和修理修配劳务。但单位或个体经营者聘用的员工为本单位或雇主提供加工、修理修配劳务则不包括在内。增值税的加工修理修配是指对货物的加工修理修配。

3. 应税服务

应税服务是指陆路运输服务、水路运输服务、航空运输服务、管道运输服务、邮政普遍服务、邮政特殊服务、其他邮政服务、电信业、研发和技术服务、信息技术服务、文化创意服务、物流辅助服务、有形动产租赁服务、鉴证咨询服务、广播影视服务。

4. 进口货物

进口货物是指申报进入我国海关境内的货物。确定一项货物是否属于进口货物,必须看其是否办理了报关进口手续。通常,境外产品要输入境内,必须向我国海关申报进口,并办理有关报关手续。只要是报关进口的应税货物,均属于增值税征税范围,在进口环节缴纳增值税。

二、对视同销售货物行为的征税规定

单位或个体经营者的下列行为,视同销售货物,征收增值税:

(1) 将货物交付他人代销。

(2) 销售代销货物。

(3) 设有两个以上机构并实行统一核算的纳税人,将货物从一个机构移送到其他机构用于销售,但相关机构设在同一县(市)的除外。

(4) 将自产或委托加工的货物用于非应税项目。

(5) 将自产、委托加工或购买的货物作为投资,提供给其他单位或个体经营者。

(6) 将自产、委托加工或购买的货物分配给股东或投资者。

(7) 将自产、委托加工的货物用于集体福利或个人消费。

(8) 将自产、委托加工或购买的货物无偿赠送给他人。

对上述行为视同销售货物或提供应税劳务,按规定计算销售额并征收增值税。一是为了防止通过这些行为逃避纳税，造成税款流失；二是为了避免税款抵扣链条的中断，导致各环节间税负的不均衡。

三、对混合销售行为和兼营行为的征税规定

混合销售行为与兼营行为是在1994年流转税制改革时，由于对货物销售全面实行了增值税，而对服务业(除加工和修理修配货物外)仍实行营业税，针对既有增值税又有营业税的具体行为如何征税而出现的特殊概念。

(一) 混合销售行为

所谓混合销售行为是指现实生活中有些销售行为同时涉及货物和非增值税应税劳务(指属于营业税征税范围的劳务活动)，即在同一项销售行为中既包括销售货物又包括提供非应税劳务。混合销售行为的特点是：销售货物与提供非应税劳务是由同一纳税人实现，价款是同时从一个购买方取得的。

对于这种混合销售行为从理论上讲应当分别征收增值税和营业税，但这将给征纳双方在管理上带来很多困难。为便于征管，增值税实施细则中规定：对于从事货物的生产、批发或零售的企业、企业性单位及个体经营者的混合销售行为，均视为销售货物，征收增值税；对于其他单位和个人的混合销售行为，视为销售非应税劳务，不征收增值税。

以上所说的从事货物的生产、批发或零售的企业、企业性单位及个体经营者，包括以从事货物的生产、批发或零售为主，并兼营非应税劳务的企业、企业性单位及个体经营者在内。具体是指：纳税人的年货物销售额与非增值税应税劳务营业额的合计数中，年货物销售额超过50%，非增值税应税劳务营业额不到50%。此比例是指纳税人的年应税收入，而不是指单项业务及单项混合销售业务行为中货物金额的比例。如纳税人签订并提供的一项安装业务合同行为，其业务属于营业税应税行为，不能依据这项业务中原材料金额比重超过该项业务总收入的50%来认定属于混合销售行为，并以此来认定此项业务缴纳增值税。

对以从事非增值税应税劳务为主，并兼营货物销售的单位和个人，其混合销售行为应视为销售非应税劳务，不征收增值税。但如果其设立单独的机构经营货物销售并单独核算，该单独机构应视为从事货物的生产、批发或零售的企业、企业性单位，其发生的混合销售行为应当征收增值税。

混合销售的确定机关。纳税人的混合销售行为，未分别核算的，由主管国家税务局、地方税务局分别核定货物、增值税应税劳务的销售额和营业税应税劳务的营业额。

(二) 兼营非应税劳务

所谓兼营非应税劳务，是指纳税人的经营范围既包括销售货物和应税劳务，又包括提

供非应税劳务。但是,销售货物或应税劳务与提供非应税劳务不同时发生在同一购买者身上,即不发生在同一项销售行为。纳税人兼营非应税劳务的,应分别核算货物或应税劳务和非应税劳务的销售额。不分别核算或不能准确核算的,其非应税劳务应与货物或应税劳务一并征收增值税。对于纳税人兼营的非应税劳务,是否应当一并征收增值税,由国家税务总局所属征收机关确定。

(三)混合销售与兼营非应税劳务的异同点及其税务处理的规定

混合销售与兼营,两者有相同的方面,又有明显的区别。相同点是:两种行为的经营范围都有销售货物和提供劳务这两类经营项目。区别是:混合销售强调的是在同一项销售行为中存在着两类经营项目的混合,销售货款及劳务价款是同时从一个购买方取得的;兼营强调的是在同一纳税人的经营活动中存在着两类经营项目,但这两类经营项目不是在同一项销售行为中发生,即销售货物和应税劳务与提供非应税劳务不是同时发生在同一购买者身上。

四、征税范围的特殊规定

(一)下列行为应当征收增值税

(1)货物期货(包括商品期货和贵金属期货),在期货的实物交割环节纳税。

(2)银行销售金银的业务。分行按预征率预缴增值税,省级或直属分行统一清算缴纳。

(3)基本建设单位和从事建筑安装业务的企业附设工厂、车间生产的水泥预制构件、其他构件或建筑材料,凡用于本单位或本企业的建筑工程的,应视同对外销售,在移送使用环节征收增值税。

(4)执罚部门和单位查处的属于一般商业部门经营的商品,具备拍卖条件的,由执罚部门或单位商同级财政部门同意后,公开拍卖。其拍卖收入作为罚没收入由执罚部门和单位如数上缴财政,不予征税。对经营单位购入拍卖物品再销售的,应照章征收增值税。

(5)电力公司向发电企业收取的过网费,应当征收增值税,不征收营业税。

(6)印刷企业自己购买纸张,接受出版单位委托,印刷报纸书刊等印刷品的征税问题。印刷企业接受出版单位委托,自行购买纸张。印刷有统一刊号(CN)以及采用国际标准书号编序的图书、报纸和杂志,按货物销售征收增值税。

(二)下列行为免征增值税

境内的单位和个人提供的下列应税服务免征增值税,但财政部和国家税务总局规定适用增值税零税率的除外:

(1)工程、矿产资源在境外的工程勘察勘探服务。

(2)会议展览地点在境外的会议展览服务。

(3) 存储地点在境外的仓储服务。

(4) 标的物在境外使用的有形动产租赁服务。

(5) 为出口货物提供的邮政业服务和收派服务。

(6) 在境外提供的广播影视节目(作品)的发行、播映服务。

(7) 不适用零税率的国际运输服务和港澳台运输服务。

(8) 向境外单位提供的下列应税服务:① 技术转让服务、技术咨询服务、合同能源管理服务、软件服务、电路设计及测试服务、信息系统服务、业务流程管理服务、商标著作权转让服务、知识产权服务、物流辅助服务(仓储服务、收派服务除外)、认证服务、鉴证服务、咨询服务、广播影视节目(作品)制作服务、期租服务、程租服务、湿租服务。但不包括:合同标的物在境内的合同能源管理服务,对境内货物或不动产的认证服务、鉴证服务和咨询服务。② 广告投放地在境外的广告服务。

第三节 增值税的纳税人

一、增值税纳税人的基本规定

根据《增值税暂行条例》的规定,凡在中华人民共和国境内销售货物或者提供应税劳务,以及进口货物的单位和个人,为增值税的纳税义务人。

单位是指一切从事销售或进口货物、提供应税劳务的单位。包括国有企业、集体企业、私有企业、股份制企业、外商投资企业和外国企业、其他企业和行政单位、事业单位、军事单位、社会团体及其他单位。

个人是指凡从事销售或进口货物、提供应税劳务的个人均属于增值税纳税义务人。包括个体经营者和其他个人。

单位以承包、承租、挂靠方式经营的,承包人、承租人、挂靠人(以下统称承包人)以发包人、出租人、被挂靠人(以下统称发包人)名义对外经营并由发包人承担相关法律责任的,以该发包人为纳税人。否则,以承包人为纳税人。

进口货物的单位和个人是指进口货物的收货人或办理报关手续的单位和个人。对报关进口的货物,以进口货物的收货人或办理报关手续的单位和个人为进口货物的纳税人。对代理进口货物,以海关开具的完税凭证上的纳税人为增值税纳税人。即对报关进口货物,凡是海关的完税凭证开具给委托方的,对代理方不征增值税;凡是海关的完税凭证开具给代理方的,对代理方应按规定征收增值税。

扣缴义务人。境外的单位或个人在境内销售应税劳务而境内未设有经营机构的,其应纳税款以代理人为扣缴义务人;没有代理人的,以购买者或接受方为扣缴义务人。

二、增值税纳税人的分类

（一）增值税纳税人分类的依据

新修订的《增值税暂行条例》及其实施细则，降低了增值税小规模纳税人的认定标准，对增值税一般纳税人的认定也增加了一些新规定。

税法规定，纳税人的经营规模以及会计核算的健全程度，是划分一般纳税人和小规模纳税人的主要依据。

1. 销售额标准一般纳税人的认定

（1）从事货物生产或者提供应税劳务的纳税人，以及以从事货物生产或者提供应税劳务为主，并兼营货物批发或者零售的纳税人，年应征增值税销售额（以下简称应税销售额）在50万元以上的。年应税销售额是指纳税人在连续不超过12个月的经营期内累计应征增值税的销售额，包括免税销售额。

以从事货物生产或者提供应税劳务为主，是指纳税人的年货物生产或者提供应税劳务的销售额占年应税销售额的比重在50%以上。

（2）除前项规定以外的纳税人，年应税销售额在80万元以上的。

（3）应税服务年销售额500万元的纳税人。

除上述一般纳税人以外的其他纳税人属于小规模纳税人。

2. 会计核算标准一般纳税人的认定

小规模纳税人会计核算健全，能够提供准确的税务资料的，可以向主管税务机关申请认定为一般纳税人资格。这里所称的会计核算健全，是指能够按照国家统一的会计制度规定设置账簿，根据合法、有效的凭证进行核算。也就是说，年应税销售额未超过认定标准的小规模纳税人，只要会计核算健全，也可以向主管税务机关申请认定为增值税一般纳税人。

（二）一般纳税人与小规模纳税人的转换

除国家税务总局另有规定外，纳税人一经认定为增值税一般纳税人后，不得转为小规模纳税人。

临时一般纳税人转为一般纳税人过程中，对已使用增值税防伪税控系统但年应税销售额未达到规定标准的一般纳税人，如果会计核算健全，且没有下列情形之一者，不取消其一般纳税人资格：① 虚开增值税专用发票或者有偷、骗、抗税行为；② 连续3个月未申报或者连续6个月纳税申报异常且无正当理由；③ 不按规定保管、使用增值税专用发票、税控装置，造成严重后果的。

对已认定为一般纳税人的新办商贸零售企业，但未从事货物零售业务的，应取消其一般纳税人资格。一般纳税人注销或被取消辅导期一般纳税人资格，转为小规模纳税人时，其存货不作进项税额转出处理，其留抵税额也不予退税。

（三）不能办理一般纳税人资格认定的情况

（1）个体工商户以外的其他个人。

（2）选择按照小规模纳税人纳税的非企业性单位。

（3）选择按照小规模纳税人纳税的不经常发生应税行为的企业，包括旅店业和饮食业纳税人销售非现场消费的食品，可选择按小规模纳税人。

第四节　增值税的税率

一、增值税税率的含义

增值税税率是按照货物的整体税负设计的，即用应税货物的销售额乘以增值税税率，就是该货物在这一环节所负担的全部增值税税额（包括本环节的应纳税额及以前环节的已纳税额）。公式表示为：

增值税税率＝（货物在本环节的应纳税额＋以前环节的已纳税额）÷货物在本环节的销售额×100％

根据应税货物的销售额和增值税税率，就可计算出该项货物到本环节为止所应承担的全部税额。本环节承担的税额是从全部税额中扣除以前环节已纳的税额，也就是该货物在本环节新增价值部分所应承担的税额。

二、我国增值税税率

根据确定增值税税率的基本原则，我国增值税设置了一档基本税率和一档低税率，此外还有对出口货物实施的零税率。

（一）基本税率

增值税的基本税率为17％。纳税人销售或者进口货物，除列举的外，税率均为17％；提供加工、修理修配劳务，提供有形动产租赁服务，税率也为17％。

（二）低税率

增值税的低税率为13％、11％、6％。

（1）纳税人销售或者进口下列货物的，税率为13％。① 农业产品。农业产品是指种植业、养殖业、林业、牧业、水产业生产的各种植物、动物的初级产品。② 食用植物油及食用盐。植物油是从植物根、茎、叶、果实、花或胚芽组织中加工提取的油脂。棕榈油，也属本货物范围。食用盐是指符合《食用盐》（GB5461—2000）和《食用盐卫生标准》（GB2721—2003）两项国家标准的食用盐。包括海盐、湖盐、井矿盐。③ 自来水。自来水是指自来水公司及工矿企业经抽取、过滤、沉淀、消毒等工序加工后，通过供水系统向用户供应的水。农业灌溉用水、引水工程输送的水等，不属于本货物的范围。④ 暖气、热水。

暖气、热水是指利用各种燃料（如煤、石油、其他各种气体或固体、液体燃料）和电能将水加热，使之形成的气体和热水，以及开发自然热能，如开发地热资源或用太阳能生产的暖气、热气、热水。利用工业余热生产、回收的暖气、热气和热水也属于本货物的范围。⑤ 冷气。冷气是指为了调节室内温度，利用制冷设备生产的，并通过供风系统向用户提供的低温气体。⑥ 煤气。煤气是指由煤、焦炭、半焦和重油等经干馏或汽化等生产过程所得气体产物的总称。⑦ 石油液化气、天然气、沼气、居民用煤炭制品。⑧ 图书、报纸、杂志。图书、报纸、杂志是采用印刷工艺，按照文字、图画和线条原稿印刷成的纸制品。⑨ 饲料。饲料是指用于动物饲养的产品或其加工品。本货物的范围包括：单一大宗饲料、混合饲料、配合饲料、复合预混料、浓缩饲料。直接用于动物饲养的粮食、饲料添加剂不属于本货物的范围。⑩ 化肥。化肥是指化学和机械加工制成的各种化学肥料。化肥的范围包括：化学氮肥；磷肥；钾肥；复合肥料；微量元素肥。⑪ 农药、农膜。农药是指用于农林业防治病虫害、除草及调节植物生产的药剂。用于人类日常生活的各种类型包装的日用卫生用药（如卫生杀虫剂、驱虫剂、驱蚊剂、蚊香、清毒剂等），不属农药范围。农膜是指用于农业生产的各种地膜、大棚膜。⑫ 农机。农机是指用于农业生产（包括林业、牧业、副业、渔业）的各种机器、机械化和半机械化农具以及小农具。以农副产品为原料加工工业产品的机械、森林砍伐机械、集材机械、农机零部件、农用汽车、机动渔船不属于本货物的范围。⑬ 盐。盐是指主体化学成分为氯化钠的工业盐和食用盐。包括海盐、湖盐、井矿盐。自2007年9月1日起，盐适用增值税税率由17%统一调整为13%。⑭ 音像制品。音像制品是指正式出版的录有内容的录音带、录像带、唱片、激光唱盘和激光视盘。⑮ 电子出版物。电子出版物是指以数字代码方式，使用计算机应用程序，将图文声像等内容信息编辑加工后存储在具有确定的物理形态的磁、光、电等介质上，通过内嵌在计算机、手机、电子阅读设备、电子显示设备、数字音/视频播放设备、电子游戏机、导航仪以及其他具有类似功能的设备上读取使用，具有交互功能，用以表达思想、普及知识和积累文化的大众传播媒体。载体形态和格式主要包括光盘和各种存储芯片。⑯ 二甲醚。二甲醚是指化学分子式为 CH_3OCH_3，常温常压下为具有轻微醚香味，易燃、无毒、无腐蚀性的气体。

（2）提供交通运输服务、邮政业服务、基础电信服务，税率为11%。

（3）提供其他现代服务业服务、增值电信服务，税率为6%。

（三）零税率

纳税人出口货物，提供的国际运输服务、航天运输服务、向境外单位提供的设计服务，税率为零。但是国务院另有规定的除外。零税率不能等同于免税，零税率与免税有一定区别。

根据增值税征收原理和鼓励出口政策，下列货物和服务实行0%的税率。

（1）纳税人出口货物。

(2) 纳税人提供的国际运输服务。航天运输服务参照国际运输服务。国际运输服务是指：在境内载运旅客或者货物出境；在境外载运旅客或者货物入境；在境外载运旅客或者货物。

(3) 纳税人向境外单位提供的研发服务和设计服务。向境外单位提供的设计服务，不包括对境内不动产提供的设计服务。

(4) 纳税人提供的往返中国香港、中国澳门、中国台湾的交通运输服务以及在香港、澳门、台湾提供的交通运输服务(称港澳台运输服务)。

(5) 自2013年8月1日起，境内纳税人提供程租服务，如果租赁的交通工具用于国际运输服务和港澳台运输服务，由出租方按规定申请适用增值税零税率。向境内单位或个人提供期租、湿租服务，如果承租方利用租赁的交通工具向其他单位或个人提供国际运输服务和港澳台运输服务，由承租方按规定申请适用增值税零税率。境内的单位或个人向境外单位或个人提供期租、湿租服务，由出租方按规定申请适用增值税零税率。

境内的单位和个人提供适用增值税零税率的应税服务，如果属于适用简易计税方法的，实行免征增值税办法。如果属于适用增值税一般计税方法的，生产企业实行免抵退税办法，外贸企业外购研发服务和设计服务出口实行免退税办法，外贸企业自己开发的研发服务和设计服务出口，视同生产企业连同其出口货物统一实行免抵退税办法。境内的单位和个人提供适用增值税零税率应税服务的，可以放弃适用增值税零税率，选择免税或按规定缴纳增值税。放弃适用增值税零税率后，36个月内不得再申请适用增值税零税率。

(四) 征收率

由于小规模纳税人经营规模小，会计核算不健全，无法准确计算销项税额和进项税额，不允许使用增值税专用发票，因此，实行按销售额与征收率计算应纳税额的简易方法：

(1) 小规模纳税人的征收率为3%。

(2) 一般纳税人销售自产的下列货物，自2014年7月1日起可选择按照简易办法依照3%征收率计算缴纳增值税：① 县级及县级以下小型水力发电单位生产的电力。小型水力发电单位，是指各类投资主体建设的装机容量为5万千瓦以下(含5万千瓦)的小型水力发电单位。② 建筑用和生产建筑材料所用的砂、土、石料。③ 以自己采掘的砂、土、石料或其他矿物连续生产的砖、瓦、石灰(不含黏土实心砖、瓦)。④ 用微生物、微生物代谢产物、动物毒素、人或动物的血液或组织制成的生物制品。⑤ 自来水。⑥ 商品混凝土(仅限于以水泥为原料生产的水泥混凝土)。⑦ 寄售商店代销寄售物品(包括居民个人寄售的物品在内)。⑧ 典当业销售死当物品。⑨ 固定业户临时外出经营。⑩ 拍卖行取得的拍卖收入。⑪ 供应非临床用血。

(3) 一般纳税人销售自己使用过的固定资产可按简易办法依3%征收率减按2%

征收。

一般纳税人选择简易办法计算缴纳增值税后，36 个月内不得变更。

第五节 增值税应纳税额的一般计算方法

增值税应纳税额的一般计算方法，主要是指增值税一般纳税人的国内销售环节应纳税额的计算方法。

一般纳税人选择简易办法计算缴纳增值税后，36 个月内不得变更。

一、增值税的销项税额的确定

（一）销售额的一般规定

销售额为纳税人销售货物或应税劳务向购买方收取的全部价款和价外费用。其中，价外费用包括：价外向购买方收取的手续费、补贴、基金、集资费、返还利润、奖励费、违约金、滞纳金、延期付款利息、赔偿金、代收款项、代垫款项、包装费、包装物租金、储备费、优质费、运输装卸费以及其他各种性质的价外收费。上述价外费用无论其会计制度如何核算，都应并入销售额计税。但上述价外费用不包括以下四项费用：

(1) 受托加工应征消费税的货物，而由受托方向委托方代收代缴的消费税。这是因为代收代缴消费税只是受托方履行法定义务的一种行为，此项税金虽然构成委托加工货物售价的一部分，但它同受托方的加工业务及其收取的应税加工费没有内在关联。

(2) 同时符合以下两个条件的代垫运费：即承运部门的运费发票开具给购货方，并且由纳税人将该项发票转交给购货方的。在这种情况下，纳税人仅仅是为购货人代办运输业务，而未从中收取额外费用。

纳税人向购买方收取的价外费用和包装物押金，应视为含税收入。在并入销售额征税时，应将其换算为不含税收入再并入销售额征税。对纳税人销售货物和提供应税劳务时向购买方收取的各种价外费用均要并入计税销售额计算征税，目的是为了防止纳税人以各种名目的收费减少计税销售额逃避纳税。

(3) 同时符合以下条件代为收取的政府性基金或者行政事业性收费：由国务院或者财政部批准设立的政府性基金，由国务院或者省级人民政府及其财政、价格主管部门批准设立的行政事业性收费；收取时开具省级以上财政部门印制的财政票据；所收款项全额上缴财政。

(4) 销售货物的同时代办保险等而向购买方收取的保险费，以及向购买方收取的代购买方缴纳的车辆购置税、车辆牌照费。

由于消费税属于价内税，因此，凡征收消费税的货物在计征增值税额时，其应税销售额应包括消费税税金。

（二）混合销售的销售额

根据《增值税暂行条例实施细则》的规定，混合销售行为如果属于应当征收增值税的，其计税销售额为货物销售额与非应税劳务的营业额的合计。销售货物（包括增值税应税劳务）的销售额根据实际情况来判断含税与否；而非应税劳务的营业额应视为含税销售收入，应换算为不含税销售额后征税。

（三）兼营非应税劳务的销售额

对纳税人兼营非应税劳务不分别核算或不能准确核算的，应一并征收增值税，其增值税计税销售额为货物或者应税劳务销售额与非应税劳务的营业额的合计。非应税劳务的营业额应视为含税收入，在并入销售额征税时，应将其换算为不含税收入再并入销售额征税。

（四）价款和税款合并收取情况下的销售额

根据税法规定，一般纳税人将货物销售给非增值税的纳税人原则上开普通发票。如商品零售企业或其他企业将货物或应税劳务出售给消费者、使用单位或小规模纳税人，只能开具普通发票，而不开具增值税专用发票。由于一般在普通发票上价款和税款不能分别注明，这样，一部分纳税人（包括一般纳税人和小规模纳税人）在销售货物或应税劳务时，就会将价款和税款合并定价，发生销售额和增值税额合并收取的情况。在这种情况下，就必须将开具在普通发票上的含税销售额换算成不含税销售额。其换算公式为：

不含税销售额＝含税销售额÷（1＋税率）

注意：增值税普通发票目前也部分实行价税分开标明。

（五）视同销售行为销售额的确定

视同销售行为是增值税税法规定的特殊销售行为，由于视同销售行为一般不以资金形式反映出来，而出现视同销售而无销售额的情况。另外，有时纳税人销售货物或应税劳务的价格明显偏低而且无正当理由，在上述情况下，主管税务机关有权按照下列顺序核定其计税销售额：

（1）按纳税人最近时期同类货物的平均销售价格确定。

（2）按其他纳税人最近时期同类货物的平均销售价格确定。

（3）用以上两种方法均不能确定其销售额的情况下，可按组成计税价格确定销售额。公式为：

组成计税价格＝成本×（1＋成本利润率）

属于应征消费税的货物，其组成计税价格应加计消费税税额。计算公式为：

组成计税价格＝成本×(1＋成本利润率)＋消费税税额

或 组成计税价格＝成本×(1＋成本利润率)÷(1－消费税税率)

在上式中,“成本”分为两种情况:属于销售自产货物的为实际生产成本;属于销售外购货物的为实际采购成本。

增值税“成本利润率”为10%。但属于应从价定率征收消费税的货物,其组成计税价格公式中的成本利润率,为《消费税若干具体问题的规定》中规定的成本利润率。

(六) 特殊销售方式的销售额

1. 以折扣方式销售货物

折扣销售是指销售方在销售货物或应税劳务时,因购买方需求量大等原因,而给予的价格方面的优惠。按照现行税法规定:纳税人采取折扣方式销售货物,如果销售额和折扣额在同一张发票上分别注明的,可以按折扣后的销售额征收增值税;如果将折扣额另开发票,不论其在财务上如何处理,均不得从销售额中减除销售额。

注意:在同一张发票的“备注”栏注明折扣额的,不能减除。

税法中对纳税人采取折扣方式销售货物销售额的核定,之所以强调销售额与折扣额必须在同一张发票上注明,这主要是从保证增值税征收管理的需要即征税、扣税相一致考虑的。如果允许对销售额开一张销货发票,对折扣额再开一张退款红字发票,就可能造成销货方按减除折扣额后的销售额计算销项税额,而购货方却按未减除折扣额的销售额及其进项税额进行抵扣的问题,造成增值税计算征收上的混乱。

相关概念的联系与区别:

一是折扣销售与销售折扣。销售折扣通常是为了鼓励购货方及时偿还货款而给予的折扣优待,销售折扣发生在销货之后,而折扣销售则是与实现销售同时发生的,销售折扣不得从销售额中减除。折扣销售仅限于货物价格的折扣,如果销货方将自产、委托加工和购买的货物用于实物折扣的,则该实物款额不得从货物销售额中减除,应按“视同销售货物”,计征增值税。

二是销售折扣与销售折让。销售折扣通常是指由于货物的品种或质量等原因引起销售额的减少,即销货方给予购货方未予退货状况下的价格折让。销售折让可以从销售额中减除。

2. 以旧换新方式销售货物

以旧换新销售是纳税人在销售过程中,折价收回同类旧货物,并以折价款部分冲减货物价款的一种销售方式。税法规定:纳税人采取以旧换新方式销售货物的(金银首饰除外),应按新货物的同期销售价格确定销售额。

3. 还本销售方式销售货物

所谓还本销售,指销货方将货物出售之后,按约定的时间,一次或分次将购货款部分或全部退还给购货方,退还的货款即为还本支出。纳税人采取还本销售货物的,不得从销售额中减除还本支出。

4. 采取以物易物方式销售

以物易物是一种较为特殊的购销活动,是指购销双方不是以货币结算,而是以同等价款的货物相互结算,实现货物购销的一种方式。税法规定,以物易物双方都应作购销处理,以各自发出的货物核算销售额并计算销项税额,以各自收到的货物核算购货额及进项税额。需要强调的是,在以物易物活动中,双方应各自开具合法的票据,必须计算销项税额,但如果收到货物不能取得相应的增值税专用发票或者其他合法票据的,不得抵扣进项税额。

5. 直销方式销售货物

直销企业的经营模式主要有两种:一是直销员按照批发价向直销企业购买货物,再按照零售价向消费者销售货物。二是直销员仅起到中介介绍作用,直销企业按照零售价向直销员介绍的消费者销售货物,并另外向直销员支付报酬。第一种直销模式下,货物的所有权已经由直销企业转移给了直销员,符合现行增值税关于销售货物的规定,直销企业的销售额应按照其向直销员收取的全部价款和价外费用;第二种模式下,直销员仅相当于推销员,在直销企业和消费者之间起到中介介绍作用,直销企业和直销员之间并未发生货物所有权的有偿转移,直销企业的销售额为其向消费者收取的全部价款和价外费用。

(七) 包装物押金计税问题

包装物是指纳税人包装本单位货物的各种物品。为了促使购货方尽早退回包装物以便周转使用,一般情况下,销货方向购货方收取包装物押金,购货方在规定的期间内返回包装物,销货方再将收取的包装物押金返还。根据税法规定,纳税人为销售货物而出租出借包装物收取的押金,单独记账的,时间在 1 年内,又未过期的,不并入销售额征税;但对逾期未收回不再退还的包装物押金,应按所包装货物的适用税率计算纳税。

这里需要注意两个问题:一是"逾期"的界定,"逾期"是指按照合同约定实际逾期或者以一年(12 个月)为期限。二是押金属于含税收入,应先将其换算为不含税销售额再并入销售额征税。另外,包装物押金与包装物租金不能混淆,包装物租金属于价外费用,在收取时便并入销售额征税。从1995年 6 月 1 日起,对销售除啤酒、黄酒以外的其他酒类产品收取的包装物押金,无论是否返还以及会计上如何核算,均应并入销售额征税。

(八) 提供应税服务销售额的确定

纳税人提供应税服务的价格明显偏低或者偏高且不具有合理商业目的的,或者发生本办法第十一条所列视同提供应税服务而无销售额的,主管税务机关有权按照下列顺序确定销售额:

(1) 按照纳税人最近时期提供同类应税服务的平均价格确定。

(2) 按照其他纳税人最近时期提供同类应税服务的平均价格确定。

(3) 按照组成计税价格确定。组成计税价格的公式为:

组成计税价格=成本×(1+成本利润率)

成本利润率由国家税务总局确定。

二、增值税的进项税额的确定

正确审定进项税额,严格按照税法规定计算可抵扣的进项税额,是保证增值税贯彻实施和国家财政收入的重要环节。在确定增值税进项税额抵扣时,必须按增值税规定依法计算应抵扣税额。为此,《增值税暂行条例》及其实施细则对进项税额的抵扣范围、条件、数额及方法作了专门规定。

(一) 准予从销项税额中抵扣的进项税额

(1) 从销售方取得的增值税专用发票上注明的增值税额。

(2) 从海关取得的完税凭证上注明的增值税额。

(3) 购进免税农产品进项税额的确定与抵扣。

"农产品"是指直接从事植物的种植、收割和动物的饲养、捕捞的单位和个人销售的享受免税的自产农产品;农产品所包括的具体品目按《农产品征税范围注释》来确定。计算公式为:

进项税额=买价×扣除率

"买价"是指纳税人购进农产品在农产品收购发票或者销售发票上注明的价款和按照规定缴纳的烟叶税。

"扣除率"为13%。根据财税[2002]12 号文件的规定,从2002年 1 月 1 日起,增值税一般纳税人购进农业生产者销售的免税农业产品的进项税额扣除率由 10%提高到 13%。

(4) 企业购置增值税防伪税控系统专用设备和通用设备。可凭购货所取得的专用发票所注明的税额从增值税销项税额抵扣。

(二) 部分行业购进免税农产品税进项税额的特殊规定

为调整和完善农产品增值税抵扣机制,经国务院批准,决定在部分行业开展增值税进项税额核定扣除试点。具体内容如下。

1. 核定扣除范围

自 2012 年 7 月 1 日起,以购进农产品为原料生产销售液体乳及乳制品、酒及酒精、植物油的增值税一般纳税人,纳入农产品增值税进项税额核定扣除试点范围。其购进农产品无论是否用于生产上述产品,增值税进项税额均按照规定抵扣。

2. 核定扣除标准(见表 2-2)

表 2-2

全国统一的部分液体乳及乳制品扣除标准表

扣除标准 产品类型	原乳单耗数量(吨)
超高温灭菌牛乳(每吨)	1.068
超高温灭菌牛乳(蛋白质含量≥3.3%)(每吨)	1.124
巴氏杀菌牛乳(每吨)	1.055
巴氏杀菌牛乳(蛋白质含量≥3.3%)(每吨)	1.196
超高温灭菌羊乳(每吨)	1.023

3. 核定扣除方法

(1) 以购进农产品为原料生产货物的,农产品增值税进项税额可按照3种方法核定:

第一,投入产出法:参照国家标准、行业标准(包括行业公认标准和行业平均耗用值)确定销售单位数量货物耗用外购农产品的数量(以下称农产品单耗数量)。

当期允许抵扣农产品增值税进项税额依据农产品单耗数量、当期销售货物数量、农产品平均购买单价(含税,下同)和农产品增值税进项税额扣除率(以下简称"扣除率")计算。公式为:

当期允许抵扣农产品增值税进项税额=当期农产品耗用数量×农产品平均购买单价×扣除率÷(1+扣除率)

当期农产品耗用数量=当期销售货物数量(不含采购除农产品以外的半成品生产的货物数量)×农产品单耗数量

对以单一农产品原料生产多种货物或者多种农产品原料生产多种货物的,在核算当期农产品耗用数量和平均购买单价时,应依据合理的方法归集和分配。

平均购买单价是指购买农产品期末平均买价,不包括买价之外单独支付的运费和入库前的整理费用。期末平均买价计算公式:

期末平均买价=(期初库存农产品数量×期初平均买价+当期购进农产品数量×当期买价)÷(期初库存农产品数量+当期购进农产品数量)

第二,成本法:依据试点纳税人年度会计核算资料,计算确定耗用农产品的外购金额占生产成本的比例(以下称农产品耗用率)。当期允许抵扣农产品增值税进项税额依据当期主营业务成本、农产品耗用率以及扣除率计算。公式为:

当期允许抵扣农产品增值税进项税额=当期主营业务成本×农产品耗用率×扣除率÷(1+扣除率)

农产品耗用率=上年投入生产的农产品外购金额÷上年生产成本

农产品外购金额(含税)不包括不构成货物实体的农产品(包括包装物、辅助材料、燃料、低值易耗品等)和在购进农产品之外单独支付的运费、入库前的整理费用。

对以单一农产品原料生产多种货物或者多种农产品原料生产多种货物的,在核算当期主营业务成本以及核定农产品耗用率时,试点纳税人应依据合理的方法进行归集和分配。

农产品耗用率由试点纳税人向主管税务机关申请核定。

年度终了,主管税务机关应根据试点纳税人本年实际对当年已抵扣的农产品增值税进项税额进行纳税调整,重新核定当年的农产品耗用率,并作为下一年度的农产品耗用率。

第三,参照法:新办的试点纳税人或者试点纳税人新增产品的,试点纳税人可参照所属行业或者生产结构相似的其他试点纳税人确定农产品单耗数量或者农产品耗用率。次年,试点纳税人向主管税务机关申请核定当期的农产品单耗数量或者农产品耗用率,并据此计算确定当年允许抵扣的农产品增值税进项税额,同时对上一年增值税进项税额进行调整。核定的进项税额超过实际抵扣增值税进项税额的,其差额部分可以结转下期继续抵扣;核定的进项税额低于实际抵扣增值税进项税额的,其差额部分应按现行增值税的有关规定将进项税额做转出处理。

(2) 购进农产品直接销售的,农产品增值税进项税额按照以下方法核定扣除:

当期允许抵扣农产品增值税进项税额＝当期销售农产品数量÷(1－损耗率)
×农产品平均购买单价×13%÷(1＋13%)

损耗率＝损耗数量÷购进数量

试点纳税人购进农产品直接销售、购进农产品用于生产经营且不构成货物实体扣除标准的核定采取备案制,抵扣农产品增值税进项税额的试点纳税人应在申报缴纳税款时向主管税务机关备案。

(3) 购进农产品用于生产经营且不构成货物实体的(包括包装物、辅助材料、燃料、低值易耗品等),增值税进项税额按照以下方法核定扣除:

当期允许抵扣农产品增值税进项税额＝当期耗用农产品数量×农产品平均购买单价
×13%÷(1＋13%)

农产品单耗数量、农产品耗用率和损耗率统称为农产品增值税进项税额扣除标准(以下称扣除标准)。

4. 相关规定

(1) 试点纳税人销售货物,应合并计算当期允许抵扣农产品增值税进项税额。

(2) 试点纳税人购进农产品取得的农产品增值税专用发票和海关进口增值税专用缴款书,按照注明的金额及增值税额一并计入成本科目;自行开具的农产品收购发票和取得的农产品销售发票，按照注明的买价直接计入成本。

(3) 规定的扣除率为销售货物的适用税率。

(4) 省级(包括计划单列市，下同)税务机关应根据本办法第四条规定的核定方法顺序，确定试点纳税人适用的农产品增值税进项税额核定扣除方法。

(5) 试点纳税人应自执行本办法之日起，将期初库存农产品以及库存半成品、产成品耗用的农产品增值税进项税额作转出处理。

(6) 试点纳税人购进的农产品价格明显偏高或偏低，且不具有合理商业目的的，由主管税务机关核定。

(7) 试点纳税人在计算农产品增值税进项税额时，应按照下列顺序确定适用的扣除标准：①财政部和国家税务总局不定期公布的全国统一的扣除标准；②省级税务机关商同级财政机关根据本地区实际情况，报经财政部和国家税务总局备案后公布的适用于本地区的扣除标准；③省级税务机关依据试点纳税人申请，按照相关核定程序审定的仅适用于该试点纳税人的扣除标准；④试点纳税人以农产品为原料生产货物的扣除标准核定程序。申请核定：以农产品为原料生产货物的试点纳税人应于当年1月15日前(2012年为7月15日前)或者投产之日起30日内，向主管税务机关提出扣除标准核定申请并提供有关资料。申请资料的范围和要求由省级税务机关确定。审定：主管税务机关应对试点纳税人的申请资料进行审核，并逐级上报给省级税务机关。

(三) 不得从销项税额中抵扣的进项税额

1. 增值税扣税凭证不符合规定，不得从销项税额中抵扣

增值税扣税凭证是指增值税专用发票、海关进口增值税专用缴款书、农产品收购发票、农产品销售发票和税收缴款凭证。

纳税人凭税收缴款凭证抵扣进项税额的，应当具备书面合同、付款证明和境外单位的对账单或者发票。资料不全的，其进项税额不得从销项税额中抵扣。

2. 下列项目的进项税额不得从销项税额中抵扣

(1) 用于简易计税方法计税项目、非增值税应税项目、免征增值税项目、集体福利或者个人消费的购进货物、接受加工修理修配劳务或者应税服务。

非增值税应税项目，是指非增值税应税劳务、转让无形资产(专利技术、非专利技术、商誉、商标、著作权除外)、销售不动产以及不动产在建工程。个人消费，包括纳税人的交际应酬消费。

(2) 非正常损失的购进货物及相关的加工修理修配劳务或者交通运输业服务。非正常损失是指因管理不善造成被盗、丢失、霉烂变质的损失，以及被执法部门依法没收或者强令自行销毁的货物。

(3) 非正常损失的在产品、产成品所耗用的购进货物(不包括固定资产)、加工修理修配劳务或者交通运输业服务。

(4) 接受的旅客运输服务。

无法确定该进项税额的，按照当期实际成本计算应扣减的进项税额。

3. 适用一般计税方法的纳税人，兼营简易计税方法计税项目、非增值税应税劳务、免征增值税项目而无法划分不得抵扣的进项税额，按照下列公式计算不得抵扣的进项税额

不得抵扣的进项税额＝当期无法划分的全部进项税额×（当期简易计税方法计税项目销售额＋非增值税应税劳务营业额＋免征增值税项目销售额）÷（当期全部销售额＋当期全部营业额）

主管税务机关可以按照上述公式依据年度数据对不得抵扣的进项税额进行清算。

4. 有下列情形之一者，应当按照销售额和增值税税率计算应纳税额，不得抵扣进项税额，也不得使用增值税专用发票

(1) 一般纳税人会计核算不健全，或者不能够提供准确税务资料的。

(2) 应当申请办理一般纳税人资格认定而未申请的。

三、应纳税额的计算

增值税一般纳税人当期应纳增值税税额的大小主要取决于当期销项税额和当期进项税额两个因素。在确定了销项税额和进项税额后，就可以得出实际应纳税额。应纳税额的计算公式为：

应纳税额＝当期销项税额－当期进项税额

(一) 扣减当期销项税额的规定

纳税人在销售货物时，因货物质量、规格等原因而发生销货退回或销售折让，由于销货退回或折让不仅涉及销货价款或折让价款的退回，还涉及增值税的退回，因此，销货方应对当期销项税额进行调整。税法规定，一般纳税人因销货退回和折让而退还给购买方的增值税额，应从发生销货退回或折让当期的销项税额中扣减。总的原则是销项税额的确定不得滞后。

(二) 扣减当期进项税额的规定

1. 进货退出或折让的税务处理

纳税人在购进货物时，因货物质量、规格等原因而发生进货退回或折让，由于进货退回或折让不仅涉及货款或折让价款的收回，还涉及增值税的收回，因此，购货方应对当期进项税额进行调整。税法规定，一般纳税人因进货退回和折让而从销货方收回的增值税额，应从发生进货退回或折让当期的进项税额扣减。如不按规定扣减，造成进项税额虚增，不纳或少纳增值税的。属于偷税行为，按偷税予以处罚。

2. 向供货方收取的返还收入的税务处理

自2004年 7 月 1 日起，对商业企业向供货方收取的与商品销售量、销售额挂钩（如以

一定比例、金额、数量计算)的各种返还收入,均应按平销返利行为的有关规定冲减当期增值税进项税额。冲减进项税额的计算公式为:

当期应冲减的进项税额＝当期取得的返还资金÷(1＋所购进货物适用增值税税率)×所购进货物适用增值税税率

商业企业向供货方收取的各种返还收入,一律不得开具增值税专用发票。

3. 已经抵扣进项税额的购进货物发生用途改变的税务处理

由于增值税采用“购进扣税法”,当期购进的货物或应税劳务如果未确定用于非经营性项目,其进项税额会在当期销项税额予以抵扣。但已经抵扣进项税额的购进货物或应税劳务如果事后改变用途,如用于非应税项目、免税项目、职工福利或个人消费,购进货物发生非正常损失。在产品或产成品发生非常损失,根据税法规定,应将购进货物或应税劳务的进项税额从当期的进项税额中扣减。无法准确确定该项进项税额的,按当期实际成本计算应扣减的进项税额。“按当期实际成本计算应扣减的进项税额”是指扣减进项税额的计算依据不是按该货物或应税劳务的原进价,而是按当期该货物或应税劳务的实际成本,并且是按照实际成本的各个组成部分所负担的进项税额计算应扣减的进项税额。

4. 扣税凭证丢失后进项税额的抵扣

(1) 一般纳税人丢失防伪税控系统开具的增值税专用发票,如果该发票丢失前已通过防伪税控认证系统的认证,购货单位可凭销货单位出具的丢失发票的存根联复印件及销货方所在地主管税务机关出具的《增值税一般纳税人丢失防伪税控系统开具增值税专用发票已抄报税证明单》,经购货单位主管税务机关审核批准后,作为增值税进项税额抵扣的合法凭证抵扣进项税额。

(2) 一般纳税人丢失防伪税控系统开具的增值税专用发票,如果该发票丢失前未通过防伪税控认证系统的认证,购货单位应凭销货单位出具的丢失发票的存根联复印件到主管税务机关进行认证,认证通过后可凭该发票复印件及销货方所在地主管税务机关出具的《增值税一般纳税人丢失防伪税控系统开具增值税专用发票已抄报税证明单》,经购货单位主管税务机关审核批准后,作为增值税进项税额抵扣的合法凭证抵扣进项税额。

(3) 一般纳税人丢失防伪税控系统开具的增值税专用发票,必须及时向所在地主管税务机关报告。对纳税人弄虚作假的行为,税务机关将按照有关的法律、法规进行处理。

5. 进项税额不足抵扣的税务处理

纳税人在计算应纳税额时,如果当期销项税额小于当期进项税额不足抵扣的部分,可以结转下棋继续抵扣。

6. 一般纳税人注销时存货及留抵税额处理

一般纳税人注销或被取消辅导期一般纳税人资格,转为小规模纳税人时,其存货不作进项税额转出处理,其留抵税额也不予以退税。

7. 纳税人既欠缴增值税，又有增值税留抵税额

为了加强增值税管理，及时追缴欠税，对纳税人因销项税额小于进项税额而产生期末留抵税额的，应以期末留抵税额抵减增值税欠税。

8. 纳税人资产重组增值税留抵税额处理

增值税一般原纳税人在资产重组过程中，将全部资产、负债和劳动力一并转让给其他增值税一般新纳税人，并按程序办理注销税务登记的，其在办理注销登记前尚未抵扣的进项税额可结转至新纳税人处继续抵扣。

原纳税人主管税务机关应认真核查纳税人资产重组相关资料，核实原纳税人在办理注销税务登记前尚未抵扣的进项税额，填写《增值税一般纳税人资产重组进项留抵税额转移单》。新纳税人主管税务机关应将原纳税人主管税务机关传递来的《增值税一般纳税人资产重组进项留抵税额转移单》与纳税人报送资料进行认真核对，对原纳税人尚未抵扣的进项税额，在确认无误后，允许新纳税人继续申报抵扣。

【例 2-1】 某商城为增值税一般纳税人，2014年5月发生以下业务：

(1) 零售彩电取得收入58.5万元，其中国产彩电收入20万元，进口彩电收入30.5万元。

(2) 采取"以旧换新"方式向消费者销售自行车500辆，新自行车每辆零售价0.292 5万元，旧自行车每台作价0.02万元。

(3) 用300台冰箱抵偿债务，该批冰箱账面成本为39万元，零售价70.2万元。

(4) 当月外购彩电一批，取得的增值税专用发票上注明的价款40万元；外购自行车一批，取得的增值税专用发票上注明价款50万元、增值税8.5万元。

请计算该商城5月份应缴纳的增值税。

(1) 销项税额 $=[58.5\div(1+17\%)+500\times0.2925\div(1+17\%)+70.2\div(1+17\%)]\times17\%$
$=39.95$(万元)

(2) 进项税额 $=40\times17\%+8.5=15.3$(万元)

(3) 该商城5月份应缴纳的增值税 $=39.95-15.3=24.65$(万元)

第六节 增值税应纳税额的其他计算方法

一、小规模纳税人应纳税额的计算

(一) 应纳税额的计算公式

根据《增值税暂行条例》规定，小规模纳税人销售货物或提供应税劳务，按简易方法计算，即按销售额和规定征收率计算应纳税额，不得抵扣进项税额，同时，销售货物也不得自行开具增值税专用发票。其应纳税额的计算公式为：

应纳税额＝销售额×征收率

公式中销售额与增值税一般纳税人计算应纳增值税的销售额规定内容一致，是销售货物或提供应税劳务向购买方收取的全部价款和价外费用。但销售额不包括增值税税额。

（二）含税销售额的换算

由于小规模纳税人销售货物自行开具的发票是普通发票，发票上列示的是含税销售额，因此，在计税时需要将其换算为不含税销售额。换算公式为：

不含税销售额＝含税销售额÷（1＋征收率）

（三）主管税务机关为小规模纳税人代开发票应纳税额计算

小规模纳税人销售货物或提供应税劳务，可以申请由主管税务机关代开发票。主管税务机关为小规模纳税人（包括小规模纳税人中的企业、企业性单位及其他小规模纳税人）代开专用发票，应在专用发票“单价”栏和“金额”栏分别填写不含增值税税额的单价和销售额，因此，其应纳税额按销售额依照征收率计算。

主管税务机关为小规模纳税人代开专用发票后，发生退票的，可比照增值税一般纳税人开具专用发票后作废或开具红字发票的有关规定处理，由销售方到税务机关办理。对于重新开票的，应同时进行新开票税额与原开票税额的清算，多退少补；对无需重新开票的，退还其已征的税款或抵顶下期正常申报税款。

（四）小规模纳税人购进税控收款机的进项税额抵扣

自2004年12月1日起，增值税小规模纳税人购置税控收款机。经主管税务机关审核批准后，可凭购进税控收款机取得的增值税专用发票，按照发票上注明的增值税额，抵免当期应纳增值税。或者按照购进税控收款机取得的普通发票上注明的价款，依下列公式计算可抵免的税额：

可抵免的税额＝价款÷（1＋17%）×17%

当期应纳税额不足抵免的，未抵免的部分可在下期继续抵免。

【例2－2】 某企业为增值税小规模纳税人，2014年9月提供汽车修理业务取得收入21万元，销售汽车装饰用品取得收入15万元。请计算该企业应纳增值税。

应纳增值税＝（21＋15）÷（1＋3%）×3%＝1.049（万元）

二、进口货物应纳税额的计算

对进口货物征税是世界大多数国家的通常做法，进口货物征税的基本原理是在货物的消费地征税。根据《增值税暂行条例》的规定，一切进口货物的单位和个人均应按规定缴纳增值税。

（一）进口货物征税范围

根据《增值税暂行条例》的规定，申报进入中华人民共和国海关境内的货物，均应缴纳增值税。确定一项货物是否属于进口货物，看其是否有报关手续。只要是报关进境的应税货物，不论其用途如何，是自行采购用于贸易，还是自用，不论是购进，还是国外捐赠，均应按照规定缴纳进口环节的增值税（免税进口的货物除外）。

国家在规定对进口货物征税的同时，对某些进口货物制定了减免税的特殊规定。如属于"来料加工、进料加工"贸易方式进口国外的原材料、零部件等在国内加工后复出口的。对进口的料件按规定给予免税或减税；但这些进口免、减税的料件若不能加工复出口，而是销往国内的，就要予以补税。

（二）进口货物应纳税额的计算

1. 组成计税价格的确定

进口货物增值税的组成计税价格中包括已纳关税税额，如果进口货物属于消费税应税消费品，其组成计税价格还要包括进口环节已纳消费税税额。

组成计税价格的计算公式为：

组成计税价格＝关税完税价格＋关税＋消费税

或　　组成计税价格＝（关税完税价格＋关税）÷（1－消费税税率）

2. 进口货物应纳税额的计算

纳税人进口货物，按照组成计税价格和适用的税率计算应纳税额，不得抵扣任何税额，即在计算进口环节的应纳增值税税额时，不得抵扣发生在我国境外的各种税金。

应纳税额＝组成计税价格×税率

进口货物在海关缴纳的增值税，符合抵扣范围的，凭借海关完税凭证，可以从当期销项税额中抵扣。

【例 2－3】 某市日化厂为增值税一般纳税人，2014年 8 月进口一批货物，买价 85 万元。境外运费及保险费共计 5 万元。海关于 8 月 15 日开具了完税凭证。日化厂缴纳进口环节税金后海关放行。计算该日化厂进口环节应纳增值税（关税税率为 20%，消费税税率为 10%）。

关税完税价格＝85＋5＝90（万元）

组成计税价格＝90×（1＋20%）÷（1－30%）＝154.29（万元）

进口环节缴纳增值税＝154.29×17%＝26.23（万元）

三、销售自己使用过的物品和旧货应纳税额的计算

（1）一般纳税人销售自己使用过的物品和旧货，适用按简易办法依 3%征收率减按

2%征收增值税政策的，按下列公式确定销售额和应纳税额：

销售额＝含税销售额÷(1＋3%)

应纳税额＝销售额×2%

(2) 小规模纳税人销售自己使用过的固定资产和旧货，按下列公式确定销售额和应纳税额：

销售额＝含税销售额÷(1＋3%)

应纳税额＝销售额×2%

【例 2－4】 某企业(增值税一般纳税人)，2014年 10 月销售自己使用过的旧货，取得销售收入16.78万元，已开具普通发货票。请计算该笔业务应纳税额。

应纳税额＝16.78÷(1＋3%)×2%＝0.33(万元)

第七节 增值税的减免税

一、增值税的起征点

现行《增值税暂行条例》及实施细则规定，纳税人销售额未达到国务院财政、税务主管部门规定的增值税起征点的，免征增值税，增值税起征点的适用范围限于个人。

增值税起征点的幅度规定为销售货物的，为月销售额5 000～20 000 元；按次纳税的，为每次(日)销售额 300～500 元。省、自治区、直辖市财政厅(局)和国家税务局应在规定的幅度内，根据实际情况确定本地区适用的起征点，并报财政部、总局备案。

二、增值税的免税

(一) 根据《增值税暂行条例》的规定，下列项目免征增值税

(1) 农业生产者销售的自产农业产品免税。农业生产者销售的自产农业产品，是指种植业、养殖业、林业、牧业、水产业的自产产品。农业生产者，包括从事农业生产的单位和个人。农业产品是指初级农业产品，具体范围由国家税务总局直属分局确定。对上述单位和个人销售的外购的农业产品，以及单位和个人外购农业产品生产、加工后销售的农业产品，不属于免税的范围，应当按照规定税率征收增值税。

(2) 避孕药品和用具。

(3) 古旧图书。是指古代图书和旧书。

(4) 直接用于科学研究、科学试验和教学的进口仪器、设备。

(5) 外国政府、国际组织无偿援助的进口物资和设备。

(6) 来料加工、来件装配和补偿贸易所需进口的设备。

(7) 由残疾人组织直接进口供残疾人专用的物品。

(8) 销售的自己使用过的物品。指个人自己使用过的物品。

(二) 根据《营业税改征增值税试点过渡政策的规定》,下列项目免征增值税

(1) 个人转让著作权。

(2) 残疾人个人提供应税服务。

(3) 航空公司提供飞机播撒农药服务。

(4) 试点纳税人提供技术转让、技术开发和与之相关的技术咨询、技术服务。

(5) 符合条件的节能服务公司实施合同能源管理项目中提供的应税服务。

(6) 中国邮政集团公司及其所属邮政企业提供的邮政普遍服务和邮政特殊服务。

(7) 台湾航运和航空公司从事海峡两岸海上及空中直航业务在大陆取得的运输收入。

(8) 青藏铁路公司提供的铁路运输服务。

(三) 根据《营业税改征增值税试点过渡政策的规定》,下列项目规定期限内免征增值税

(1) 随军家属就业:① 为安置随军家属就业而新开办的企业,随军家属必须占企业总人数的60%(含)以上,并有军(含)以上政治和后勤机关出具证明的,自领取税务登记证之日起,其提供的应税服务3年内免征增值税。② 从事个体经营的随军家属(随军家属必须有师以上政治机关出具的可以表明其身份的证明),自领取税务登记证之日起,其提供的应税服务3年内免征增值税。每一名随军家属可以享受一次免税政策。

(2) 军队转业干部就业:① 从事个体经营的军队转业干部,经主管税务机关批准,自领取税务登记证之日起,其提供的应税服务3年内免征增值税。② 为安置自主择业的军队转业干部就业而新开办的企业,凡安置自主择业的军队转业干部占企业总人数60%(含)以上的,经主管税务机关批准,自领取税务登记证之日起,其提供的应税服务3年内免征增值税(享受优惠政策的自主择业的军队转业干部必须持有师以上部队颁发的转业证件)。

(3) 城镇退役士兵就业:① 为安置自谋职业的城镇退役士兵就业而新办的服务型企业当年新安置自谋职业的城镇退役士兵达到职工总数30%以上,并与其签订1年以上期限劳动合同的,经县级以上民政部门认定、税务机关审核,其提供的应税服务(除广告服务外)3年内免征增值税。② 自谋职业的城镇退役士兵从事个体经营的,自领取税务登记证之日起,其提供的应税服务(除广告服务外)3年内免征增值税。

(4) 试点纳税人提供的国际货物运输代理服务。自2013年8月1日起执行。

(四) 下列项目实行增值税即征即退

安置残疾人的单位,实行由税务机关按照单位实际安置残疾人的人数,限额即征即退

增值税的办法。

适用于从事原营业税“服务业”税目(广告服务除外)范围内业务取得的收入占其增值税和营业税业务合计收入的比例达到50%的单位。

第八节　增值税出口货物、劳务退(免)税

一、适用退(免)税的出口货物、劳务范围

(一) 出口企业出口货物

出口企业是指依法办理工商登记、税务登记、对外贸易经营者备案登记,自营或委托出口货物的单位或个体工商户,以及依法办理工商登记、税务登记但未办理对外贸易经营者备案登记,委托出口货物的生产企业。

出口货物是指向海关报关后实际离境并销售给境外单位或个人的货物,分为自营出口货物和委托出口货物两类。

生产企业是指具有生产能力(包括加工修理修配能力)的单位或个体工商户。

(二) 出口企业或其他单位视同出口货物

(1) 出口企业对外援助、对外承包、境外投资的出口货物。

(2) 出口企业经海关报关进入国家批准的出口加工区、保税物流园区、保税港区、综合保税区、珠澳跨境工业区(珠海园区)、中哈霍尔果斯国际边境合作中心(中方配套区域)、保税物流中心(B型)(以下统称特殊区域)并销售给特殊区域内单位或境外单位、个人的货物。

(3) 免税品经营企业销售的货物。具体是指:① 中国免税品(集团)有限责任公司向海关报关运入海关监管仓库,专供其经国家批准设立的统一经营、统一组织进货、统一制定零售价格、统一管理的免税店销售的货物;② 国家批准的除中国免税品(集团)有限责任公司外的免税品经营企业,向海关报关运入海关监管仓库,专供其所属的首都机场口岸海关隔离区内的免税店销售的货物;③ 国家批准的除中国免税品(集团)有限责任公司外的免税品经营企业所属的上海虹桥、浦东机场海关隔离区内的免税店销售的货物。

(4) 出口企业或其他单位销售给用于国际金融组织或外国政府贷款国际招标建设项目的中标机电产品(以下称中标机电产品)。上述中标机电产品,包括外国企业中标再分包给出口企业或其他单位的机电产品。

(5) 生产企业向海上石油天然气开采企业销售的自产的海洋工程结构物。

(6) 出口企业或其他单位销售给国际运输企业用于国际运输工具上的货物。仅适用于外轮供应公司、远洋运输供应公司销售给外轮、远洋国轮的货物,国内航空供应公司生产销售给国内和国外航空公司国际航班的航空食品。

(7) 出口企业或其他单位销售给特殊区域内生产企业生产耗用且不向海关报关而输入特殊区域的水(包括蒸汽)、电力、燃气(以下称输入特殊区域的水电气)。

(三) 出口企业对外提供加工修理修配劳务

对外提供加工修理修配劳务,是指对进境复出口货物或从事国际运输的运输工具进行的加工修理修配。

二、增值税退(免)税办法

适用增值税退(免)税政策的出口货物、劳务,按照下列规定实行增值税免抵退税或免退税办法。

(一) 免抵退税办法

生产企业出口自产货物和视同自产货物及对外提供加工修理修配劳务,以及列名生产企业(如上海通用汽车有限公司),出口非自产货物,免征增值税,相应的进项税额抵减应纳增值税额(不包括适用增值税即征即退、先征后退政策的应纳增值税额),未抵减完的部分予以退还。

(二) 免退税办法

不具有生产能力的出口企业(以下称外贸企业)或其他单位出口货物、劳务,免征增值税,相应的进项税额予以退还。

三、增值税出口退税率

(1) 出口货物的退税率一般为其适用税率。退税率有调整的,除另有规定外,其执行时间以货物(包括被加工修理修配的货物)出口货物报关单(出口退税专用)上注明的出口日期为准。

(2) 退税率的特殊规定:① 外贸企业购进按简易办法征税的出口货物、从小规模纳税人购进的出口货物,其退税率分别为简易办法实际执行的征收率、小规模纳税人征收率。上述出口货物取得增值税专用发票的,退税率按照增值税专用发票上的税率和出口货物退税率孰低的原则确定。② 出口企业委托加工修理修配货物,其加工修理修配费用的退税率,为出口货物的退税率。

(3) 适用不同退税率的货物、劳务,应分开报关、核算并申报退(免)税,未分开报关、核算或划分不清的,从低适用退税率。

四、增值税退(免)税的计税依据

出口货物、劳务的增值税退(免)税的计税依据,按出口货物、劳务的出口发票(外销发票)、其他普通发票或购进出口货物、劳务的增值税专用发票、海关进口增值税专用缴款书确定。

(1) 生产企业出口货物、劳务(进料加工复出口货物除外)增值税退(免)税的计税依据,为出口货物、劳务的实际离岸价(FOB)。实际离岸价应以出口发票上的离岸价为准,但如果出口发票不能反映实际离岸价,主管税务机关有权予以核定。

(2) 生产企业进料加工复出口货物增值税退(免)税的计税依据,按出口货物的离岸价(FOB)扣除出口货物所含的海关保税进口料件的金额后确定。

所称海关保税进口料件,是指海关以进料加工贸易方式监管的出口企业从境外和特殊区域等进口的料件。包括出口企业从境外单位或个人购买并从海关保税仓库提取且办理海关进料加工手续的料件,以及保税区外的出口企业从保税区内的企业购进并办理海关进料加工手续的进口料件。

(3) 生产企业国内购进无进项税额且不计提进项税额的免税原材料加工后出口的货物的计税依据,按出口货物的离岸价(FOB)扣除出口货物所含的国内购进免税原材料的金额后确定。

(4) 外贸企业出口货物(委托加工修理修配货物除外)增值税退(免)税的计税依据,为购进出口货物的增值税专用发票注明的金额或海关进口增值税专用缴款书注明的完税价格。

(5) 外贸企业出口委托加工修理修配货物增值税退(免)税的计税依据,为加工修理修配费用增值税专用发票注明的金额。外贸企业应将加工修理修配使用的原材料(进料加工海关保税进口料件除外)作价销售给受托加工修理修配的生产企业,受托加工修理修配的生产企业应将原材料成本并入加工修理修配费用开具发票。

(6) 出口进项税额未计算抵扣的已使用过的设备增值税退(免)税的计税依据,按下列公式确定:

退(免)税计税依据=增值税专用发票上的金额或海关进口增值税专用缴款书注明的完税价格×已使用过的设备固定资产净值÷已使用过的设备原值

已使用过的设备固定资产净值=已使用过的设备原值-已使用过的设备已提累计折旧

所称已使用过的设备,是指出口企业根据财务会计制度已经计提折旧的固定资产。

(7) 免税品经营企业销售的货物增值税退(免)税的计税依据,为购进货物的增值税专用发票注明的金额或海关进口增值税专用缴款书注明的完税价格。

(8) 中标机电产品增值税退(免)税的计税依据,生产企业为销售机电产品的普通发票注明的金额,外贸企业为购进货物的增值税专用发票注明的金额或海关进口增值税专用缴款书注明的完税价格。

(9) 生产企业向海上石油天然气开采企业销售的自产的海洋工程结构物增值税退(免)税的计税依据,为销售海洋工程结构物的普通发票注明的金额。

(10) 输入特殊区域的水电气增值税退(免)税的计税依据,为作为购买方的特殊区域内生产企业购进水(包括蒸汽)、电力、燃气的增值税专用发票注明的金额。

五、增值税免抵退税和退(免)税的计算

(一) 生产企业出口货物、劳务增值税免抵退税,依下列公式计算

1. 当期应纳税额的计算

当期应纳税额＝当期销项税额－(当期进项税额－当期不得免征和抵扣税额)

当期不得免征和抵扣税额＝当期出口货物离岸价×外汇人民币折合率×(出口货物适用税率－出口货物退税率)－当期不得免征和抵扣税额抵减额

当期不得免征和抵扣税额抵减额＝当期免税购进原材料价格×(出口货物适用税率－出口货物退税率)

2. 当期免抵退税额的计算

当期免抵退税额＝当期出口货物离岸价×外汇人民币折合率×出口货物退税率－当期免抵退税额抵减额

当期免抵退税额抵减额＝当期免税购进原材料价格×出口货物退税率

3. 当期应退税额和免抵税额的计算

(1) 当期期末留抵税额≤当期免抵退税额,则:

当期应退税额＝当期期末留抵税额

当期免抵税额＝当期免抵退税额－当期应退税额

(2) 当期期末留抵税额＞当期免抵退税额,则

当期应退税额＝当期免抵退税额

当期免抵税额＝0

当期期末留抵税额为当期增值税纳税申报表中“期末留抵税额”。

4. 当期免税购进原材料价格包括当期国内购进的无进项税额且不计提进项税额的免税原材料的价格和当期进料加工保税进口料件的价格,其中当期进料加工保税进口料件的价格为组成计税价格

当期进料加工保税进口料件的组成计税价格＝当期进口料件到岸价格＋海关实征关税＋海关实征消费税

(1) 采用“实耗法”的,当期进料加工保税进口料件的组成计税价格为当期进料加工出口货物耗用的进口料件组成计税价格。其计算公式为:

当期进料加工保税进口料件的组成计税价格＝当期进料加工出口货物离岸价×外汇人民币折合率×计划分配率

计划分配率＝计划进口总值÷计划出口总值×100%

实行纸质手册和电子化手册的生产企业，应根据海关签发的加工贸易手册或加工贸易电子化纸质单证所列的计划进出口总值计算计划分配率。

实行电子账册的生产企业，计划分配率按前一期已核销的实际分配率确定；新启用电子账册的，计划分配率按前一期已核销的纸质手册或电子化手册的实际分配率确定。

(2) 采用“购进法”的，当期进料加工保税进口料件的组成计税价格为当期实际购进的进料加工进口料件的组成计税价格。

若当期实际不得免征和抵扣税额抵减额大于当期出口货物离岸价×外汇人民币折合率×(出口货物适用税率－出口货物退税率)的，则：

当期不得免征和抵扣税额抵减额＝当期出口货物离岸价×外汇人民币折合率×(出口货物适用税率－出口货物退税率)

(二) 外贸企业出口货物、劳务增值税退(免)税，依下列公式计算

(1) 外贸企业出口委托加工修理修配货物以外的货物：

增值税应退税额＝增值税退(免)税计税依据×出口货物退税率

(2) 外贸企业出口委托加工修理修配货物：

出口委托加工修理修配货物的增值税应退税额＝委托加工修理修配的增值税退(免)税计税依据×出口货物退税率

退税率低于适用税率的，相应计算出的差额部分的税款计入出口货物、劳务成本。

出口企业既有适用增值税免抵退项目，也有增值税即征即退、先征后退项目的，增值税即征即退和先征后退项目不参与出口项目免抵退税计算。出口企业应分别核算增值税免抵退项目和增值税即征即退、先征后退项目，并分别申请享受增值税即征即退、先征后退和免抵退税政策。

用于增值税即征即退或者先征后退项目的进项税额无法划分的，按照下列公式计算：

$$\frac{\text{无法划分进项税额中用于增值税即征即退或者先征后退项目的部分}}{} = \text{当月无法划分的全部进项税额} \times \text{当月增值税即征即退或者先征后退项目销售额} \div \text{当月全部销售额、营业额合计}$$

六、适用增值税免税政策的出口货物、劳务

对符合下列条件的出口货物、劳务，按下列规定实行免征增值税(以下称增值税免税)政策。

(一) 适用范围

适用增值税免税政策的出口货物、劳务如下。

1. 出口企业或其他单位出口规定的货物

(1) 增值税小规模纳税人出口的货物。

(2) 避孕药品和用具,古旧图书。

(3) 软件产品。其具体范围是指海关税则号前四位为"9803"的货物。

(4) 含黄金、铂金成分的货物,钻石及其饰品。

(5) 国家计划内出口的卷烟。

(6) 已使用过的设备。其具体范围是指购进时未取得增值税专用发票、海关进口增值税专用缴款书但其他相关单证齐全的已使用过的设备。

(7) 非出口企业委托出口的货物。

(8) 非列名生产企业出口的非视同自产货物。

(9) 农业生产者自产农产品。农产品的具体范围按照《农业产品征税范围注释》(财税[1995]52号)的规定执行。

(10) 油画、花生果仁、黑大豆等财政部和国家税务总局规定的出口免税的货物。

(11) 外贸企业取得普通发票、废旧物资收购凭证、农产品收购发票、政府非税收入票据的货物。

(12) 来料加工复出口的货物。

(13) 特殊区域内的企业出口的特殊区域内的货物。

(14) 以人民币现金作为结算方式的边境地区出口企业从所在省(自治区)的边境口岸出口到接壤国家的一般贸易和边境小额贸易出口货物。

(15) 以旅游购物贸易方式报关出口的货物。

2. 出口企业或其他单位视同出口的货物、劳务

(1) 国家批准设立的免税店销售的免税货物,包括进口免税货物和已实现退(免)税的货物。

(2) 特殊区域内的企业为境外的单位或个人提供加工修理修配劳务。

(3) 同一特殊区域、不同特殊区域内的企业之间销售特殊区域内的货物。

3. 出口企业或其他单位未按规定申报或未补齐增值税退(免)税凭证的出口货物、劳务

(1) 未在国家税务总局规定的期限内申报增值税退(免)税的出口货物、劳务。

(2) 未在规定期限内申报开具《代理出口货物证明》的出口货物、劳务。

(3) 已申报增值税退(免)税,却未在国家税务总局规定的期限内向税务机关补齐增值税退(免)税凭证的出口货物、劳务。

对于适用增值税免税政策的出口货物、劳务,出口企业或其他单位可以依照现行增值税有关规定放弃免税,并依照规定缴纳增值税。

(二) 进项税额的处理计算

(1) 适用增值税免税政策的出口货物、劳务,其进项税额不得抵扣和退税,应当转入成本。

(2) 出口卷烟，依下列公式计算：

不得抵扣的进项税额＝出口卷烟含消费税金额÷(出口卷烟含消费税金额＋内销卷烟销售额)×当期全部进项税额

当生产企业销售的出口卷烟在国内有同类产品销售价格时：

出口卷烟含消费税金额＝出口销售数量×销售价格

"销售价格"为同类产品生产企业国内实际调拨价格。如实际调拨价格低于税务机关公示的计税价格的，"销售价格"为税务机关公示的计税价格；高于公示计税价格的，销售价格为实际调拨价格。

当生产企业销售的出口卷烟在国内没有同类产品销售价格时：

出口卷烟含税金额＝(出口销售额＋出口销售数量×消费税定额税率)÷(1－消费税比例税率)

"出口销售额"以出口发票上的离岸价为准。若出口发票不能如实反映离岸价，生产企业应按实际离岸价计算，否则，税务机关有权按照有关规定予以核定调整。

(3) 除出口卷烟外，适用增值税免税政策的其他出口货物、劳务的计算，按照增值税免税政策的统一规定执行。其中，如果涉及销售额，除来料加工复出口货物为其加工费收入外，其他均为出口离岸价或销售额。

七、适用增值税征税政策的出口货物、劳务

下列出口货物、劳务，不适用增值税退(免)税和免税政策，按下列规定及视同内销货物征税的其他规定征收增值税(以下称增值税征税)。

(一) 适用范围

适用增值税征税政策的出口货物、劳务是指：

(1) 出口企业出口或视同出口财政部和国家税务总局根据国务院决定明确的取消出口退(免)税的货物，不包括来料加工复出口货物、中标机电产品、列名原材料、输入特殊区域的水电气、海洋工程结构物。

(2) 出口企业或其他单位销售给特殊区域内的生活消费用品和交通运输工具。

(3) 出口企业或其他单位因骗取出口退税被税务机关停止办理增值税退(免)税期间出口的货物。

(4) 出口企业或其他单位提供虚假备案单证的货物。

(5) 出口企业或其他单位增值税退(免)税凭证有伪造或内容不实的货物。

(6) 出口企业或其他单位未在国家税务总局规定期限内申报免税核销以及经主管税务机关审核不予免税核销的出口卷烟。

(7) 出口企业或其他单位具有以下情形之一的出口货物、劳务：① 将空白的出口货物报关单、出口收汇核销单等退(免)税凭证交由除签有委托合同的货代公司、报关行，或由境外进口方指定的货代公司(提供合同约定或者其他相关证明)以外的其他单位或个人使用的。② 以自营名义出口，其出口业务实质上是由本企业及其投资的企业以外的单位或个人借该出口企业名义操作完成的。③ 以自营名义出口，其出口的同一批货物既签订购货合同，又签订代理出口合同(或协议)的。④ 出口货物在海关验放后，自己或委托货代承运人对该笔货物的海运提单或其他运输单据等上的品名、规格等进行修改，造成出口货物报关单与海运提单或其他运输单据有关内容不符的。⑤ 以自营名义出口，但不承担出口货物的质量、收款或退税风险之一的，即出口货物发生质量问题不承担购买方的索赔责任(合同中有约定质量责任承担者除外)；不承担未按期收款导致不能核销的责任(合同中有约定收款责任承担者除外)；不承担因申报出口退(免)税的资料、单证等出现问题造成不退税责任的。⑥ 未实质参与出口经营活动、接受并从事由中间人介绍的其他出口业务，但仍以自营名义出口的。

(二) 应纳增值税的计算

适用增值税征税政策的出口货物、劳务，其应纳增值税按下列办法计算。

1. 一般纳税人出口货物

销项税额＝(出口货物离岸价－出口货物耗用的进料加工保税进口料件金额)÷(1＋适用税率)×适用税率

出口货物若已按征退税率之差计算不得免征和抵扣税额并已经转入成本的，相应的税额应转回进项税额。

(1) 出口货物耗用的进料加工保税进口料件金额＝主营业务成本×(投入的保税进口料件金额÷生产成本)

主营业务成本、生产成本均为不予退(免)税的进料加工出口货物的主营业务成本、生产成本。当耗用的保税进口料件金额大于不予退(免)税的进料加工出口货物金额时，耗用的保税进口料件金额为不予退(免)税的进料加工出口货物金额。

(2) 出口企业应分别核算内销货物和增值税征税的出口货物的生产成本、主营业务成本。未分别核算的，其相应的生产成本、主营业务成本由主管税务机关核定。

进料加工手册海关核销后，出口企业应对出口货物耗用的保税进口料件金额进行清算。清算公式为：

清算耗用的保税进口料件总额＝实际保税进口料件总额－退(免)税出口货物耗用的保税进口料件总额－进料加工副产品耗用的保税进口料件总额

若耗用的保税进口料件总额与各纳税期扣减的保税进口料件金额之和存在差额时，

应在清算的当期相应调整销项税额。当耗用的保税进口料件总额大于出口货物离岸金额时，其差额部分不得扣减其他出口货物金额。

2. 小规模纳税人出口货物

应纳税额＝出口货物离岸价÷(1＋征收率)×征收率

八、适用消费税退(免)税或征税政策的出口货物

适用规定的出口货物，如果属于消费税应税消费品，实行下列消费税政策。

(一) 适用范围

(1) 出口企业出口或视同出口适用增值税退(免)税的货物，免征消费税，如果属于购进出口的货物，退还前一环节对其已征的消费税。

(2) 出口企业出口或视同出口适用增值税免税政策的货物，免征消费税，但不退还其以前环节已征的消费税，且不允许在内销应税消费品应纳消费税款中抵扣。

(3) 出口企业出口或视同出口适用增值税征税政策的货物，应按规定缴纳消费税，不退还其以前环节已征的消费税，且不允许在内销应税消费品应纳消费税款中抵扣。

(二) 消费税退税的计税依据

出口货物的消费税应退税额的计税依据，按购进出口货物的消费税专用缴款书和海关进口消费税专用缴款书确定。

属于从价定率计征消费税的，为已征且未在内销应税消费品应纳税额中抵扣的购进出口货物金额；属于从量定额计征消费税的，为已征且未在内销应税消费品应纳税额中抵扣的购进出口货物数量；属于复合计征消费税的，按从价定率和从量定额的计税依据分别确定。

(三) 消费税退税的计算

消费税应退税额＝从价定率计征消费税的退税计税依据×比例税率
＋从量定额计征消费税的退税计税依据×定额税率

九、出口货物、劳务增值税和消费税政策的其他规定

(一) 认定和申报

(1) 适用本通知规定的增值税退(免)税或免税、消费税退(免)税或免税政策的出口企业或其他单位，应办理退(免)税认定。

(2) 经过认定的出口企业及其他单位，应在规定的增值税纳税申报期内向主管税务机关申报增值税退(免)税和免税、消费税退(免)税和免税。委托出口的货物，由委托方申报增值税退(免)税和免税、消费税退(免)税和免税。输入特殊区域的水电气，由作为购买

方的特殊区域内生产企业申报退税。

(3) 出口企业或其他单位骗取国家出口退税款的,经省级以上税务机关批准可以停止其退(免)税资格。

(二) 若干征、退(免)税规定

(1) 出口企业或其他单位退(免)税认定之前的出口货物、劳务,在办理退(免)税认定后,可按规定适用增值税退(免)税或免税及消费税退(免)税政策。

(2) 出口企业或其他单位出口货物、劳务适用免税政策的,除特殊区域内企业出口的特殊区域内货物、出口企业或其他单位视同出口的免征增值税的货物、劳务外,如果未按规定申报免税,应视同内销货物和加工修理修配劳务征收增值税、消费税。

(3) 开展进料加工业务的出口企业若发生未经海关批准将海关保税进口料件作价销售给其他企业加工的,应按规定征收增值税、消费税。

(4)卷烟出口企业经主管税务机关批准按国家批准的免税出口卷烟计划购进的卷烟免征增值税、消费税。

(5) 发生增值税、消费税不应退税或免税但已实际退税或免税的,出口企业和其他单位应当补缴已退或已免税款。

(6) 出口企业和其他单位出口的货物(特殊情况除外),如果原材料成本 80%以上为规定所列原料的,应执行该原料的增值税、消费税政策,上述出口货物的增值税退税率为规定所列该原料海关税则号在出口货物、劳务退税率文库中对应的退税率。

(7) 国家批准的免税品经营企业销售给免税店的进口免税货物免征增值税。

(三) 外贸企业核算要求

外贸企业应单独设账核算出口货物的购进金额和进项税额,若购进货物时不能确定是用于出口的,先记入出口库存账,用于其他用途时应从出口库存账转出。

(四) 出口交通运输工具和机器设备的退(免)税

符合条件的生产企业已签订出口合同的交通运输工具和机器设备,在其退税凭证尚未收集齐全的情况下,可凭出口合同、销售明细账等,向主管税务机关申报免抵退税。在货物向海关报关出口后,应按规定申报退(免)税,并办理已退(免)税的核销手续。多退(免)的税款,应予追回。生产企业申请时应同时满足以下条件:

(1) 已取得增值税一般纳税人资格。

(2) 已持续经营 2 年及 2 年以上。

(3) 生产的交通运输工具和机器设备生产周期在 1 年及 1 年以上。

(4) 上一年度净资产大于同期出口货物增值税、消费税退税额之和的 3 倍。

(5) 持续经营以来从未发生逃税、骗取出口退税、虚开增值税专用发票或农产品收购发票、接受虚开增值税专用发票(善意取得虚开增值税专用发票除外)行为。

第九节 增值税的申报与缴纳

一、增值税纳税义务发生时间

（一）基本规定

增值税纳税义务发生时间，是指增值税纳税义务人、扣缴义务人发生应税、扣缴税款行为应承担纳税义务、扣缴义务的起始时间。这一规定在增值税管理非常重要，说明纳税义务发生时间一经确定，必须按此时间计算应缴税款。目前实行的增值税纳税义务发生时间基本上是按照财务制度规定，根据权责发生制的原则，以销售实现时间来确定的。这主要是考虑与现行企业财务制度进行衔接，同时加强企业财务管理，确保及时取得财政收入。《增值税暂行条例》明确规定了增值税纳税义务发生时间有以下两个方面：销售货物或者应税劳务，为收讫销售款或者取得索取销售款凭据的当天；进口货物，为报关进口的当天。

（二）具体规定

销售货物或者应税劳务的纳税义务发生时间，按销售结算方式的不同，具体为：

（1）采取直接收款方式销售货物，不论货物是否发出，均为收到销售额或取得索取销售额的凭据，并将提货单交给买方的当天。

（2）采取托收承付和委托银行收款方式销售货物，为发出货物并办妥托收手续的当天。

（3）采取赊销和分期收款方式销售货物，为按合同约定的收款日期的当天。

（4）采取预收货款方式销售货物，为货物发出的当天。

（5）委托其他纳税人代销货物，为收到代销单位销售的代销清单的当天；纳税人以代销方式销售货物。在收到代销清单前已收到全部或部分货款的，其纳税义务发生时间为收到全部或部分货款的当天；对于发出代销商品超过180天仍未收到代销清单及货款的，视同销售实现，一律征收增值税，其纳税义务发生时间为发出代销商品满180天的当天。

（6）销售应税劳务。为提供劳务同时收讫销售额或取得索取销售额的凭据的当天。

（7）纳税人发生视同销售货物行为，为货物移送的当天。

二、纳税期限

（一）增值税纳税期限的规定

增值税的纳税期限规定为1日、3日、5日、10日、15日或者1个月。纳税人的具体纳税期限，由主管税务机关根据纳税人应纳税额的大小分别核定；不能按照固定期限纳税的，可以按次纳税。

（二）增值税报缴税款期限的规定

（1）纳税人以1个月为一期纳税的，自期满之日起10日内申报纳税；以1日、3日、5日、10日或者15日为一期纳税的，自期满之日起5日内预缴税款，于次月1日起10日内申报纳税并结清上月应纳税款。

（2）纳税人进口货物，应当自海关填发税款缴纳证的次日起7日内缴纳税款。

（3）纳税人出口货物，应按月向税务机关申报办理该项出口货物退税。

三、纳税地点

（一）固定业户的纳税地点

（1）固定业户应当向其机构所在地主管税务机关申报纳税。总机构和分支机构不在同一县（市）的，应当分别向各自所在地主管税务机关申报纳税；经国家税务总局或其授权的税务机关批准，可以由总机构汇总向总机构所在地主管税务机关申报纳税。固定业户的总、分支机构不在同一县（市），但在同一省、自治区、直辖市范围内的，其分支机构应纳的增值税是否可由总机构汇总缴纳，由省、自治区、直辖市国家税务局决定。

（2）固定业户到外县（市）销售货物的，应当向其机构所在地主管税务机关申请开具外出经营活动税收管理证明，向其机构所在地主管税务机关申报纳税。未持有其机构所在地主管税务机关核发的外出经营活动税收管理证明，到外县（市）销售货物或者应税劳务的，应当向销售地主管税务机关申报纳税，销售地主管税务机关一律按3%的征收率征税；未向销售地主管税务机关申报纳税的，由其机构所在地主管税务机关补征税款。

（3）固定业户（指增值税一般纳税人）临时到外省、市销售货物的，必须向经营地税务机关出示《外出经营活动税收管理证明》回原地纳税，需要向购货方开具专用发票的，亦回原地补开。

（二）非固定业户增值税纳税地点

非固定业户销售货物或者应税劳务，应当向销售地主管税务机关申报纳税。非固定业户到外县（市）销售货物或者应税劳务未向销售地主管税务机关申报纳税的，由其机构所在地或居住地主管税务机关补征税款。

（三）进口货物增值税纳税地点

进口货物，应当由进口人或其代理人向报关地海关申报纳税。

第十节　增值税专用发票的使用和管理

一、专用发票概述

专用发票是增值税一般纳税人（以下简称一般纳税人）销售货物或者提供应税劳务开

具的发票,是购买方支付增值税额并可按照增值税有关规定据以抵扣增值税进项税额的凭证。一般纳税人应通过增值税防伪税控系统(以下简称防伪税控系统)使用专用发票。使用包括领购、开具、缴销、认证纸质专用发票及其相应的数据电文。防伪税控系统是指经国务院同意推行的,使用专用设备和通用设备、运用数字密码和电子存储技术管理专用发票的计算机管理系统。专用设备是指金税卡、IC 卡、读卡器和其他设备。通用设备是指计算机、打印机、扫描器具和其他设备。

(一) 专用发票的构成

1. 专用发票的构成形式

专用发票由基本联次或者基本联次附加其他联次构成,基本联次为三联:发票联、抵扣联和记账联。发票联,作为购买方核算采购成本和增值税进项税额的记账凭证;抵扣联,作为购买方报送主管税务机关认证和留存备查的凭证;记账联,作为销售方核算销售收入和增值税销项税额的记账凭证。其他联次用途,由一般纳税人自行确定。

2. 专用发票审批手续

国家税务总局 2014 年第 19 号文件公告,为切实转变税务机关工作职能,进一步优化纳税服务,提高办税效率,国家税务总局开展了"便民办税春风行动",全面全程提速办税,给诚信守法的纳税人提供更多的办税便利,简化增值税发票领用和使用程序。

一般纳税人申请专用发票(包括增值税专用发票和货物运输业增值税专用发票,下同)最高开票限额不超过十万元的,主管税务机关不需事前进行实地查验。各省国税机关可在此基础上适当扩大不需事前实地查验的范围,实地查验的范围和方法由各省国税机关确定。

取消增值税发票(包括增值税专用发票、货物运输业增值税专用发票、增值税普通发票和机动车销售统一发票,下同)手工验旧。税务机关应用增值税一般纳税人(以下简称一般纳税人)发票税控系统报税数据,通过信息化手段实现增值税发票验旧工作。

(二) 专用发票的初始发行

一般纳税人领购专用设备后,凭《最高开票限额申请表》、《发票领购簿》到主管税务机关办理初始发行。初始发行是指主管税务机关将一般纳税人的下列信息载入空白金税卡和 IC 卡的行为:① 企业名称;② 税务登记代码;③ 开票限额;④ 购票限量;⑤ 购票人员姓名、密码;⑥ 开票机数量;⑦ 国家税务总局规定的其他信息。

一般纳税人发生上述第①、③、④、⑤、⑥、⑦项信息变化,应向主管税务机关申请变更发行;发生第②项信息变化,应向主管税务机关申请注销发行。

一般纳税人凭《发票领购簿》、IC 卡和经办人身份证明领购专用发票。

(三) 专用发票的领购开具

一般纳税人有下列情形之一的,不得领购开具专用发票:

(1) 会计核算不健全,不能向税务机关准确提供增值税销项税额、进项税额、应纳税额数据及其他有关增值税税务资料的。上列其他有关增值税税务资料的内容，由省、自治区、直辖市和计划单列市国家税务局确定。

(2) 有《税收征管法》规定的税收违法行为，拒不接受税务机关处理的。

(3) 有下列行为之一，经税务机关责令限期改正而仍未改正的：① 虚开增值税专用发票；② 私自印制专用发票；③ 向税务机关以外的单位和个人买取专用发票；④ 借用他人专用发票；⑤ 未按规定开具专用发票；⑥ 未按规定保管专用发票和专用设备；⑦ 未按规定申请办理防伪税控系统变更发行；⑧ 未按规定接受税务机关检查。

有上列情形的，如已领购专用发票，主管税务机关应暂扣其结存的专用发票和IC卡。上述⑥未按规定保管专用发票和专用设备是指，未设专人保管专用发票和专用设备；未按税务机关要求存放专用发票和专用设备；未将认证相符的专用发票抵扣联、《认证结果通知书》和《认证结果清单》装订成册；未经税务机关查验，擅自销毁专用发票基本联次。

二、专用发票的开具

(一) 专用发票的开具范围

一般纳税人销售货物或者提供应税劳务，应向购买方开具专用发票。

商业企业一般纳税人零售的烟、酒、食品、服装、鞋帽(不包括劳保专用部分)、化妆品等消费品不得开具专用发票。

增值税小规模纳税人(以下简称小规模纳税人)需要开具专用发票的，可向主管税务机关申请代开。

销售免税货物不得开具专用发票，法律、法规及国家税务总局另有规定的除外。

(二) 专用发票的开具要求

(1) 项目齐全，与实际交易相符。

(2) 字迹清楚，不得压线、错格。

(3) 发票联和抵扣联加盖财务专用章或者发票专用章。

(4) 按照增值税纳税义务的发生时间开具。

对不符合上列要求的专用发票，购买方有权拒收。

一般纳税人销售货物或者提供应税劳务可汇总开具专用发票。汇总开具专用发票的，同时使用防伪税控系统开具《销售货物或者提供应税劳务清单》，并加盖财务专用章或者发票专用章。

三、专用发票的认证管理

一般纳税人开具专用发票应在增值税纳税申报期内向主管税务机关报税，在申报所属月份内可分次向主管税务机关报税。报税是纳税人持IC卡或者IC卡和软盘向税务机关报送开票数据电文。因IC卡、软盘质量等问题无法报税的，应更换IC卡、软盘。因硬盘损坏、更换金税卡等原因不能正常报税的，应提供已开具未向税务机关报税的专用发票记账联原件或者复印件，由主管税务机关补采开票数据。

一般纳税人注销税务登记或者转为小规模纳税人，应将专用设备和结存未用的纸质专用发票送交主管税务机关。

主管税务机关应缴销其专用发票，并按有关安全管理的要求处理专用设备。专用发票的缴销，是指主管税务机关在纸质专用发票监制章处按"V"字剪角作废，同时作废相应的专用发票数据电文。被缴销的纸质专用发票应退还纳税人。

用于抵扣增值税进项税额的专用发票应经税务机关认证相符(国家税务总局另有规定的除外)。认证相符的专用发票应作为购买方的记账凭证，不得退还销售方。认证是税务机关通过防伪税控系统对专用发票所列数据的识别、确认。认证相符是指纳税人识别号无误，专用发票所列密文解译后与明文一致。

(一) 认证结果的处理

(1) 经认证，有下列情形之一的，不得作为增值税进项税额的抵扣凭证，税务机关退还原件，购买方可要求销售方重新开具专用发票：

一是无法认证。无法认证是指专用发票所列密文或者明文不能辨认，无法产生认证结果。

二是纳税人识别号认证不符。纳税人识别号认证不符是指专用发票所列购买方纳税人识别号有误。

三是专用发票代码、号码认证不符。专用发票代码、号码认证不符是指专用发票所列密文解译后与明文的代码或者号码不一致。

(2) 经认证，有下列情形之一的，暂不得作为增值税进项税额的抵扣凭证，税务机关扣留原件，查明原因，分别情况进行处理：

一是重复认证。重复认证是指已经认证相符的同一张专用发票再次认证。

二是密文有误。密文有误是指专用发票所列密文无法解译。

三是认证不符。认证不符是指纳税人识别号有误，或者专用发票所列密文解译后与明文不一致。

四是列为失控专用发票。列为失控专用发票是指认证时的专用发票已被登记为失控专用发票。

(二) 丢失专用发票的处理流程

一般纳税人丢失已开具专用发票的发票联和抵扣联，如果丢失前已认证相符的，购买方可凭销售方提供的相应专用发票记账联复印件及销售方主管税务机关出具的《丢失增值税专用发票已报税证明单》或《丢失货物运输业增值税专用发票已报税证明单》(附件1、2，以下统称《证明单》)，作为增值税进项税额的抵扣凭证；如果丢失前未认证的，购买方凭销售方提供的相应专用发票记账联复印件进行认证，认证相符的可凭专用发票记账联复印件及销售方主管税务机关出具的《证明单》，作为增值税进项税额的抵扣凭证。专用发票记账联复印件和《证明单》留存备查。

一般纳税人丢失已开具专用发票的抵扣联，如果丢失前已认证相符的，可使用专用发票发票联复印件留存备查；如果丢失前未认证的，可使用专用发票发票联认证，专用发票发票联复印件留存备查。

一般纳税人丢失已开具专用发票的发票联，可将专用发票抵扣联作为记账凭证，专用发票抵扣联复印件留存备查。

一般纳税人开具专用发票后，发生销货退回或销售折让，按照规定开具红字专用发票后，不再将该笔业务的相应记账凭证复印件报送主管税务机关备案。

四、增值税专用发票管理中若干问题的处理规定

（一）关于对代开、虚开增值税专用发票的处理

代开发票是指为与自己没有发生直接购销关系的他人开具发票的行为。虚开发票是指在没有任何购销事实的前提下，为他人、为自己或让他人为自己或介绍他人开具发票的行为。代开、虚开发票的行为都是严重的违法行为。对代开、虚开专用发票的，一律按票面所列货物的适用税率全额征补税款，并按《税收征管法》的规定按偷税给予处罚。对纳税人取得代开、虚开的增值税专用发票，不得作为增值税合法抵扣凭证抵扣进项税额。代开、虚开发票构成犯罪的，按全国人大常委会发布的《关于惩治虚开、伪造和非法出售增值税专用发票犯罪的决定》处以刑罚。

（二）纳税人善意取得虚开的增值税专用发票处理

(1) 依据国税发[1997]134 号文件规定，纳税人取得虚开的增值税专用发票的处理是：

第一，受票方利用他人虚开的专用发票，向税务机关申报抵扣税款进行偷税的，应当依照《税收征管法》及有关规定追缴税款，处以偷税数额 5 倍以下的罚款；进项税金大于销项税金的，还应当调减其留抵的进项税额。利用虚开的专用发票进行骗取出口退税的，应当依法追缴税款，处以骗税数额 5 倍以下的罚款。

第二，在货物交易中，购货方从销售方取得第三方开具的专用发票，或者从销货地以外的地区取得专用发票，向税务机关申报抵扣税款或者申请出口退税的，应当按偷税、骗取出口退税处理，依照《税收征管法》及有关规定追缴税款，处以偷税、骗税数额 5 倍以下的罚款。

第三，纳税人以上述第一、第二条所列的方式取得专用发票未申报抵扣税款，或者未申请出口退税的，应当依照《发票管理办法》及有关规定，按所取得专用发票的份数，分别处以 1 万元以下的罚款；但知道或者应当知道取得的是虚开的专用发票，或者让他人为自

已提供虚开的专用发票的,应当从重处罚。

第四,利用虚开的专用发票进行偷税、骗税,构成犯罪的,税务机关依法进行追缴税款等行政处理,并移送司法机关追究刑事责任。

(2) 依据国税发[2000]182 号文件,有下列情形之一的,无论购货方(受票方)与销售方是否进行了实际的交易,增值税专用发票所注明的数量、金额与实际交易是否相符,购货方向税务机关申请抵扣进项税款或者出口退税的,对其均应按偷税或者骗取出口退税处理:

第一,购货方取得的增值税专用发票所注明的销售方名称、印章与其进行实际交易的销售方不符的,即国税发[1997]134 号文件第二条规定的"购货方从销售方取得第三方开具的专用发票"的情况。

第二,购货方取得的增值税专用发票为销售方所在省(自治区、直辖市和计划单列市)以外地区的,即国税发[1997]134 号文件第二条规定的"从销货地以外的地区获得专用发票"的情况。

第三,其他有证据表明购货方明知取得的增值税专用发票系销售方以非法手段获得的,即国税发[1997]134 号文件第一条规定的"受票方利用他人虚开的专用发票,向税务机关申报抵扣税款进行偷税"的情况。

(3) 根据国税发[2000]187 号《国家税务总局关于纳税人善意取得虚开的增值税专用发票处理问题的通知》规定:

第一,购货方与销售方存在真实的交易,销售方使用的是其所在省(自治区、直辖市和计划单列市)的专用发票,专用发票注明的销售方名称、印章、货物数量、金额及税额等全部内容与实际相符,且没有证据表明购货方知道销售方提供的专用发票是以非法手段获得的,对购货方不以偷税或者骗取出口退税论处。但应按有关规定不予抵扣进项税款或者不予出口退税;购货方已经抵扣的进项税款或者取得的出口退税,应依法追缴。

第二,购货方能够重新从销售方取得防伪税控系统开出的合法、有效专用发票的,或者取得手工开出的合法、有效专用发票且取得了销售方所在地税务机关已经或者正在依法对销售方虚开专用发票行为进行查处证明的,购货方所在地税务机关应依法准予抵扣进项税款或者出口退税。

第三,如有证据表明购货方在进项税款得到抵扣或者获得出口退税前知道该专用发票是销售方以非法手段获得的,对购货方应按《国家税务总局关于纳税人取得虚开的增值税专用发票处理问题的通知》(国税发[1997]134 号)和《国家税务总局关于〈国家税务总局关于纳税人取得虚开的增值税专用发票处理问题的通知〉的补充通知》(国税发[2000]182 号)的规定处理。

复习思考题

一、简述题

1. 简述增值额的含义。

2. 简述增值税税率与征收率的不同之处。

3. 简述增值税货物的含义。

4. 简述增值税小规模纳税人的认定。

5. 简述增值税的零税率和免税的不同含义。

二、计算题

1. 甲食品厂(增值税一般纳税人)2014年 11 月份发生以下几笔经营业务:

(1) 从某农业生产者处收购花生,开具的收购发票上注明的收购价格为50 000元,货物验收入库;另支付某运输企业不含税运费 400 元,取得货运企业开具的货物运输业增值税专用发票,相关发票当月均已通过主管税务机关认证。

(2) 销售给某商场副食品,并以该厂自备车辆送货上门,向对方开具增值税专用发票一份,注明不含税价款65 000元,另开普通发票收取运费共 585 元(收入未分别核算)。

(3) 销售给某连锁超市速冻食品,不含税价款25 000元,委托某货运公司运送货物,代垫不含税运费 500 元,取得该货运公司开具的货物运输业增值税专用发票并将原发票转交给该超市。

(4) 销售给某食品公司副食品,向对方开具增值税专用发票一份,注明不含税价款100 000元。委托某运输企业运送,甲厂支付不含税运费 1 000元,根据事先约定,该食品公司负担其中 300 元,运输企业将货物运输业增值税专用发票开具给甲厂,甲厂另开普通发票向该食品公司收取该运费。

(5) 购进自用轿车一辆,支付不含税价200 000元,取得增值税专用发票;另支付不含税运费2 000元,已取得货物运输业增值税专用发票。

(6) 从某精密仪器有限公司购进检测设备一台,支付不含税价120 000元,取得增值税专用发票;另支付不含税运费 600 元,已取得货物运输业增值税专用发票。

(7) 上月购进的免税农产品在仓库因保管不善发生霉烂变质,账面成本价3 000元(含应分摊的不含税运费 100 元,该运输劳务系增值税一般纳税人运输企业提供)。

要求:根据上述资料,计算甲厂当月应纳的增值税。

2. 某机械制造厂(增值税一般纳税人),主要生产通用机械及农用机械。2014年 11 月份外购项目如下:

(1) 外购钢材 90 吨,取得的增值税专用发票上注明价款360 000元、增值税款61 200元。

(2) 从本地某厂采购特种钢材 5 吨,支付款项,取得的增值税专用发票上注明价款40 000元、增值税款6 800元,销货方承诺于下月 5 日交货。

(3) 从外地某厂购入特种钢材 2 吨,取得的增值税专用发票上注明价款16 300元、增值税款2 771元。另支付不含税运费 300 元,取得货物运输业增值税专用发票。

(4) 本月所购钢材中有 2 吨因规格问题退还给销货方,收回价款8 000元、增值税款1 360元,已收到对方开具的红字专用发票。

(5) 从一小规模纳税人处购入辅助材料一批,取得的由其主管税务所代开的增值税专用发票上注明价款10 000元、增值税款 300 元。

(6) 购进煤炭一批,取得的增值税专用发票上注明价款15 000元、增值税款2 550元,款项尚未支付。

(7) 购入固定资产设备修理用零部件一批,取得的增值税专用发票上注明价款12 000元、增值税款2040元;购入拖拉机离合器一批,取得的普通发票上注明价款20 000元。

(8) 购入小型设备两台,取得的增值税专用发票上注明价款23 000元、增值税款3 910元;为生产车间工人购进劳保用品一批,取得的增值税专用发票上注明价款6 000元、增值税款1 020元。

(9) 进口生产用机床一台,到岸价格200 000元,已纳进口关税20 000元,已由海关代征进口环节增值税,并已取得海关进口增值税专用缴款书。

(10) 购进生产用水 1 000元,取得的增值税专用发票上注明增值税款 130 元;购进生产用电2 000元,取得的增值税专用发票上注明增值税款 340 元。

该厂当月销售货物情况如下:

(1) 将购入的部分拖拉机离合器对外销售,取得不含税销售额12 000元;其余部分投入生产,用于生产手扶拖拉机,当月采取直接收款方式销售给某农资公司 10 台,每台不含税价款25 000元,开具增值税专用发票,货款已收取,货物尚未发出。

(2) 销售给某机电公司播种施肥机 20 台,每台不含税价款22 000元,开具增值税专用发票;同时另开普通发票收取包装物租金13 560元。

(3) 销售给某机电经营部通用机械 12 台,每台不含税价款15 000元。对方当月 10 天内付款,给予其 3%的折扣。开具增值税专用发票,货已发出,货款已收到。

(4) 以折扣销售方式销售给某农机经营服务公司收割机 5 台,每台不含税价款28 000元;插秧机 5 台,每台不含税价款26 000元。按协议折扣 5%,折扣额与销售额在同一份增值税专用发票上反映。货已发出,货款已收到。同时支付运费 1 000元,取得合法的货运发票。

(5) 将自产食品加工机械 2 台作为投资提供给某食品公司,该厂同类产品不含税售价为每台18 000元，生产成本为每台15 000元，货已发出。

(6) 月末以托收承付结算方式销售给外地某机电公司通用机械 6 台，每台不含税价15 000元，货已发出，并已在银行办妥托收手续。

(7) 出售已使用半年的进口轿车 1 辆，该轿车原购入价368 000元，转让时取得价税合计转让收入374 302元。

根据上述资料，计算该厂当月进口环节及销售环节应纳增值税额。

第三章 消费税

第一节 消费税概述

一、概念

消费税是对我国境内从事生产、委托加工和进口应税消费品的单位和个人，就其销售额或销售数量，在特定环节征收的一种税。简单地说，消费税是对特定的消费品和消费行为征收的一种税。

消费税是世界各国广泛实行的税种，世界上大部分国家开征消费税。19 世纪以来，由于以所得税为主体的直接税制的发展，消费税占各国税收收入的比重有所下降。但因其具有独特的调节作用，仍然受到各国的普遍重视。目前美国、英国、日本、法国等主要发达国家均对特定的消费品或消费行为征收消费税。

我国的消费税是1994年税制改革中新设置的税种。它是由原产品税脱胎出来的，与实行普遍调节的增值税配套，体现国家对某些产品进行特殊调节设立的税种。我国解放初期征收的货物税，20 世纪 50 年代征收的商品流通税和从1958年 9 月开始至1973年征收的工商统一税以及1973年至1983年征收的工商税中相当于货物税的部分，1983年至1994年前征收的产品税、增值税，实质上有一部分相当于消费税性质的，只是我国当时没有列为一个独立的税种。

二、特点

一般来说，消费税的征税对象主要是与居民消费相关的最终消费品和消费行为。与其他税种比较，消费税具有如下四个特点。

（一）征税范围具有选择性

各国目前征收的消费税实际上都属于对特定消费品或消费行为征收的税种。尽管各国的征税范围宽窄有别，但都是在人们普遍消费的大量消费品中或消费行为中有选择地确定若干个征税项目，在税法中列举征税。我国1994年实行的税制中，消费税主要包括了特殊消费品、奢侈品、高能耗消费品、不可再生的资源消费品和税基宽广、消费普遍、不影响人民群众生活水平，但又具有一定财政意义的普通消费品，共计有 11 个税目。从2006

年 4 月 1 日起，消费税的征收范围进行了有增有减的调整。调整后的消费税税目共计 14 个。

（二）征税环节具有单一性

消费税原则是在生产(进口)、流通或消费的某一环节一次征收，而不是在消费品生产、流通或消费的每个环节多次征收，即通常所说的一次课征制。但为加强对卷烟消费的调控，卷烟不仅在生产环节征税而且在批发环节也征消费税。

（三）征收方法具有多样性

消费税的计税方法比较灵活。为了适应不同应税消费品的情况，消费税在征收方法上不力求一致，有些产品采取从价定率的方式征收，有些产品则采取从量定额的方式征收。

（四）税负转嫁具有隐蔽性

凡列入消费税征税范围的消费品，一般都是高价高税产品。消费品所含的消费税税款最终都要转嫁到消费者身上，由消费者负担。但由于我国目前消费税采用价内税的形式，消费税的税负转嫁包含在价格之中，因此，消费税转嫁更具有隐蔽的特征。

第二节 消费税的征税范围、纳税人与税率

一、征税范围

根据《消费税暂行条例》的规定，消费税的征收范围为：在中华人民共和国境内生产、委托加工和进口消费税暂行条例规定的消费品。

确定消费税征税范围的总原则是：立足于我国的经济发展水平、国家的消费政策和产业政策，充分考虑人民的生活水平、消费水平和消费结构状况，注重保证国家财政收入的稳定增长，并适当借鉴国外征收消费税的成功经验和国际通行做法。

二、税目

按照《消费税暂行条例》的规定，列入征收消费税征税范围的税目共有 11 个。2006年 3 月财政部、国家税务总局发布《关于调整和完善消费税政策的通知》(财税[2006]33 号)，从2006年 4 月 1 日起，新增了 5 个消费税税目，将汽油、柴油合并为成品油税目，取消了“护肤护发品”税目，将高档护肤护发品划归“化妆品”税目。

自 2014 年 12 月 1 日起，消费税税目目前共有 13 个，具体征收范围包括以下内容。

（一）烟

烟是指以烟叶为原料加工生产的特殊消费品。卷烟是指将各种烟叶切成烟丝并按照

一定的配方辅之以糖、酒、香料加工而成的产品。

（二）酒

（1）粮食白酒是指以高粱、玉米、大米、糯米、大麦、小麦、青稞等各种粮食为原料。经过糖化、发酵后，采用蒸馏方法酿制的白酒。

（2）薯类白酒是指以白薯（红薯、地瓜）、木薯、马铃薯、芋头、山药等各种干鲜薯类为原料，经过糖化、发酵后，采用蒸馏方法酿制的白酒。用甜菜酿制的白酒，比照薯类白酒征税。

（3）黄酒是指以糯米、粳米、籼米、大米、黄米、玉米、小麦、薯类等为原料，经加温、糖化、发酵、压榨酿制的酒。由于工艺、配料和含糖量的不同，黄酒分为干黄酒、半干黄酒、半甜黄酒、甜黄酒四类。黄酒的征收范围包括各种原料酿制的黄酒和酒度超过 12 度（含 12 度）的土甜酒。

（4）啤酒是指以大麦或其他粮食为原料，加入啤酒花，经糖化、发酵、过滤酿制的含有二氧化碳的酒。啤酒按照杀菌方法的不同，可分为熟啤酒和生啤酒或鲜啤酒。啤酒的征收范围包括各种包装和散装的啤酒。无醇啤酒比照啤酒征税。“果啤”属于啤酒，应征消费税（国税函[2005]333 号）。“果啤”是一种口味介于啤酒和饮料之间的低度酒精饮料，主要成分为啤酒和果汁。

（5）其他酒是指除粮食白酒、薯类白酒、黄酒、啤酒以外，酒度在 1 度以上的各种酒，包括糠麸白酒、其他原料白酒、土甜酒、复制酒、果木酒、汽酒、药酒等。

（三）化妆品

本税目征收范围包括各类美容、修饰类化妆品、高档护肤类化妆品和成套化妆品。

美容、修饰类化妆品是指香水、香水精、香粉、口红、指甲油、胭脂、眉笔、唇笔、蓝眼油、眼睫毛以及成套化妆品。

舞台、戏剧、影视演员化妆用的上妆油、卸装油、油彩，不属于本税目的征收范围。

高档护肤类化妆品征收范围另行制定。

（四）贵重首饰及珠宝玉石

本税目征收范围包括：各种金银珠宝首饰和经采掘、打磨、加工的各种珠宝玉石。

（1）金银珠宝首饰包括：凡以金、银、白金、宝石、珍珠、钻石、翡翠、珊瑚、玛瑙等高贵稀有物质以及其他金属、人造宝石等制作的各种纯金银首饰及镶嵌首饰（含人造金银、合成金银首饰等）。

（2）珠宝玉石的种类包括：钻石、珍珠、松石、青金石、欧泊石、橄榄石、长石、玉、石英、玉髓、石榴石、锆石、尖晶石、黄玉、碧玺、金绿玉、绿柱石、刚玉、琥珀、珊瑚、煤玉、龟甲、合成刚玉、合成宝石、双合石、玻璃仿制品。

（五）鞭炮、焰火

鞭炮又称爆竹，是用多层纸密裹火药，接以药引线制成的一种爆炸品。焰火是指烟火剂，一般系包扎品，内装药剂。点燃后烟火喷射，呈各种颜色，有的还变幻成各种景象，分平地小焰火和空中大焰火两类。鞭炮、焰火的征收范围包括各种鞭炮、焰火，通常分为十三类，即喷花类、旋转类、旋转升空类、火箭类、吐珠类、线香类、小礼花类、烟雾类、造型玩具类、爆竹类、摩擦炮类、组合烟花类、礼花弹类。体育上用的发令纸、鞭炮引线，不按本税目征收。

（六）成品油

本税目包括汽油、柴油、石脑油、溶剂油、航空煤油、润滑油、燃料油七个子目。

(1) 汽油是指用原油或其他原料加工生产的辛烷值不小于 66 的可用作汽油发动机燃料的各种轻质油。含铅汽油是指铅含量每升超过0.013克的汽油。汽油分为车用汽油和航空汽油。以汽油、汽油组分调和生产的甲醇汽油、乙醇汽油也属于本税目征收范围。

(2) 柴油是指用原油或其他原料加工生产的倾点或凝点在－50～30 单位的可用作柴油发动机燃料的各种轻质油和以柴油组分为主、经调和精制可用作柴油发动机燃料的非标油。

以柴油、柴油组分调和生产的生物柴油也属于本税目征收范围。

(3) 石脑油又叫化工轻油，是以原油或其他原料加工生产的用于化工原料的轻质油。

石脑油的征收范围包括除汽油、柴油、航空煤油、溶剂油以外的各种轻质油。非标汽油、重整生成油、拔头油、戊烷原料油、轻裂解料（减压柴油 VGO 和常压柴油 AGO）、重裂解料、加氢裂化尾油、芳烃抽余油均属轻质油，属于石脑油征收范围。

(4) 溶剂油是用原油或其他原料加工生产的用于涂料、油漆、食用油、印刷油墨、皮革、农药、橡胶、化妆品生产和机械清洗、胶粘行业的轻质油。

橡胶填充油、溶剂油原料，属于溶剂油征收范围。

(5) 航空煤油也叫喷气燃料，是用原油或其他原料加工生产的用作喷气发动机和喷气推进系统燃料的各种轻质油。

(6) 润滑油是用原油或其他原料加工生产的用于内燃机、机械加工过程的润滑产品。润滑油分为矿物性润滑油、植物性润滑油、动物性润滑油和化工原料合成润滑油。

润滑油的征收范围包括矿物性润滑油、矿物性润滑油基础油、植物性润滑油、动物性润滑油和化工原料合成润滑油。以植物性、动物性和矿物性基础油（或矿物性润滑油）混合掺配而成的“混合性”润滑油，不论矿物性基础油（或矿物性润滑油）所占比例高低，均属润滑油的征收范围。

(7) 燃料油也称重油、渣油，是用原油或其他原料加工生产，主要用作电厂发电、锅炉用燃料、加热炉燃料、冶金和其他工业炉燃料。腊油、船用重油、常压重油、减压重油、180CTS 燃料油、7 号燃料油、糠醛油、工业燃料、4～6 号燃料油等油品的主要用途是作为燃料燃烧，属于燃料油征收范围。

（七）摩托车

摩托车的征收范围包括：

(1) 轻便摩托车。最大设计车速不超过 50 km/h、发动机气缸总工作容积不超过 50 ml的两轮机动车。

(2) 摩托车。最大设计车速超过 50 km/h、发动机气缸总工作容积超过 50 ml、空车重量不超过 400 kg(带驾驶室的正三轮车及特种车的空车重量不受此限)的两轮和三轮机动车。

(八) 小汽车

汽车是指由动力驱动,具有四个或四个以上车轮的非轨道承载的车辆。

本税目征收范围包括含驾驶员座位在内最多不超过 9 个座位(含)的,在设计和技术特性上用于载运乘客和货物的各类乘用车和含驾驶员座位在内的座位数在 10 至 23 座(含 23 座)的在设计和技术特性上用于载运乘客和货物的各类中轻型商用客车。

用排气量小于1.5升(含)的乘用车底盘(车架)改装、改制的车辆属于乘用车征收范围。用排气量大于1.5升的乘用车底盘(车架)或用中轻型商用客车底盘(车架)改装、改制的车辆属于中轻型商用客车征收范围。

含驾驶员人数(额定载客)为区间值的(如 8～10 人;17～26 人)小汽车,按其区间值下限人数确定征收范围。车身长度大于 7 米(含),并且座位在 10～23 座(含)以下的商用客车,不属于中轻型商用客车征税范围,不征收消费税。电动汽车不属于本税目征收范围。

国税函[2008]452 号文件规定,对于企业购进货车或厢式货车改装生产的商务车、卫星通信车等专用汽车不属于消费税征收范围,不征收消费税。

(九) 高尔夫球及球具

高尔夫球及球具是指从事高尔夫球运动所需的各种专用装备,包括高尔夫球、高尔夫球杆及高尔夫球包(袋)等。

高尔夫球是指重量不超过45.93克、直径不超过42.67毫米的高尔夫球运动比赛、练习用球;高尔夫球杆是指被设计用来打高尔夫球的工具,由杆头、杆身和握把三部分组成;高尔夫球包(袋)是指专用于盛装高尔夫球及球杆的包(袋)。

本税目征收范围包括高尔夫球、高尔夫球杆、高尔夫球包(袋)。高尔夫球杆的杆头、杆身和握把属于本税目的征收范围。

(十) 高档手表

高档手表是指销售价格(不含增值税)每只在10 000元(含)以上的各类手表。

本税目征收范围包括符合以上标准的各类手表。

(十一) 游艇

游艇是指长度大于 8 米小于 90 米,船体由玻璃钢、钢、铝合金、塑料等多种材料制作,可以在水上移动的水上浮载体。按照动力划分,游艇分为无动力艇、帆艇和机动艇。

本税目征收范围包括艇身长度大于 8 米(含)小于 90 米(含),内置发动机,可以在水上移动,一般为私人或团体购置,主要用于水上运动和休闲娱乐等非牟利活动的各类机动艇。

（十二）木制一次性筷子

木制一次性筷子，又称卫生筷子，是指以木材为原料经过锯段、浸泡、旋切、刨切、烘干、筛选、打磨、倒角、包装等环节加工而成的各类一次性使用的筷子。

本税目征收范围包括各种规格的木制一次性筷子。未经打磨、倒角的木制一次性筷子属于本税目征税范围。

（十三）实木地板

实木地板是指以木材为原料，经锯割、干燥、刨光、截断、开榫、涂漆等工序加工而成的块状或条状的地面装饰材料。实木地板按生产工艺不同，可分为独板（块）实木地板、实木指接地板、实木复合地板三类；按表面处理状态不同，可分为未涂饰地板（白坯板、素板）和漆饰地板两类。

本税目征收范围包括各类规格的实木地板、实木指接地板、实木复合地板及用于装饰墙壁、天棚的侧端面为榫、槽的实木装饰板。未经涂饰的素板属于本税目征税范围。

三、纳税人

在中华人民共和国境内生产、委托加工和进口应税消费品的单位和个人。这里所说的“单位”是指，国有企业、集体企业、私有企业、股份制企业、外商投资企业和外国企业、其他企业和行政单位、事业单位、军事单位、社会团体及其他单位。“个人”是指，个体经营者及其他个人。“中华人民共和国境内”是指，生产、委托加工和进口应税消费品的起运地或所在地在境内。

具体来说，消费税纳税人包括：生产应税消费品的单位和个人；进口应税消费品的单位和个人；委托加工应税消费品的单位和个人。其中，委托加工的应税消费品由受托方于委托方提货时代扣代缴（受托方为个体经营者除外），自产自用的应税消费品，由自产自用单位和个人在移送使用时缴纳消费税。

进口的应税消费品，尽管其产制地不在我国境内，但在我国境内销售或消费，为了平衡进口应税消费品与本国应税消费品的税负，必须由从事进口应税消费品的进口人或其代理人按照规定缴纳消费税。个人携带或者邮寄入境的应税消费品的消费税，连同关税一并计征，由携带入境者或者收件人缴纳消费税。

四、税率形式及一般规定

消费税的税率，有两种形式：一种是比例税率；一种是定额税率，即单位税额。消费税税率形式的选择，主要是根据课税对象的具体情况来确定的，对一些供求基本平衡，价格差异不大，计量单位规范的消费品，选择计税简便的定额税率，如黄酒、啤酒、汽油、柴油等；对一些供求矛盾突出、价格差异较大，计量单位不规范的消费品，选择税价联动的比例税率，如烟、白酒、化妆品、护肤护发品、鞭炮、焰火、汽车轮胎、贵重首饰及珠宝玉石、摩托车、小汽车等。

一般情况下，对一种消费品只选择一种税率形式，但为了更有效地保全消费税税基，对一些应税消费品如卷烟、白酒，则采用了定额税率和比例税率双重征收形式。

消费税税目税率(税额)表如表 3-1 所示。

表 3-1

消费税税目税率(税额)表

税　目	计税单位	税率(税额)
一、烟		
1. 卷烟		
(1) 每标准条(200 支)对外调拨价在 70 元以上(含 70 元)的	标准箱(5 万支)	56%;150 元
(2) 每标准条(200 支)对外调拨价在 70 元以下的	标准箱(5 万支)	36%;150 元
2. 雪茄烟		36%
3. 烟丝		30%
4. 卷烟批发环节		5%
二、酒		
1. 粮食白酒	斤或者 500 毫升	20%;0.50元
2. 薯类白酒	斤或者 500 毫升	20%;0.50元
3. 黄酒	吨	240 元
4. 啤酒		
(1) 每吨出厂价格(含包装物及包装物押金)在3 000元(含3 000元,不含增值税)以上的	吨	250 元
(2) 每吨在3 000元以下的	吨	220 元
(3) 娱乐业和饮食业自制的	吨	250 元
5. 其他酒		10%
三、化妆品		30%
四、贵重首饰和珠宝玉石		
1. 金、银、铂金首饰和钻石、钻石饰品		5%
2. 其他贵重首饰和珠宝玉石		10%

（续表）

税　　　目	计税单位	税率（税额）
五、鞭炮、焰火		15%
六、成品油		
1. 汽油	升	1.4元
2. 柴油	升	1.1元
3. 石脑油	外	1.4元
4. 溶剂油	升	1.4元
5. 润滑油	升	1.4元
6. 燃料油	升	1.1元
7. 航空煤油	升	1.1元
七、摩托车		
1. 气缸容量250毫升		3%
2. 气缸容量在250毫升以上的		10%
八、小汽车		
1. 乘用车		
(1) 气缸容量(排气量,下同)在1.0升(含)以下的		1%
(2) 气缸容量(排气量,下同)在1.0升以上至1.5升(含1.5升)的		3%
(3) 气缸容量在1.5升以上至2.0升(含)的		5%
(4) 气缸容量在2.0升以上至2.5升(含)的		9%
(5) 气缸容量在2.5升以上至3.0升(含)的		12%
(6) 气缸容量在3.0升以上至4.0升(含)的		25%
(7) 气缸容量在4.0升以上的		40%
2. 中轻型商用客车		5%
九、高尔夫球及球具		10%
十、高档手表		20%
十一、游艇		10%
十二、木制一次性筷子		5%
十三、实木地板		5%

注:上表为2014年12月1日开始执行。

消费税税目、税率(税额)的调整,由国务院确定,地方无权调整。

消费税采用列举法按具体应税消费品设置税目税率,征税界限清楚,一般不易发生错用税率的情况。但是,如果存在下列情况时,应按适用税率中最高税率征税:① 纳税人兼营不同税率的应税消费品,即生产销售两种税率以上的应税消费品时,应当分别核算不同税率应税消费品的销售额或销售数量,未分别核算的,按最高税率征税;② 纳税人将应税消费品与非应税消费品以及适用税率不同的应税消费品组成成套消费品销售的,应根据组合产制品的销售金额按应税消费品中适用最高税率的消费品税率征税。

五、适用税率的特殊规定

(一) 卷烟的适用税率

(1) 纳税人销售的卷烟因放开销售价格而经常发生价格上下浮动的,应以该牌号规格卷烟销售当月的加权平均销售价格确定征税类别和适用税率。但销售的卷烟有下列情况之一者,不得列入加权平均计算:① 销售价格明显偏低而无正当理由的;② 无销售价格的。

在实际工作中,月初可先按上月或者离销售当月最近月份的征税类别和适用税率预缴税款,月份终了再按实际销售价格确定征税类别和适用税率,并结算应纳税款。

(2) 卷烟由于接装过滤嘴、改变包装或其他原因提高销售价格后,应按照新的销售价格确定征税类别和适用税率。

(3) 纳税人自产自用的卷烟应当按照纳税人生产的同牌号规格的卷烟销售价格确定征税类别和适用税率。没有同牌号规格卷烟销售价格的,一律按照卷烟最高税率征税。

(4) 委托加工的卷烟按照受托方同牌号规格卷烟的征税类别和适用税率征税。没有同牌号规格卷烟的,一律按卷烟最高税率征税。

(5) 残次品卷烟应当按照同牌号规格正品卷烟的征税类别确定适用税率。

(6) 下列卷烟不分征税类别一律按照 56% 卷烟税率征税,并按照定额每标准箱 150 元计算征税:① 白包卷烟;② 手工卷烟;③ 未经国务院批准纳入计划的企业和个人生产的卷烟。

(7) 自2004年3月1日起,进口卷烟消费税适用比例税率按以下办法确定:

其一,每标准条进口卷烟(200 支)确定消费税适用比例税率的价格=(关税完税价格+关税+消费税定额税率)÷(1-消费税税率)。其中,关税完税价格和关税为每标准条的关税完税价格及关税税额;消费税定额税率为每标准条(200 支)0.6元(依据现行消费税定额税率折算而成);消费税税率固定为 36%。

其二,每标准条进口卷烟(200 支)确定消费税适用比例税率的价格≥70 元人民币的,适用比例税率为65%;每标准条进口卷烟(200支)确定消费税适用比例税率的价格<70元人民币的,适用比例税率为36%。

(二) 酒的适用税率

(1) 外购酒精生产的白酒,应按酒精所用原料确定白酒的适用税率。凡酒精所用原料无法确定的,一律按粮食白酒税率征税。

(2) 外购两种以上酒精生产的白酒,一律从高确定税率征税。

(3) 以外购白酒加浆降度,或外购散酒装瓶出售,以及外购白酒以曲香、香精进行调香、调味生产的白酒,按照外购白酒所用原料确定适用税率。凡白酒所用原料无法确定的,一律按照粮食白酒的税率征税。

(4) 以外购的不同品种的白酒勾兑的白酒,一律按照粮食白酒的税率征税。

(5) 对用粮食和薯类、糠麸等多种原料混合生产的白酒一律按照粮食白酒的税率征税。

第三节 消费税的计税依据及计算

一、计税依据

(一) 实行从量定额计征办法的计税依据

从量定额通常以每单位应税消费品的重量、容积或数量为计税依据,并按每单位应税消费品规定固定税额。这种固定税额即为定额税率。

1. 销售数量的确定

销售数量是指应税消费品的数量,具体为:

(1) 销售应税消费品的,为应税消费品的销售数量。

(2) 自产自用应税消费品的,为应税消费品的移送使用数量。

(3) 委托加工应税消费品的,为纳税人收回的应税消费品数量。

(4) 进口的应税消费品,为海关核定的应税消费品进口征税数量。

2. 销售单位换算

在实际销售过程,一些纳税人往往将计量单位混用,为了规范不同产品的计量单位,《消费税暂行条例实施细则》中具体规定了吨与升两个计量单位的换算标准:

啤酒1吨=988升;溶剂油1吨=1 282升;黄酒1吨=962升

润滑油1吨=1 126升;汽油1吨=1 388升;燃料油1吨=1 015升

柴油1吨=1 176升;航空煤油1吨=1 246升;石脑油1吨=1 385升

（二）实行从价定率计征办法的计税依据

实行从价定率办法征税的应税消费品，计税依据为应税消费品的销售额。

应税消费品的销售额包括销售应税消费品从购买方收取的全部价款和价外费用。所谓“价外费用”是指：价外收取的基金、集资款、返还利润、补贴、违约金（延期付款利息）和手续费、包装费、储备费、优质费、运输装卸费、品牌使用费、代收款项、代垫款项以及其他各种性质的价外收费。但下列款项不属于价外费用：

一是承运部门开具给购货方的运费发票。

二是纳税人将该项发票转交给购货方的。

除此之外，其他价外费用，无论是否属于纳税人的收入，均应并入销售额计算纳税。即：

销售额＝应税消费品销售额＋价外收费

“销售额”不包括应向购买方收取的增值税税额。如果纳税人应税消费品的销售额中未扣除增值税税额或者因不得开具增值税专用发票而发生价款和增值税税额合并收取的，在计算消费税时，应当换算为不含增值税税额的销售额。其换算公式为：

应税消费品的销售额＝含增值税的销售额÷（1＋增值税税率或征收率）

应税消费品连同包装物销售的，无论包装物是否单独计价，也不论在会计上如何核算，均应并入应税消费品的销售额中征收消费税。如果包装物不作价随同产品销售，而是收取押金，此项押金则不应并入应税消费品销售额中征税。但对逾期未收回的包装物不再退还的和已收取一年以上的押金，应并入应税消费品的销售额，按照应税消费品的适用税率征收消费税。

对既作价随同应税消费品销售，又另外收取押金的包装物的押金，凡纳税人在规定的期限内不予退还的，均应并入应税消费品的销售额，按照应税消费品的适用税率征收消费税。

从1995年6月1日起，对酒类产品生产企业销售酒类产品而收取的包装物押金，无论押金是否返还及会计上如何核算，均应并入酒类产品销售额中征收消费税。根据财税[2006]20号文件规定，啤酒的包装物押金不包括供重复使用的塑料周转箱的押金。

另外，白酒生产企业向商业销售单位收取的“品牌使用费”是随着应税白酒的销售而向购货方收取的，属于应税白酒销售价款的组成部分，因此，不论企业采取何种方式以何种名义收取价款，均应并入白酒的销售额中缴纳消费税。

纳税人销售的应税消费品，以外汇结算销售额的，其销售额的人民币折合率可以选择结算的当天或者当月1日的国家外汇牌价（原则上为中间价），纳税人应在事先确定采取何种折合率，确定后1年内不得变更。

二、计税依据的若干特殊规定

（一）自设非独立核算门市部计税的规定

纳税人通过自设非独立核算门市部销售的自产应税消费品，应当按照门市部对外销售额或者销售数量计算征收消费税。

（二）应税消费品用于其他方面的规定

纳税人自产的应税消费品用于换取生产资料和消费资料、投资入股和抵偿债务等方面，应当按纳税人同类应税消费品的最高销售价格作为计税依据。

（三）关于当期投入生产的原材料可抵扣的已纳消费税大于当期应纳消费税的不足抵扣部分的处理

采用按当期应纳消费税的数额申报抵扣，不足抵扣部分结转下一期申报抵扣的方式处理。

三、应纳税额的计算

按照现行消费税法的基本规定，消费税应纳税额的计算分为从价定率、从量定额和从价从量混合征收三种计算方法。具体计算方法如下。

（一）从价定率计算方法

在从价定率计算方法下，应纳税额的计算取决于应税消费品的销售额和适用税率两个因素。但其基本计算公式为：

应纳税额＝应税消费品的销售额×比例税率

【例 3－1】 某化妆品生产企业为增值税一般纳税人，10 月 15 日向某大型商场销售化妆品一批，开具增值税专用发票取得不含增值税销售额 30 万元，增值税额5.1万元；10 月 20 日向某单位销售化妆品一批，开具普通发标，取得含增值税销售额4.68万元。该化妆品生产企业 10 月应缴纳的消费税额为：

（1）化妆品适用消费税税率 30％

（2）化妆品的应税销售额＝30＋4.68÷（1＋17％）＝34（万元）

（3）应缴纳的消费税额＝34×30％＝10.2（万元）

（二）从量定额计算方法

在从量定额计算方法下，应纳税额的计算取决于消费品的应税数量和单位税额两个因素。其基本计算公式为：

应纳税额＝应税消费品的销售数量×单位税额

【例 3－2】 某啤酒厂 8 月份销售啤酒 400 吨，每吨出厂价格2 800元。8 月应纳消费税税额为：

(1) 每吨售价在3 000元以下的,适用单位税额 220 元

(2) 应纳税额=销售数量×单位税额=400×220=88 000(元)

(三) 从价定率和从量定额混合计算方法

现行消费税的征税范围中,只有卷烟、白酒采用混合计算方法。其基本计算公式为:

应纳税额=应税销售数量×定额税率+应税销售额×比例税率

【例 3-3】 2008年 5 月,某白酒厂销售白酒 100 吨,当月取得不含税销售额1 480万元。计算该厂当月应纳的消费税。

当月应纳消费税=100×2 000×0.5÷10 000+1 480×20%=306(万元)

四、外购已税消费品扣除的计算

纳税人外购已税消费品用于生产应税消费品,在应税消费品销售时准予从消费税应纳税额中扣除原料已纳的消费税额,其计算公式为:

应纳税额=应税消费品的销售额×比例税率－当期准予扣除外购应税消费品已纳消费税税款

当期准予扣除的外购应税消费品已纳税款=当期准予扣除的外购应税消费品买价或数量×外购应税消费品的适用税率或税额

当期准予扣除的外购应税消费品买价或数量=期初库存的外购应税消费品的买价或数量＋当期购进的应税消费品的买价或数量＋期末库存的外购应税消费品的买价或数量

外购已税消费品的买价是指外购应税消费品增值税专用发票上注明的销售额(不包括增值税税额)。

下列应税消费品准予从消费税应纳税额中扣除原料已纳的消费税额:

(1) 外购已税烟丝生产的卷烟。

(2) 外购已税化妆品生产的化妆品。

(3) 外购已税珠宝玉石生产的贵重首饰及珠宝玉石。

(4) 外购已税鞭炮、焰火生产的鞭炮、焰火。

(5) 外购已税汽车轮胎(内胎或外胎)生产的汽车轮胎。

(6) 外购已税摩托车生产的摩托车。

(7) 外购已税石脑油、润滑油为原料生产的应税消费品。

(8) 外购已税杆头、杆身和握把为原料生产的高尔夫球杆。

(9) 以外购已税木制一次性筷子为原料生产的木制一次性筷子。

(10) 以外购已税实木地板为原料生产的实木地板。

(11) 外购已税汽油、柴油为原料连续生产汽油、柴油。

需要指出的是，纳税人用外购的已税珠宝玉石生产的改在零售环节征收消费税的金银首饰(镶嵌首饰)、钻石首饰，在计税时，一律不得扣除外购珠宝玉石的已纳税款。

【例 3-4】 某化妆品公司当月销售化妆品取得不含税销售额 200 万元，账面上当月购进应税化妆品 95 万元，月初库存外购应税化妆品 100 万元，月底库存外购应税化妆品 120 万元。计算当月该公司销售化妆品应纳的消费税。

当月应纳消费税＝200×30％－(100＋95－120)×30％＝60－22.5＝37.5(万元)

五、进口应税消费品组成计税价格的计算

(一) 进口应税消费品组成计税价格

进口的应税消费品，实行从价定率办法计算应纳税额的，按照组成计税价格计算纳税。计算公式为：

组成计税价格＝(关税完税价格＋关税)÷(1－消费税税率)

如进口的应税消费品属于适用从价与从量相结合计征的产品，在分子中还应加上“消费税定额税”。

应纳税额＝组成计税价格×适用税率

公式的“关税完税价格”，是指海关核定的关税计税价格。

实行从量定额办法的应税消费品的应纳税额的计算：

应纳税额＝应税消费品数量×消费税单位税额

这里的“应税消费品数量”，是指海关核定的应税消费品进口征税数量。

(二) 进口卷烟组成计税价格

依据确定的进口卷烟消费税适用比例税率，计算进口卷烟消费税组成计税价格和应纳消费税税额：

(1) 进口卷烟消费税组成计税价格＝(关税完税价格＋关税＋消费税定额税)÷(1－进口卷烟消费税适用比例税率)

(2) 应纳消费税税额＝进口卷烟消费税组成计税价格×进口卷烟消费税适用比例税率＋消费税定额税

其中，消费税定额税＝海关核定的进口卷烟数量×消费税定额税率，消费税定额税率为每标准箱(50 000支)150 元。

【例 3-5】 某公司从境外进口一批化妆品，经海关核定，关税的完税价格为54 000元，进口关税税率为 25％，消费税税率为 30％。计算应纳税额为：

组成计税价格＝(关税完税价格＋关税)÷(1－消费税税率)＝(54 000＋54 000×25%)÷(1－30%)

＝(54 000＋13 500)÷70%＝96 429(元)

应纳税额＝组成计税价格×适用税率＝96 429×30%＝28 929(元)

第四节 自产自用和委托加工应税消费品应纳税额的计算

一、自产自用应税消费品应纳税额的计算

在纳税人生产销售应税消费品中，有一种特殊的形式，即自产自用形式。自产自用通常指的是纳税人生产应税消费品后，不是直接用于对外销售，而是用于连续生产应税消费品，或用于其他方面。这种自产自用形式在纳税上的规定如何，直接影响着消费税的计征问题。

(一) 用于连续生产应税消费品的

按照《消费税暂行条例》的规定，纳税人自产自用的应税消费品，用于连续生产应税消费品的，不纳税。所谓“纳税人自产自用的应税消费品，用于连续生产应税消费品的”，是指作为生产最终应税消费品的直接材料，并构成最终产品实体的应税消费品。《消费税暂行条例》中规定，对自产自用的应税消费品，用于连续生产应税消费品的，不再征税，体现了税不重征和计税简便的原则，避免了重复征税。如卷烟厂生产的烟丝，如果直接对外销售，应缴纳消费税。但如果烟丝用于本厂连续生产卷烟，这样，用于连续生产卷烟的烟丝就不缴纳消费税，只对生产的卷烟征收消费税。

(二) 用于其他方面的

按照《消费税暂行条例》的规定，纳税人自产自用的应税消费品，不是用于连续生产应税消费品，而是用于其他方面的，于移送使用时纳税。

所谓“用于其他方面的”，是指纳税人用于生产非应税消费品和在建工程、管理部门、非生产机构、提供劳务以及用于馈赠、赞助、集资、广告、样品、职工福利、奖励等方面的应税消费品。这里所说的自产自用的应税消费品用于生产非应税消费品，是指把自产的应税消费品用于生产消费税税目税率表所列 14 类产品以外的产品。纳税人把自产应税消费品用于本企业基本建设、专项工程、生活福利设施等其他方面，从形式上看，并没有取得销售收入，但却要视同对外销售，计征消费税。

(三) 组成计税价格

根据《消费税暂行条例》的规定，纳税人自产自用的应税消费品，凡用于其他方面的，应当纳税。具体分以下两种情况：

(1) 有同类消费品的销售价格的，按照纳税人生产的同类消费品销售价格计算纳税。其应纳税额计算公式为：

应纳税额＝同类消费品销售单价×自产自用数量×适用税率

这里所说的"同类消费品销售价格"，是指纳税人当月销售的同类消费品的销售价格，如果当月同类消费品各期销售价格高低不同，应按销售数量加权平均计算。但销售的应税消费品有下列情况之一的，不得列入加权平均计算：销售价格明显偏低又无正当理由的；无销售价格的。如果当月无销售或者当月未完结，应按照同类消费品上月或最近月份的销售价格计算纳税。

(2) 没有同类消费品销售价格的，按照规定，如果纳税人自产自用的应税消费品，在计算征收时，没有同类消费品销售价格，应按组成计税价格计算纳税。组成计税价格的计算公式为：

组成计税价格＝(成本＋利润)÷(1－消费税税率)＝成本×(1＋成本利润率)÷(1－消费税税率)

应纳税额＝组成计税价格×适用税率

公式中的"成本"，是指应税消费品的产品生产成本。公式中的"利润"，是指根据应税消费品的全国平均成本利润率计算的利润。应税消费品的全国平均成本利润率(见表3－2)由国家税务总局确定。

表3－2

应税消费品全国平均成本利润率

消费品名称	利润率(%)	消费品名称	利润率(%)
甲类卷烟	10	摩托车	6
乙类卷烟	5	高尔夫球及球具	10
雪茄烟	5	高档手表	20
烟　丝	5	游　艇	10
粮食白酒	10	木制一次性筷子	5
其他酒	5	实木地板	5
化妆品	5	乘用车	8
鞭炮、焰火	5	中轻型商用客车	5
贵重首饰及珠宝玉石	6		

【例3－6】 某企业将生产的成套化妆品作为年终奖励发给本厂职工。查知无同类产品销售价格，其生产成本为15 000元。国家税务总局核定的该产品的成本利润率为5%，

化妆品适用税率为30%。计算应纳消费税税额。

组成计税价格=(15 000+15 000×5%)÷(1-30%)=22 500(元)

应纳税额=22 500×30%=6 750(元)

二、委托加工应税消费品应纳税额的计算

(一)委托加工应税消费品的确定

按照《消费税暂行条例实施细则》的解释:委托加工的应税消费品,是指由委托方提供原料和主要材料,受托方只收取加工费和代垫部分辅助材料加工的应税消费品。对于由受托方提供原材料生产的应税消费品,或者受托方先将原材料卖给委托方,然后再接受加工的应税消费品,以及由受托方以委托方名义购进原材料生产的应税消费品,不论纳税人在财务上是否作销售处理,都不得作为委托加工应税消费品,而应当按照销售自制应税消费品缴纳消费税。

从上述具体规定中可以看出,作为委托加工的应税消费品,必须具备两个条件:其一是由委托方提供原料和主要材料;其二是受托方只收取加工费和代垫部分辅助材料。无论是委托方还是受托方,凡不符合规定条件的,都不能按委托加工应税消费品进行税务处理,只能按照销售自制应税消费品缴纳消费税。这种处理办法体现了税收管理的源泉控制原则,避免了应缴税款的流失。

(二)代收代缴税款

《消费税暂行条例》及其实施细则对委托加工应税消费品代收代缴税款问题作了明确的规定:受托方是法定的代收代缴义务人,由受托方在向委托方交货时代收代缴消费税。如果受托方没有按有关规定代收代缴消费税,或没有履行代收代缴义务,就要按照《税收征收管理法》的有关规定,承担补税或罚款的法律责任。

为了进一步加强对受托方代收代缴税款的管理,1994年5月,国家税务总局在颁发的《国家税务总局关于消费税若干征税问题的通知》,对委托个体经营者加工应税消费品纳税问题作了调整,由原定"一律由受托方代收代缴税款",改为"纳税人委托个体经营者加工应税消费品,一般于委托方收回后在委托方所在地缴纳消费税"。

受托方没有按规定代收代缴税款,除受到一定的处罚外,还要追究委托方的责任,令其补缴税款。在税收征管中,如果发现委托方委托加工的应税消费品,受托方没有代收代缴税款,委托方要补缴税款,受托方就不再补税了。对委托方补征税款的计税依据是:如果收回的应税消费品已直接销售,按销售额计税补征;如果收回的应税消费品尚未销售或用于连续生产等,按组成计税价格计税补征。

委托加工的应税消费品,受托方在交货时已代收代缴消费税。委托方将收回的应税消费品,以不高于受托方的计税价格出售的,为直接销售的,不再征收消费税;委托方以高

于受托方的计税价格出售的，不属于直接出售，需按照规定申报缴纳消费税，在计税时准予扣除受托方已代收代缴的消费税。

根据国税函[2001]955号文件规定：对既有自产卷烟，同时又委托联营企业加工与自产卷烟牌号、规格相同卷烟的工业企业（简称回购企业），从联营企业购进后再直接销售的卷烟，对外销售时不论是否加价，凡是符合下述条件的，不再征收消费税；不符合下述条件的，则征收消费税：

回购企业在委托联营企业加工卷烟时，除提供联营企业所需加工卷烟牌号外，还须同时提供税务机关已公示的消费税计税价格。联营企业必须按照已公示的调拨价格申报缴纳消费税。回购企业将联营企业加工卷烟回购后再销售的卷烟，其销售收入应与自产卷烟的销售收入分开核算，以备税务机关检查；如不分开核算，则一并计入自产卷烟销售收入征收消费税。

（三）委托加工应税消费品组成计税价格的计算

根据《消费税暂行条例》的规定，委托加工的应税消费品，按照受托方的同类消费品的销售价格计算纳税；没有同类消费品销售价格的，按照组成计税价格计算纳税。

有同类消费品销售价格的，其应纳税额的计算公式为：

应纳税额＝同类消费品销售单价×委托加工数量×适用税率

没有同类消费品销售价格的，按组成计税价格计税。计算公式为：

组成计税价格＝（材料成本＋加工费）÷（1－消费税税率）

应纳税额＝组成计税价格×适用税率

公式中的“材料成本”，按照《消费税暂行条例实施细则》的解释，是指委托方所提供加工材料的实际成本。委托加工应税消费品的纳税人，必须在委托加工合同上如实注明（或以其他方式提供）材料成本。凡未提供材料成本的，受托方所在地主管税务机关有权核定其材料成本。

公式中的“加工费”，按照《消费税暂行条例实施细则》的解释，是指受托方加工应税消费品向委托方所收取的全部费用，包括代垫辅助材料的实际成本。

（四）用委托加工收回的应税消费品连续生产应税消费品计算征收消费税问题

根据国税发[1993]156号《消费税若干具体问题的规定》、国税发[1994]130号《国家税务总局关于消费税若干征税问题的通知》及财税[2006]33号文件中的有关规定，纳税人用委托加工收回的下列11种应税消费品连续生产应税消费品，在计征消费税时可以扣除委托加工收回应税消费品的已纳消费税税款：

（1）以委托加工收回的已税烟丝为原料生产的卷烟。

（2）以委托加工收回的已税化妆品为原料生产的化妆品。

（3）以委托加工收回的已税珠宝玉石为原料生产的贵重首饰及珠宝玉石。

(4) 以委托加工收回的已税鞭炮、焰火为原料生产的鞭炮、焰火。

(5) 以委托加工收回的已税汽车轮胎连续生产的汽车轮胎。

(6) 以委托加工收回的已税摩托车连续生产的摩托车。

(7) 以委托加工收回的已税石脑油、润滑油为原料生产的应税消费品。

(8) 以委托加工收回的已税杆头、杆身和握把为原料生产的高尔夫球杆。

(9) 以委托加工收回的已税木制一次性筷子为原料生产的木制一次性筷子。

(10) 以委托加工收回的已税实木地板为原料生产的实木地板。

(11) 以委托加工收回的已税汽油、柴油为原料连续生产汽油、柴油。

上述 11 种委托加工收回的应税消费品连续生产的应税消费品准予从应纳消费税税额中按当期生产领用数量计算扣除其已纳消费税税款。计算公式为：

当期准予扣除的委托加工应税消费品已纳税款
＝期初库存的委托加工应税消费品已纳税款＋当期收回的委托加工应税消费品已纳税款
－期末库存的委托加工应税消费品已纳税款

值得注意的是，纳税人用委托加工收回的已税珠宝玉石生产的改在零售环节征收消费税的金银、钻石首饰，在计税时一律不得扣除委托加工收回的珠宝玉石已纳的消费税税款。

当期准予扣除的委托加工石脑油已纳税款＝当期准予扣除的委托加工石脑油已纳税款×收率

收率＝当期应税消费品产出量÷生产当期应税消费品所有原料投入量×100％

【例 3－7】 甲企业委托乙企业加工一批应税消费品，甲企业为乙企业提供原材料等，实际成本为7 000元，支付乙企业加工费2 000元，其中包括乙企业代垫的辅助材料 500 元。已知适用消费税税率为 10％。同时该应税消费品，受托方无同类消费品销售价格。试计算乙企业代扣代缴应税消费品的消费税税款。

组成计税价格＝(材料成本＋加工费)÷(1－消费税税率)＝(7 000＋2 000)÷(1－10％)＝10 000(元)

代扣代缴消费税税款＝10 000×10％＝1 000(元)

第五节　关于金银首饰征收消费税的若干规定

根据财税字[1994]095 号文件的规定：经国务院批准，金银首饰消费税由生产销售环节征收改为零售环节征收。这引起了原有消费税税法规定中的一系列变化，为了保证原有消费税税法的完整性，突出金银首饰征收消费税的特殊性，特设专节专门介绍金银首饰征收消费税的若干规定。

一、纳税义务人

在中华人民共和国境内从事金银首饰零售业务的单位和个人，为金银首饰消费税的纳税义务人。委托加工(除另有规定外)、委托代销金银首饰的，受托方也是纳税人。

金银首饰的零售业务是指，将金银首饰销售给中国人民银行批准的金银首饰生产、加工、批发、零售单位(以下简称经营单位)以外的单位和个人的业务。

下列行为视同零售业务：

(1) 为经营单位以外的单位和个人加工金银首饰。加工包括带料加工、翻新改制、以旧换新等业务，不包括修理、清洗业务。

(2) 经营单位将金银首饰用于馈赠、赞助、集资、广告样品、职工福利、奖励等方面。

(3) 未经中国人民银行总行批准，经营金银首饰批发业务的单位将金银首饰销售给经营单位。

二、改为零售环节征收消费税的金银首饰范围

财税字[1994]095 号文件改为零售环节征收消费税的金银首饰范围仅限于：金、银和金基、银基合金首饰，以及金、银和金基、银基合金的镶嵌首饰。从2003年 5 月 1 日起，铂金首饰消费税改为零售环节征税。

对既销售金银首饰，又销售非金银首饰的生产经营单位，应将两类商品划分清楚，分别核算销售额。凡划分不清楚或不能分别核算的，在生产环节销售的，一律从高适用税率征收消费税；在零售环节销售的，一律按金银首饰征收消费税。金银首饰与其他产品组成成套消费品销售的，应按销售额全额征收消费税。

三、应税与非应税的划分

按照国税发[1994]267 号《金银首饰消费税征收管理办法》有关规定，金银首饰消费税应税与非应税行为的划分标准为：

(1) 经中国人民银行总行批准经营金银首饰批发业务的单位将金银首饰销售给同时持有《许可证》影印件及《金银首饰购货(加工)管理证明单》(以下简称《证明单》)的经营单位，不征收消费税，但其必须保留购货方的上述证件，否则一律视同零售征收消费税。

(2) 经中国人民银行批准从事金银首饰加工业务的单位为同时持有《许可证》影印件及《证明单》的经营单位加工金银首饰，不征收消费税，但其必须保留委托方的上述证件，否则一律视同零售征收消费税。

(3) 经营单位兼营生产、加工、批发、零售业务的，应分别核算销售额，未分别核算销售或者划分不清的，一律视同零售征收消费税。

2004年 6 月 25 日，国家税务总局发布《国家税务总局关于取消金银首饰消费税纳税

人认定行政审批后有关问题的通知》(国税函[2004]826号),通知中规定,停止执行金银首饰消费税纳税人的认定,同时停止执行《金银首饰购货(加工)管理证明单》使用的规定。

四、税率

金银首饰消费税税率为5%。

五、计税依据

按照有关规定,金银首饰的计税依据为:

(1) 纳税人销售金银首饰,其计税依据为不含增值税的销售额。如果纳税人销售金银首饰的销售额中未扣除增值税税额,在计算消费税时,应按以下公式换算为不含增值税税额的销售额:

金银首饰的销售额=含增值税的销售额÷(1+增值税税率或征收率)

(2) 金银首饰连同包装物销售的,无论包装物是否单独计价,也无论会计上如何核算,均应并入金银首饰的销售额,计征消费税。

(3) 带料加工的金银首饰,应按受托方销售同类金银首饰的销售价格确定计税依据征收消费税。没有同类金银首饰销售价格,按照组成计税价格计算纳税。组成计税价格的计算公式为:

组成计税价格=(材料成本+加工费)÷(1-金银首饰消费税税率)

(4) 纳税人采用以旧换新(含翻新改制)方式销售的金银首饰,应按实际收取的不含增值税的全部价款确定计税依据征收消费税。

(5) 生产、批发、零售单位用于馈赠、赞助、集资、广告、样品、职工福利、奖励等方面的金银首饰,应按纳税人销售同类金银首饰的销售价格确定计税依据征收消费税;没有同类金银首饰销售价格的,按照组成计税价格计算纳税。组成计税价格的计算公式为:

组成计税价格=购进原价×(1+利润率)÷(1-金银首饰消费税税率)

纳税人为生产企业时,公式中的"购进原价"为生产成本,公式中的"利润率"一律定为6%。

(6) 金银首饰消费税改变纳税环节后,用已税珠宝玉石生产的镶嵌首饰,在计税时一律不得扣除已纳的消费税税款。

(7) 对改变征税环节的,商业零售企业销售以前年度库存的金银首饰,按调整后的税率照章征收消费税。

六、申报与缴纳

(一) 纳税环节

纳税人销售(指零售,下同)的金银首饰(含以旧换新),于销售时纳税;用于馈赠、赞助、广告、样品、职工福利、奖励等方面的金银首饰,于移送时纳税;带料加工、翻新改制的金银首饰,于受托方交货时纳税。

金银首饰消费税改变征税环节后,经营单位进口金银首饰的消费税,由进口环节征收改为在零售环节征收;出口金银首饰由出口退税改为出口不退消费税。

个人携带、邮寄金银首饰进境,仍按海关现行规定征税。

(二) 纳税义务发生时间

(1) 纳税人销售金银首饰,其纳税义务发生时间为收讫销货款或取得索取销货凭证的当天。

(2) 用于馈赠、赞助、集资、广告、样品、职工福利、奖励等方面的金银首饰,其纳税义务发生时间为移送的当天。

(3) 带料加工、翻新改制的金银首饰,其纳税义务发生时间为受托方交货的当天。

(三) 纳税地点

纳税人应向其核算地主管国家税务局申报纳税。

纳税人总机构与分支机构不在同一县(市)的,分支机构应纳税款应在所在地缴纳。但经国家税务总局及省级国家税务局批准,纳税人分支机构应纳消费税税款也可由总机构汇总向总机构所在地主管国家税务局缴纳。

固定业户到外县(市)临时销售金银首饰,应当向其机构所在地主管国家税务局申请开具外出经营活动税收管理证明,回其机构所在地向主管国家税务局申报纳税。未持有其机构所在地主管国家税务局核发的外出经营活动税收管理证明的,销售地主管国家税务局一律按规定征收消费税。其在销售地发生的销售额,回机构所在地后仍应按规定申报纳税,在销售地缴纳的消费税税款不得从应纳税额中扣减。

第六节 消费税申报与缴纳

一、纳税义务发生时间

消费税纳税义务发生时间分为以下几种情况:

(1) 纳税人销售的应税消费品,其纳税义务发生的时间为:① 纳税人采取赊销和分期收款结算方式的,其纳税义务的发生时间,为销售合同规定的收款日期的当天。② 纳税人采取预收货款结算方式的,其纳税义务的发生时间,为发出应税消费品的当天。

③ 纳税人采取托收承付结算方式销售的应税消费品，其纳税义务的发生时间，为发出应税消费品并办妥托收手续的当天。④ 纳税人采取其他结算方式的，其纳税义务的发生时间，为收讫销售款或者取得索取销售款凭据的当天。

(2) 纳税人自产自用的应税消费品，其纳税义务的发生时间，为移送使用的当天。

(3) 纳税人委托加工的应税消费品，其纳税义务的发生时间，为纳税人提货的当天。

(4) 纳税人进口的应税消费品，其纳税义务的发生时间，为报关进口的当天。

二、纳税地点

消费税纳税地点分以下几种情况：

(1) 纳税人销售的应税消费品及自产自用的应税消费品，除国家另有规定外，应当向纳税人核算地主管税务机关申报纳税。纳税人总机构和分支机构不在同一县(市)的，应在生产应税消费品的分支机构所在地申报纳税。但经国家税务总局及所属分局批准，纳税人分支机构应纳消费税，也可由总机构汇总向总机构所在地主管税务机关申报纳税。

(2) 纳税人到外县(市)销售或委托外县(市)代销自产应税消费品的，应事先向其所在地主管税务机关提出申请，并于应税消费品销售后，回纳税人核算地缴纳税款。

(3) 委托加工的应税消费品，由受托方向所在地主管税务机关报缴消费税税款。

(4) 进口的应税消费品，由进口人或由其代理人向报关地海关申报纳税。此外，个人携带或者邮寄进境的应税消费品，连同关税由海关一并计征。具体办法由国务院关税税则委员会会同有关部门制定。

三、纳税环节

消费税的纳税环节分为以下几种情况：

(1) 生产环节。纳税人生产的应税消费品，由生产者于销售时纳税。其中，生产者自产自用的应税消费品，用于本企业连续生产的不征税；用于其他方面的，于移送使用时纳税。

(2) 进口环节。进口的应税消费品，由进口报关者于报关进口时纳税。

(3) 零售环节。金银首饰消费税由生产销售环节征收改为零售环节征收。

(4) 批发环节。卷烟消费税除生产环节征税外，从2009年5月1日起，增加一道批发环节消费税。

四、纳税期限

消费税的纳税期限分别为1日、3日、5日、10日、15日或者1个月。纳税人的具体纳税期限，由主管税务机关根据纳税人应纳税额的大小分别核定；不能按照固定期限纳税，可以按次纳税。

自2009年1月1日起，纳税期限的选择增加了“1个季度”；以1个月或者1个季度为

1个纳税期的，自期满之日起15日内申报纳税；以其他期限纳税的，自期满之日起5日内预缴税款，于次月1日起15日内申报纳税并结清上月税款。

纳税人进口应税消费品，2009年1月1日起，应当自海关填发税款缴纳证的次日起15日内缴纳税款。

五、报缴税款的方法

纳税人报缴税款的方法，由所在地主管税务机关视不同情况，从下列方法确定一种：

（1）纳税人按期向税务机关填报纳税申报表，并填开纳税缴款书，向其所在地代理金库的银行缴纳税款。

（2）纳税人按期向税务机关填报纳税申报表，由税务机关审核后填发缴款书，按期缴纳。

（3）对会计核算不健全的小型业户，税务机关可根据其产销情况，按季或按年核定其应纳税额，分月缴纳。

复习思考题

一、简述题

1. 消费税的特点。
2. 消费税的计税依据。
3. 消费税外购应税消费品已纳税额抵扣的规定。

二、计算题

1. 某酒厂（增值税一般纳税人）生产销售粮食白酒、黄酒及其他酒。2014年11月份的生产经营情况如下：

（1）从某农业生产者处收购粮食一批，开具的收购发票上注明收购价款20 000元，另支付不含税运费800元，取得运输企业开具的货物运输业增值税专用发票。

（2）从某小规模纳税人处购进粮食一批，取得的普通发票上注明的支付价款为50 000元，该批粮食购入后，其中20%为职工食堂直接领用，其余当月全部投入生产。

（3）从某酒厂购入食用酒精10吨，取得的增值税专用发票上注明价款70 000元、增值税款11 900元。款项尚未支付，货物已验收入库。

（4）外购货运卡车2辆，取得的增值税专用发票上注明价款160 000元、增值税款27 200元，款项已付，货运卡车当月已投入生产经营活动使用。

（5）购入其他材料等，取得的增值税专用发票上注明价款4 200 000元、增值税款714 000元。货物已验收入库。

(6) 上月发出自农业生产者处购进的粮食(买价120 000元)委托甲厂加工粮食白酒 8 吨。本月初加工完毕,全部收回,支付加工费25 000元和甲厂代垫辅助材料成本5 000元,取得的增值税专用发票上注明增值税款5 100元,其消费税已由甲厂代收代缴(甲厂无同类粮食白酒的销售价格)。本月收回后全部作为酒基用于生产炮制酒 10 吨并已售出,开具普通发票取得含税销售额702 000元。

(7) 销售瓶装黄酒 30 吨,每吨不含税售价12 000元。随黄酒发出不单独计价包装物,共收取押金10 000元,单独记账核算,约定包装物 2 个月退回。送货上门另开普通发票收取运输费用3 510元,款项均已通过银行收讫,收入未分别核算。

(8) 当月生产粮食白酒 200 吨,销售情况如下:① 销售 120 吨给乙企业,每吨不含税价格40 000元,开具增值税专用发票,另外收取包装物押金23 400元,单独记账核算,约定包装物 2 个月退回;② 销售 50 吨给丙企业,每吨不含税价格39 800元,开具增值税专用发票;③ 销售 10 吨给关联企业,每吨不含税价格22 000元,开具增值税专用发票,主管税务机关认定该笔货物销售价格明显偏低且无正当理由;④ 将剩余的 20 吨作价每吨30 500元(不含税)抵偿丁企业的债务。上述货物均已发出,款项均已通过银行收讫。

根据上述资料,计算回答问题:

(1) 计算该酒厂 11 月份应缴纳的增值税。

(2) 计算甲酒厂 11 月份应代收代缴的消费税款。

(3) 计算该酒厂 11 月份应缴纳的消费税。

2. 甲卷烟厂(增值税一般纳税人)2014年 11 月份的生产经营情况如下:

(1) 向农业生产者收购烟叶 30 吨,收购发票上注明支付收购价款420 000元,支付价外补贴42 000元,并已按规定缴纳烟叶税。另支付不含税运输费用20 000元,取得运输公司开具的货物运输业增值税专用发票。烟叶验收入库后,将其全部运往乙厂加工成烟丝,取得乙厂开具的增值税专用发票上注明支付加工费50 000元、增值税款8 500元。乙厂无同类烟丝销售价格,已按规定代收代缴消费税款。甲厂在上述烟丝收回后将其中 40% 直接出售,取得不含税价款560 000元,其余烟丝当月全部用于连续生产卷烟。

(2) 向某烟叶种植场(小规模纳税人)购进烟叶 10 吨,收购发票上注明支付收购价款150 000元,支付价外补贴18 000元,并已按规定缴纳烟叶税。烟叶验收入库后,将其全部运往丙厂加工成 30 箱 D 牌卷烟,丙厂无同类产品售价。取得丙厂开具的增值税专用发票上注明支付加工费30 000元、增值税款5 100元,丙厂已按规定代收代缴消费税款。甲厂收回卷烟后当月全部销售,取得不含税价款450 000元。

(3) 发出材料委托某居民个人加工雪茄烟一批,发出材料不含税成本45 000元,支付加工费5 000元,并取得普通发票。加工的雪茄烟甲厂当月收回后全部销售,开具普通发票取得含税销售收入92 000元。

(4) 从某商业企业购进烟丝,取得的增值税专用发票上注明价款500 000元、增值税款

85 000元，烟丝已验收入库，当月全部被生产车间领用用于连续生产卷烟。

(5) 从某小规模纳税人工业企业购进烟丝支付含税价款10 300元，取得其主管税务机关代开的增值税专用发票，烟丝已验收入库，当月全部被生产车间领用用于连续生产卷烟。

(6) 从丙厂购进烟丝 20 吨，每吨不含税单价20 000元，取得的增值税专用发票上注明价款400 000元、增值税款68 000元，烟丝已验收入库，当月领用其中的 15 吨用于连续生产卷烟。

(7) 当月生产 A 牌卷烟 100 箱，将其中的 2 箱作为福利发放给本厂职工，10 箱用于抵偿债务，其余的 88 箱全部销售。该品牌卷烟不含税调拨价格为每标准条 72 元，实际不含税售价与平均不含税售价均为每标准条 80 元，最高不含税售价为每标准条 85 元。

(8) 将生产的 6 箱 B 牌卷烟移送本厂自设非独立核算门市部销售，当月全部销售，零售价每标准条64.8元。

根据上述资料，按下列序号计算回答问题：

(1) 计算甲厂 11 月份应由受托方代收代缴的消费税。

(2) 计算甲厂 11 月份委托加工雪茄烟应纳的消费税。

(3) 计算甲厂 11 月份销售委托加工收回的烟丝和卷烟应纳的消费税。

(4) 计算甲厂 11 月份应纳的消费税(不包括委托加工环节应纳消费税)。

(5) 计算甲厂 11 月份应纳的增值税。

第四章 营 业 税

第一节 营业税概述

一、营业税的概念

营业税是对在我国境内提供应税劳务、转让无形资产或销售不动产的单位和个人所取得的营业额征收的一种商品劳务税。

在我国悠久的历史中，周代对“商贾虞衡”的课税，汉代对商人征收的“算缗钱”，明代开征的“市肆门摊税”，清代开征的当税、屠宰税，都具有营业税的性质。

新中国成立后，政务院于1950年公布了《工商业税暂行条例》，将固定工商业户缴纳的营业税和所得税合并为工商业税。1984年税制改革将工商税中的商业和服务业等行业划分出来单独征收营业税。1993年进行的税制改革，以避免重复征税，建立规范的税制为基本目标，将货物批发、零售改征增值税，同时也将加工、修理修配行为改征增值税，营业税的征税范围缩小。2009年重新修订、颁布了《中华人民共和国营业税暂行条例》，建立了统一、规范的营业税制。

二、营业税的特点

与其他商品劳务税相比，营业税具有以下特点。

1. 一般以营业额全额为计税依据

营业税属传统商品劳务税，计税依据为营业额全额，税额不受成本、费用高低影响，对于保证财政收入的稳定增长具有十分重要的作用。为避免重复征税，对营业税的部分涉税行为采用差额计税办法。

2. 按行业设计税目税率

营业税实行普遍征收，现行营业税征税范围为增值税征税范围之外的所有经营业务，税率设计的总体水平一般较低。但由于各种经营业务盈利水平高低不同，因此，在税负设计中，一般实行同一行业同一税率，不同行业不同税率，以体现公开税负，鼓励平等竞争的政策。

3. 计算简便、便于征管

由于实行比例税率，税款随营业收入额的实现而实现，因此，计征简便，节省征收费用。

第二节　营业税的征税范围、纳税人与税率

一、营业税的基本征税范围

营业税确定的基本征税范围为：在中华人民共和国境内提供的应税劳务、转让的无形资产或销售的不动产。

（一）"境内"的含义

营业税的应税劳务、转让无形资产或销售不动产在中华人民共和国境内发生。"境内"是指：

(1) 提供或者接受规定劳务的单位或者个人在境内。

(2) 所转让的无形资产(不含土地使用权)的接受单位或者个人在境内。

(3) 所转让或者出租土地使用权的土地在境内。

(4) 所销售或者出租的不动产在境内。

（二）应税行为的含义

应税劳务、转让无形资产或者销售不动产，是指有偿提供规定的劳务、有偿转让无形资产或者有偿转让不动产所有权的行为。但单位或者个体工商户聘用的员工为本单位或者雇主提供条例规定的劳务，不包括在内。"有偿"是指取得货币、货物或者其他经济利益。

（三）与增值税征税范围的划分

1. 视同销售行为

(1) 无偿赠送土地使用权的行为。这是因为不动产和土地使用权具有相同性质，不动产的转移也必然伴随着土地使用权而转移。

(2) 个人无偿赠送其他单位或者个人的不动产或者土地使用权行为属于视同销售范围。

从2009年1月1日开始，对个人将不动产或者土地使用权无偿赠与他人的行为需要征收营业税。

(3) 财政部、国家税务总局规定的其他情形。为以后财政部、国家税务总局新增视同销售范围提供了依据。

2. 混合销售的税务处理

从事货物的生产、批发或者零售的企业、企业性单位和个体工商户的混合销售行为，视为销售货物，不缴纳营业税；其他单位和个人的混合销售行为，视为提供应税劳务，缴纳营业税。纳税人在提供建筑业劳务的同时销售自产货物的行为属于混合销售行为，应当分别核算应税劳务的营业额和货物的销售额，其应税劳务的营业额缴纳营业税，货物销售

额不缴纳营业税；未分别核算的，由主管税务机关核定其应税劳务的营业额。

3. 兼营行为的税务处理

纳税人兼有不同税目的应当缴纳营业税的劳务、转让无形资产或者销售不动产，应当分别核算不同税目的营业额、转让额、销售额；未分别核算营业额的，从高适用税率。

二、营业税的纳税义务人及扣缴义务人

（一）纳税义务人

在中华人民共和国境内提供应税劳务、转让无形资产或者销售不动产的单位和个人，为营业税的纳税义务人。

“单位”是指企业、行政单位、事业单位、军事单位、社会团体及其他单位。“个人”是指个体工商户和其他个人。负有营业税纳税义务的单位为发生应税行为并收取货币、货物或者其他经济利益的单位，但不包括单位依法不需要办理税务登记的内设机构。

（二）扣缴义务人

在现实生活中，有些具体情况难以确定纳税人，因此税法规定了扣缴义务人。营业税的扣缴义务人主要有以下两种情形：

(1) 境外的单位或者个人在境内提供应税劳务。转让无形资产或者销售不动产，在境内未设有经营机构的，以其境内代理人为扣缴义务人；在境内没有代理人的，以受让方或者购买方为扣缴义务人。

(2) 国务院财政、税务主管部门规定的其他扣缴义务人。

三、营业税的税目和税率

营业税的税目按照行业的不同分别设置，现行营业税由于营业税改增值税、营业税税目缩小，由原来 9 个税目变为 7 个税目，营业税税率采用比例税率。

（一）建筑业

建筑业，是指建筑安装工程作业。本税目的征税范围包括：建筑、安装、修缮、装饰和其他工程作业的业务。自建自用房屋，不征收营业税。将自建的房屋对外销售，涉及建筑与销售不动产两个应税行为，所以应按建筑业缴纳营业税，再按销售不动产征收营业税。

1. 建筑

建筑分为房屋建筑业，矿山建筑业，铁路、公路、隧道、桥梁建筑业，堤坝、电站、码头建筑业，其他土木工程建筑业。

2. 安装

安装包括电力、通信线路、石油、燃气、给水、排水、供热等系统和各类机械设备、装置的安装活动。一个施工单位从事土木工程时，在工程内部敷设电路、管道和安装一些设备的，应列入土木工程建筑业内，不列入本子目。

3．装修装饰业

装修装饰业包括对建筑物的内、外装修和装饰的施工和安装活动。

4．其他工程作业

其他工程作业指建筑、修缮、安装、装饰以外的各种工程作业。如代办电信工程、疏浚、钻井(打井)、拆除建筑物、平整土地、搭脚手架等工程作业。

建筑安装企业将其承包的某一工程项目的纯劳务部分分包给若干个施工企业，由该建筑安装企业提供施工技术、施工材料并负责工程质量监督，施工劳务由施工企业的职工提供，施工企业按照其提供的工程量与该建筑安装企业统一结算价款。按照现行营业税的有关规定，上述施工企业提供的施工劳务属于提供建筑业应税劳务，因此，对其取得的收入应按照"建筑业"税目征收营业税。

(二)金融业

金融业征税范围包括金融业和保险业。

1．金融业

金融业的征税范围包括贷款、融资租赁、金融商品转让、金融经纪业和其他金融业务。

(1) 贷款是指以有偿使用和到期归还为前提，将资金借与他人使用的行为，包括一般贷款和转贷外汇。

转贷外汇，是指将直接从境外借来的外汇资金借与境内单位或个人使用。包括金融企业直接向境外借入外汇资金，然后再贷给国内企业或其他单位和个人使用，以及各银行总行向境外借入外汇资金后，通过下属分支机构贷给境内单位或个人使用两类。

一般贷款是指除转贷外汇外的其他贷款，如自有资金贷款、信托贷款、典当、票据贴现等。

(2) 金融商品转让是指转让外汇、有价证券或非货物期货所有权的行为。包括股票转让、债券转让、外汇转让、其他金融商品转让。

非金融机构和个人的金融商品转让不征营业税。

(3) 金融经纪业是指受托代他人经营金融活动的业务，包括委托业务、代理业务、咨询业务等。但不包括信托贷款。

(4) 其他金融业务是指上列业务以外的各项金融业务，如银行结算、买入返售证券等。

存款或购入金融商品行为，以及金银买卖业务，不征收营业税。

外国银行分行改制过程中发生的向其改制后的外商独资银行(或其分行)转让企业产权和股权的行为，不征收营业税。

2．保险业

保险是指将通过契约形式集中起来的资金，用以补偿被保险人的经济利益的业务。其征税范围包括各种保险业务。但对保险企业取得的追偿款不征收营业税。所谓追偿款是指发生保险事故后，保险公司按照保险合同的约定向被保险人支付赔款，并从被保险人处取得对保险标的价款进行追偿的权利而追回的价款。

对中国出口信用保险公司办理的出口信用保险业务和出口信用担保业务不征收营业税。

（三）文化体育业

文化体育业是指经营文化、体育活动的业务，包括文化业和体育业。

1. 文化业

文化业是指从事文化活动的业务，包括表演、其他文化业。经营游览场所业务比照文化业征税。

(1) 表演是指进行戏剧、歌舞、时装、健美、杂技、民间艺术、武术、体育等表演活动的业务。

(2) 其他文化业是指从事上列活动以外的文化活动的业务，如各种展览、培训活动，文学、艺术、科技讲座及演讲、报告会，图书、杂志、报纸及其他资料的借阅业务等。

(3) 经营游览场所的业务，是指公园、动（植）物园及其他各种游览场所销售门票的业务。出租文化场所属于“服务业——租赁业”征税范围。

2. 体育业

体育业是指举办各种体育比赛和为体育比赛或体育活动提供场所的业务。

以租赁方式为体育比赛提供场所的业务，属于“服务业——租赁业”征税范围。

（四）娱乐业

娱乐业是指为娱乐活动提供场地和服务的业务，包括经营歌厅、舞厅、卡拉OK歌舞厅、音乐茶座、台球、高尔夫球、保龄球场、游艺场等娱乐场所，以及娱乐场所为顾客进行娱乐活动提供服务的业务。娱乐场所为顾客提供的饮食服务及其他各种服务也按照娱乐业征税。

（五）服务业

服务业是指利用设备、工具、场所、信息或技能为社会提供服务的业务，包括代理业、旅店业、饮食业、旅游业、仓储业、租赁业、广告业和其他服务业。

1. 代理业

代理业指代委托人办理受托范围内的业务，包括代销货物、代办进出口、介绍服务、其他代理服务。

(1) 代销货物是指受托办理货物销售，按实销额进行结算并收取手续费的业务。

(2) 代办进出口是指受托办理商品或劳务进出口的业务。

(3) 介绍业务是指中介人介绍双方商谈交易或其他事项的业务。

(4) 其他代理服务是指受托办理上列事项以外的其他事项的业务。

金融经纪业不按本税目征税，属于“金融保险业”征税范围。

服务性单位将委托方预付的餐费转付给餐饮企业，并向委托方和餐饮企业收取服务费的，属于餐饮中介服务，应按“服务业”税目、“代理业”子税目征收营业税。

无船承运业务（指无船承运业务经营者以承运人身份接受托运人的货载，签发自己的提单或其他运输单证，向托运人收取运费，通过国际船舶运输经营者完成国际海上货物运输，承担承运人责任的国际海上运输经营活动）应按照“服务业——代理业”税目征收营业税。

2. 旅店业

旅店业是指提供住宿服务的业务。

3. 饮食业

饮食业是指经营饮食服务的业务。

4. 旅游业

旅游业是指为旅游者安排食宿、交通工具和提供导游等旅游服务的业务。单位和个人在旅游景点经营索道取得的收入按“服务业——旅游业”项目征税。

5. 其他服务业

其他服务业是指上列业务以外的服务业务。如沐浴、理发、洗染、照相、美术、裱画、誊写、打字、镌刻、计算、测试、试验、化验、录音、录像、复印、晒图、设计、制图、测绘、勘探、打包、咨询等。

（六）转让无形资产

转让无形资产是指纳税人以取得货币、货物或其他经济利益为前提，转让无形资产的所有权或使用权的行为。无形资产是指不具备实物形态，能长期使用并能带来经济利益的权利、技术。征税范围包括：转让土地使用权、转让商标权、转让专利权、转让非专利技术、转让著作权、转让商誉。

1. 转让土地使用权

转让土地使用权是指土地使用者转让土地使用权的行为。土地所有者出让土地使用权和土地使用者将土地使用权还给土地所有者的行为，不征收营业税。

单位和个人转让在建项目时，不管是否办理立项人和土地使用人的更名手续，其实质是发生了转让不动产所有权或土地使用权的行为。对于转让在建项目行为应按以下办法征收营业税：

（1）转让已完成土地前期开发或正在进行土地前期开发，但尚未进入施工阶段的在建项目，按“转让无形资产”税目中“转让土地使用权”项目征收营业税。

（2）转让已进入建筑物施工阶段的在建项目，按“销售不动产”税目征收营业税。

在建项目是指立项建设但尚未完工的房地产项目或其他建设项目。

土地整理储备供应中心（包括土地交易中心）转让土地使用权取得的收入按“转让无形资产”税目中“转让土地使用权”项目征收营业税。

（七）销售不动产

销售不动产是指有偿转让不动产所有权的行为。不动产是指不能移动，移动后会引起性质、形状改变的财产。征税范围包括：销售建筑物或构筑物、销售其他土地附着物。

1. 销售建筑物或构筑物

销售建筑物或构筑物是指有偿转让建筑物或构筑物的所有权的行为。以转让有限产权或永久使用权方式销售建筑物或构筑物,视同销售建筑物或构筑物。

2. 销售其他土地附着物

销售其他土地附着物是指有偿转让其他土地附着物的所有权的行为。

其他土地附着物是指除建筑物、构筑物以外的其他附着于土地的不动产,如树木、庄稼、花草等。

在销售不动产时连同不动产所占土地使用权一并转让的行为,比照销售不动产征税。

以不动产投资入股,参与接受投资方利润分配、共同承担投资风险的行为,不征营业税。在投资后转让股权的,也不征营业税。

单位将不动产无偿赠与他人的行为,视为销售不动产。纳税人自建住房销售给本单位职工,属于销售不动产行为,应照章征收营业税。

营业税税目税率表如表4-1所示。

表4-1

营业税税目税率表

税　　目	税　率(%)
一、建筑业	3
二、金融保险业	5
三、文化体育业	3
四、娱乐业	5～20
五、服务业	5
六、转让无形资产	5
七、销售不动产	5

第三节　营业税的计算

一、计税依据的基本规定

(一)以营业全额为计税依据

营业税以营业全额为计税依据,营业全额为纳税人提供应税劳务、转让无形资产或者销售不动产向对方收取的全部价款和价外费用。价外费用,包括收取的手续费、补贴、基金、集资费、返还利润、奖励费、违约金、滞纳金、延期付款利息、赔偿金、代收款项、代垫款项、罚息及其他各种性质的价外收费，但不包括同时符合以下条件代为收取的政府性基金或者行政事业性收费：由国务院或者财政部批准设立的政府性基金，由国务院或者省级人民政府及其财政、价格主管部门批准设立的行政事业性收费；收取时开具省级以上财政部门印制的财政票据；所收款项全额上缴财政。

（二）以营业差额为计税依据

营业税以营业差额为计税依据，纳税人计算缴纳营业税后因发生退款减除营业额的，应当退还已缴纳营业税税款或者从纳税人以后的应缴纳营业税税额中减除。纳税人发生应税行为，如果将价款与折扣额在同一张发票上注明的，以折扣后的价款为营业额；如果将折扣额另开发票的，不论其在财务上如何处理，均不得从营业额中扣除。

纳税人按照规定扣除有关项目，取得的凭证不符合法律、行政法规或者国务院税务主管部门有关规定的，该项目金额不得扣除。合法有效凭证是指：

（1）支付给境内单位或者个人的款项，且该单位或者个人发生的行为属于营业税或者增值税征收范围的，以该单位或者个人开具的发票为合法有效凭证。

（2）支付的行政事业性收费或者政府性基金，以开具的财政票据为合法有效凭证。

（3）支付给境外单位或者个人的款项，以该单位或者个人的签收单据为合法有效凭证，税务机关对签收单据有疑义的，可以要求其提供境外公证机构的确认证明。

（4）国家税务总局规定的其他合法有效凭证。

（三）以组成计税价格为计税依据

营业税以组成计税价格为计税依据，纳税人提供应税劳务、转让无形资产或者销售不动产的价格明显偏低并无正当理由的，或者视同发生应税行为而无营业额的，由主管税务机关核定其营业额。纳税人提供价格明显偏低并无正当理由，按下列顺序确定其营业额：

（1）按纳税人最近时期发生同类应税行为的平均价格核定。

（2）按其他纳税人最近时期发生同类应税行为的平均价格核定。

（3）按下列公式核定：

$$营业额=营业成本或者工程成本\times(1+成本利润率)\div(1-营业税税率)$$

公式中的成本利润率，由省、自治区、直辖市税务局确定。

二、计税依据的具体规定

（一）建筑业

（1）纳税人提供建筑业劳务（不含装饰劳务）的，其营业额应当包括工程所用原材料、设备及其他物资和动力价款在内，但不包括建设方提供的设备的价款。纳税人提供装饰劳务，其营业额为收取的劳务费。

（2）纳税人将建筑工程分包给其他单位的，以其取得的全部价款和价外费用扣除其支付给其他单位的分包款后的余额为营业额。

(3) 纳税人(不包括个人自建自用住房销售)将自建的房屋对外销售,其自建行为应按建筑业缴纳营业税,再按销售不动产征收营业税。纳税人自建自用的房屋不纳税。

(二) 金融保险业

1. 金融业

金融业营业额包括:

(1) 一般贷款业务的营业额为贷款利息收入(包括各种加息、罚息等)。

(2) 外汇、有价证券、期货等金融商品买卖业务,以卖出价减去买入价后的余额为营业额。

(3) 金融经纪业务和其他金融业务(中间业务)营业额为手续费(佣金)类的全部收入,包括价外收取的代垫、代收代付费用(如邮电费、工本费)加价等,从中不得作任何扣除。

2. 保险业

保险业务营业额包括:

(1) 办理初保业务的营业额为纳税人经营保险业务向对方收取的全部价款,即向被保险人收取的全部保险费。

(2) 保险公司如采用收取储金方式取得经济利益的(即以被保险人所交保险资金的利息收入作为保费收入,保险期满后将保险资金本金返还被保险人),其"储金业务"的营业额,为纳税人在纳税期内的储金平均余额乘以人民银行公布的1年期存款的月利率。储金平均余额为纳税期期初储金额与期末余额之和乘以50%。

(3) 对超过催收贷款核算年限的逾期贷款,可按实际收到的利息收入征收营业税。催收贷款的核算年限按财务制度的有关规定执行。

(三) 文化体育业

文化体育业的营业额是指纳税人经营文化业、体育业取得的全部收入,其中包括演出收入、其他文化收入,经营游览场所收入和体育收入。

单位或个人进行演出,以全部收入减去付给提供演出场所的单位、演出公司或经纪人的费用后的余额为营业额。

(四) 娱乐业

娱乐业的营业额为经营娱乐业收取的全部价款和价外费用,包括门票收费、台位费、点歌费、烟酒、饮料、茶水、鲜花、小吃等收费及经营娱乐业的其他各项收费。

(五) 服务业

(1) 代理业以纳税人从事代理业务向委托方实际收取的报酬为营业额。

(2) 物业管理企业代有关部门收取水费、电费、燃(煤)气费、维修基金、房租的行为,属于"服务业"税目中的"代理"业务,对其从事此项代理业务取得的手续费收入应当征收营业税。

(3) 对拍卖行向委托方收取的手续费应征收营业税。

(4) 纳税人从事旅游业务的,以其取得的全部价款和价外费用扣除替旅游者支付给其他单位或者个人的住宿费、餐费、交通费、旅游景点门票和支付给其他接团旅游企业的旅游费后的余额为营业额。

(5) 境内单位派出本单位的员工赴境外,为境外企业提供劳务服务,不属于在境内提供应税劳务。以境内企业外派本单位员工赴境外从事劳务取得的各项收入,不征营业税。

(六) 转让无形资产

纳税人转让无形资产的营业额为纳税人转让无形资产从受让方取得的货币、货物和其他经济利益。

单位和个人转让土地使用权,以全部收入减去土地使用权的购置或受让原价后的余额为计税营业额。单位和个人转让抵债所得的土地使用权,以全部收入减去抵债时该项土地使用权作价后的余额为计税营业额。

土地使用者转让、抵押或置换土地,无论其是否取得了该土地的使用权属证书。无论其在转让、抵押或置换土地过程中是否与对方当事人办理了土地使用权属证书变更登记手续,只要土地使用者享有占有、使用、收益或处分该土地的权利,且有合同等证据表明其实质转让、抵押或置换了土地并取得了相应的经济利益,土地使用者及其对方当事人应当依照税法规定缴纳营业税。

(七) 销售不动产

纳税人销售不动产的营业额为纳税人销售不动产时从购买方取得的全部价款和价外费用(含货币、货物或其他经济利益)。

单位和个人销售或转让其购置的不动产或受让的土地使用权,以全部收入减去不动产或土地使用权的购置或受让原价后的余额为营业额。

单位和个人销售或转让抵债所得的不动产、土地使用权的,以全部收入减去抵债时该项不动产或土地使用权作价后的余额为营业额。

三、应纳税额的计算

营业税税款的计算比较简单。纳税人提供应税劳务、转让无形资产或者销售不动产,按照营业额和规定的适应税率计算应纳税额。

(一) 按营业收入全额计算

计算公式为:

$$应纳税额=营业额\times税率$$

【例 4-1】 某歌舞厅某月门票收入为 80 万元,台位费收入 20 万元,相关的烟酒和饮料费收入 40 万元，适用税率为 20%。计算该歌舞厅当月应缴纳的营业税税额。

应纳税额＝(80＋20＋40)×20%＝28(万元)

（二）按营业收入差额计算

计算公式为：

应纳税额＝(营业收入全额－允许扣除金额)×税率

（三）按组成计税价格

【例 4－2】 某公司开发部自建同一规格和标准的楼房两栋，建筑安装成本为4 000万元，成本利润率 20%，该公司将其中一栋留作自用，另一栋对外销售，取得销售收入为2 500万元；另外销售现房取得销售收入为6 000万元。计算开发部应纳的营业税。

提供建安劳务应纳营业税＝4 000×50%×(1＋20%)÷(1－3%)×3%＝74.23(万元)

销售不动产应纳营业税＝2 500×5%＋6 000×5%＝425(万元)

第四节 营业税的减免税

一、起征点

对于经营营业税应税项目的个人，营业税规定了起征点。营业额达到或超过起征点即照章全额计算纳税，营业额低于起征点则免予征收营业税。营业税起征点的适用范围限于个人。税法规定的起征点如下：

按期纳税的，为月营业额 5 000～20 000 元；按次纳税的，为每次(日)营业额 300～500 元。

根据财税[2013]52 号文件的规定，月营业额不超过 2 万元的，暂免征收营业税。

省、自治区、直辖市财政厅(局)、税务局应当在规定的幅度内，根据实际情况确定本地区适用的起征点，并报财政部、国家税务总局备案。起征点的规定，有利于进一步调动小规模企业的生产经营积极性。

二、税收优惠规定

（一）法定减免

根据《营业税暂行条例》的规定，下列项目免征营业税：

(1) 托儿所、幼儿园、养老院、残疾人福利机构提供的育养服务，婚姻介绍，殡葬服务。

(2) 残疾人员个人为社会提供的劳务。

(3) 医院、诊所和其他医疗机构提供的医疗服务。

(4) 学校和其他教育机构提供的教育劳务，学生勤工俭学提供的劳务。学校和其他教育机构是指普通学校以及经地、市级以上人民政府或者同级政府的教育行政部门批准成立、国家承认其学员学历的各类学校。

(5) 农业机耕、排灌、病虫害防治、植保、农牧保险以及相关技术培训业务,家禽、牲畜、水生动物的配种和疾病防治。

(6) 纪念馆、博物馆、文化馆、美术馆、展览馆、书画院、图书馆、文物保护单位举办文化活动的门票收入,宗教场所举办文化、宗教活动的门票收入。举办文化活动,是指这些单位在自己的场所举办的属于文化体育业税目征税范围的文化活动。其门票收入,是指销售第一道门票的收入。宗教场所举办文化、宗教活动的门票收入,是指寺院、宫观、清真寺和教堂举办文化、宗教活动销售门票的收入。

(7) 境内保险机构为出口货物提供的保险产品。

除前款规定外,营业税的免税、减税项目由国务院规定。任何地区、部门均不得规定免税、减税项目。

(二) 特定减免

1. 再就业税收优惠

为进一步促进下岗失业人员再就业,根据《国务院关于做好当前经济形势下就业工作的通知》(国发[2009]4 号)精神,延长下岗失业人员再就业有关税收政策如下:

对持《再就业优惠证》人员从事个体经营的,3 年内按每户每年8 000元为限额依次扣减其当年实际应缴纳的营业税、城市维护建设税、教育费附加和个人所得税。

对符合条件的企业在新增加的岗位中,当年新招用持《再就业优惠证》人员,与其签订1 年以上期限劳动合同并缴纳社会保险费的,3 年内按实际招用人数予以定额依次扣减营业税、城市维护建设税、教育费附加和企业所得税。定额标准为每人每年4 000元,可上下浮动 20%。由各省、自治区、直辖市人民政府根据本地区实际情况在此幅度内确定具体定额标准,并报财政部和国家税务总局备案。

2. 个人涉税行为税收优惠

对个人(包括个体工商户及其他个人)从事外汇、有价证券、非货物期货和其他金融商品买卖业务取得的收入暂免征收营业税。个人无偿赠与不动产、土地使用权,属于下列情形之一的,暂免征收营业税:离婚财产分割;无偿赠与配偶、父母、子女、祖父母、外祖父母、孙子女、外孙子女、兄弟姐妹;无偿赠与对其承担直接抚养或者赡养义务的抚养人或者赡养人;房屋产权所有人死亡,依法取得房屋产权的法定继承人、遗嘱继承人或者受遗赠人。个人在办理免税手续时,应根据情况提交以下相关资料:

(1) 赠与双方当事人的有效身份证件。

(2) 证明赠与人和受赠人亲属关系的人民法院判决书(原件)、由公证机构出具的公证书(原件)。

(3) 证明赠与人和受赠人抚养关系或者赡养关系的人民法院判决书(原件)、由公证机构出具的公证书(原件)、由乡镇人民政府或街道办事处出具的证明材料(原件)。

税务机关应当认真审核赠与双方提供的上述资料,资料齐全并且填写正确的,在提交的国税发[2006]144号文件所附《个人无偿赠与不动产登记表》上签字盖章后复印留存,原件退还提交人,同时办理营业税免税手续。

3. 境外提供劳务税收优惠

对中华人民共和国境内单位或者个人在中华人民共和国境外提供建筑业、文化体育业(除播映)劳务暂免征收营业税。文化企业在境外演出从境外取得的收入免征营业税。

境外单位或者个人在境外向境内单位或者个人提供的完全发生在境外的《中华人民共和国营业税暂行条例》(国务院令第540号,以下简称条例)规定的劳务,不属于条例第一条所称在境内提供条例规定的劳务,不征收营业税。上述劳务的具体范围由财政部、国家税务总局规定。

根据上述原则,对境外单位或者个人在境外向境内单位或者个人提供的文化体育业(除播映),娱乐业,服务业中的旅店业、饮食业、仓储业,以及其他服务业中的沐浴、理发、洗染、裱画、誊写、镌刻、复印、打包劳务,不征收营业税。

4. 行政收费税收优惠

同时满足以下条件的行政事业性收费和政府性基金暂免征收营业税:

(1) 由国务院或者财政部批准设立的政府性基金,由国务院或者省级人民政府及其财政、价格主管部门批准设立的行政事业性收费和政府性基金。

(2) 收取时开具省级以上(含省级)财政部门统一印制或监制的财政票据。

(3) 所收款项全额上缴财政。

凡不同时符合上述三个条件,且属于营业税征税范围的行政事业性收费或政府性基金应照章征收营业税。

上述政府性基金是指各级人民政府及其所属部门根据法律、国家行政法规和中共中央、国务院有关文件的规定,为支持某项事业发展,按照国家规定程序批准,向公民、法人和其他组织征收的具有专项用途的资金。包括各种基金、资金、附加和专项收费。

上述行政事业收费是指国家机关、事业单位、代行政府职能的社会团体及其他组织根据法律、行政法规、地方性法规等有关规定,依照国务院规定程序批准,在向公民、法人提供特定服务的过程中,按照成本补偿和非营利原则向特定服务对象收取的费用。

第五节　营业税的征收与缴纳

一、营业税纳税义务发生时间

为纳税人提供应税劳务、转让无形资产或者销售不动产并收讫营业收入款项或者取得索取营业收入款项凭据的当天。取得索取营业收入款项凭据的当天，为书面合同确定的付款日期的当天；未签订书面合同或者书面合同未确定付款日期的，为应税行为完成的当天。纳税人转让土地使用权或者销售不动产，采取预收款方式的，其纳税义务发生时间为收到预收款的当天。

纳税人提供建筑业或者租赁业劳务，采取预收款方式的，其纳税义务发生时间为收到预收款的当天。

纳税人发生将不动产或者土地使用权无偿赠送其他单位或者个人的，其纳税义务发生时间为不动产所有权、土地使用权转移的当天。

纳税人发生自建行为的，其纳税义务发生时间为销售自建建筑物的纳税义务发生时间。营业税扣缴义务发生时间为纳税人营业税纳税义务发生的当天。

二、纳税期限

扣缴义务人应当向其机构所在地或者居住地的主管税务机关申报缴纳其扣缴的税款。

营业税的纳税期限分别为 5 日、10 日、15 日、1 个月或者 1 个季度。纳税人的具体纳税期限，由主管税务机关根据纳税人应纳税额的大小分别核定；不能按照固定期限纳税的，可以按次纳税。

纳税人以 1 个月或者 1 个季度为一个纳税期的，自期满之日起 15 日内申报纳税；以 5 日、10 日或者 15 日为一个纳税期的，自期满之日起 5 日内预缴税款，于次月 1 日起 15 日内申报纳税并结清上月应纳税款。

三、营业税纳税地点

(1) 纳税人提供应税劳务应当向其机构所在地或者居住地的主管税务机关申报纳税。但是，纳税人提供的建筑业劳务以及国务院财政、税务主管部门规定的其他应税劳务，应当向应税劳务发生地的主管税务机关申报纳税。

(2) 纳税人转让无形资产应当向其机构所在地或者居住地的主管税务机关申报纳税。但是，纳税人转让、出租土地使用权，应当向土地所在地的主管税务机关申报纳税。

(3) 纳税人销售、出租不动产应当向不动产所在地的主管税务机关申报纳税。

复习思考题

一、简述题

1. 简述营业税征税范围在我国“境内”的含义。

2. 试比较营业税与增值税在征税范围、计税依据的不同。

3. 简述营业税的税目及税目划分。

4. 简述营业税各行业计税依据的异同。

二、计算题

1. 某市一旅游开发公司经营范围包括旅游景点、娱乐、餐饮及其他服务(均分别核算),2014年5月,取得收入如下:

(1) 旅游景点门票收入22万元,歌舞厅收入40万元,游戏厅收入20万元。

(2) 保龄球馆取得收入12万元。

(3) 美容美发、中医按摩收入50万元。

(4) 餐饮收入60万元。

(5) 与某公司签订租赁协议,将部分空闲的歌舞厅出租,分别取得租金16万元、支付赔偿金4万元。

(6) 经批准从事代销福利彩票业务取得手续费10万元。

要求:计算娱乐业公司当月应缴纳的营业税。

2. 某大型服务公司,下设单独核算的经民政部门批准的社会团体和其他代理业务。2014年5月份取得以下收入:

(1) 依照社团章程的规定,收取团体会员会费40 000元,个人会员会费10 000元。

(2) 代售大型个人演唱会门票21 000元,其中包括代售手续费1 000元。

(3) 代销中国福利彩票50 000元,取得代销手续费500元。

(4) 举办一期培训班,收取培训费120 000元,资料费8 000元。

计算上述业务应缴纳(代扣)的营业税。

第五章　关　　税

第一节　关 税 概 述

一、关税的概念

关税是由海关根据国家制定的有关法律，以进出关境的货物和物品为征税对象而征收的一种商品税。从以下几个方面，可以加深对关税概念的理解。

1. 关税是一种税收形式

关税与其他税收的性质是一样的，征税主体都是国家。不同的是其他税收主要是由税务机关征收，而关税是由海关征收。

2. 关税的征税对象是货物和物品

关税是对有形的货品征税。对无形的货品不征关税。

3. 关税的征税范围是进出关境的货物和物品

一般情况下，一国的关境和国境是一致的，但当一个国家在境内设立自由贸易区或自由港时，国境大于关境；当几个国家结成关税同盟，组成统一的关境，实施统一的关税法令和统一的对外税则，只对来自或运往其他国家的货物进出共同关境时征收关税，国境小于关境，如欧洲联盟。

关税的起源是随着商品交换领域不断扩大而产生并逐步发展的。关于关税的产生，威廉·配第在《赋税论》中说："关税最初是为了保护进出口的货物免遭海盗劫掠而送给君主的报酬。"早在公元前5世纪，希腊的雅典就以使用港口的报酬为名，对出入的货物征收2%～5%的使用费。在我国，西周时期就在边境设立关卡，《周礼地官》中有了最早的"关市之征"的记载。

二、关税的特点

关税作为独特的税种，除了具有一般税收的特点以外，还具有以下特点。

1. 征收的对象是进出境的货物和物品

关税是对进出境的货品征税，在境内和境外流通的货物，不进出关境的不征关税。这里所指的"境"，是指"关境"，即指海关法规可以全面实施的领域。货物和物品只有在进出关境时，才能被征收关税。

2. 关税是单一环节的价外税

关税的完税价格中不包括关税，即在征收关税时，是以实际成交价格为计税依据，关税不包括在内。但海关代为征收增值税、消费税时，其计税依据包括关税在内。

3. 有较强的涉外性

关税只对进出境的货物和物品征收。因此，关税税则的制定、税率的高低，直接会影响到国际贸易的开展。随着世界经济一体化的发展，世界各国的经济联系越来越密切，贸易关系不仅反映简单经济关系。而且成为一种政治关系。这样，关税政策、关税措施也往往和经济政策、外交政策紧密相关，具有涉外性。

三、关税的分类

(一) 按征税对象进行分类，可将关税分为进口税、出口税和过境税

1. 进口税

进口税是海关对进口货物和物品所征收的关税。它是关税中最主要的一种征税形式。目前，许多国家已不使用出口税和过境税，因此，经常所提到的关税，一般都指进口税。进口税是保护关税政策的主要手段，在各国财政收入中占一定地位。

2. 出口税

出口税是海关对出口货物和物品所征收的关税。欧洲国家在 18 世纪以前曾以出口税作为重要财源，后来各国重视了关税的经济作用，认识到征收出口税不利于本国的生产和经济发展。因为征收出口税增加了出口货物的成本，会提高本国产品在国外的售价，因此降低了同别国产品的市场竞争能力，不利于扩大出口。

目前，各发达国家一般都取消了出口税。也有部分国家基于限制本国某些产品或自然资源的输出等原因，对部分出口货物征收出口税。

3. 过境税

过境货物是指由境外启运，通过境内继续运往境外的货物。对过境货物所征的关税叫做过境税。过境税的前身是使用费，在重商主义时代曾盛行一时，征收过境税主要是为了增加财政收入。过境货物在海关监管下进出境，不准流入本国市场，对本国生产没有影响。但如果允许过境货物自由通过本国，则不仅有利于国际贸易的开展，而且可以增加本国港口、仓储、运输等部门的收入。因此，19 世纪后半期，各国相继取消过境税，仅在外国货物通过时征收少量的签证费、印花税、统计费等。

(二) 按征税标准分类

按征税标准分类，可将关税分为从量税、从价税。此外各国常用的征税标准还有复合税、选择税、差价税、滑准税。

1. 从量税

按货物的计量单位(重量、长度、面积、容积、数量等)作为征税标准，以每一计量单位

应纳的关税金额作为税率,称为从量税。目前,世界各国多以货物重量为标准计征关税。在确定重量时,又有总量(即毛重量)或半总量(即净重或净重加内包装)两个标准。

2. 从价税

以货物的价格作为征税标准而征收的税称为从价税。从价税的税率表现为货物价格的百分值。经海关审定作为计征关税依据的价格称为完税价格。目前多数国家以到岸价格作为完税价格。以完税价格乘税则中规定的税率,就可得出应纳的税额。

3. 复合税

复合税又称混合税。在税则的同一税目中,订有从价和从量两种税率,征税时既采用从量又采用从价两种税率计征税款的,被称为复合税。从理论上讲,复合税使税负适度、公正、科学。当物价上涨时,所征税额比单纯征收从量税多,而比单纯征收从价税少;当物价下跌时,所征税额则刚好相反。因此,复合税有较好的相互补偿作用,特别是在物价波动时可以减少对财政收入的影响,又能保持一定的保护作用。复合税的缺点是,在实践中,货物的从量税额和从价税税额比较难以确定,而且征收手续复杂。

4. 选择税

在税则的同一税目,订有从价和从量两种税率,征税时由海关选择其中一种计征的称为选择税。海关一般是选择税额较高的一种计征,但也有选择税额较低的一种计征。实行选择税多根据产品价格高低而定。当物价上涨时,使用从价税;在物价下跌时,使用从量税。这样,不仅能保证国家的财政收入,还可较好地发挥保护本国产业的作用。但由于选择税通常是就高不就低,征税标准摇摆不定,海关计税手续繁杂。同时,纳税人也不能预知缴纳多少税额,容易与海关发生摩擦,阻碍国际贸易顺利地进行。

5. 滑动税

滑动税又称滑准税。在税则中预先按产品的价格高低分档制定若干不同的税率,然后根据进出口商品价格的变动而增减进出口税率的一种关税。当商品价格上涨,采用较低税率,而商品价格下跌则采用较高税率,其目的是使该种商品的国内市场价格保持稳定,免受或少受国际市场价格波动的影响。滑动税的优点在于它能平衡物价,保护国内产业发展。我国对新闻纸实行过滑动关税。

(三) 按征税性质分类

按征税性质,关税可分为普通关税、优惠关税和差别关税三种。它们主要适用于进口关税。

1. 普通关税

普通关税又称一般关税,是对与本国没有签署贸易或经济互惠等友好协定的国家原产的货物征收的非优惠性关税。普通关税与优惠关税的税率差别一般较大。

2. 优惠关税

优惠关税一般是互惠关税,即优惠协定的双方互相给对方优惠关税待遇,但也有单向优惠关税,即只对受惠国给予优惠待遇,而没有反向优惠。优惠关税一般有特定优惠关税、普遍优惠关税和最惠国待遇三种。

(1) 特定优惠关税,简称特惠税,是指某一国家对另一国家或某些国家对另外一些国家的某些方面予以特定优惠关税待遇,而他国不得享受的一种关税制度。特定优惠关税实际上是殖民主义的产物,最早始于宗主国与殖民地附属国之间的贸易交往中,具有排他性,因此税率低于协定优惠关税税率。

目前,在国际最有影响的特定优惠关税是《洛美协定》[全称为《欧洲经济共同体——非洲、加勒比和太平洋(国家)洛美协定》]国家之间的特惠关税。

(2) 普遍优惠制,简称普惠制,是指发达国家对从发展国家或地区输入的产品,特别是制成品和半制成品普遍给予优惠关税待遇的一种制度,因此普惠制还可称为普税制。

普惠制的目的是扩大发展国家向经济发达国家出口其制成品,增加财政收入,促使发展中国家工业化,加速发展中国家经济增长速度。普惠制有三条基本原则:① 普遍原则。即经济发达国家应对发展中国家出口的制成品和半制成品给予普遍优惠待遇。② 非歧视原则。即发达国家应使所有发展中国家都不受歧视,无例外地享受普遍优惠制待遇。③ 非互惠原则,即非对等原则。经济发达国家应单方面给予发展国家关税上的优惠,而不应要求发展中国家给予同等的优惠待遇。

(3) 最惠国待遇。最惠国待遇是国际贸易协定一项重要内容,它规定缔约国双方相互间现在和将来所给予任何第三国的优惠待遇,同样适用于对方。最惠国待遇最初只限于关税待遇。随后范围日益扩大,目前已适用于通商及航海的各个方面,如关税、配额、航运、港口使用、仓储、移民、投资、专利权等。但最惠国待遇仍以关税为主。凡贸易协定或航海条约中最惠国待遇的条文都称为最惠国条款。由于最惠国待遇的适用范围很广。因此,在签订条约或协定时,多对最惠国待遇的范围加以列举或限定,在列举或限定以外的产品,不适用最惠国待遇。

3. 差别关税

差别关税实际上是保护主义政策的产物,是保护一国产业所采取的特别手段。差别关税最早产生并运用于欧洲。在重商主义全盛时代曾广为流行,直至近代。由于新重商主义的出现和贸易保护主义的抬头,差别关税又复出现,并得到进一步发展。

一般意义上的差别关税主要分为加重关税、抵消关税、报复关税、反倾销关税等。

(1) 加重关税。加重关税是出于某种原因或为达到某种目的,而对某国货物或某种货物的输入加重征收的关税,如间接输入货物加重税等。

(2) 反补贴关税。反补贴关税又称抵消关税,它是对接受任何津贴或补贴的外国进口货物所附加征收的一种关税,是差别关税的重要形式之一。货物输出国为了加强本国输出产品在国际市场的竞争能力,往往对输出产品予以津贴、补贴或奖励,以降低成本,廉价销售于国外市场。输入国为防止他国补贴货物进入本国市场,威胁本国产业正常发展,对凡接受政府、垄断财团补贴、津贴或奖励的他国输入产品，课征与补贴、津贴或奖励额相等的反补贴关税，以抵消别国输入货物因接受补贴、津贴或奖励所形成的竞争优势。

需要指出的是，目前许多国家对出口品采取退还国内税的方法予以鼓励，对这种属于已退还国内税（国内间接税）的出口货物一般不作为接受补贴产品来看待，因为退税产品属于国内税种调整范畴，与他国没有直接利益关系。

（3）反倾销关税。反倾销关税即对外国的倾销商品，在征收正常进口关税的同时附加征收的一种关税，它是差别关税的又一种重要形式。

商品倾销就其动机和表现而言可分为偶然倾销、短期或间断式的倾销、经常和长期的倾销三种。偶然倾销又可分为清偿债务而进行的倾销和无意识倾销两种，这两种倾销一般来说，没有一般意义上的倾销目的，它不是想占领他国市场，也不是为转嫁经济危机。从政治上讲，不应该对这种倾销征收反倾销关税。短期的或间断式的商品倾销分为：① 为保护或扩大国际市场而实行的倾销；② 为消除同业竞争者而进行的倾销；③ 为报复他国在本国市场上的倾销而实行的反倾销。经常和长期性的商品倾销可分为：① 为扩大产业规模和充分利用现有人力、物力、财力而进行的倾销；② 以重商主义理论为基本指导思想而进行的倾销；③ 为打破外国市场保护关税而进行的倾销。后两种倾销因有明确的扩充市场及实行报复的含义，因而，有必要征收反倾销关税。我国自2004年6月30日起，海关对申报进口原产于加拿大、韩国、美国的新闻纸继续征收反倾销税，实施期限为5年。

（4）报复关税。报复关税是指他国政府以不公正、不平等、不友好的态度对待本国输出的货物时，为维护本国利益，报复该国对本国输出货物的不公正、不平等、不友好，对该国输入本国的货物加重征收的关税。

（四）按保护形式和程度分类

关税按保护形式和程度分类，可分为关税壁垒和非关税壁垒。

1. 关税壁垒

关税壁垒是指一国政府以提高关税的办法限制外国商品进口的措施。关税壁垒的目的是抵制外国商品进入本国市场。最大限度地削弱外国商品在本国市场上的竞争能力，保护本国商品竞争优势，垄断国内市场。高额关税就像高墙一样阻止或限制外国商品输入，因此称为关税壁垒。

关税壁垒与保护关税政策相比具有更为强烈的贸易保护特色。但它只表示了一种抽象的概念。无论从理论上，还是从实际生活中，关税壁垒都有其质和量上的界限，从而区别于一般保护关税政策。

衡量关税壁垒的强弱程度及其对国内经济的保护作用和抵制他国商品倾销作用是一个十分复杂的问题。因此，只能用关税水平比较不同国家之间关税高低，或用名义保护率和实际保护率表示对某种或某类商品的保护程度并以此作为确定是否存在关税壁垒的基本标准。

2. 非关税壁垒

非关税壁垒是指除关税以外的一切限制进口的措施，有直接非关税壁垒和间接非关税壁垒之分。直接非关税壁垒是通过对本国产品和进口商品的差别待遇或迫使出口国限制商品出口等措施，以直接限制进口。其措施有政府采购、海关估价、进口许可制度、进口配额制、关税配额制等。间接非关税壁垒是指并非对商品进口进行直接限制，而是为了其他目的所采取的。它同样能起到限制商品进口效果的各种措施。例如外汇管制、进出口国家垄断、复杂的海关手续、苛刻的卫生安全和技术标准等。

第二节 关税的征税对象、纳税人与税率

一、征税对象

关税的征税对象是准许进出境的货物和物品。货物是指贸易性商品；物品是指入境旅客随身携带的行李物品、个人邮递物品、各种运输工具上的服务人员携带进口的自用物品、馈赠物品以及其他方式进境的个人物品。

二、纳税义务人

进口货物的收货人、出口货物的发货人、进出境物品的所有人，是关税的纳税义务人。进出口货物的收、发货人是依法取得对外贸易经营权，并进口或者出口货物的法人或者其他社会团体。进出境物品的所有人包括该物品的所有人和推定为所有人的人。一般情况下，对于携带进境的物品，推定其携带人为所有人；对分离运输的行李，推定相应的进出境旅客为所有人；对以邮递方式进境的物品，推定其收件人为所有人；以邮递或其他运输方式出境的物品，推定其寄件人或托运人为所有人。

三、关税的税率

（一）进口关税税率

在我国加入 WTO 之后，为履行我国在加入 WTO 关税减让谈判中承诺的有关义务，享有 WTO 成员应有的权利，根据《关税条例》，自2004年 1 月 1 日起，我国进口税则设有最惠国税率、协定税率、特惠税率、普通税率、关税配额税率等税率形式。对进口货物在一定期限内可以实行暂定税率。

最惠国税率适用原产于与我国共同适用最惠国待遇条款的 WTO 成员国或地区的进口货物，或原产于与我国签订有相互给予最惠国待遇条款的双边贸易协定的国家或地区进口的货物，以及原产于我国境内的进口货物。

协定税率适用原产于我国参加的含有关税优惠条款的区域性贸易协定的有关缔约方的进口货物。目前对原产于韩国、斯里兰卡和孟加拉 3 个《曼谷协定》成员的 739 个税目进口商品实行协定税率(即曼谷协定税率)。

特惠税率适用原产于与我国签订有特殊优惠关税协定的国家或地区的进口货物。目前对原产于孟加拉的 18 个税目进口商品实行特惠税率(即曼谷协定特惠税率)。

普通税率适用于原产于上述国家或地区以外的其他国家或地区的进口货物，以及原产地不明的进口货物。按照普通税率征税的进口货物，经国务院关税税则委员会特别批准，可以适用最惠国税率。适用最惠国税率、协定税率、特惠税率的国家或者地区名单，由国务院关税税则委员会决定。

适用最惠国税率的进口货物有暂定税率的，应当适用暂定税率；适用协定税率、特惠税率的进口货物有暂定税率的，应当从低适用税率；适用普通税率的进口货物，不适用暂定税率。按照国家规定实行关税配额管理的进口货物，关税配额内的，适用关税配额税率；关税配额外的，按其适用税率的规定执行。

按照有关法律、行政法规的规定对进口货物采取反倾销、反补贴、保障措施的，其税率的适用按照《中华人民共和国反倾销条例》、《中华人民共和国反补贴条例》和《中华人民共和国保障措施条例》的有关规定执行。

任何国家或者地区违反与中华人民共和国签订或者共同参加的贸易协定及相关协定，对中华人民共和国在贸易方面采取禁止、限制、加征关税或者其他影响正常贸易的措施的，对原产于该国家或者地区的进口货物可以征收报复性关税，适用报复性关税税率。

征收报复性关税的货物、适用国别、税率、期限和征收办法，由国务院关税税则委员会决定并公布。

(二) 出口关税税率

我国出口税则为一栏税率，即出口税率。国家仅对少数资源性产品及易于竞相杀价、盲目进口、需要规范出口秩序的半制成品征收出口关税。1992年对 47 种商品计征出口关税，税率为 2%～40%。现行税则对 36 种商品计征出口关税，主要是鳗鱼苗、部分有色金属矿砂及其精矿、生锑、磷、氟钽酸钾、苯、山羊板皮、部分铁合金、钢铁废碎料、铜和铝原料及其制品、镍锭、锌锭、锑锭。出口商品税则税率一直未予调整。但对上述范围内的 23 种商品实行 0～20%的暂定税率，其中 16 种商品为零关税，6 种商品税率为 1%及以下。与进口暂定税率一样，出口暂定税率优先适用于出口税则中规定的出口税率。因此，我国真正征收出口关税的商品只是 20 种，税率也较低。

第三节 关税完税价格

目前，世界各国海关大多采用以课税对象的价格(或价值)为课税标准对进出境货物征收关税。经海关审查的价格称为海关价格。在将海关价格作为课税标准，凭以计征关税时，海关价格称为完税价格。关税税率确定之后，货物完税价格的高低直接影响课征关税税额的多少。对于纳税人，它关系其进口货物的成本的高低，进而影响其利润。对于国家，它关系国家财政收入和关税职能作用的发挥。因此，各国都制定一套详尽的海关制度，目的在于公平、规范地确立应税货物的完税价格。

一、关税的完税价格

2006年5月1日实施的《中华人民共和国海关审定进出口货物完税价格办法》中规定，进口货物的完税价格由海关以货物的成交价格为基础审查确定，并应当包括该货物运抵中华人民共和国境内输入地点起卸前的运输及其相关费用、保险费。

（一）进口货物的成交价格

进口货物的成交价格是指卖方向中华人民共和国境内销售该货物时，买方为进口该货物向卖方实付、应付的并按照规定调整后的价款总额，包括直接支付的价款和间接支付的价款。

进口货物的成交价格应当符合下列条件：

（1）对买方处置或者使用进口货物不予限制，但法律、行政法规规定实施的限制、对货物销售地域的限制和对货物价格无实质性影响的限制除外；有下列情形之一，应当视为对买方处置或者使用进口货物进行了限制：① 进口货物只能用于展示或者免费赠送的；② 进口货物只能销售给指定第三方的；③ 进口货物加工为成品后只能销售给卖方或者指定第三方的；④ 其他经海关审查，认定买方对进口货物的处置或者使用受到限制的。

（2）进口货物的成交价格不得受到使该货物成交价格无法确定的条件或因素的影响。有下列情形之一的，应当视为进口货物的价格受到了使该货物成交价格无法确定的条件或者因素的影响：① 进口货物的价格是以买方向卖方购买一定数量的其他货物为条件而确定的；② 进口货物的价格是以买方向卖方销售其他货物为条件而确定的；③ 其他经海关审查，认定货物的价格受到使该货物成交价格无法确定的条件或者因素影响的。

（3）卖方不得直接或者间接获得因买方销售、处置或者使用进口货物而产生的任何收益，或者虽有收益但能够按照规定进行调整。

（4）买卖双方没有特殊关系，或者虽有特殊关系但未对成交价格产生影响。下列情形之一的，应当认为买卖双方存在特殊关系：买卖双方为同一家族成员的；买卖双方互为商业上的高级职员或者董事的；一方直接或者间接地受另一方控制的；买卖双方都直接或者间接地受第三方控制的；买卖双方共同直接或者间接地控制第三方的；一方直接或者间接地拥有、控制或者持有对方5%以上（含5%）公开发行的有表决权的股票或者股份的；一方是另一方的雇员、高级职员或者董事的；买卖双方是同一合伙的成员的。

买卖双方在经营上相互有联系，一方是另一方的独家代理、独家经销或者独家受让人，如果符合前款的规定，也应当视为存在特殊关系。

（二）进口货物完税价格确定的其他方法

海关进行估价时，首先要尽可能先使用实际成交价格，但并不是所有进口货物都有实际成交价格的，例如，以寄售、租赁等方式出口到进口国的货物，在进口时就难以确定其实际成交价格。对于进口货物的成交价格不符合规定条件的，或者成交价格不能确定的，在客观上无法采用货物的实际成交价格时，海关经了解有关情况，并与纳税义务人进行价格磋商后，依次以下列价格估定该货物的完税价格：

(1) 相同货物的成交价格估价方法。它的定义是“与该货物同时或者大约同时向中华人民共和国境内销售的相同货物的成交价格”。所谓相同货物，主要是指货物的物理特性、质量及产品声誉。采用这种比照价格时，相同货物必须已经在被估价货物进口同时或大约同时向进口国进口时，若有好几批相同货物完全符合条件，应采用其最低的价格。另外，相同货物与被估货物在商业水平、数量、运输方式、运输距离等贸易上的差别也要作调整。

(2) 类似货物的成交价格估价方法。它的定义是“与该货物同时或者大约同时向中华人民共和国境内销售的类似货物的成交价格”。类似货物指与被估货物在同一国生产制造，虽然不是在所有方面都相同，但具有相似特征和相似组成材料，从而能起到同样作用，而且在商业上可以互换的货物。选择相似货物时，主要应考虑货物的品质、信誉和现有商标。

(3) 倒扣价格估价方法。它是指海关以进口货物、相同或者类似进口货物在境内的销售价格为基础，扣除境内发生的有关费用后，审查确定进口货物完税价格的估价方法。

(4) 计算价格估价方法。采用这种方法，可以按照下列各项总和计算价格：生产该货物所使用的料件成本和加工费用，向中华人民共和国境内销售同等级或者同种类货物通常的利润和一般费用。该货物运抵境内输入地点起卸前的运输及其相关费用、保险费。

(5) 合理估价方法。所谓合理方法，实际上是对海关估价的一项补救方法，习惯上叫做“最后一招”，也就是在使用上述任何一种估价方法都无法确定海关估价时，海关可以灵活地采用上述方法中任何一个最便于计算海关价格的方法。规定的原则有两条，一是海关估价应当公平、合理、统一和中性；二是尽可能反映贸易实际。合理估价方法不允许使用的估价方法是：① 在进口国生产的货物的国内售价；② 加入生产成本以外的费用；③ 货物向第三国出口的价格；④ 最低限价；⑤ 武断或虚构的海关估价。

以上所列的各种估价方法应依次使用，即当完税价格按列在前面的估价方法无法确定时，才能使用后一种估价方法。但是应进口商的要求，第三种和第四种方法的使用次序可以颠倒。

二、成交价格的调整项目

（一）未包括在进口货物的实付或者应付价格中的费用，应计入完税价格

以成交价格为基础审查确定进口货物的完税价格时，未包括在该货物实付、应付价格的下列费用或者价值应当计入完税价格：

（1）由买方负担的下列费用：① 除购货佣金以外的佣金和经纪费；② 与该货物视为一体的容器费用；③ 包装材料费用和包装劳务费用。

（2）与进出货物的生产和向中华人民共和国境内销售有关的，由买方以免费或者以低于成本的方式提供，并可以按适当比例分摊的下列货物或者服务的价值：① 进口货物包含的材料、部件、零件和类似货物；② 在生产进口货物过程中使用的工具、模具和类似货物；③ 在生产进口货物过程中消耗的材料；④ 在境外进行的为生产进口货物所需的工程设计、技术研发、工艺及制图等相关服务。

（3）买方需向卖方或者有关方直接或者间接支付的特许权使用费，但是符合下列情形之一的除外：① 特许权使用费与该货物无关；② 特许权使用费的支付不构成该货物向中华人民共和国境内销售的条件。

（4）卖方直接或者间接从买方对该货物进出口后销售、处置或者使用所得中获得的收益。

（5）与进口货物有关的特许权使用费的确定，符合下列条件之一，应当视为与进口货物有关：① 特许权使用费是用于支付专利权或者专有技术使用权，且进口货物属于下列情形之一的：含有专利或者专有技术的；用专利方法或者专有技术生产的；为实施专利或者专有技术而专门设计或者制造的。② 特许权使用费是用于支付商标权，且进口货物属于下列情形之一的：附有商标的；进口后附上商标直接可以销售的；进口时已含有商标权，经过轻度加工后附上商标即可以销售的。③ 特许权使用费是用于支付著作权，且进口货物属于下列情形之一的：含有软件、文字、乐曲、图片、图像或者其他类似内容的进口货物，包括磁带、磁盘、光盘或者其他类似介质的形式；含有其他享有著作权内容的进口货物。④ 特许权使用费是用于支付分销权、销售权或者其他类似权利，且进口货物属于下列情形之一的：进口后可以直接销售的；经过轻度加工即可以销售的。

买方不支付特许权使用费则不能购得进口货物，或者买方不支付特许权使用费则该货物不能以合同议定的条件成交的，应当视为特许权使用费的支付构成进口货物向中华人民共和国境内销售的条件。

（二）进口货物的价款中单独列明的下列税收、费用，不计入该货物的完税价格

（1）厂房、机械或者设备等货物进口后发生的建设、安装、装配、维修或者技术援助费用，但是保修费用除外。

（2）进口货物运抵中华人民共和国境内输入地点起卸后发生的运输及其相关费用、

保险费。

(3) 进口关税、进口环节海关代征税及其他国内税。

(4) 为在境内复制进口货物而支付的费用。

(5) 境内外技术培训及境外考察费用。

同时符合下列条件的利息费用不计入完税价格：利息费用是买方为购买进口货物而融资所产生的；有书面的融资协议的；利息费用单独列明的；纳税义务人可以证明有关利率不高于在融资当时当地此类交易通常应当具有的利率水平，且没有融资安排的相同或者类似进口货物的价格与进口货物的实付、应付价格非常接近的。

(三) 进口货物完税价格的计价方法

确定应当计入进口货物完税价格的货物价值时，应当按照下列方法计算有关费用：

(1) 由买方从与其无特殊关系的第三方购买的，应当计入的价值为购入价格。

(2) 由买方自行生产或者从有特殊关系的第三方获得的，应当计入的价值为生产成本。

(3) 由买方租赁获得的，应当计入的价值为买方承担的租赁成本。

(4) 生产进口货物过程中使用的工具、模具和类似货物的价值，应当包括其工程设计、技术研发、工艺及制图等费用。

如果货物在被提供给卖方前已经被买方使用过，应当计入的价值为根据国内公认的会计原则对其进行折旧后的价值。

三、加工贸易内销货物的完税价格

加工贸易进口料件或者其制成品应当征税的，海关按照以下规定审查完税价格：

(1) 进料加工进口料件或其制成品(包括残次品)申报内销时，海关以料件的原进口成交价格为基础审查确定完税价格。料件的原进口成交价格不能确定的，海关按照接受内销申报的同时或大约同时进口的，与料件相同或类似的货物的进口成交价格为基础审查确定完税价格。

(2) 来料加工进口料件或其制成品(包括残次品)申报内销时，海关按照接受内销申报的同时或大约同时进口的，与料件相同或类似的货物的进口成交价格为基础审查确定完税价格。

(3) 加工贸易企业加工过程中产生的边角料或副产品申报内销时，海关以其内销价格为基础审查确定完税价格。

(4) 海关总署或直属海关可以根据市场行情，定期公布有关边角料和副产品的内销计税参考价格。

加工贸易企业可以选择按照内销价格或者计税参考价格向海关申报。加工贸易企业按照计税参考价格申报时，海关按照计税参考价格确定完税价格。

(5) 保税区、出口加工区内的加工贸易企业申报内销加工贸易制成品时,海关按照接受内销申报的同时或大约同时进口的,与制成品相同或类似的货物的进口成交价格为基础审查确定完税价格。

保税区内的加工贸易企业内销的进料加工制成品中,如果含有从境内采购的料件,海关以制成品所含从境外购入料件的原进口成交价格为基础审查确定完税价格。料件的原进口成交价格不能确定的,海关按照接受内销申报的同时或大约同时进口的,与料件相同或类似的货物的进口成交价格为基础审查确定完税价格。

保税区内的加工贸易企业内销的来料加工制成品中,如果含有从境内采购的料件,海关按照接受内销申报的同时或大约同时进口的,与制成品所含从境外购入的料件相同或类似的货物的进口成交价格为基础审查确定完税价格。

(6) 加工贸易内销货物的完税价格按照上述规定仍不能确定的,由海关按合理的方法审查确定。

(7) 加工贸易企业向海关申报内销时,应当提交原进口报关单或备案清单复印件。海关认为必要时,还应提供与成交价格或内销价格有关的资料。

四、特殊进口货物的完税价格

(一) 运往境外修理的货物

运往境外修理的机械器具、运输工具或其他货物,出境时已向海关报明,并在海关规定期限内复运进境的,应当以海关审定的境外修理费和料件费,以及该货物复运进境的运输及其相关费用、保险费估定完税价格。

(二) 运往境外加工的货物

运往境外加工的货物,出境时已向海关报明,并在海关规定期限内复运进境的,应当以海关审定的境外加工费和料件费,以及该货物复运进境的运输及其相关费用、保险费估定完税价格。

(三) 暂时进境货物

对于经海关批准的暂时进境的货物,应当按照一般进口货物估价办法的规定,估定完税价格。

(四) 租赁方式进口货物

租赁方式进口的货物中,以租金方式对外支付的租赁货物,在租赁期间以海关审定的租金作为完税价格,利息应当予以计入;留购的租赁货物,以海关审定的留购价格作为完税价格;承租人申请一次性缴纳税款的,经海关同意,按照一般进口货物估价办法的规定估定完税价格。

(五) 留购的进口货样

对于境内留购的进口货样、展览品和广告陈列品,以海关审定的留购价格作为完税价格。

（六）予以补税的减免税货物

减税或免税进口的货物需补税时，应当以海关审定的该货物原进口时的价格，扣除折旧部分作为完税价格，其计算公式如下：

完税价格＝海关审定的该货物原进口时的价格
×［1－补税时实际已进口的时间(月)÷(监管年限×12)］

公式中，补税时实际已进口的时间按月计算，不足 1 个月但是超过 15 日的，按照 1 个月计算，不超过 15 日的，不予计算。

五、进口货物相关费用的核定

（一）进口货物的运费

进口货物的运费应当按照实际支付的费用计算。如果进口货物的运费无法确定的，海关应当按照该货物的实际运输成本或者该货物进口同期运输行业公布的运费率(额)计算运费。

运输工具作为进口货物，利用自身动力进境的，海关在审查确定完税价格时，不再另行计入运费。

（二）进口货物的保险费

进口货物的保险费应当按照实际支付的费用计算。如果进口货物的保险费无法确定或者未实际发生，海关应当按照“货价加运费”两者总额的 3‰计算保险费，其计算公式为：

保险费＝(货价＋运费)×3‰

邮运进口的货物，应当以邮费作为运输及其相关费用、保险费。

（三）以境外边境口岸价格成交的铁路运输进口货物的相关费用

以境外边境口岸价格条件成交的铁路或者公路运输进口货物，海关应当按照境外边境口岸价格的1%计算运输及其相关费用、保险费。

六、出口货物的完税价格

出口货物的完税价格由海关以该货物的成交价格为基础审查确定，并应当包括货物运至中华人民共和国境内输出地点装载前的运输及其相关费用、保险费。

（一）以成交价格为基础的完税价格

出口货物的成交价格，是指该货物出口销售时，卖方为出口该货物应当向买方直接收取和间接收取的价款总额。

下列税收、费用不计入出口货物的完税价格：

（1）出口关税。

（2）在货物价款中单独列明的货物运至中华人民共和国境内输出地点装载后的运输及其相关费用、保险费。

（3）在货物价款中单独列明由卖方承担的佣金。

（二）出口货物海关估定方法

出口货物的成交价格不能确定的，海关经了解有关情况，并与纳税义务人进行价格磋商后，依次以下列价格审查确定该货物的完税价格：

（1）同时或者大约同时向同一国家或者地区出口的相同货物的成交价格。

（2）同时或者大约同时向同一国家或者地区出口的类似货物的成交价格。

（3）根据境内生产相同或者类似货物的成本、利润和一般费用（包括直接费用和间接费用）、境内发生的运输及其相关费用、保险费计算所得的价格。

（4）按照合理方法估定的价格。

第四节　应纳税额的计算

一、从价税应纳税额的计算

从价税应纳税额的计算公式为：

关税税额＝应税进（出）口货物数量×单位完税价格×税率

进口货物的成交价格，因有不同的成交条件而有不同的价格形式，常用的价格条款，有 FOB、CFR、CIF 三种。

“FOB”的含义是“船上交货”的价格术语简称。这一价格术语是指卖方在合同规定的装运港把货物装上买方指定的船上，并负责货物装上船为止的一切费用和风险。FOB 又称“离岸价格”。

“CFR”的含义是“成本加运费”的价格术语简称，又称“离岸加运费价格”。这一价格术语是指卖方负责将合同规定的货物装上买方指定运往目的港的船上，负责货物装上船为止的一切费用和风险，并支付运费。

“CIF”的含义是“成本加运费、保险费”的价格术语简称，习惯上又称“到岸价格”。这一价格术语是指卖方负责将合同规定的货物装上买方指定运往目的港的船上，办理保险手续，并负责支付运费和保险费。

现根据三种常用的价格条款分别举例介绍进口税款的计算。

1. 以 CIF 条件成交的进口货物

以 CIF 条件成交的进口货物，如果申报价格符合规定的“成交价格”条件，则可直接计算出税款。

【例 5 - 1】 某公司从日本进口铁盘条 10 万吨，其成交价格为 CIF 上海新港125 000美元。计算应征关税税款是多少？

已知海关填发税款缴款书之日的外汇牌价：

100 美元＝847.26人民币元(买入价)

100 美元＝857.18人民币元(卖出价)

税款计算如下：

(1) 审核申报价格，符合“成交价格”条件，确定进口关税税率为 15%。

(2) 根据填发税款缴款书日的外汇牌价，将货价折算人民币。

外汇买卖中间价 100 美元＝(847.26＋857.18)÷2＝852.22人民币元，即 1 美元＝8.522 2人民币元

完税价格＝125 000×8.522 2＝1 065 275(人民币元)

(3) 计算关税税款。

关税税款＝1 065 275元人民币×15%＝159 791.25(人民币元)

2. 以 FOB 和 CFR 条件成交的进口货物

以 FOB 和 CFR 条件成交的进口货物，在计算税款时应先把进出货物的申报价格折算成 CIF 价，然后再按上述程序计算税款。

【例 5 - 2】 我国从国外进口一批厚钢板共计200 000千克，成交价格为 FOB 伦敦2.5英镑/千克，已知单位运费为0.5英镑，保险费率0.25%。求应征关税税款是多少？

已知海关填发税款缴款书之日的外汇牌价：

1 英镑＝11.268 3人民币元(买入价)

1 英镑＝11.885 7人民币元(卖出价)

(1) 根据填发税款缴款书日的外汇牌价，将货价折算人民币。

外汇买卖中间价 1 英镑＝(11.268 3＋11.885 7)÷2＝11.577人民币元，即 1 英镑＝11.577人民币元

完税价格＝(FOB 价＋运费)×(1＋保险费率)＝(2.5＋0.5)×(1＋0.25%)
＝3.007 5英镑＝3.007 5×11.577＝34.82(人民币元)

(2) 计算关税税款：根据税则归类，中厚钢板是日本原产货物适用于最惠国税率，最惠国税率为10%。

该批货物进口关税税款＝34.82人民币元×200 000公斤×10%＝696 400(人民币元)

二、从量税应纳税额的计算

从量税应纳税额的计算公式如下：

关税税额＝应税进(出)口货物数量×单位货物税额

【例 5－3】 公司进口美国产"蓝带"牌啤酒 600 箱，每箱 24 瓶，每瓶容积 500 毫升，价格为 CIF 3 000美元。计算应纳关税(征税日人民币与美元的外汇折算率为 1∶8.24，适用优惠税率为 3 元/升)。

应纳关税税额＝600×24×500÷1 000×3＝21 600(人民币元)

三、复合税应纳税额的计算

我国目前实行的复合税都是先计征从量税，再计征从价税。复合税应纳税额的计算公式如下：

关税税额＝应税进(出)口货物数量×单位货物税额＋应税进(出)口货物数量×单位完税价格×税率

【例 5－4】 某公司进口 2 台日本产电视摄像机，价格为 CIF 13 000美元，计算应纳关税(征税日人民币与美元的外汇折算率为 1∶8.24，适用优惠税率为：每台完税价格高于 5 000美元的，从量税为每台13 280元，再征从价税 3%)。

应纳关税税额＝2×13 280＋13 000×8.24×3%＝26 560＋3 213.6＝29 773.6(人民币元)

四、滑准税应纳税额的计算

滑准税应纳税额的计算公式如下：

关税税额＝应税进(出)口货物数量×单位完税价格×滑准税税率

现行税则《进(出)口商品从量税、复合税、滑准税税目税率表》后注明了滑准税税率的计算公式，该公式是一个与应税进(出)口货物完税价格相关的取整函数。

第五节 关 税 减 免

关税减免是对某些纳税人和征税对象给予鼓励和照顾的一种特殊调节手段。正是有了这一手段，使关税政策兼顾了普遍性和特殊性、原则性和灵活性。因此，关税减免是贯彻国家关税政策的一项重要措施。关税减免分为法定减免税、特定减免税和临时减免税。根据《海关法》规定，除法定减免税外的其他减免税均由国务院决定。减征关税在我国加入世界贸易组织之前以税则规定税率为基准。在我国加入世界贸易组织之后以最惠国税率或者普通税率为基准。

一、法定减免税

法定减免税是税法中明确列出的减税或免税。符合税法规定可予减免税的进出口货物，纳税义务人无须提出申请，海关可按规定直接予以减免税。海关对法定减免税货物一般不进行后续管理。

（一）免征关税的进出口货物

下列进出口货物，免征关税：

（1）关税税额在人民币 50 元以下的货物。

（2）无商业价值的广告品和货样。

（3）外国政府、国际组织无偿赠送的物资。

（4）在海关放行前损失的货物。

（5）进出境运输工具装载的途中必需的燃料、物料和饮食用品。

在海关放行前遭受损坏的货物，可以根据海关认定的受损程度减征关税。

因品质或者规格原因，出口货物自出口之日起 1 年内原状复运进境的，不征收进口关税。因品质或者规格原因，进口货物自进口之日起 1 年内原状复运出境的，不征收出口关税。

（二）暂不缴纳关税的进出口货物

经海关批准暂时进境或者暂时出境的下列货物，在进境或者出境时纳税义务人向海关缴纳相当于应纳税款的保证金或者提供其他担保的，可以暂不缴纳关税，并应当自进境或者出境之日起 6 个月内复运出境或者复运进境；经纳税义务人申请，海关可以根据海关总署的规定延长复运出境或者复运进境的期限：

（1）在展览会、交易会、会议及类似活动中展示或者使用的货物。

（2）文化、体育交流活动中使用的表演、比赛用品。

（3）进行新闻报道或者摄制电影、电视节目使用的仪器、设备及用品。

（4）开展科研、教学、医疗活动使用的仪器、设备及用品。

（5）在第(1)项至第(4)项所列活动中使用的交通工具及特种车辆。

（6）货样。

（7）供安装、调试、检测设备时使用的仪器、工具。

（8）盛装货物的容器。

（9）其他用于非商业目的的货物。

以上所列暂准进境货物在规定的期限内未复运出境的，或者暂准出境货物在规定的期限内未复运进境的，海关应当依法征收关税。

以上所列可以暂时免征关税范围以外的其他暂准进境货物，应当按照该货物的完税价格和其在境内滞留时间与折旧时间的比例计算征收进口关税。具体办法由海关总署规定。

因残损、短少、品质不良或者规格不符原因，由进出口货物的发货人、承运人或者保险公司免费补偿或者更换的相同货物，进出口时不征收关税。被免费更换的原进口货物不退运出境或者原出口货物不退运进境的，海关应当对原进出口货物重新按照规定征收关税。

（三）可以申请退还关税的情形

有下列情形之一的，纳税义务人自缴纳税款之日起1年内，可以申请退还关税，并应当以书面形式向海关说明理由，提供原缴款凭证及相关资料：

（1）已征进口关税的货物，因品质或者规格原因，原状退货复运出境的。

（2）已征出口关税的货物，因品质或者规格原因，原状退货复运进境，并已重新缴纳因出口而退还的国内环节有关税收的。

（3）已征出口关税的货物，因故未装运出口，申报退关的。

海关应当自受理退税申请之日起30日内查实并通知纳税义务人办理退还手续。纳税义务人应当自收到通知之日起3个月内办理有关退税手续。

按照其他有关法律、行政法规规定应当退还关税的，海关应当按照有关法律、行政法规的规定退税。

二、特定减免税

特定减免税也称政策性减免税。在法定减免税之外，国家按照国际通行规则和我国实际情况，制定发布的有关进出口货物减免关税的政策，称为特定或政策性减免税。特定减免税货物一般有地区、企业和用途的限制，海关需要进行后续管理，也需要减免税统计。

（一）科教用品

为有利于我国科研、教育事业发展，国务院制定了《科学研究和教学用品免征进口税收暂行规定》，对科学研究机构和学校，不以营利为目的，在合理数量范围内进口国内不能生产的科学研究和教学用品，直接用于科学研究和教学的，免征进口关税和进口环节增值税、消费税。该规定对享受该优惠的科研机构和学校资格、类别以及可以免税的物品都作了明确规定。

（二）残疾人专用品

为支持残疾人的健康工作，国务院制定了《残疾人专用品免征进口税收暂行规定》。对康健、福利机构、假肢厂和荣誉军人康复医院进口国内不能生产的、对规定的残疾个人专用品，免征进口关税和进口环节增值税、消费税。该规定对免税的残疾人专用品种类和品名作了明确的规定。

（三）扶贫、慈善性捐赠物资

为促进公益事业的健康发展，经国务院批准，财政部、国家税务总局、海关总署发布了《扶贫、慈善性捐赠物资免征进口税收的暂行办法》。对境外自然人、法人或者其他组织等境外捐赠人，无偿向经国务院主管部门依法批准成立的、以人道救助和发展扶贫、慈善事业为宗旨的社会团体以及国务院有关部门和各省、自治区、直辖市人民政府捐赠的，直接用于扶贫、慈善事业的物资，免征进口关税和进口增值税。所称扶贫、慈善事业是指非营利的扶贫济困、慈善救助等社会慈善和福利事业。该办法对可以免税的捐赠物资种类和品名作了明确规定。

（四）加工贸易产品

1. 加工装配和补偿贸易

加工装配即来料加工、来样加工及来件装配，是指由境外客商提供全部或部分原辅料、零配件和包装物料，必要时提供设备，由我方按客商要求进行加工装配，成品由外商销售，我方收取加工费。客商提供的作价设备价款，我方用工缴费偿还。补偿贸易是指由境外客商提供或国内单位利用国外出口信贷进口生产技术或设备，由我方生产，以返销产品方式分期偿还对方技术、设备价款或贷款本息的交易方式。因有利于较快地提高出口产品生产技术，改善我国产品质量和品种，扩大出口，增加我国外汇收入，国家给予一定的关税优惠：进境料件不予征税，准许在境内保税加工为成品后返销出口；进口外商的不作价设备和作价设备，分别比照外商投资项目和国内投资项目的免税规定执行；剩余料件或增产的产品，经批准转内销时，价值在进口料件总值2%以内，且总价值在3 000元以下的，可予免税。

2. 进料加工

对其关税优惠政策是：对专为加工出口商品而进口的料件，海关按实际加工复出的数量，免征进口税；加工的成品出口，免征出口税，但内销料件及成品照章征税；对加工过程中产生的副产品、次品、边角料，海关根据其使用价值分析估价征税或者酌情减免税；剩余料件或增产的产品，经批准转内销时，价值在进口料件总值2%以内，且总价值在5 000元以下的，可予免税。进料加工业务是指经批准有权经营进出口业务的企业使用进料加工专项外汇进口料件，并在1年内加工或装配成品外销出口的业务。

（五）边境贸易进口物资

为了鼓励我国边境地区积极发展与我国毗邻国家间的边境贸易与经济合作，国家制定了有关扶持、鼓励边境贸易和边境地区发展对外经济合作的政策措施。边境贸易有边民互市贸易和边境小额贸易两种形式。边民互市贸易指边境地区边民在边境线20公里以内、经政府批准的开放点或指定的集市上进行的商品交换活动。边民通过互市贸易进口的商品，每人每日价值在3 000元以下的，免征进口关税和进口环节增值税。边境小额贸易是指沿陆地边境线经国家批准对外开放的边境县（旗）、边境城市辖区内经批准有边境小额贸易经营权的企业，通过国家指定的陆地边境口岸，与毗邻国家边境地区的企业或其他贸易机构之间进行的贸易活动。边境小额贸易企业通过指定边境口岸进口原产于毗邻国家的商品，除烟、酒、化妆品以及国家规定必须照章征税的其他商品外，进口关税和进口环节增值税减半征收。

（六）保税区进出口货物

为了创造完善的投资、运营环境，开展为出口贸易服务的加工整理、包装、运输、仓储、商品展出和转口贸易，国家在境内设立了保税区，即与外界隔离的全封闭方式，在海关临近管理下进行存放和加工保税货物的特定区域。保税区的主要关税优惠政策有：进口供保税区使用的机器、设备、基建物资、生产用车辆，为加工出口产品进口的原材料、零部件、元器件、包装物料，供储存的转口货物以及在保税区内加工运输出境的产品免征进口关税和进口环节税；保税区内企业进口专为生产加工出口产品所需的原材料、零部件、包装物料以及转口货物予以保税；从保税区运往境外的货物，一般免征出口关税。

（七）出口加工区进出口货物

为加强与完善加工贸易管理，严格控制加工贸易产品内销，保护国内相关产业，并为出口加工企业提供更宽松的经营环境，带动国产原材料、零配件的出口，国家设立了出口加工区。出口加工区的主要关税优惠政策有：从境外进入区内生产性的基础设施建设项目所需的机器、设备和建设生产厂房、仓储设施所需的基建物资，区内企业生产所需的机器、设备、模具及其维修用零配件，区内企业和行政管理机构自用合理数量的办公用品，予以免税进口关税和进口环节税；区内企业为加工出口产品所需的原材料、零部件、元器件、包装物料及消耗性材料，予以保税；对加工区运往区外的货物，海关按照对进口货物的有关规定办理报关手续，并按照制成品征税；对从区外进入加工区的货物视同出口，可按规定办理出口退税。

（八）进口设备

为进一步扩大利用外资，引进国外先进技术和设备，促进产业结构的调整和技术进步保持国民经济持续、快速、健康发展，国务院决定自1998年1月1日起，对国家鼓励发展的国内投资项目和外商投资项目进口设备，在规定范围内免征进口关税和进口环节增值税。具体为：对符合《外商投资产业指导目录》鼓励类和限制乙类，并转让技术和外商投资项目，在投资总额内进口的自用设备，以及外国政府贷款和国际金融组织贷款项目进口的自用设备、加工贸易外商提供的不作价进口设备，除《外商投资项目不予免税的进口商品目录》所列商品外，免征进口关税和进口环节增值税；对符合《当前国家重点鼓励发展的产业、产品和技术目录》的国内投资项目，在投资总额内进口的自用设备，除《国内投资项目不予免税的进口商品目录》所列商品外，免征进口关税和进口环节增值税；对符合上述规定的项目，按照合同随设备进口的技术及配套件、备件，也免征进口关税和进口环节增值税。

（九）特定行业或用途的减免税政策

为鼓励、支持部分行业或特定产品的发展，国家制定了部分特定行业或用途的减免税政策，这类政策一般对可以减免税的商品列有具体清单。如：为支持我国海洋和路上特定地区石油、天然气开采作业，对相关项目进口国内不能生产或性能不能满足要求的，直接用于开采作业的设备、仪器、零附件、专用工具，免征进口关税和进口环节增值税；为支持纺织品出口，经国务院批准，决定自2005年8月1日起对17种8位税目项下的纺织品

(61021000税号的毛制针织女式大衣、防风衣等)停止征收出口关税。

(十) 特定地区的减免税政策

经国务院批准,自2005年8月1日起对原产于我国台湾地区的15种进口鲜水果实施零关税。

海关凭借海关总署认可的台湾地区签发水果产地证明文件的有关机构和民间组织于2005年8月1日后签发的、能够证明水果原产于台湾地区的产地证明文件,办理享受零关税水果的征税验放手续。原产于台湾地区水果的原产地标准为在台湾地区完全获得,即在台湾地区收获、采摘或采集。

三、临时减免税

临时减免税是指以上法定和特定减免税以外的其他减免税,即由国务院根据《海关法》对某个单位、某类商品、某个项目或某批进出口货物的特殊情况,给予特别照顾,一案一批。专文下达的减免税,一般有单位、品种、期限、金额或数量等限制,不能比照执行。

我国已经加入世界贸易组织,为遵循统一、规范、公平、公开的原则,有利于统一税法、公平税负、平等竞争,国家严格控制减免税,一般不办理个案临时性减免税,对特定减免税也在逐步规范、清理,对不符合国际惯例的税收优惠政策将逐步予以废止。

第六节 关税征收管理

2005年1月,海关总署发布《中华人民共和国海关进出口货物征税管理办法》,于2005年3月1日起实施。1986年9月30日发布的《海关征税管理办法》同时废止。

一、关税缴纳

进口货物自运输工具申报进境之日起14日内,出口货物在货物运抵海关监管区后装货的24小时以前,应由进出口货物的纳税义务人向货物进(出)境地海关申报,海关根据税则归类和完税价格计算应缴纳的关税和进口环节代征税,并填发税款缴款书。纳税义务人应当自海关填发税款缴款书之日起15日内,向指定银行缴纳税款。如关税缴纳期限的最后1日是周末或法定节假日,则关税缴纳期限顺延至周末或法定节假日过后的第1个工作日。为方便纳税义务人,经申请且海关同意,进(出)口货物的纳税义务人可以在设有海关的指运地(启运地)办理海关申报、纳税手续。

关税纳税义务人因不可抗力或者在国家税收政策调整的情形下,不能按期缴纳税款的,经海关总署批准,可以延期缴纳税款,但最长不得超过6个月。

为进一步适应区域经济发展的要求,简化海关手续,提高通关效率,海关总署决定于2006年9月1日起实施跨关区“属地申报,口岸验放”通关模式。

"属地申报,口岸验放"是指符合海关规定条件的企业进出口货物时,可自主选择向属地海关任一海关单位申报,在货物实际进出境地的口岸海关办理货物验放手续的一种通关方式。

二、关税的强制执行

纳税义务人未在关税缴纳期限内缴纳税款,即构成关税滞纳。为保证海关征收关税决定的有效执行和国家财政收入的及时入库,《海关法》赋予海关对滞纳关税的纳税义务人强制执行的权利。强制措施主要有两类:

一是征收关税滞纳金。滞纳金自关税缴纳期限届满之日起,至纳税义务人缴纳关税之日止。按滞纳税款万分之五的比例按日征收,周末或法定节假日不予扣除。具体计算公式为:

关税滞纳金金额=滞纳关税税额×滞纳金征收比率×滞纳天数

滞纳金的起征点为50元。

二是强制征收。如纳税义务人自海关填发缴款书之日起3个月仍未缴纳税款,经海关关长批准,海关可以采取强制扣缴、变价抵缴等强制措施。强制扣缴即海关从纳税义务人在开户银行或者其他金融机构的存款中直接扣缴税款。变价抵缴即海关将应税货物依法变卖,以变卖所得抵缴税款。

三、关税退还

关税退还是关税纳税义务人按海关核定的税额缴纳关税后,因某种原因的出现,海关将实际征收多于应当征收的税额(称为溢征关税)退还给原纳税义务人的一种行政行为。根据《海关法》规定,海关多征的税款,海关发现后应当立即退还。具体规定是:海关发现多征税款的,应当立即通知纳税义务人办理退税手续。纳税义务人应当自收到海关通知之日起3个月内办理有关退税手续。

按规定有下列情形之一的,进出口货物的纳税义务人可以自缴纳税款之日起1年内,书面声明理由,连同原纳税收据向海关申请退税并加算银行同期活期存款利息,逾期不予受理:

(1) 因海关误征,多纳税款的。

(2) 海关核准免验进口的货物,在完税后,发现有短卸情形,经海关审查认可的。

(3) 已征出口关税的货物,因故未将其运出口,申报退关,经海关查验属实的。

对已征出口关税的出口货物和已征进口关税的进口货物,因货物品种或规格原因(非其他原因)原状复运进境或出境的,经海关查验属实的,也应退还已征关税。海关应当自受理退税申请之日起30日内,作出书面答复并通知退税申请人。本规定强调的是:因货物品种或规格原因,原状复运进境或出境的。如果属于其他原因且不能以原状复运进境或出境,不能退税。

四、关税补征和追征

补征和追征是海关在关税纳税义务人按海关核定的税额缴纳关税后,发现实际征收税额少于应当征收的税额(称为短征关税)时,责令纳税义务人补缴所差税款的一种行政行为。海关法根据短征关税的原因,将海关征收原短征关税的行为分为补征和追征两种。由于纳税人违反海关规定造成短征关税的,称为追征;非因纳税人违反海关规定造成短征关税的,称为补征。区分关税追征和补征的目的是为了不同情况适用不同的征收时效。超过时效规定的期限,海关就丧失了追补关税的权利。根据《海关法》规定进出境货物和物品放行后,海关发现少征或者漏征税款,应当自缴纳税款或者货物、物品放行之日起 1 年内,向纳税义务人补征;因纳税义务人违反规定而造成的少征或者漏征的税款,自纳税义务人应缴纳税款之日起 3 年以内可以追征,并从缴纳税款之日起按日加收少征或者漏征税款万分之五的滞纳金。

五、关税纳税争议

为保护纳税人合法权益,《海关法》和《关税条例》都规定了纳税义务人对海关确定进出口货物的征税、减税、补税或者对退税等有异议时,有提出申诉的权利。在纳税义务人与海关发生纳税争议时,可以向海关申请复议,但同时应当在规定期限内按海关核定的税额缴纳关税,逾期则构成滞纳,海关有权按规定采取强制执行措施。

纳税争议的内容一般为进出境货物和物品的纳税义务人对海关在原产地认定、税则归类、税率或汇率适用、完税价格确定、关税减免、免征、追征、补征和退还等征税行为是否合法或适当,是否侵害了纳税义务人的合法权益,而对海关征收关税的行为表示异议。

纳税争议的申诉过程:纳税义务人自海关填发税款缴款书之日起 30 日内,向原征税海关的上一级海关书面申请复议。逾期申请复议的,海关不予受理。海关应当自收到复议申请之日起 60 日内作出复议决定,并以复议决定书的形式正式答复纳税义务人:纳税义务人对海关复议决定仍然不服的,可以自收到复议决定书之日起 15 日之内,向人民法院提起诉讼。

复习思考题

一、简述题

1. 关税的特点及关税的分类。

2. 关税的完税价格确定。

二、计算题

1. 某外贸进出口公司2014年 5 月从日本进口 14 辆小轿车,每辆车的关税完税价格为 8 万元,已知我国小轿车关税税率为 25%,消费税为 5%。计算该公司进口环节应缴纳的关税和消费税。

2. 有进出口经营权的某外贸公司,2014年 5 月发生以下经营业务:

(1) 经有关部门批准从境外进口小轿车 30 辆,每辆小轿车货价 15 万元,运抵我国海关前发生的运输费用、保险费为 20 万元。向海关缴纳了相关税款,并取得完税凭证。

公司委托运输公司将小轿车从海关运回本单位,支付运输公司运输费用 9 万元,取得了运输公司开具的普通发票。当月售出 24 辆,每辆取得含税销售额40.95万元,公司自用 2 辆并作为本企业固定资产。

(2) 月初将上月购进的库存材料价款 40 万元,经海关核准委托境外公司加工一批货物,月末该批加工货物在海关规定的期限内复运进境供销售,支付给境外公司的加工费 20 万元、进境前的运输费和保险费共 3 万元。向海关缴纳了相关税款,并取得了完税凭证。

(提示:小轿车关税税率为 60%、货物关税税率 20%、增值税税率 17%、消费税税率 8%)

根据以上资料计算该公司进口环节应缴纳的关税、消费税和增值税。

第六章 相关各税

第一节 城市维护建设税及教育费附加

一、城市维护建设税

城市维护建设税是国家对从事工商业生产、经营活动且缴纳增值税、消费税、营业税(以下简称“三税”)的单位和个人,就其实际缴纳的“三税”税额为计税依据而征收的一种税。它是一种附加税。

城市维护建设税是国家为加强城市的维护建设,扩大和稳定城市维护建设资金来源而采取的一项税收措施。城市维护建设税具有以下两个显著特点:

(1) 具有附加税性质。城市维护建设税以纳税人实际缴纳的“三税”税额为计税依据,附加于“三税”税额,其本身并没有特定的、独立的征税对象。

(2) 属于特定目的税范畴。城市维护建设税是一种具有受益性质的特定目的税,其税款专款专用于城市的公用事业和公共设施的维护和建设。

城市维护建设税的开征,可以为开发建设新兴城市,扩建、改造旧城市,发展城市公用事业,以及维护公共设施等提供稳定的资金来源,从而使城市的维护建设随着经济的持续发展而同步协调发展,体现了对受益者课税的权利与义务相一致的基本原则。

(一) 纳税人

凡负有缴纳“三税”义务的单位和个人,均为城市维护建设税纳税人。具体包括国有企业、集体企业、私有企业、股份制企业、其他企业和行政单位、事业单位、军事单位、社会团体、其他单位,以及个体工商户及其他个人。只要缴纳了“三税”中的任何一种税,就必须同时缴纳城市维护建设税。

对外商投资企业、外国企业及外籍个人 2010 年 12 月 1 日(含)之后发生纳税义务的增值税、消费税、营业税征收城市维护建设税,此前发生纳税义务的“三税”,不征收城市维护建设税。

海关对进口货物或物品代征增值税、消费税的,不再征收城市维护建设税。

(二) 税率

城市维护建设税按照纳税人所在地的不同,分别设置了三档地区差别比例税率,即:

(1) 纳税人所在地在城市市区的，税率为7%。

(2) 纳税人所在地在县城、建制镇的，税率为5%。

(3) 纳税人所在地不在城市市区、县城、建制镇的，税率为1%。

城市维护建设税的适用税率，一般规定按纳税人所在地的适用税率执行。但对下列两种情况，可按缴纳“三税”所在地的规定税率就地缴纳城市维护建设税：

(1) 由受托方代扣代缴、代收代缴“三税”的单位和个人，其代扣代缴、代收代缴的城市维护建设税按受托方所在地适用税率执行。

(2) 流动经营等无固定纳税地点的单位和个人，在经营地缴纳“三税”的，其城市维护建设税的缴纳按经营地适用税率执行。

对于铁道部应纳的城市维护建设税，由于其计税依据为铁道部实际集中缴纳的营业税税额，难以确定适用税率，因此，财政部特案规定，税率统一为5%。

(三) 应纳税额的计算

1. 计税依据

城市维护建设税的计税依据为纳税人实际缴纳的“三税”税额。纳税人违反“三税”有关税法规定而被加收的滞纳金和罚款，不作为城市维护建设税的计税依据。但纳税人在被查补“三税”和被处以罚款时，应同时对其偷漏的城市维护建设税进行补税、征收滞纳金和罚款。

自1997年1月1日起，供货企业向出口企业和市县外贸企业销售出口产品时，以增值税当期销项税额抵扣进项税额后的余额，计算缴纳城市维护建设税。

但对出口产品退还增值税、消费税的，不退还已缴纳的城市维护建设税。

自2005年1月1日起经国家税务总局正式审核批准的当期免抵的增值税税额应纳入城市维护建设税和教育费附加的计征范围，分别按规定的税(费)率征收城市维护建设税和教育费附加。2005年1月1日前，已按免抵的增值税税额征收的城市维护建设税和教育费附加不再退还，未征的不再补征。

2. 应纳税额的计算

城市维护建设税应纳税额的计算公式为：

应纳税额＝实纳“三税”税额×适用税率

【例6-1】 A公司设在某城市市区，7月份应纳增值税500 000元，消费税300 000元。在规定的纳税时间内，应缴增值税款已按时缴纳，应缴消费税款滞纳8天。计算该公司应纳城市维护建设税及应缴城市维护建设税滞纳金。

应纳城市维护建设税额＝(500 000＋300 000)×7%＝56 000(元)

应缴城市维护建设税滞纳金＝300 000×7%×0.5‰×8＝84(元)

【例6-2】 B公司设在某县城，2014年7月应纳增值税300 000元，营业税30 000元，均已按时缴纳。但税务机关对其同年第二季度纳税情况进行检查时发现：6月份一笔分期收款销售货物业务因货款未按时收到而未办理申报，经核定，应补增值税8 000元，按规定加收滞纳金和罚款共9 072元。计算该公司应纳及应补缴城市维护建设税。

应纳城市维护建设税额＝(300 000＋30 000)×5％＝16 500(元)

应补缴城市维护建设税额＝8 000×5％＝400(元)

【例 6－3】 某城市税务分局对辖区内一家内资企业进行税务检查时，发现该企业故意少缴营业税580 000元，遂按相关执法程序对该企业作出补缴营业税、城市维护建设税和教育费附加并加收滞纳金(滞纳时间 50 天)和罚款 1 倍的处罚决定。计算该企业应补缴的营业税、城市维护建设税及滞纳金、罚款数额。

应补缴的营业税、城市维护建设税税款＝580 000＋580 000×7％＝620 600(元)

应缴“两税”滞纳金＝(580 000＋580 000×7％)×50×0.5‰＝15 515(元)

应缴罚款税额＝(580 000＋580 000×7％)×100％＝620 600(元)

(四) 减免税优惠

根据财税[2003]230 号文件规定，各省、自治区、直辖市人民政府不再享有城市维护建设税困难减免税的审批权。除国务院另有规定，或财政部、国家税务总局根据国务院的指示精神确定的减免税外，各级财政、税务机关也不得自行审批决定减免城市维护建设税。

城市维护建设税是以“三税”税额为计税依据并与“三税”同时征收的，其作为附加税，原则上不单独减免，当主税发生减免时，城市维护建设税相应进行税收减免。具体减免税规定如下：

(1) 城市维护建设税是按减免后实际缴纳的“三税”税额计征的，即随“三税”的减免而相应减免。

(2) 对于因减免税而需进行“三税”退库的，城市维护建设税也可同时退库。

(3) 海关对进口货物或物品代征增值税、消费税的，不征收城市维护建设税。

(4) 为支持三峡工程建设，对三峡工程建设基金，自2004年 1 月 1 日至2009年 12 月 31 日期间，免征城市维护建设税和教育费附加。

需要注意的是，对“三税”实行先征后返、先征后退、即征即退办法的，除另有规定外，对随“三税”附征的城市维护建设税和教育费附加，一律不予退(返)还。

(五) 征收管理

1. 纳税环节

城市维护建设税的纳税环节，是指《城市维护建设税暂行条例》规定的纳税人应当缴纳城市维护建设税的环节。城市维护建设税的纳税环节，实际就是纳税人缴纳“三税”的环节。纳税人只要发生“三税”的纳税义务，就要在同样的环节，分别计算缴纳城市维护建设税。

2. 纳税地点

城市维护建设税以纳税人实际缴纳的增值税、消费税、营业税税额为计税依据，分别与"三税"同时缴纳。所以，纳税人缴纳"三税"的地点，就是该纳税人缴纳城市维护建设税的地点。但是，属于下列情况的，纳税地点为：

(1) 代扣代缴、代收代缴"三税"的单位和个人，同时也是城市维护建设税的代扣代缴、代收代缴义务人，其城市维护建设税的纳税地点在代扣代收地。

(2) 跨省开采的油田，下属生产单位与核算单位不在一个省内的，其生产的原油，在油井所在地缴纳增值税，其应纳税款由核算单位按照各油井的产量和规定税率，计算汇拨各油井缴纳。所以，各油井应纳的城市维护建设税，应由核算单位计算，随同增值税一并汇拨油井所在地，由油井在缴纳增值税的同时，一并缴纳城市维护建设税。

(3) 对管道局输油部分的收入，由取得收入的各管道局于所在地缴纳营业税。所以，其应纳城市维护建设税，也应由取得收入的各管道局于所在地缴纳营业税时一并缴纳。

(4) 对流动经营等无固定纳税地点的单位和个人，应随同"三税"在经营地按适用税率缴纳。

3. 纳税期限

由于城市维护建设税是由纳税人在缴纳"三税"时同时缴纳的，所以其纳税期限分别与"三税"的纳税期限一致。根据增值税法和消费税法规定，增值税、消费税的纳税期限均分别为 1 日、3 日、5 日、10 日、15 日或者 1 个月；根据营业税法规定，营业税的纳税期限分别为 5 日、10 日、15 日或者 1 个月。增值税、消费税、营业税的纳税人的具体纳税期限，由主管税务机关根据纳税人应纳税额大小分别核定；不能按照固定期限纳税的，可以按次纳税。

由于《城市维护建设税暂行条例》是在1994年分税制前制定的，1994年后，增值税、消费税由国家税务局征收管理，而城市维护建设税由地方税务局征收管理，因此，在缴税入库的时间上不一定完全一致。

二、教育费附加

教育费附加是对缴纳增值税、消费税、营业税的单位和个人，就其实际缴纳的税额为计算依据征收的一种附加费。

教育费附加是为加快地方教育事业，扩大地方教育经费的资金而征收的一项专用基金。1984 年，国务院颁布了《关于筹措农村学校办学经费的通知》，开征了农村教育事业经费附加。1985 年，中共中央作出了《关于教育体制改革的决定》，指出必须在国家增拨教育基本建设投资和教育经费的同时，充分调动企、事业单位和其他各种社会力量办学的积极性，开辟多种渠道筹措经费。为此，国务院于1986年 4 月 28 日颁布了《征收教育费附加的暂行规定》，决定从同年 7 月 1 日开始在全国范围内征收教育费附加。

(一) 教育费附加的征收范围及计征依据

教育费附加对缴纳增值税、消费税、营业税的单位和个人征收，以其实际缴纳的增值税、消费税和营业税为计征依据，分别与增值税、消费税和营业税同时缴纳。

（二）教育费附加计征比率

教育费附加计征比率曾几经变化。1986年开征时，规定为1%；1990年5月《国务院关于修改〈征收教育费附加的暂行规定〉的决定》中规定为2%；按照1994年2月7日《国务院关于教育费附加征收问题的紧急通知》的规定，现行教育费附加征收比率为3%。

（三）教育费附加的计算

教育费附加的计算公式为：

应纳教育费附加＝实纳“三税”税额×征收比率

【例6-4】 某市区一企业10月份实际缴纳增值税200 000元，缴纳消费税300 000元，缴纳营业税100 000元。计算该企业应缴纳的教育费附加。

应纳教育费附加＝(200 000＋300 000＋100 000)×3%＝18 000(元)

（四）教育费附加的减免规定

(1) 对海关进口的产品征收的增值税、消费税，不征收教育费附加。

(2) 对由于减免增值税、消费税和营业税而发生退税的，可同时退还已征收的教育费附加。但对出口产品退还增值税、消费税的，不退还已征的教育费附加。

第二节 烟叶税

烟叶税是自2006年农业税停征后独立出来的税种。烟叶税独立征收后，其性质由农业税变为商品税，烟叶收购中所开具的发票成为增值税抵扣的依据，使烟叶税与增值税的征收紧密相连。2006年4月28日，国务院正式颁布《中华人民共和国烟叶税暂行条例》，财政部、国家税务总局又于2006年5月18日下发了《关于烟叶税若干具体问题的规定》的通知(财税[2006]64号)，进一步明确了烟叶税的纳税人、征收环节、税率、计税依据、征收机关等税收政策问题，为开征烟叶税提供了法律依据。

一、纳税人

烟叶税的纳税人，为在中华人民共和国境内从事烟叶收购的单位，也就是指依照《中华人民共和国烟草专卖法》的规定有权收购烟叶的烟草公司或者受其委托收购烟叶的单位。查处没收的违法收购的烟叶，由收购罚没烟叶的单位按照购买金额计算缴纳烟叶税。

二、征税范围和征收环节

烟叶税的征税范围为烟叶。烟叶是指晾晒烟叶、烤烟叶。

烟叶税的征收环节为烟叶收购环节，也就是在烟叶收购环节由烟草收购公司缴纳。

三、税率和计税依据

烟叶税全国统一实行20%的比例税率。

烟叶税的计税依据为烟叶收购金额，收购金额包括纳税人支付给烟叶销售者的烟叶收购价格和价外补贴。为方便征收，对价外补贴统一暂按烟叶收购价款的10%计入收购金额征税。

收购金额计算公式：

收购金额＝收购价款×(1＋10%)

应纳税额计算公式为：

应纳税额＝收购金额×税率

【例6－5】 2010年1月，某烟草收购公司向农户收购烟叶，收购价款为20万元，计算应缴纳的烟叶税。

应纳税额＝20×(1＋10%)×20%＝4.4(万元)

四、征收与缴纳

烟叶税由地方税务机关征收。纳税人收购烟叶，应当向烟叶收购地的主管税务机关申报纳税。烟叶税的纳税义务发生时间为纳税人，收购烟叶的当天是指纳税人向烟叶销售者付讫收购烟叶款项或者开具收购烟叶凭据的当天。

纳税人应当自纳税义务发生之日起30日内申报纳税。具体纳税期限由主管税务机关核定。

第三节 车辆购置税

车辆购置税是以在中国境内购置规定的车辆为课税对象、在特定的环节向车辆购置者征收的一种税。就其性质而言，属于直接税的范畴。

车辆购置税于2001年1月1日在中国开始实施，是在原交通部门收取的车辆购置附加费的基础上，通过“费改税”方式演变而来。车辆购置税基本保留了原车辆购置附加费的特点，但车辆购置税作为一种特殊税，除具有税收的共同特点外，还有其自身独立的特点：

第一，征收范围单一。车辆购置税以购置的特定车辆为课税对象，而不是对所有的财产或消费财产征税，范围窄，是一种特种财产税。

第二，征收环节单一。车辆购置税实行一次性课征制，它不是在生产、经营和消费的每个环节道道征收，而是在消费领域中的特定环节一次征收。

第三,征税具有特定目的。车辆购置税为中央税,它取之于应税车辆,用之于交通建设,其征税具有专门用途,可作为中央财政的经常性预算科目,由中央财政根据国家交通建设投资计划,统筹安排。这种特定目的的税收,可以保证国家财政支出的需要,既有利于统筹合理地安排资金,又有利于保证特定事业和建设支出的需要。

第四,价外征收,税负不转嫁。即是说,征收车辆购置税的商品价格中不含车辆购置税税额,车辆购置税是附加在价格之外的,且税收的缴纳者即为最终的税收负担者,税负不转嫁。

一、纳税人

车辆购置税的纳税人是指在中华人民共和国境内购置应税车辆的单位和个人。

(一)车辆购置税应税行为

车辆购置税的应税行为是指在中华人民共和国境内购置应税车辆的行为。具体来讲,这种应税行为包括以下几种情况:

(1)购买使用行为。包括购买使用国产应税车辆和购买使用进口应税车辆。当纳税人购置应税车辆时,它就发生了应税行为,就要依法纳税。

(2)进口使用行为。它是指直接进口使用应税车辆的行为。

(3)受赠使用行为。受赠是指接受他人馈赠。对馈赠人而言,在发生财产所有权转移后,应税行为一同转移,不再是纳税人;而作为受赠人在接受使用(包括接受免税车辆)后,即发生了应税行为,则需要承担纳税义务。

(4)自产自用行为。自产自用是指纳税人将自己生产的应税车辆作为最终消费品用于自己消费使用,其消费行为已构成了应税行为。

(5)获奖使用行为。包括从各种奖励形式中取得并使用应税车辆的行为。

(6)其他使用行为。它是指除上述以外其他方式取得并使用应税车辆的行为,如拍卖、抵债、走私、罚没等方式取得并自用的应税车辆。

(二)车辆购置税征税区域

征税区域是指一个国家全面实施统一的税收法规的境域。车辆购置税的适用区域在“中华人民共和国境内”,只要在中华人民共和国境内发生了车辆购置税的应税行为,都要征收车辆购置税。

“在中华人民共和国境内”,是指应税车辆的购置或使用地在中华人民共和国境内。购置应税车辆的行为发生地在“中华人民共和国境内”的,都属于车辆购置税的征税区域。应税车辆的购置地与应税行为的发生地是一致的。

(三)车辆购置税纳税人的具体范围

车辆购置税纳税人的范围包括“单位和个人”,具体规定为:

“单位”是指国有企业、集体企业、私营企业、股份制企业、外商投资企业、外国企业以及其他企业,事业单位、社会团体、国家机关、部队以及其他单位。

“个人”是指个体工商业户及其他个人，泛指具有民事权利能力，依法享有民事权利，承担民事义务的自然人，包括中华人民共和国公民和外国公民。

二、征税对象与征税范围

（一）车辆购置税的征税对象

车辆购置税以列举产品（商品）为征税对象。所谓“列举产品”，即指《中华人民共和国车辆购置税暂行条例》规定的应税车辆。因此，应税车辆是车辆购置税的征税对象。

（二）车辆购置税的征税范围

车辆购置税的征收范围包括汽车、摩托车、电车、挂车、农用运输车。具体范围按车辆购置税征收范围表（见表 6-1）执行。

表 6-1

车辆购置税征收范围表

应税车辆	具体范围	注释
汽车	各类汽车	
摩托车	轻便摩托车	最高设计时速大于 51 km/h，发动机汽缸总排量不大于 50 cm^3 的两个或者三个车轮的机动车
	二轮摩托车	最高设计车速大于 50 km/h，或者发动机汽缸总排量大于 50 cm^3 的两个车轮的机动车
	三轮摩托车	最高设计车速大于 50 km/h，或者发动机汽缸总排量大于 50 cm^3，空车重量不大于 400 kg 的三个车轮的机动车
电车	无轨电车	以电能为动力，由专用输电电缆线供电的轮式公共车辆
	有轨电车	以电能为动力，在轨道上行驶的公共车辆
挂车	全挂车	无动力设备，独立承载，由牵引车辆牵引行驶的车辆
	半挂车	无动力设备，与牵引车辆共同承载，由牵引车辆牵引行驶的车辆
农用运输车	三轮农用运输车	柴油发动机，功率不大于 7 kW，载重量不大于 500 kg，最高车速不大于 40 km/h 的三个车轮的机动车（自2004年 10 月 1 日起，三轮农用运输车免征车辆购置税）
	四轮农用运输车	柴油发动机，功率不大于 28 kW，载重量不大于15 000 kg，最高车速不大于 40 km/h 的三个车轮的机动车

车辆购置税征收范围的调整,由国务院决定,其他任何部门、单位和个人只能认真执行政策规定,无权擅自扩大或缩小车辆购置税的征税范围。

三、税率与计税依据

(一) 车辆购置税的税率

车辆购置税实行统一比例税率,税率为10%。

(二) 车辆购置税的计税依据

车辆购置税以应税车辆为征税对象,考虑到车辆市场供求的矛盾,价格差异变化,计量单位不规范以及征收车辆购置附加费时的做法,实行从价定率、价外征收的方法计算应纳税额,应税车辆的价格即计税价格就成为车辆购置税的计税依据。但是,由于应税车辆购置的来源不同,应税行为的发生不同,计税价格的组成也就不一样。因此,车辆购置税计税依据的构成也就不同。

1. 购买自用应税车辆计税依据的确定

纳税人购买自用的应税车辆以计税价格为计税依据。计税价格的组成为纳税人购买应税车辆而支付给销售者的全部价款和价外费用(不包括增值税税款)。

上述"购买自用的应税车辆",包括购买自用的国产应税车辆和购买自用的进口应税车辆,如从国内汽车市场、汽车贸易公司购买自用的进口应税车辆等。

"价外费用"是指销售方价外向购买方收取的手续费、基金、违约金、包装费、运输费、保管费、返还利润、补贴集资费、储存费、运输装卸费、代收款项、代垫款项和其他各种性质的价外收费,但不包括增值税税款。

由于纳税人购买自用的应税车辆是按不含增值税的计税价格征收车辆购置税的,因此,当纳税人购车发票的价格未扣除增值税税款,或者因不得开具机动车辆销售统一发票(或开具其他普通票据)而发生价款与增值税税款合并收取的,在确定车辆购置税计税依据时,应将其换算为不含增值税的销售价格。其换算公式为:

$$计税价格=含增值税的销售价格\div(1+17\%)$$

2. 进口自用应税车辆计税依据的确定

纳税人进口自用的应税车辆以组成计税价格为计税依据。计税价格的计算公式为:

$$计税价格=关税完税价格+关税+消费税$$

上述"进口自用的应税车辆",是指纳税人直接从境外进口或委托代理进口自用的应税车辆,即非贸易方式进口自用的应税车辆。

公式中的"关税完税价格",是指海关核定的关税计税价格。

公式中的"关税",是指由海关课征的进口车辆的关税。计算公式为:

应纳关税＝关税完税价格×关税税率

公式中的“消费税”，是指进口车辆应由海关代征的消费税。计算公式为：

应纳消费税＝组成计税价格×消费税税率

组成计税价格＝(关税完税价格＋关税)÷(1－消费税税率)

进口自用应税车辆的计税价格，应根据纳税人提供的，经海关审查确认的有关完税证明资料确定。

3. 其他自用应税车辆计税依据的确定

纳税人自产、受赠、获奖和以其他方式取得并自用的应税车辆的计税价格，按购置该型号车辆的价格确认不能取得购置价格的，则由主管税务机关参照国家税务总局规定相同类型应税车辆的最低计税价格核定。

4. 以最低计税价格为计税依据的确定

纳税人购买自用或者进口自用应税车辆，申报的计税价格低于同类型应税车辆的最低计税价格，又无正当理由的，按照最低计税价格征收车辆购置税。最低计税价格由国家税务总局制定。

最低计税价格是指国家税务总局依据车辆生产企业提供的车辆价格信息并参照市场平均交易价格核定的车辆购置税计税价格。

申报的计税价格低于同类型应税车辆的最低计税价格，又无正当理由的，是指纳税人申报的车辆计税价格低于出厂价格或进口自用车辆的计税价格。

根据纳税人购置应税车辆的不同情况，国家税务总局对以下几种特殊情形应税车辆的最低计税价格规定如下：

(1) 底盘(车架)发生更换的车辆，计税依据为最新核发的同类型车辆最低计税价格的70%。

(2) 免税条件消失的车辆，自初次办理纳税申报之日起，使用年限未满10年的，计税依据为：最新核发的同类型车辆最低计税价格按每满1年扣减10%；超过10年的，计税依据为零。未满1年的应税车辆计税依据为最新核发的同类型车辆最低计税价格。

(3) 对于国家税务总局未核定最低计税价格的车辆，计税依据为已核定的同类型车辆最低计税价格。同类型车辆是指：同国别、同排量、同车长、同吨位、配置近似等。

(4) 进口旧车、因不可抗力因素导致受损的车辆、库存超过3年的车辆、行驶8万公里以上的试验车辆、国家税务总局规定的其他车辆，计税依据为纳税人提供的《机动车销售统一发票》或有效凭证注明的计税价格和有效证明。

5. 已使用未完税车辆计税依据的确定

(1) 对已使用未完税车辆，主管税务机关应按照车辆购置税条例第六条规定确定计税价格。

(2) 对于已使用未完税的免税车辆，免税条件消失后，纳税人依照《车辆购置税征收管理办法》的规定，重新办理纳税申报时，其提供的《机动车行驶证》上标注的车辆登记日期视同初次办理纳税申报日期。主管税务机关据此确定车辆使用年限和计税依据。

(3) 对于国家授权的执法部门没收的走私车辆、被司法机关和行政执法部门依法没收并拍卖的车辆，其库存(或使用)年限超过3年或行驶里程超过8万公里以上的，主管税务机关依据纳税人提供的统一发票或有效证明注明的价格确定计税依据。

6. 车辆购置税计税依据使用统一货币单位计算

车辆购置税的计税依据和应纳税款应以人民币计算。纳税人以外汇结算应税车辆价款的，按照申报纳税之日中国人民银行公布的人民币基准汇价，折合成人民币计算应纳税额。

四、减免税优惠

车辆购置税减税免税范围的具体规定是：

(1) 外国驻华使馆、领事馆和国际组织驻华机构及其外交人员自用车辆免税。

(2) 中国人民解放军和中国人民武装警察部队列入军队武器装备订货计划的车辆免税。

(3) 设有固定装置的非运输车辆免税。

(4) 防汛部门和森林消防等部门购置的由指定厂家生产的指定型号的用于指挥、检查、调度、报汛(警)、联络的专用车辆。

(5) 回国服务的留学人员用现汇购买1辆个人自用国产小汽车。

(6) 长期来华定居专家进口1辆自用小汽车。

(7) 自2004年10月1日起，对三轮农用运输车免征车辆购置税。

(8) 有国务院规定予以免税或者减税的其他情形的，按照规定免税或者减税。

五、应纳税额的计算

车辆购置税实行从价定率的办法计算应纳税额，应纳税额的计算公式为：

应纳税额＝计税价格×税率

应税车辆购置来源、应税行为发生以及计税价格组成的不同，车辆购置税应纳税额的计算方法也有所区别。

(一) 购买自用应税车辆应纳税额的计算

纳税人购买自用的应税车辆，其计税价格由纳税人支付给销售者的全部价款(不包括增值税税款)和价外费用组成。

在车辆购置税应纳税额的计算过程中，需要注意以下费用的计税规定：

(1) 购买者随购买车辆支付的工具件和零部件价款应作为购车价款的一部分,并入计税价格中征收车辆购置税。

(2) 支付的车辆装饰费,应作价外费用并入计税价格中计税。

(3) 代收款项应区别征税。凡使用代收单位(受托方)票据收取的款项,应视作代收单位价外收费,购买者支付的价费款,应并入计税价格中一并征税;凡使用委托方票据收取,受托方只履行代收义务和收取代收手续费的款项,应按其他税收政策规定征税。

(4) 销售单位开给购买者的各种发票金额中包含增值税税款,计算应纳车辆购置税时,应换算为不含增值税税额的计税价格。

(5) 支付的控购费,是政府部门的行政性收费,不属于销售者的价外费用范围,不应并入计税价格计税。

(6) 销售单位开展优质销售活动所开票收取的有关费用,应属于经营性收入,企业在代理过程中按规定支付给有关部门的费用,企业已作经营性支出列支核算,其收取的各项费用并在一张发票上难以划分的,应作为价外收入计算征税。

【例 6-6】 2014年 1 月 8 日,李某从某汽车有限公司购买一辆轿车自用,支付含增值税车价款208 000元,另支付代收临时牌照费 650 元,代收保险费 850 元,支付购买工具件和零配件价款3 050元,车辆装饰费1 250元。支付的各项价费款均由该汽车有限公司开具"机动车销售统一发票"和有关票据。根据上述资料,计算李某应纳的车辆购置税额。

计税价格=(208 000+650+850+3 050+1 250)÷(1+17%)=182 735.04(元)

应纳税额=182 735.04×10%=18 273.5(元)

(二) 进口自用应税车辆应纳税额的计算

纳税人进口自用的应税车辆以组成计税价格为计税依据。计税价格的计算公式为:

计税价格=关税完税价格+关税+消费税

【例 6-7】 某汽车贸易公司2014年 6 月份从国外进口 10 辆奔驰公司生产某型号小轿车。该公司报关进口这批小轿车时,经报关地口岸海关对有关报关资料的审查,确定关税计税价格为每辆232 000元人民币,海关按关税政策规定每辆课征关税255 200元,并按消费税、增值税有关规定每辆分别代征进口消费税66 436.36元,增值税94 118.18元。由于业务工作的需要,该公司将其中 1 辆轿车用于本单位使用。根据上述资料,计算该公司应纳的车辆购置税额。

组成计税价格=关税完税价格+关税+消费税

=232 000+255 200+66 436.36=553 636.36(元)

应纳税额=自用数量×组成计税价格×税率

=1×553 636.36×10%=55 363.64(元)

（三）其他自用应税车辆应纳税额的计算

纳税人自产自用、受赠使用、获奖使用和以其他方式取得并自用应税车辆的，凡不能取得该型车辆的购置价格，或者低于最低计税价格的，以国家税务总局核定的最低计税价格为计税依据计算征收车辆购置税。

【例6-8】 某汽车制造厂将自产的一辆某型号客车用于本厂后勤生活服务使用，该厂在办理车辆上牌落籍前，出具该车的发票注明金额为128 000元，并按此金额向主管税务机关申报纳税。经审核，国家税务总局对该车同类型车辆核定的最低计税价格为135 000元。根据上述资料，计算该车辆应纳的车辆购置税额。

应纳税额＝135 000×10％＝13 500(元)

（四）特殊情形下自用应税车辆应纳税额的计算

1．减税、免税条件消失车辆应纳税额的计算

对减税、免税条件消失的车辆，纳税人应按现行规定，在办理车辆过户手续前或者办理变更车辆登记注册手续前向主管税务机关缴纳车辆购置税。

应纳税额＝同类型新车最低计税价格×[1－(已使用年限÷规定使用年限)]×100％×税率

2．未按规定缴税车辆应补税额的计算

纳税人未按规定缴税的，应按现行政策规定的计税价格，区分情况，分别确定征税。不能提供购车发票和有关购车证明资料的，检查地税务机关应按同类型应税车辆的最低计税价格征税；如果纳税人回落籍地后提供的购车发票金额与支付的价外费用之和高于核定的最低计税价格的，落籍地主管税务机关还应对其差额计算补税。

应纳税额＝最低计税价格×税率

六、征收管理

（一）纳税申报

车辆购置税实行一车一申报制度。纳税人在办理纳税申报时应如实填写《车辆购置税纳税申报表》，同时提供车主身份证明、车辆价格证明、车辆合格证明以及税务机关要求提供的其他资料的原件和复印件，原件经车购办审核后退还纳税人，复印件和《机动车销售统一发票》的报税联由车购办留存。

（二）纳税环节

车辆购置税是对应税车辆的购置行为课征，征税环节选择在使用环节(即最终消费环节)。具体而言，纳税人应当在向公安机关等车辆管理机构办理车辆登记注册手续前，缴纳车辆购置税。即车辆购置税是在应税车辆上牌登记注册前的使用环节征收。

车辆购置税选择单一环节，实行一次课征制度，购置已征车辆购置税的车辆，不再征

收车辆购置税。但减税、免税条件消失的车辆,即减税、免税车辆因转让、改制后改变了原减、免税的前提条件,就不再属于免税、减税范围,应按规定缴纳车辆购置税。

(三)纳税地点

纳税人购置应税车辆,应当向车辆登记注册地的主管税务机关申报纳税;购置不需办理车辆登记注册手续的应税车辆,应当向纳税人所在地的主管税务机关申报纳税。车辆登记注册地是指车辆的上牌落籍地或落户地。

(四)纳税期限

纳税人购买自用的应税车辆,自购买之日起60日内申报纳税;进口自用的应税车辆,应当自进口之日起60日内申报纳税;自产、受赠、获奖和以其他方式取得并自用应税车辆的,应当自取得之日起60日内申报纳税。

(五)退税制度

纳税人已经缴纳车辆购置税但在办理车辆登记注册手续前,因下列原因需要办理退还车辆购置税的,由纳税人申请,征收机构审查后办理退还车辆购置税手续。

(1)公安机关车辆管理机构不予办理车辆登记注册手续的,凭公安机关车辆管理机构出具的证明办理退税手续。

(2)因质量等原因发生退回所购车辆的,凭经销商的退货证明办理退税手续。

第四节 印花税

一、印花税的概述

(一)印花税的概念

印花税是对经济活动和经济交往中书立、领受、使用的应税经济凭证所征收的一种税。印花税适用于中国境内,并在中国境内具备法律效力的应税凭证,无论在中国境内或者境外书立,均应依照印花税的规定贴花。

印花税是世界各国普遍征收的一个税种。它的历史悠久,最早始于1624年的荷兰。中国北洋军阀政府曾于1913年首次开征印花税。新中国成立后,中央人民政府政务院于1950年1月发布《全国税政实施要则》,规定印花税为全国统一开征的税种之一,1958年简化税制时,将印花税并入工商统一税,印花税不再单独征收。1988年8月,国务院公布了《中华人民共和国印花税暂行条例》(以下简称《印花税暂行条例》),并于同年10月1日起恢复征收印花税。

(二)印花税的特点

印花税与其他税种相比,有自己的特点:

(1)兼有凭证税和行为税性质。一方面,印花税是对单位和个人书立、领受的应税凭证征收的一种税，具有凭证税性质。另一方面，任何一种应税经济凭证反映的都是某种特定的经济行为，因此，对凭证征税，实质上是对经济行为的课税。

(2) 税率低、税负轻。印花税与其他税种相比较，税率要低得多，税负较轻，具有广集资金、积少成多的财政效应。

(3) 由纳税人自行完成纳税义务。纳税人通过自行计算、购买并粘贴印花税票的方法完成纳税义务并在印花税票和凭证的骑缝处自行盖戳注销或划销。这也与其他税种的缴纳方法有较大区别。

二、纳税人

凡在我国境内书立、领受、使用属于征税范围内所列凭证的单位和个人，都是印花税的纳税义务人。包括各类企业、事业、机关、团体、部队，以及中外合资经营企业、合作经营企业、外资企业、外国公司和其他经济组织及其在华机构等单位和个人。

1. 立合同人

书立各类经济合同的，以立合同人为纳税人。所谓立合同人，是指合同的当事人。当事人在两方或两方以上的，各方均为纳税人。

2. 立账簿人

建立营业账簿的，以立账簿人为纳税人。

3. 立据人

订立各种财产转移书据的，以立据人为纳税人。如立据人未贴印花或少贴印花，书据的持有人应负责补贴印花。所立书据以合同方式签订的，应由持有书据的各方分别按全额贴花。

4. 领受人

领取权利许可证照的，以领受人为纳税人。

对于同一凭证，如果由两方或者两方以上当事人签订并各执一份的，各方均为纳税人，应当由各方就所持凭证的各自金额贴花。所谓当事人，是指对凭证有直接权利义务关系的单位和个人，不包括保人、证人、鉴定人。如果应税凭证是由当事人的代理人代为书立的，则由代理人代为承担纳税义务。

5. 使用人

指在国外书立或领受，在国内使用应税凭证的单位和个人。

三、征税范围

我国经济活动中发生的经济凭证种类繁多，数量巨大，现行印花税只对《印花税暂行条例》列举的凭证征收，没有列举的凭证不征税。列举的凭证分为五类，即经济合同、产权转移书据、营业账簿、权利、许可证照和经财政部门确认的其他凭证。具体征税范围如下。

（一）经济合同

合同是指当事人之间为实现一定目的，经协商一致，明确当事人各方权利、义务关系的协议。以经济业务活动作为内容的合同，通常称为经济合同。印花税税目中的合同比照我国原《经济合同法》对经济合同的分类，在税目税率表中列举了10大类合同。

1. 购销合同

购销合同包括供应、预购、采购、购销结合及协作、调剂、补偿、易货等合同；还包括各出版单位与发行单位（不包括订阅单位和个人）之间订立的图书、报刊、音像征订凭证。

对纳税人以电子形式签订的各类应税凭证按规定征收印花税。

2. 加工承揽合同

加工承揽合同包括加工、定做、修缮、修理、印刷、广告、测绘、测试等合同。

3. 建设工程勘察设计合同

建设工程勘察设计合同包括勘察、设计合同的总包合同、分包合同和转包合同。

4. 建筑安装工程承包合同

建筑安装工程承包合同包括建筑、安装工程承包合同的总包合同、分包合同和转包合同。

5. 财产租赁合同

财产租赁合同包括租赁房屋、船舶、飞机、机动车辆、机械、器具、设备等合同；还包括企业、个人出租门店、柜台等所签订的合同，但不包括企业与主管部门签订的租赁承包合同。

6. 货物运输合同

货物运输合同包括民用航空运输、铁路运输、海上运输、内河运输、公路运输和联运合同。

7. 仓储保管合同

仓储保管合同包括仓储、保管合同或作为合同使用的仓单、入库单。对某些使用不规范的凭证不便计税的，可就其结算单据作为计税贴花的凭证。

8. 借款合同

借款合同包括银行及其他金融组织和借款人（不包括银行同业拆借）所签订的借款合同。

9. 财产保险合同

财产保险合同包括财产、责任、保证、信用等保险合同。

10. 技术合同

技术合同包括技术开发、转让、咨询、服务等合同。

技术转让合同包括专利申请转让、非专利技术转让所书立的合同，但不包括专利权转让、专利实施许可所书立的合同。后者适用于“产权转移书据”合同。

技术咨询合同是合同当事人就有关项目的分析、论证、评价、预测和调查订立的技术合同,而一般的法律、会计、审计等方面的咨询不属于技术咨询,其所立合同不贴印花。

技术服务合同的征税范围包括技术服务合同、技术培训合同和技术中介合同。

此外,在确定应税经济合同的范围时,特别需要注意以下三个问题:

(1) 具有合同性质的凭证应视同合同征税。所谓具有合同性质的凭证,是指具有合同效力的协议、契约、合约、单据、确认书及其他各种名称的凭证。

(2) 未按期兑现合同亦应贴花。不论合同是否兑现或能否按期兑现,都应当缴纳印花税。

(3) 同时书立合同和开立单据的贴花方法。办理一项业务(如货物运输、仓储保管、财产保险、银行借款等),如果既书立合同,又开立单据,只就合同贴花;凡不书立合同,只开立单据,以单据作为合同适用的,其使用的单据应按规定贴花。

(二) 产权转移书据

产权转移即财产权利关系的变更行为,表现为产权主体发生变更。产权转移书据是在产权的买卖、交换、继承、赠与、分割等产权主体变更过程中,由产权出让人与受让人之间所订立的民事法律文书。

我国印花税税目中的产权转移书据包括财产所有权、版权、商标专用权、专利权、专有技术使用权共5项产权的转移书据。其中,财产所有权转移书据,是指经政府管理机关登记注册的不动产、动产的所有权转移所书立的书据,包括股份制企业向社会公开发行的股票,因购买、继承、赠与所书立的产权转移书据。其他4项则属于无形资产的产权转移书据。

另外,土地使用权出让合同、土地使用权转让合同、商品房销售合同按照产权转移书据征收印花税。

(三) 营业账簿

印花税税目中的营业账簿归属于财务会计账簿,是按照财务会计制度的要求设置的,反映生产经营活动的账册。按照营业账簿反映的内容不同,在税目中分为记载资金的账簿(简称资金账簿)和其他营业账簿两类,以便于分别采用按金额计税和按件计税两种计税方法。

(1) 资金账簿是反映生产经营单位"实收资本"和"资本公积"金额增减变化的账簿。

(2) 其他营业账簿是反映除资金资产以外的其他生产经营活动内容的账簿,即除资金账簿以外的,归属于财务会计体系的生产经营用账册。包括日记账簿和各明细分类账簿。

(四) 权利、许可证照

权利、许可证照是政府授予单位、个人某种法定权利和准予从事特定经济活动的各种证照的统称。包括政府部门发给的房屋产权证、工商营业执照、商标注册证、专利证、土地使用证等。

(五) 经财政部门确定征税的其他凭证

四、税率

现行印花税采用比例税率和定额税率两种税率。

(一) 比例税率

印花税的比例税率分为4档,即:1‰、0.5‰、0.3‰、0.05‰。按比例税率征收的应税项目包括:各种合同及具有合同性质的凭证、记载资金的账簿和产权转移书据等。具体规定是:

(1) 财产租赁合同、仓储保管合同、财产保险合同的税率为1‰。

(2) 加工承揽合同、建设工程勘察设计合同、货物运输合同、产权转移书据、营业账簿中记载资金的账簿,其税率为0.5‰。

(3) 购销合同、建筑安装工程承包合同、技术合同的规定税率为0.3‰。对这类合同规定较低税率主要考虑的是:企业购销量大,从购到销要签两次合同;为照顾企业的实际承受能力,并鼓励企业进行技术开发、转让和服务,宜于规定较低税率。

(4) 借款合同的税率为0.05‰。因为借款合同的税基较大,从平衡各类合同的税负考虑,需要从低设计税率。

2008年4月23日,财政部宣布证券交易印花税税率从4月24日起由3‰下调至1‰。2008年9月19日起证券交易印花税实行单项收取。

(二) 定额税率

适用定额税率的是权利许可证照和营业账簿中的其他账簿,采取按件规定固定税额,单位税额均为每件5元。对其他营业账簿、权利许可证照,单位税额均为每件5元。由于这类凭证没有金额记载,规定按件定额征税,可以方便征纳,简化手续。

在确定适用税率时,如果一份合同载有一个或几个经济事项,可以同时适用一个或几个税率分别计算贴花。但属于同一笔金额或几个经济事项金额未分开的,应按其中的较高税率计算纳税,而不是分别按多种税率贴花。这样规定主要是为了避免以低税率凭证代替高税率凭证纳税,从而逃避纳税义务。

五、计税依据

印花税根据不同征税项目,分别实行从价计征和从量计征两种征收方法。

(一) 从价计税

(1) 各类经济合同,以合同上所记载的金额、收入或费用为计税依据。

第一,购销合同的计税依据为购销金额,不得作任何扣除,特别是调剂合同和易货合同,均应包括调剂、易货的全额。

第二,加工承揽合同的计税依据是加工或承揽收入的金额。

对于由受托方提供原材料的加工、定做合同,凡在合同中分别记载加工费金额和原材料金额的,应分别按"加工承揽合同"、"购销合同"计税,两项税额相加数,即为合同应贴印花;若合同中未分别记载,则应就全部金额依照加工承揽合同计税贴花。

对于由委托方提供主要材料或原料,受托方只提供辅助材料的加工合同,无论加工费和辅助材料金额是否分别记载,均以辅助材料与加工费的合计数,依照加工承揽合同计税贴花。对委托方提供的主要材料或原料金额不计税贴花。

第三,建设工程勘察设计合同的计税依据为勘察、设计收取的费用(即勘察、设计收入)。

第四,建筑安装工程承包合同的计税依据为承包金额,不得剔除任何费用。如果施工单位将自己承包的建设项目再分包或转包给其他施工单位,其所签订的分包或转包合同,仍应按所载金额另行贴花。

第五,财产租赁合同的计税依据为租金收入。

第六,货物运输合同的计税依据为取得的运输费金额(即运费收入),不包括所运货物的金额、装卸费和保险费等。

对国内各种形式的货物联运,凡在起运地统一结算全程运费的应以全程运费为计税依据,由起运地运费结算双方缴纳印花税;凡分程结算运费的,应以分程的运费作为计税依据,分别由办理运费结算的各方缴纳印花税。

对国际货运,凡由我国运输企业运输的,运输企业所持的运费结算凭证,以本程运费为计税依据计算应纳税额;托运方所持的运费结算凭证,以全程运费为计税依据计算应纳税额。由外国运输企业运输进出口货物的,运输企业所持的运费结算凭证免纳印花税,托运方所持的运费结算凭证,应以运费金额为计税依据缴纳印花税。

第七,仓储保管合同的计税依据为仓储保管的费用(即保管费收入)。

第八,借款合同的计税依据为借款金额。

第九,财产保险合同的计税依据为支付(收取)的保险费金额,不包括所保财产的金额。

第十,技术合同的计税依据为合同所载的价款、报酬或使用费。为了鼓励技术研究开发,对技术开发合同,只就合同所载的报酬金额计税,研究开发经费不作为计税依据。单对合同约定按研究开发经费一定比例作为报酬的,应按一定比例的报酬金额贴花。

(2) 产权转移书据以书据中所载的金额为计税依据。

(3) 记载资金的营业账簿,以实收资本和资本公积的两项合计金额为计税依据。

对跨地区经营的分支机构的营业账簿在计税贴花时,为了避免对同一资金重复计税,规定上级单位记载资金的账簿,应按扣除拨给下属机构资金数额后的其余部分计算贴花。

企业执行《两则》启用新账簿后,其实收资本和资本公积两项的合计金额大于原已贴花资金的,就增加的部分补贴印花。凡“资金账簿”在次年度的实收资本和资本公积未增加的,对其不再计算贴花。

(4) 在确定合同计税依据时应当注意的一个问题是,有些合同在签订时无法确定计税金额,如技术转让合同中的转让收入,是按销售收入的一定比例收取或是按实现利润分成;财产租赁合同只是规定了月(天)租金标准而无期限。对于这类合同,可在签订时先按定额 5 元贴花,以后结算时再按实际金额计税,补贴印花。

(二) 从量计税情况下计税依据的确定

实行从量计税的其他营业账簿和权利、许可证照,以计税数量为计税依据。

六、减免税优惠

根据《印花税暂行条例》及其实施细则和其他有关税法的规定,下列凭证免纳印花税:

(1) 已缴纳印花税的凭证副本或抄本。由于这种副本或抄本属于备查性质,不是正式文本,对外不发生法律效力,所以对其不应再征收印花税。但副本或者抄本作为正本使用的,应另行贴花。

(2) 财产所有人将财产赠给政府、社会福利单位、学校所立的书据。其中,社会福利单位是指扶养孤老伤残的社会福利单位。

(3) 国家指定的收购部门与村民委员会、农民个人书立的农业产品收购合同。

(4) 无息、贴息贷款合同。

(5) 外国政府或国际金融组织向我国政府及国家金融机构提供优惠贷款所书立的合同。

(6) 房地产管理部门与个人订立的租房合同,凡房屋用于生活居住的,暂免贴花。

(7) 军事货物运输、抢险救灾物资运输,以及新建铁路临管线运输等的特殊货运凭证。

(8) 对国家邮政局及所属各级邮政企业,从 1999 年 1 月 1 日起独立运营新设立的资金账簿,凡属在邮电管理局分营前已贴花的资金免征印花税,1999 年 1 月 1 日以后增加的资金按规定贴花。

(9) 自 2004 年 7 月 1 日起,对经国务院和省级人民政府决定或批准进行的国有(含国有控股)企业改组改制而发生的上市公司国有股权无偿转让行为,暂不征收证券(股票)交易印花税。对不属于上述情况的上市公司国有股权无偿转让行为,仍应收证券(股票)交易印花税。

(10) 企业改制前签订但尚未履行完的各类应税合同,改制后需要变更执行主体的,对仅改变执行主体,其余条款未作变动且改制前已贴花的,不再贴花。

(11) 企业因改制签订的产权转移书据免予贴花。

（12）对投资者（包括个人和机构）买卖封闭式证券投资基金免征印花税。

（13）对廉租住房、经济适用住房经营管理单位与廉租住房、经济适用住房相关的印花税以及廉租住房承租人、经济适用住房购买人涉及的印花税予以免征。

七、应纳税额的计算方法

按比例税率计算应纳税额的方法：

应纳税额＝计税金额×适用税率

按定额税率计算应纳税额的方法：

应纳税额＝凭证数量×单位税额

计算印花税应纳税额应当注意的问题：

（1）按金额比例贴花的应税凭证，未标明金额的，应按照凭证所载数量及市场价格计算金额，依适用税率贴足印花。

（2）应税凭证所载金额为外国货币的，按凭证书立当日国家外汇管理局公布的外汇牌价折合人民币，计算应纳税额。

（3）同一凭证由两方或者两方以上当事人签订并各执一份的，应当由各方所执的一份全额贴花。

（4）同一凭证因载有两个或两个以上经济事项而适用不同税率，分别载有金额的，应分别计算应纳税额，相加后按合计税额贴花；未分别记载金额的，按税率高的计税贴花。

（5）已贴花的凭证，修改后所载金额增加的，其增加部分应当补贴印花税票。

（6）按比例税率计算纳税而应纳税额又不足1角的，免纳印花税；应纳税额在1角以上的，其税额尾数不满5分的不计，满5分的按1角计算贴花。对财产租赁合同的应纳税额超过1角但不足1元的，按1元贴花。

【例6-9】 某企业2010年5月开业，领受房产权证、工商营业执照、土地使用证各一件，与其他企业订立转移专用技术使用权书据一件，所载金额80万元；订立产品购销合同两件，所载金额为150万元；订立借款合同一份，所载金额为40万元。此外，企业的营业账簿中，“实收资本”科目载有资金600万元，其他营业账簿20本。试计算该企业2010年5月份应纳印花税额。

（1）企业领受权利、许可证照应纳税额：

应纳税额＝3×5＝15（元）

（2）企业订立产权转移书据应纳税额：

应纳税额＝800 000×0.5‰＝400（元）

(3) 企业订立购销合同应纳税额：

$$应纳税额=1\ 500\ 000\times 0.3‰=450(元)$$

(4) 企业订立借款合同应纳税额：

$$应纳税额=400\ 000\times 0.05‰=20(元)$$

(5) 企业营业账簿中"实收资本"所载资金：

$$应纳税额=6\ 000\ 000\times 0.5‰=3\ 000(元)$$

(6) 企业其他营业账册应纳税额：

$$应纳税额=20\times 5=100(元)$$

(7) 5月份企业应纳印花税税额：

$$应纳税额=15+400+450+20+3\ 000+100=3\ 985(元)$$

八、印花税的缴纳方法

印花税的纳税方法较其他税种不同，是由纳税人根据税法规定，自行计算应纳税额，自行购买印花税票，自行贴花和划销，自行完成纳税义务。同时，对特殊情形采取特定的纳税贴花方法。

(一) 一般纳税方法

印花税通常由纳税人根据规定自行计算应纳税额，购买并一次贴足印花税票，完纳税款。纳税人向税务机关或指定的代售单位购买印花税票，就税务机关来说，印花税票一经售出，国家即取得印花税收入。但就纳税人来说，购买了印花税票，不等于履行了纳税义务。因此，纳税人将印花税票粘贴在应税凭证后，应即行注销，注销标记应与骑缝处相交。所谓骑缝处，是指粘贴的印花税票与凭证之间的交接处。

对国家政策性银行记载资金的账簿，一次贴花数额较大、难以承担的经当地税务机关核准，可在3年内分次贴足印花。

(二) 简化纳税方法

为简化贴花手续，对那些应纳税额较大或者贴花次数频繁的，税法规定了以下三种简化的缴纳方法。

1. 以缴款书或完税证代替贴花的方法

某些应税凭证，如资金账簿、大宗货物的购销合同、建筑工程承包合同等，如果一份凭证的应纳税额数量较大，超过500元，贴用印花税票不方便的，可向当地税务机关申请填写缴款书或者完税证，将其中一联粘贴在凭证上或者由税务机关在凭证上加注完税标记，代替贴花。

2. 按期汇总缴纳印花税的方法

同一种类应纳税凭证若需要频繁贴花的，纳税人可向当地税务机关申请按期汇总缴纳印花税。经税务机关核准发给许可证后，按税务机关确定的限期（最长不超过 1 个月）汇总计算纳税。应纳税凭证在加注税务机关指定的汇缴戳记、编号，并装订成册后，纳税人应将缴款书的一联黏附册后，盖章注销，保存备查。

3. 代扣税款汇总缴纳的方法

税务机关为了加强源泉控制管理，可以委托某些代理填开应税凭证的单位（如代办运输、联运的单位）对凭证的当事人应纳的印花税予以代扣，并按期汇总缴纳。

（三）纳税贴花的其他具体规定

纳税人贴花时，必须遵照以下规定办理纳税事宜：

（1）在应纳税凭证书立或领受时即行贴花完税，不得延至凭证生效日期贴花。

（2）印花税票应粘贴在应纳税凭证上，并由纳税人在每枚税票的骑缝处盖戳注销或划销，严禁揭下重用。

（3）已经贴花的凭证，凡修改后所载金额增加的部分，应补贴印花。

（4）对已贴花的各类应纳税凭证，纳税人须按规定期限保管，不得私自销毁，以备纳税检查。

（5）凡多贴印花税票者，不得申请退税或者抵扣。

（6）纳税人对凭证不能确定是否应当纳税的，应及时携带凭证，到当地税务机关鉴别。

（7）纳税人同税务机关对凭证的性质发生争议的，应检附该凭证报请上一级税务机关核定。

九、违章处理

自 2004 年 1 月 29 日起，印花税纳税人有下列行为之一的，由税务机关根据情节轻重予以处罚：

（1）在应纳税凭证上未贴或者少贴印花税票的或者已粘贴在应税凭证上的印花税票未注销或者未划销的，由税务机关追缴其不缴或者少缴的税款、滞纳金，并处不缴或者少缴的税款 50%以上 5 倍以下的罚款。

（2）已贴用的印花税票揭下重用造成未缴或少缴印花税的，由税务机关追缴其不缴或者少缴的税款、滞纳金，并处不缴或者少缴的税款 50%以上 5 倍以下的罚款；构成犯罪的，依法追究刑事责任。

（3）伪造印花税票的，由税务机关责令改正，处以 2 000 元以上 1 万元以下的罚款；情节严重的，处以 1 万元以上 5 万元以下的罚款；构成犯罪的，依法追究刑事责任。

（4）按期汇总缴纳印花税的纳税人，超过税务机关核定的纳税期限，未缴或少缴印花税款的，由税务机关追缴其不缴或者少缴的税款、滞纳金，并处不缴或者少缴的税款50%以上5倍以下的罚款；情节严重的，同时撤销其汇缴许可证；构成犯罪的，依法追究刑事责任。

(5) 纳税人违反以下规定的，由税务机关责令限期改正，可处以2 000元以下的罚款；情节严重的，处以2 000元以上1万元以下的罚款：

其一，凡汇总缴纳印花税的凭证，应加注税务机关指定的汇缴戳记，编号并装订成册后，将已贴印花或者缴款书的一联黏附册后，盖章注销，保存备查。

其二，纳税人对纳税凭证应妥善保存。凭证的保存期限，凡国家已有明确规定的按规定办；没有明确规定的其余凭证，均应在履行完毕后保存1年。

十、纳税环节和纳税地点

(一) 纳税环节

印花税应当在书立或领受时贴花。具体是指，在合同签订时、账簿启用时和证照领受时贴花。如果合同是在国外签订，并且不便在国外贴花的，应在将合同带入境时办理贴花纳税手续。

(二) 纳税地点

印花税一般实行就地纳税。对于全国性商品物资订货会(包括展销会、交易会等)上所签订合同应纳的印花税，由纳税人回其所在地后及时办理贴花完税手续；对地方主办、不涉及省际关系的订货会、展销会上所签合同的印花税其纳税地点由各省、自治区、直辖市人民政府自行确定。

复习思考题

一、简述题

1. 简述城市维护建设税计税依据的具体规定。
2. 简述车辆购置税应包括的应税行为。
3. 简述印花税的征收管理。

二、计算题

1. 坐落在市区的某日化厂为增值税一般纳税人，2014年6月进口一批香水精，出口地离岸价格85万元，境外运费及保险费共计5万元，海关于6月15日开具了完税凭证，日化厂缴纳进口环节税金后海关放行；日化厂将进口的香水精的80%用于生产高级化妆品。本月从国内购进材料取得增值税专用发票，注明价款120万元、增值税20.4万元，销售高级化妆品取得不含税销售额 500 万元(本月取得的增值税抵扣凭证在本月认证并抵扣,关税税率为 50%)。

要求:计算该企业本月上述业务应纳的各项税金及教育费附加。

2. 某汽车制造厂(一般纳税人)2014年 6 月经营情况如下:

(1) 购进业务:购进生产用原材料取得增值税专用发票上注明的增值税为3 623 800元;购进纪念品一批发给职工作为"十一"的节日礼物,取得增值税专用发票上注明的增值税为8 900元,从小规模纳税人购进低值易耗品一批,普通发票上注明的价款为7 890元,货物均已验收入库。

(2) 销售业务:销售自产轿车 58 辆,销售自产载重汽车 56 辆。

(3) 其他业务:将自产的轿车 40 辆向某汽车租赁公司进行投资,双方协议投资作价120 000元/辆;将自产轿车 3 辆作为本企业固定资产;将自产的轿车 4 辆作为专车配给对企业发展有突出贡献的专家。

该企业生产的上述轿车不含税售价为180 000/辆,国家税务总局对同类型轿车核定的最低计税价格为180 000元;载重汽车不含税售价为58 000元/辆,轿车消费税税率为8%,成本利润率为 8%。

要求:计算该企业本月上述业务应纳的增值税、消费税及车辆购置税。

下篇　税 法 Ⅱ

第七章 企业所得税

企业所得税是对中国境内企业取得的生产、经营所得和其他所得征收的一种税。企业所得税是规范和处理国家与企业分配关系的重要形式。

现行企业所得税法的基本规范，是2007年3月16日第十届全国人民代表大会第五次全体会议通过的《中华人民共和国企业所得税法》和2007年11月28日国务院第197次常务会议通过的《中华人民共和国企业所得税法实施条例》。

第一节 企业所得税概述

在中国现行税制中，企业所得税是仅次于增值税的第二大税种。企业所得税在国外被称为"公司税"、"公司所得税"、"法人税"或"法人所得税"。对于公司组织所得课征税收，起源于英国早期商业活动时期。英国自1909年起即开始征收公司所得税，是最早实行公司税制的国家，此后其他国家也相继开征。目前，世界上有160多个国家和地区开征了企业所得税。在现代税收理论中，所得税具有普遍征收、有利于公平和富有弹性等特性，而征收企业所得税的重要理由，更是基于其公平与合理性。

一、中国企业所得税制的历史沿革

新中国成立后，中国政府非常重视企业所得税制度的建立和完善。1949年首届全国税务会议，通过了包括对企业所得征税办法在内的统一全国税收政策的基本方案。1950年，政务院发布了《全国税政实施要则》，规定在全国开征工商业税（所得税部分），其主要征税对象是私营企业、集体企业和个体工商户的应税所得，国有企业因由政府有关部门直接参与经营管理，所以其上缴国家财政以利润上缴为主。1958年和1973年中国进行了两次重大的税制改革，其核心是简化税制，其中工商业税（所得税部分）主要还是对集体企业征收，国营企业只征一道工商税，不征所得税。

改革开放后，中国的企业所得税制度建设进入了一个新的发展时期。为适应改革开放、吸引外资新的形势要求，1980年9月和1981年12月，全国人民代表大会分别通过了《中华人民共和国中外合资经营企业所得税法》和《中华人民共和国外国企业所得税法》，对中外合资经营企业、外国企业开征了企业所得税。同时，作为企业改革和城市改革的一项重大措施，国务院决定在全国试行国营企业“利改税”。1984年9月，国务院发布了《中华人民共和国国营企业所得税条例(草案)》和《国营企业调节税征收办法》；1985年4月，国务院发布了《中华人民共和国集体企业所得税暂行条例》；1988年6月，国务院发布了《中华人民共和国私营企业所得税暂行条例》，分别对国营企业、集体企业和私营企业开征了企业所得税。

为适应中国建立社会主义市场经济体制的新形势，进一步扩大改革开放，努力把国有企业推向市场，按照统一税法、简化税制、公平税负、促进竞争的原则，国家先后完成了外资企业所得税的统一和内资企业所得税的统一。1991年4月，全国人民代表大会将《中华人民共和国中外合资经营企业所得税法》与《中华人民共和国外国企业所得税法》合并，制定了《中华人民共和国外商投资企业和外国企业所得税法》，并于同年7月1日起施行。1993年12月13日，国务院将《中华人民共和国国营企业所得税条例(草案)》、《国营企业调节税征收办法》、《中华人民共和国集体企业所得税暂行条例》和《中华人民共和国私营企业所得税暂行条例》进行整合，制定了《中华人民共和国企业所得税暂行条例》，自1994年1月1日起施行。通过不断改革，中国形成了一套内资企业适用《中华人民共和国企业所得税暂行条例》、外资企业适用《中华人民共和国外商投资企业和外国企业所得税法》的企业所得税制度。

但是，原内资、外资企业所得税制度在执行中也暴露出一些问题，已经不能适应新的形势要求：一是原内资、外资企业所得税税收政策差异较大，造成企业之间税负不平、苦乐不均。原税法在税收优惠、税前扣除等政策上，存在对外资企业偏松、内资企业偏紧的问题，企业要求统一税收待遇、公平竞争的呼声较高。二是原企业所得税优惠政策存在较大漏洞，扭曲了企业经营行为，造成国家税款的流失。比如，一些内资企业采取将资金转到境外再投资境内的“返程投资”方式，就是为了能够享受外资企业的所得税优惠。三是原内资税法、外资税法实施10多年来，中国经济社会情况和国际经济融合等都发生了很大变化，需要针对新情况及时完善制度和修订法律条款。

随着中国社会主义市场经济体制的建立和完善，中国企业制度改革和社会经济发展呈现新的特点，特别是中国加入世界贸易组织后，对外资企业的市场准入限制逐步取消，内资企业面临越来越大的竞争压力，继续对内、外资企业分别适用的所得税法，必将使内资企业处于不平等的竞争地位，影响统一、规范、公平竞争的市场环境的建立，进而影响到国民经济的健康运行。因此，改革原企业所得税制，统一内外资企业所得税，有利于促进中国经济结构优化和产业升级，有利于为各类企业创造一个公平竞争的税收法制环境，是适应中国社会主义市场经济发展新阶段的一项制度创新，是中国经济制度走向成熟、规范的标志性工作之一。

改革后的新企业所得税制度，参照国际通行做法，体现了以下“四个统一”：统一税法并适用于所有内、外资企业；统一并适当降低企业所得税税率；统一和规范税前扣除办法和标准；统一税收优惠政策，实行“产业优惠为主、区域优惠为辅”的新税收优惠体系。

二、企业所得税的特点

企业所得税是处理国家和企业分配关系的重要形式，作为中国税制体系的第二大主体税种，企业所得税不仅具有其他各税的共同特征——强制性、无偿性和固定性，而且还具有不同于其他税种的特点，主要体现在以下几方面。

（一）以应纳税所得额为计税依据

企业所得税的计税依据是纳税人的收入总额扣除各项成本、费用、税金、损失等支出后的净所得额，它既不等于企业实现的会计利润额，也不是企业的增值额，更非销售额或营业额。因此，企业所得税是一种不同于商品劳务税的税种。

（二）应纳税所得额的计算程序复杂

企业所得税的计税依据是应纳税所得额，而应纳税所得额与企业会计账面利润是两个不同的概念，两者既有联系又有区别。应纳税所得额是在企业按照财务会计制度规定进行核算得出的利润的基础上，根据税法的规定加减某些项目，并作相应的调整后得出的。为此，应纳税所得额的计算要涉及一定时期的成本、费用的归集与分摊，并且为了对纳税人的不同所得项目实行区别对待，需要通过不予计列项目，将某些收入所得排除在应税所得之外，或对某些项目的支出给予一定限制，从而使得应纳税所得额的计算程序较为复杂。这与商品劳务税一般是直接依据销售收入或营业额计算征税，没有那么复杂的计算程序，是不同的。

（三）以量能负担为征税原则

企业所得税以纳税人的生产、经营所得和其他所得为计税依据，贯彻量能负担的原则，即所得多的多征、所得少的少征、无所得的不征。也就是说，按照纳税人负担能力的大小和有无所得确定所得税的税收负担。有所得也就是有负担能力的才征税；无所得也就是没有负担能力的，则不征税。而在有所得、有负担能力的纳税人中，所得多、负担能力强的，多征税；所得少、负担能力小的，少征税。这种将所得税负担和纳税人所得多少联系起来征税的办法，便于体现税收公平的基本原则。

（四）一般实行按年计征，分期预缴，年终汇算清缴的征收管理办法

会计利润是应纳税所得额的基础，而利润是企业一定时期生产、经营成果的最终反映，通过利润来综合反映企业的经营业绩，一般是按年度计算和衡量的。因此，企业所得税也一般以全年的应纳税所得额为计税依据，分月或分季预缴，年终汇算清缴。对生产、经营时间不足一年的企业，须将生产、经营期间的所得额换算成一年的所得额，计算应纳的企业所得税。

第二节 企业所得税的征税对象、纳税人与税率

一、征税对象

(一) 征税对象确定的原则

对企业的所得依法课税,是现代世界各国税法的基本制度和国际惯例。但对作为所得税法客体的应税所得如何界定和分类,这既是一个涉及所得税立法的实践问题,又是一个长期困扰各国税法学界的理论问题。一般认为,作为企业所得税征税对象的应税所得应具有以下几个法律特征。

1. 应税所得是具有合法来源性质的所得

企业从事生产、经营活动所取得的所得,须是国家经济政策和法律允许并予以保障的所得。这类所得均属于各国所得税法所规定的应纳税所得的范围。至于如走私、贪污、盗窃、赌博、抢劫、诈骗等非法所得,不构成企业所得税的征税对象,国家将依法予以没收。《企业所得税法》第五条、《个人所得税法》第二条所规定的应税收入均为合法所得。但也有不同的观点认为,应税所得不一定需要以是否合法为标准。其理由是,国家税务部门与检察院等司法部门的职能和作用不同,税务部门不可能也不必要在对企业征税时,先调查每一笔所得的合法性,然后再对所得征税,否则必然造成征管效率的降低。对此也有专家认为,如果在征税过程中发现某项所得为非法所得,应向司法机关通报。国家对相关所得征税,并不意味着承认这种所得的合法性,也不对这种所得提供税法之外的法律保护。征税后如果发现其为非法所得,照样可以对违法所得绳之以法;如需对违法者课处没收或罚款,已纳所得税金可以从中抵扣,甚至不抵扣。应当说明的是,各国对于合法所得与非法所得的认定标准是有区别的。如对赌博取得的收入,有的国家认定为合法所得,而依中国现行法律则应认定为非法所得。

2. 应纳税所得须是扣除成本费用以后的纯收益

各国税法规定的应税所得,通常分为经营所得、财产所得、劳动所得、投资所得和其他所得五类。纳税人在取得上述任何一项所得的过程中,均会有相应的物化劳动和活劳动的投入和支出。因此,只有在依法进行合理扣减消耗和支出后,才能依法课征所得税。从各国所得税法的规定看,对股息、利息和特许权使用费这类投资所得,大多数国家都并不扣减费用,而按毛收入金额降低税率,采取预提所得税的方式征收,这是因为这类投资所得的支付者往往有固定的营业场所,而取得者都比较分散,并且这些所得都还有可能分散在其他国家,不便于按通常的程序和方法计征。因此,各国一般都采取单独规定比公司所得税税率低的比例税率,按毛收入金额(不扣除任何费用)征收预提所得税。这种通过以

规定低比例税率计算征税的简单方法，一方面保证了有关国家分享征税的权力，另一方面在确定税率时已考虑了计算征税后应扣除成本费用的因素。因此，这种预提所得税的税基仍然是对这类投资活动的净收入的征税。

3. 应税所得应为实物或货币所得

税法所规定的所得，仅限于经济上的所得，而不包括精神上的所得。精神上的所得如荣誉性、知识性的所得和体质上、心理上的收益，都不属于应税所得范围，对此，各国税法都有明确规定。而经济上的所得包括现金所得和实物所得。实物所得如不能用货币衡量和计算其价值，则无法按率计征。因此，各国都规定，应税所得应当是能以货币显示其价值的所得。所得税额通常以本国货币为计算单位，所得税额为外国货币的，要按外汇牌价或其他方式折合成本国货币缴纳税款。纳税人取得的应税所得，如有实物或有价证券，则应当按照当时取得的市场价格或其他方式折合成金额计算纳税。可见，应税所得是指货币所得或能以货币衡量和计算其价值所得。

4. 应税所得一般应是连续性的所得

应税所得应当将偶然性的所得排除在应税所得之外，而只计入经常性的所得。对于企业所得税来说尤为重要，否则非连续性的所得亏损就不可能用以后年度的盈余弥补。但在第二次世界大战以后，不少学者主张将偶发性的所得，如特许权使用费等，纳入应税所得范围进行征税。从各国税法的实际规定看，一些一次性或偶然性的所得都是作为应税所得计征所得税的。但总体上看，大多数国家的应税所得均以经常性或连续性的所得为主。关于应税所得须是连续性所得的问题，中国《企业所得税法》是如此规定的，但中国《个人所得税法》既有连续性所得的规定，又有偶发性所得的规定。应当指出的是，对偶然性、临时性所得不征税，有损于税法公平原则。

（二）征税对象的具体范围

企业所得税的征税对象是指企业的生产经营所得、其他所得和清算所得。

1. 居民企业的征税对象

居民企业应就来源于中国境内、境外的所得作为征税对象。所得，包括销售货物所得、提供劳务所得、转让财产所得、股息红利等权益性投资所得，以及利息所得、租金所得、特许权使用费所得、接受捐赠所得和其他所得。

2. 非居民企业的征税对象

非居民企业在中国境内设立机构、场所的，应当就其所设机构、场所取得的来源于中国境内的所得，以及发生在中国境外但与其所设机构、场所有实际联系的所得，缴纳企业所得税。非居民企业在中国境内未设立机构、场所的，或者虽设立机构、场所但取得的所得与其所设机构、场所没有实际联系的，应当就其来源于中国境内的所得缴纳企业所得税。

上述所称实际联系，是指非居民企业在中国境内设立的机构、场所拥有的据以取得所得的股权、债权，以及拥有、管理、控制据以取得所得的财产。

非居民企业取得的所得如果与其在中国境内设立的机构、场所有以下两种关系的，即属于有“实际联系”：

(1) 非居民企业取得的所得，是通过该机构、场所拥有的股权、债权而取得的。例如，非居民企业通过该机构、场所对其他企业进行股权、债权等权益性投资或者债权性投资而获得股息、红利或者利息收入，即可以认定为与该机构、场所有实际联系。

(2) 非居民企业取得的所得，是通过该机构、场所拥有、管理和控制的财产取得的。例如，非居民企业将境内或者境外的房产对外出租收取的租金，如果该房产是由该机构、场所拥有、管理或者控制的，那么则可以认定这笔租金收入与该机构、场所有实际联系。

上述作为征税对象的所得，既包括纳税人来源于中国境内的所得，也包括纳税人来源于中国境外的所得，这是符合所得税制国际规范的。因为，作为企业所得税纳税人的各类企业、单位，属于在中国境内注册登记的法人实体，属于居民纳税人。根据国际税收惯例，一国居民纳税人对本国政府负有全面纳税义务，即应就其来源于境内、境外的全部所得，向本国政府缴纳所得税。对于中国纳税人的国外分支机构来源于境外的所得已在境外缴纳的所得税税款，准予在总机构汇总纳税时，从其应纳税额中予以抵免，以避免国际双重征税，进而鼓励国内企业参与国际市场竞争。

3. 所得来源的确定

根据不同种类的所得，税法分别规定了以下几种划分标准：

(1) 销售货物所得，按照交易活动发生地确定。这里所谓的交易活动发生地，主要指销售货物行为发生的场所，通常是销售企业的营业机构，在送货上门的情况下为购货单位或个人的所在地，还可以是买卖双方约定的其他地点。

(2) 提供劳务所得，按照劳务发生地确定。劳务行为既包括部分工业生产活动，也包括商业服务行为，其所得以劳务行为发生地确定是来源于境内还是境外。比如，境外机构为中国境内居民提供金融保险服务，向境内居民收取保险费，则应认定为来源于中国境内的所得。

(3) 转让财产所得，可分三种情况：① 不动产转让所得按照不动产所在地确定。这是国际私法的普遍原则，也是确定法院管辖权的基本原则。由于不动产是不可移动的财产，它的保护、增值等都与其所在地关系密切，因此应当按照不动产所在地确定。如在中国境内投资房地产，取得的收入应为来源于境内的所得。② 动产转让所得按照转让动产的企业或者机构、场所所在地确定。由于动产是随时可以移动的财产，难以确定其所在地，而且动产与其所有人的关系最为密切，因此采取所有人地点的标准。同时如果非居民企业在中国境内设立机构、场所，并从该机构、场所转让财产给其他单位或个人的，也应认定为来源于境内的所得。③ 权益性投资资产转让所得按照被投资企业所在地确定。权益性投资，包括股权等投资，如境外企业之间转让中国居民企业发行的股票，其取得的收益应当属于来源于中国境内的所得，依法缴纳企业所得税。

(4) 股息红利等权益性投资所得，按照分配所得的企业所在地确定。企业因购买被投资方的股票而产生的股息、红利，是被投资方向投资方企业支付的投资回报，应当以被投资方所在地作为所得来源地。

(5) 利息所得、租金所得、特许权使用费所得，按照负担或者支付所得的企业或者机构、场所所在地确定。利息、租金和特许权使用费是企业借贷、出租和提供特许权的使用权而获得的收益，应当将负担或支付上述受益的企业或其机构、场所认定为所得来源地。

(6) 其他所得，由国务院财政、税务主管部门确定。

二、纳税人

企业所得税的纳税人，是指在中华人民共和国境内的企业和其他取得收入的组织。《企业所得税法》第一条规定，除个人独资企业、合伙企业不适用企业所得税法外，凡在我国境内，企业和其他取得收入的组织(以下统称企业)为企业所得税的纳税人，依照本法规定缴纳企业所得税。

上述不适用企业所得税法的个人独资企业和合伙企业，是指依照中国法律、行政法规规定成立的个人独资企业、合伙企业，不包括依照外国法律法规在境外成立的个人独资企业和合伙企业。也就是说，境外的个人独资企业和合伙企业可能会成为企业所得税法规定的中国非居民企业纳税人(比如在中国境内取得收入，也可能会在中国境内设立机构、场所并取得收入)，也可能会成为企业所得税法规定的中国居民企业纳税人(比如其实际管理机构在中国境内)。但是不论其为居民企业还是非居民企业，都适用企业所得税法，都必须严格依照企业所得税法的有关规定缴纳企业所得税。

企业所得税的纳税人分为居民企业和非居民企业，这是根据企业纳税义务范围的宽窄进行的分类方法，不同的企业在向中国政府缴纳所得税时，纳税义务不同。把企业分为居民企业和非居民企业，是为了更好地保障我国税收管辖权的有效行使。税收管辖权是一国政府在征税方面的主权，是国家主权的重要组成部分。根据国际上通行做法，我国选择了地域管辖权和居民管辖权的双重管辖权标准，最大限度地维护了我国的税收利益。

(一) 居民企业

居民企业是指依法在中国境内成立，或者依照外国(地区)法律成立但实际管理机构在中国境内的企业。这里的企业包括国有企业、集体企业、私营企业、联营企业、股份制企业、外商投资企业、外国企业以及有生产、经营所得和其他所得的其他组织。

1. "依法在中国境内成立"的企业的具体范围

"依法在中国境内成立"的企业，需要同时符合以下三个方面的条件：

(1) 成立的依据为中国的法律、行政法规。"依法在中国境内成立的企业"中的"法"是指中国的法律、行政法规。目前我国法人实体中各种企业及其他组织类型分别由各个领域的法律、行政法规规定。如《中华人民共和国公司法》、《中华人民共和国全民所有制工业企业法》、《中华人民共和国乡镇企业法》、《中华人民共和国农民专业合作社法》、《中华人民共和国乡村集体所有制企业条例》、《中华人民共和国城镇集体所有制企业条例》、《事业单位登记管理暂行条例》、《社会团体登记管理条例》、《基金会管理办法》等,都是有关企业及其他取得收入的组织成立的法律、法规依据。

(2) 在中国境内成立。这是属地管辖原则的体现,即在中国境内成立的企业或其他取得收入的组织,其成立条件、程序以及经营活动等方面都应当适用中国的法律、法规。属地管辖原则与一国的领土主权密切相关,是确定国家法律管辖权的基本原则之一。

(3) 属于取得收入的经济组织。企业所得税是对所得征收的一种税,所以,纳税人必须是取得收入的主体,才能属于企业所得税法规定的"企业",即企业所得税的纳税人。企业所得税法已经规定,企业和其他取得收入的组织都统称"企业",包括以下各类取得收入的组织:

第一,企业。包括公司制企业和其他非公司制企业。其中公司制企业是我国现代企业制度改革的发展方向,是目前和今后我国企业的主要形式。企业是以营利为目的、从事生产经营活动的经济实体,是企业所得税法最主要的适用对象。需要注意的是,这里的"企业",不包括依照中国法律、行政法规规定成立的个人独资企业、合伙企业,但是包括依照外国法律法规在境外成立的个人独资企业和合伙企业。

第二,事业单位。根据《事业单位登记管理暂行条例》第二条规定,事业单位是指国家为了社会公益目的,由国家机关举办或者其他组织利用国有资产举办的,从事教育、科技、文化、卫生等活动的社会服务组织。事业单位虽然是公益性或非营利性组织,但也可能通过经营或接受捐赠等行为取得收入。根据《企业所得税法》第二十六条规定,符合条件的事业单位的收入为免税收入。这里予以免税的非营利组织收入的前提是"符合条件的",即符合法律、法规及国务院财政、税务主管部门规定的条件。如果事业单位的收入不属于符合条件的非营利组织的收入范畴,则不能予以免税。

第三,社会团体。根据《社会团体登记管理条例》第二条规定,社会团体是指由中国公民自愿组成,为实现会员共同意愿,按照其章程开展活动的非营利性社会组织。社会团体也属于公益性或非营利性组织,也可能通过经营或接受捐赠等行为取得收入。根据《企业所得税法》第二十六条规定,符合条件的社会团体的收入可以享受免税优惠,但是如果社会团体的收入不符合免税条件,仍然应当依照税法规定缴纳企业所得税。

第四,其他取得收入的组织。除了上述所列企业、事业单位、社会团体之外,还有不少类型的经济组织也能够依法取得各种收入,它们当然也是企业所得税的纳税人,应当依照税法规定缴纳企业所得税。实践中,这些经济组织主要包括:① 民办非企业单位,根据《民办非企业单位登记管理暂行条例》的规定,民办非企业单位是指企业事业单位、社会团体和其他社会力量以及公民个人利用非国有资产举办的,从事非营利性社会服务活动的社会组织。② 基金会，根据《基金会管理条例》规定，是指利用自然人、法人或者其他组织捐赠的财产，以从事公益事业为目的，按照本条例的规定成立的非营利性法人。③ 商会，包括中国商会和外国商会，中国商会是国内企业组织的非营利性行业协会团体，外国商会根据《外国商会管理暂行规定》是指外国在中国境内的商业机构及人员依照本规定在中国境内成立，不从事任何商业活动的非营利性团体。④ 农民专业合作社，根据《中华人民共和国农村专业合作社法》，是指在农村家庭承包经营基础上，同类农产品的生产经营者或者同类农业生产服务的提供者、利用者，自愿联合、民主管理的互助性经济组织。⑤ 随着经济社会发展而出现的其他类型的取得收入的组织。

2. “依照外国（地区）法律成立”的企业的具体范围

“依照外国（地区）法律成立”的企业作为我国企业所得税的纳税人，需要同时具备以下三个条件：

（1）成立的法律依据为外国（地区）的法律法规。这类企业虽然是中国的企业所得税的纳税人，但是并不是依据中国的法律法规成立的，而是依据中国境外的其他国家（地区）的法律法规成立的。“依照外国（地区）法律成立”中的“法律”，属于广义的法律，包括可以作为企业成立依据的所有法律和法规。

（2）在中国境外成立。这类企业不是在中国境内成立的，即企业的登记注册地点是在中国境外的其他国家（地区）。之所以能够成为中国的企业所得税的纳税人，是因为这类企业会取得来自中国境内的所得。

（3）属于取得收入的经济组织。与“依法在中国境内成立”的企业一样，这类企业也必须是能够取得收入的组织，具体包括：在中国境内设立机构、场所从事生产经营活动的外国企业，或者没有在中国境内设立机构、场所但是取得来源于中国境内的所得的外国企业，包括在中国境内进行活动并取得收入的外国慈善组织、学术机构等。根据企业所得税法的规定，如果这类企业的实际管理机构在中国境内，就属于企业所得税法规定的居民企业纳税人，否则即属于非居民企业纳税人。

3. 关于企业“实际管理机构”的界定

企业所得税法所称实际管理机构，是指对企业的生产经营、人员、账务、财产等实施实质性全面管理和控制的机构。

根据国际惯例，判断是否属于居民企业的标准一般有：登记注册地标准、生产经营地标准、实际管理控制地标准或多标准相结合等。企业所得税法的这一规定采取的是登记注册地标准和实际管理控制地标准相结合的原则，对于在境外登记注册的企业到底是居民企业还是非居民企业，关键就要看其实际管理机构是否在中国境内。

企业所得税法所称的“实际管理机构”，需要同时符合以下三个方面的条件：

（1）对企业有实质性管理和控制的机构。即并非形式上的“橡皮图章”，而是对企业的经营活动能够起到实质性的影响。实质性管理和控制的机构，往往和名义上的企业行政中心不一致，多是企业为了避税而故意造成的，因而在适用税法时应当进行实质性审查，确定企业真实的管理中心所在。比如，过去往往是将作出和形成企业经营管理的重大决定和决策的地点作为企业的实质性管理和控制地，如公司的董事会或其他有关经营决策会议的召集地。然而，随着经济社会的发展和科技手段的进步，董事会等会议的召集地变得越来越难以确定，因为董事会可以在公司管理机构所在地之外寻找地点开会。如一家在中国设立机构、场所的外国公司，虽然其主要经营管理活动都在中国市场内进行，但该公司的董事们可以在夏威夷召开董事会会议，或者身处全球各地的董事们通过电视电话召开会议。对于这家企业，我们如果采取决定和决策作出地点作为实际管理控制地的判断标准，就很难确认其为中国居民企业。这些新现象、新情况模糊了董事会及决策形成地点的界定标准。尽管如此，企业在利用资源和取得收入方面往往和其经营活动的管理中心联系密切。国际私法中对法人所在地的判断标准中，在其他客观标准无法适用时，通常可采取“最密切联系地”标准，也符合实质重于形式的原则。我国现行税法将实质性管理和控制作为认定实际管理机构的标准之一，有利于防止外国企业逃避税收征管，从而保障我国的税收主权。

(2) 对企业实行全面的管理和控制的机构。如果该机构只是对该企业的一部分或并不关键的生产经营活动进行影响和控制，比如只是对在中国境内的某一个生产车间进行管理，则不被认定为实际管理机构。只有对企业的整体或者主要的生产经营活动有实际管理控制，本企业的生产经营活动负总体责任的管理控制机构，才符合实际管理机构标准。

(3) 管理和控制的内容是企业的生产经营、人员、账务、财产等。这是界定实际管理机构的最关键标准。如果一个外国企业只是在表面上是由境外的机构对企业有实质性全面管理和控制权，但是企业的生产经营、人员、账务、财产等重要事务实际上是由在中国境内的一个机构来作出决策的，则应当认定其实际管理机构在中国境内。

上述三个条件必须同时具备，才能被认定为实际管理机构。

(二) 非居民企业

非居民企业是指依照外国(地区)法律成立且实际管理机构不在中国境内，但在中国境内设立机构、场所的，或者在中国境内未设立机构、场所，但有来源于中国境内所得的企业。

上述所称机构、场所，主要包括以下两种情况。

1. 在中国境内设立的从事生产经营活动的机构、场所

其主要包括以下各类机构、场所：

(1) 管理机构、营业机构、办事机构。管理机构是指对企业生产经营活动进行管理决策的机构；营业机构是指企业开展日常生产经营活动的固定场所，如商场等；办事机构是指企业在当地设立的从事联络和宣传等活动的机构，如外国企业在中国设立的代表处，往

往为开拓中国市场进行调查和宣传等工作，为企业将来到中国开展经营活动打下基础。

（2）工厂、农场、开采自然资源的场所。这三类场所属于企业开展生产经营活动的场所。工厂是工业企业，如制造业的生产厂房、车间所在地。农场在此为广义的概念，包括《中华人民共和国农业法》第九十八条规定的“农场、牧场、林场、渔场”等农业生产经营活动的场所。开采自然资源的场所主要是采掘业的生产经营活动场所，如采矿、采油等。

（3）提供劳务的场所。包括从事交通运输、仓储租赁、咨询经纪、科学研究、技术服务、教育培训、餐饮住宿、中介代理、旅游、娱乐、加工以及其他劳务服务活动的场所。

（4）从事建筑、安装、装配、修理、勘探等工程作业的场所。包括建筑工地、港口码头、地质勘探场地等工程作业场所。

（5）其他从事生产经营活动的机构、场所。本项为兜底条款，包括前面四项未穷尽列举的各种情况。但必须都属于企业从事生产经营活动的场所。

2. 委托营业代理人的，视同设立机构、场所

非居民企业委托营业代理人在中国境内从事生产经营活动的，包括委托单位或者个人经常代其签订合同，或者储存、交付货物等，该营业代理人虽然不是外国企业设立的机构、场所，但是可以根据实际情况视同设立的机构、场所处理。视同的条件主要包括以下三个方面，必须同时具备：

（1）接受外国企业委托的主体，既可以是中国境内的单位，也可以是中国境内的个人。也就是说，不管是单位还是个人，只要与外国企业签订了委托代理类协议，代表该外国企业在中国境内从事生产经营活动，就可以被认定为是外国企业“在中国境内设立机构、场所”，这就解决了机构、场所不包括个人的问题。

（2）代理活动必须是经常性的行为。所谓经常，既不是偶然发生的，也不是短期发生的，而是固定的、长期发生的行为。具体多长期限才能算是“经常”，属于具体操作问题，比较复杂，需要有较强的灵活性，因此各国的税法都没有对此作固定的规定，具体可以由财政、税务部门加以规定。

（3）代理的具体行为，包括代表委托人签订合同，或者储存、交付货物等。只要经常代表委托人与他人签订协议或者合同，或者经常储存属于委托人的产品或者商品，并代表委托人向他人交付其产品或者商品，即使营业代理人和委托人之间没有签订书面的委托代理合同，也应认定其存在法律上的代理人和被代理人的关系。

三、税率

企业所得税税率是体现国家与企业分配关系的核心要素。税率设计的原则是兼顾国家、企业、职工个人三者利益，既要保证财政收入的稳定增长，又要使企业在发展生产、经营方面有一定的财力保证。既要考虑到企业的实际情况和负担能力，又要维护税率的统一性。

企业所得税实行比例税率。比例税率简便易行,透明度高,不会因征税而改变企业间收入分配比例,有利于促进效率的提高。现行规定如下:

(1) 基本税率为25%。适用于居民企业和在中国境内设有机构、场所且所得与机构、场所有关联的非居民企业。

(2) 低税率为20%。适用于在中国境内未设立机构、场所的,或者虽设立机构、场所但取得的所得与其所设机构、场所没有实际联系的非居民企业。但实际征税时适用10%的税率。

现行企业所得税基本税率设定为25%,从世界各国比较而言还是偏低的。据有关资料介绍,全世界近160个实行企业所得税的国家(地区)平均税率为28.6%,我国周边18个国家(地区)的平均税率为26.7%。现行税率的确定,既考虑了我国财政承受能力,又考虑了企业负担水平。

第三节　应纳税所得额的确定

一、应纳税所得额的概念

应纳税所得额是企业所得税的计税依据,按照企业所得税法的规定,应纳税所得额为企业每一个纳税年度的收入总额,减除不征税收入、免税收入、各项扣除,以及允许弥补的以前年度亏损后的余额。

(一) 计算应纳税所得额应遵循的原则

企业应纳税所得额的计算,以权责发生制为原则,属于当期的收入和费用,不论款项是否收付,均作为当期的收入和费用;不属于当期的收入和费用,即使款项已经在当期收付,也不作为当期的收入和费用。《企业所得税法实施条例》和国务院财政、税务主管部门另有规定的除外。

在纳税主体的经济活动中,经济业务的发生和货币的收付并非完全一致,即存在着现金流动与经济活动的分离,由此而产生两个确认和记录会计要素的标准,一是根据货币收付与否作为收入或费用确认和记录的依据,称为收付实现制;二是以取得收款权利或付款责任作为记录收入或费用的依据,称为权责发生制。收付实现制是以款项的实际收付为标准来处理经济业务,确定本期收入和费用,计算本期盈亏的会计处理基础。在现金收付的基础上,凡在本期实际以现款付出的费用,不论其应否在本期收入中获得补偿均应作为本期应计费用处理;凡在本期实际收到的现款收入,不论其是否属于本期均应作为本期应计的收入处理;反之,凡本期还没有以现款收到的收入和没有用现款支付的费用,即使它归属于本期,也不作为本期的收入和费用处理。

权责发生制和收付实现制在处理收入和费用时的原则是不同的,所以同一会计事项按不同的会计处理基础进行处理，其结果可能是相同的，也可能是不同的。例如，本期销售产品一批，价值5 000元，货款已收存银行，这项经济业务不管采用应计基础或现金收付基础，5 000元货款均应作为本期收入，因为一方面它是本期获得的收入，应当作本期收入，另一方面现款也已收到，亦应列作本期收入，这时就表现为两者的一致性。但在另外的情况下两者则是不一致的，如本期收到上月销售产品的货款存入银行，在这种情况下，如果采用现金收付基础，这笔货款应当作为本期的收入，因为现款是本期收到的，如果采用应计基础，则此项收入不能作为本期收入，因为它不是本期获得的。

权责发生制是应用较为广泛的企业会计计算方法，也为我国大多数企业所采纳。在税务处理过程中，以权责发生制确定应税收入的理由在于，经济活动导致企业实际获取或拥有对某一利益的控制权时，就表明企业已产生收入，相应地，也产生了与该收入相关的纳税义务。权责发生制条件下，企业收入的确认一般应同时满足以下两个条件：一是支持取得该收入权利的所有事项已经发生；二是应该取得的收入额可以被合理地、准确地确定。权责发生制便于计算应纳税所得额，因此本条将其规定为企业所得税应纳税所得额的计算以权责发生制为原则。

由于经济活动的复杂性，在特定情况下，可以采用收付实现制的原则。因此，《企业所得税法实施条例》规定了不采用权责发生制的情形，同时授权国务院财政、税务主管部门也可以根据实际情况对不采用权责发生制的情形作进一步详细规定，以保证应纳税所得额计算的更加科学合理。

（二）应纳税所得额的计算方法

应纳税所得额与企业会计利润是两个不同的概念，两者既有联系又有区别。应纳税所得额是一个税收概念，是根据企业所得税法规定的标准确定的、纳税人在一定时期内计算缴纳企业所得税的计税所得，是企业所得税的计税依据；而会计利润是一个会计核算概念，反映的是企业一定时期内生产经营的财务成果，它关系到企业经营成果、投资者的权益以及企业与职工的利益。会计利润是确定应纳税所得的基础，但它不能等同于应纳税所得额。应纳税所得额的计算确定有以下两种基本方法：

（1）直接计算法。即以纳税人每一纳税年度的收入总额减除不征税收入、免税收入、各项扣除，以及允许弥补的以前年度亏损后的余额作为应纳税所得额。计算公式为：

应纳税所得额＝收入总额－不征税收入－免税收入－各项扣除－以前年度亏损

上述公式中，“收入总额”包括按税法规定应当计算缴纳所得税的全部计税收入，即除会计上已确认的收入、收益以外，还应包括对外投资分回利润的投资收益，以及会计上不确认收益、但按税法规定需要计算纳税的项目，如视同销售的销售额、接受捐赠收入等。“各项扣除”是按税法规定范围和限额标准计算的、准予在所得税前扣除的金额。

（2）间接计算法。纳税人在计算应纳税所得额时，按照税法规定计算的应纳税所得额与企业依据财务会计制度的规定计算的会计利润，往往是不一致的。税法规定，当企业财务、会计处理办法与有关税收法规不一致时，应当依照国家有关税收法规的规定计算纳税。因此，企业按照有关财务会计制度规定计算的利润，必须按照税法的规定进行必要的调整后，才能作为应纳税所得额计算缴纳企业所得税。计算公式为：

应纳税所得额＝会计利润总额±纳税调整项目金额

上述公式中，“纳税调整项目金额”中的调整增加额包括：① 会计利润计算中已扣除，但超过税法规定扣除标准的调整金额；② 会计利润计算中已扣除，但税法规定不得扣除的调整项目金额；③ 未记或少记的应税收入。纳税调整减少额包括：① 弥补以前年度未弥补亏损额(按规定期限弥补)；② 减税或免税收益；③ 从境外企业或境内联营企业分回税后利润。

纳税调整具体步骤如下：① 判断项目(收入项目或支出项目)；② 税收法规规定的口径及标准；③ 企业的实际处理；④ 比较后进行纳税调整。

应纳税所得额的正确计算直接关系到国家财政收入和企业的税收负担，并且同成本、费用核算关系密切。因此，企业所得税法对应纳税所得额计算作了明确规定。主要内容包括收入总额、扣除范围和标准、资产的税务处理、亏损弥补等。

二、收入总额

企业的收入总额包括以货币形式和非货币形式从各种来源取得的收入。企业取得收入的货币形式，包括现金、存款、应收账款、应收票据、准备持有至到期的债券投资以及债务的豁免等；纳税人以非货币形式取得的收入，包括固定资产、生物资产、无形资产、股权投资、存货、不准备持有至到期的债券投资、劳务以及有关权益等，这些非货币资产应当按照公允价值确定收入额，公允价值是指按照市场价格确定的价值。

(一) 收入类型

企业的以下两种形式的收入均需计入收入总额之中。

1. 货币形式的收入

(1) 现金。即企业持有的流通中的货币，包括纸币和铸币。

(2) 存款。即企业在银行存放的款项，是企业对银行的债权，分为活期存款、定期存款、定活两便存款等。企业的资金通常以存款形式存在，包括活期存款和定期存款以及定活两便存款等。

(3) 应收账款。即企业因销售商品或提供劳务而应向购货单位或接受劳务单位收取的款项，在资产负债表上列为企业的流动资产。

(4) 应收票据。即企业持有的、尚未到期兑现的商业票据，是企业未来可以变现的债权权益。

(5) 准备持有至到期的债券投资。即到期日固定、回收金额固定或可根据其他方法确定,并且企业有明确意图和能力持有至到期的债券投资。该债券必须是收益可以确定,同时该企业还要有意图和能力将其变现的债券。

(6) 债务的豁免。即企业债务被债权人豁免,原来列为企业负债的部分相应消除,相当于企业获得了一笔收入将债务予以抵消,因此可计算为企业的收入。

以上 6 项除现金外,其他 5 项都是有具体金额的债权权益,因此都可作为收入的货币形式。

2. 非货币形式的收入

(1) 存货。根据财政部《企业会计准则》的规定,存货是指企业在日常活动中持有以备出售的产成品或商品、处在生产过程中的在产品,在生产过程或提供劳务过程中耗用的材料和物料等。

(2) 固定资产。根据财政部《企业会计准则》的规定,固定资产是指同时具有两个特征的有形资产,一是为生产商品、提供劳务、出租或经营管理而持有的;二是使用寿命超过一个会计年度。

(3) 生物资产。根据财政部《企业会计准则》的规定,生物资产,是指有生命的动物和植物。生物资产分为 3 类:① 消耗性生物资产,是指为出售而持有的,或在将来收获为农产品的生物资产,包括生长中的大田作物、蔬菜、用材林以及存栏待售的牲畜等;② 生产性生物资产,是指为产出农产品、提供劳务或出租等目的而持有的生物资产,包括经济林、薪炭林、产畜和役畜等;③ 公益性生物资产,是指以防护、环境保护为主要目的的生物资产,包括防风固沙林、水土保持林和水源涵养林等。

(4) 无形资产。根据财政部《企业会计准则》的规定,无形资产,是指企业拥有或者控制的没有实物形态的可辨认的非货币性资产。其可辨认性标准包括:① 能够从企业中分离或者划分出来,并能单独或者与相关合同、资产或负债一起,用于出售、转移、授予许可、租赁或者交换。② 源自合同性权利或其他法定权利,无论这些权利是否可以从企业或其他权利和义务中转移或者分离。

(5) 股权投资。即企业认购其他企业股份,在短期内无法变现,因此归类为非货币形式的收入。

(6) 不准备持有至到期的债券投资。企业随时可能处置这类债券,但债券投资的市场价格却变化莫测,一时无法确定,因此归类为非货币形式的收入。

(7) 劳务。即企业向其他企业提供的服务,劳务可以取得相应的报酬,在一些国家甚至可以折价入股,但其为无形资产,未来的收入难以确定,因此也归类为非货币形式的收入。

(8) 有关权益。包括除以上 7 项之外的其他非货币表示的权益。

非货币形式的收入,其主要特征在于能为企业带来经济效益,但其具体金额是难以确定的。如固定资产用于企业的生产经营过程中，并通过折旧或者损耗的方式将其价值转化到将来生产的产品当中，但企业多少经济效益是由固定资产的折旧或者损害带来的，则是难以确定的。

（二）非货币形式收入的计量标准

企业上述以非货币形式取得的收入，应当按照公允价值确定收入额。所称公允价值，是指按照市场价格确定的价值。

按照公允价值确定收入额，使税法进一步与会计准则相衔接。《企业会计准则——基本准则》第四十二条会计计量属性规定，在公允价值计量下，资产和负债按照在公平交易中熟悉情况的交易双方自愿进行资产交换或者债务清偿的金额计量。对企业以非货币形式取得的收入，有别于货币性收入的固定性和确定性，通常按公允价值来确定收入额。

非货币形式取得的收入，在会计上通常采取公允价值作为标准。根据美国财务会计准则委员会（FASB）于2006年9月正式发布了《美国财务会计准则第157号——公允价值计量》，将公允价值定义为："报告实体所在市场的参与者之间进行的有序交易中出售一项资产所收到的价格或转移一项负债所支出的价格。"而国际会计准则理事会（IASB）的《国际财务报告准则》对公允价值的定义为："公平交易中，熟悉情况的当事人自愿据以进行资产交换或负债清偿的金额。"我国2007年起实施的《企业会计准则》中将公允价值作为历史成本法、重置成本法、可变现现值法和现值法等会计准则体系中最重要的会计计量属性和资产评估方式之一。公允价值并不是主观对非货币财产的评价，而是参考各种客观标准后所确定的，具有一定的科学性，因此在实践中也被广泛采用。

财政部《企业会计准则——基本准则》第四十二条对"公允价值"的计量方法作了说明，规定："在公允价值计量下，资产和负债按照在公平交易中，熟悉情况的交易双方自愿进行资产交换或者债务清偿的金额计量。"此外，公允价值在《企业会计准则》的具体规定中还有多处提到。如：《企业会计准则第3号——投资性房地产》规定，在有确凿证据表明投资性房地产的公允价值能够持续可靠取得的情况下，可以对投资性房地产采用公允价值模式进行后续计量。采用公允价值模式计量的，应当同时满足下列条件：① 投资性房地产所在地有活跃的房地产交易市场；② 企业能够从房地产交易市场上取得同类或类似房地产的市场价格及其他相关信息，从而对投资性房地产的公允价值作出合理的估计。《企业会计准则第7号——非货币性资产交换》规定，非货币性资产交换同时满足如下两个条件，应当以公允价值和应支付的相关税费作为换入资产的成本，公允价值与换出资产账面价值的差额计入当期损益：第一是交换具有商业实质；第二是换入资产或换出资产的公允价值能够可靠计量。如果上述两个条件不能同时满足，则仍以换出资产的账面价值作为换入成本，不确定损益。

公允价值，即按照市场价格确定的价值。市场是商品等价交换的场所，商品在市场上通过交易价格发现自身的价值，因此市场价格作为公允价值的确定标准，具有客观性和公平性。市场价格，可以理解为熟悉情况的买卖双方在公平交易的条件下所确定的价格，或无关联的双方在公平交易的条件下一项资产可以达成的交易价格。实务工作中，公允价值通常需要会计人员进行职业判断。在对非货币资产进行交易之前，企业往往邀请专业评估机构和评估人员对其公允价值进行评估，以便为交易时的定价作参考。

（三）一般收入的确认

企业的收入总额包括以货币形式和非货币形式从各种来源取得的收入，具体有：销售货物收入、提供劳务收入、转让财产收入、股息、红利等权益性投资收益，以及利息收入、租金收入、特许权使用费收入、接受捐赠收入、其他收入。

1. 销售货物收入

销售货物收入是指企业销售商品、产品、原材料、包装物、低值易耗品以及其他存货取得的收入。

（1）商品是指进入流通领域，专门用来交换的产品，是企业销售货物的最重要的类型。

（2）产品是指企业生产的有形成果。产品可以作为广义的概念，进入流通领域的则成为商品，而没有进入流通领域但是也发生交换的，则是狭义概念的产品。因此，这里将产品和商品并列作为货物的类型。

（3）原材料是指原料和材料的合称。原料主要是指来自采掘业和农业的未经加工的物品，如矿石、木材等；材料则是原料经过加工后可直接用于工农业生产的物品，如从矿石提炼出的生铁或炼成的钢，还有木材经过初步加工后形成的用于建造房屋的木构件。

（4）包装物是指为包装商品、产品而提供的各种容器。如桶、箱、瓶、坛、袋等，可随同商品、产品出售并单独计价的包装物，以及出租或出借给购买单位使用的包装物，都是上述所称企业销售的包装物。

（5）低值易耗品是指使用年限在 1 年以下的生产经营用的劳动资料、使用年限在 2 年以下的非生产经营用的劳动资料以及使用年限在 2 年以上但单位价值在2 000元以下的非生产经营用的劳动资料。低值易耗品不同于固定资产的特点在于其周转期限短、价值较低。

上述各种货物类型销售时，在税务和会计处理（摊销）上各有所不同：

（1）收入时间的确认。根据《企业会计准则第 14 号——收入》第四条，销售商品收入同时满足下列条件的，才能予以确认：① 企业已将商品所有权上的主要风险和报酬转移给购货方；② 企业既没有保留通常与所有权相联系的继续管理权，也没有对已售出的商品实施有效控制；③ 收入的金额能够可靠地计量；④ 相关的经济利益很可能流入企业；⑤ 相关的已发生或将发生的成本能够可靠地计量。

由于税法与会计存在的目的不同，在收入确认方面也有所差别：① 会计上将“商品所有权的风险转移”作为销售商品收入实现的重要条件。根据《〈企业会计准则第 14 号——

收入〉应用指南》,与商品所有权有关的风险,是指商品可能发生减值或毁损等形成的损失,而这些风险本质上属于企业经营风险,应由企业获得的利润来弥补,不能由国家来承担,否则会造成税收的不公平,因为每个企业面临的风险大小是不一样的。因此,税法对收入的确认就不能以"风险转移"为必要条件。② 会计上确认收入的第二个条件是"不再保留继续管理权"。也就是说,对实际上继续控制的商品,其销售收入不能确认,但从税法角度来说,谁控制商品并不重要,只要商品所有权发生了变化,就应该确认为收入,所以这一条件也不适用于所得税法确认收入。③ "相关收入和成本能够可靠地计量"也是会计上确认收入的一个必要条件,符合会计的稳健性原则,税法上对此的要求是收入和成本要合理,出于反避税的目的,税务机关如果认为收入和成本不合理,有权采取合理的方法进行调整。

通过以上分析,我们可以得出所得税法中对销售货物收入的确认条件:一是企业获得已实现经济利益或潜在的经济利益的控制权,二是与交易相关的经济利益能够流入企业,三是相关的收入和成本能够合理地计量。

(2) 收入金额的确认。① 企业应当按照从购货方已收或应收的合同或协议价款确定销售货物收入金额。② 销售货物涉及现金折扣的,应当按照扣除现金折扣前的金额确定销售货物收入金额。现金折扣在实际发生时计入当期损益。现金折扣,是指债权人为鼓励债务人在规定的期限内付款而向债务人提供的债务扣除。③ 销售货物涉及商业折扣的,应当按照扣除商业折扣后的金额确定销售货物收入金额。商业折扣,是指企业为促进货物销售而在货物标价上给予的价格扣除。④ 企业已经确认销售货物收入的售出货物发生销售折让的,应当在发生时冲减当期销售货物收入。销售折让,是指企业因售出货物的质量不合格等原因而在售价上给予的减让。⑤ 企业已经确认销售货物收入的售出货物发生销售退回的,应当在发生时冲减当期销售货物收入。销售退回,是指企业售出的货物由于质量、品种不符合要求等原因而发生的退货。

(3) 特殊事项的确认。企业发生非货币性资产交换、偿债,以及将货物用于捐赠、赞助、集资、广告、样品、职工福利和利润分配,应当视同销售货物,按上述规定确认收入。原企业所得税法中对于将货物用于在建工程、管理部门、分公司等也要视同销售。这样规定,一方面考虑到与增值税暂行条例的衔接,另一方面原税法是以独立经济核算的单位作为纳税人的,不具有法人地位但实行独立经济核算的分公司等也要独立计算缴纳所得税。新企业所得税法采用的是法人所得税的模式,因而缩小了视同销售的范围,对于货物在统一法人实体内部之间的转移,比如用于在建工程、管理部门、分公司等不再作为销售处理。

2. 提供劳务收入

劳务收入是指企业从事建筑安装、修理修配、交通运输、仓储租赁、金融保险、邮电通信、咨询经纪、文化体育、科学研究、技术服务、教育培训、餐饮住宿、中介代理、卫生保健、社区服务、旅游、娱乐、加工以及其他劳务服务活动取得的收入。

(1)“劳务”的范围。上述列举“劳务”所涉及的行业,主要依据的是《国民经济行业分类》(GB/T4754—2002)的规定,同时借鉴国际通行的经济活动的同一性原则进行划分。劳务是无形的商品,是指为他人提供服务的行为,包括体力和脑力劳动。本条所列举的提供劳务收入所涉及的行业也较为广泛,既包括工业,也包括第三产业等。

建筑安装,属于制造业范畴,指建筑物主体工程竣工后,建筑物内各种设备的安装活动,以及施工中的线路敷设和管道安装。不包括工程收尾的装饰,如对墙面、地板、天花板、门窗等处理活动。

修理修配,所涉及的行业很多,例如通用零部件的机械修理、农林牧渔业机械的修理、医疗诊断、监护及治疗设备的修理、社会公共安全设备及器材的修理、铁路设备的修理、汽车修理、娱乐船和运动船的修理等等。

交通运输,包括:① 铁路运输业,指铁路客运、货运及相关的调度、信号、机车、车辆、检修、工务等活动;② 道路运输业,包括公路旅客运输、道路货物运输、道路运输辅助活动等;③ 城市公交业,指城市旅客运输活动,包括公共电汽车客运、轨道交通出租车客运、城市轮渡以及其他城市公共交通;④ 水上运输业,包括水上旅客运输、水上货物运输、水上运输辅助活动等。

仓储租赁,包括仓储和租赁两部分。仓储指专门从事货物仓储、货物运输中转仓储,以及以仓储为主的物流送配活动。例如谷物、棉花等农产品仓储。租赁包括两类:一是机械设备租赁,指不配备操作人员的机械设备的租赁服务,包括汽车租赁、农业机械租赁、建筑工程机械与设备租赁、计算机及通讯设备租赁等;二是文化及日用品出租,包括图书及音像制品出租等。

金融保险,主要是指金融业,包括银行业、证券业、保险业以及其他金融活动。其中保险业主要包括人寿保险、非人寿保险以及保险辅助服务。

邮电通信,包括邮电和通信两部分。邮政业和仓储、运输业列为一类,主要包括国家邮政,即国家邮政系统提供的邮政服务,以及其他寄递服务,即国家邮政系统以外的单位所提供的包裹、小件物品的收集、运输、发送服务。通信包括电信服务、互联网信息服务、广播电视传输服务、卫星传输服务等。

咨询经纪,咨询业包括会计、审计及税务服务、社会经济咨询以及其他专业咨询;经纪业是指商品经纪人等活动。

文化体育,文化业包括新闻出版业,广播、电视、电影和音像业,文化艺术业等;体育业包括体育组织、体育场馆及其他体育活动。

科学研究,主要指为了增加知识(包括有关自然、工程、人类、文化和社会的知识),以及运用这些知识创造新的应用,所进行的系统的、创造性的活动。该活动仅限于对新发现、新理论的研究,新技术、新产品、新工艺的研制。研究与试验发展包括基础研究、应用研究和试验发展。包括自然科学研究、工程和技术研究、农业科学研究、医学研究、社会人文科学研究及其试验发展等。

技术服务，包括专业技术服务业和科技交流和推广服务业两类。前者包括气象、地震、海洋、测绘服务及技术监测、环境监测、工程技术与规划管理等；后者包括技术推广、科技中介等服务。

教育培训，包括学前教育、初等教育、中等教育、高等教育以及职业技能培训、特殊教育等。

餐饮住宿，餐饮业包括正餐服务、快餐服务、饮料及冷饮服务以及其他餐饮服务；住宿业包括旅游饭店、一般旅馆及其他住宿服务。

中介代理，中介包括房地产中介服务、职业中介服务、科技中介服务等；代理包括贸易、金融领域的代理等。

卫生保健，包括医院、卫生院及社区医疗活动、门诊部医疗活动、计划生育技术服务活动、妇幼保健活动、专科疾病防治活动、疾病预防控制及防疫活动以及其他卫生保健活动。

社区服务，包括居民社区的物业等服务。

旅游，包括旅行社服务业，指为社会各界提供商务、组团和散客旅游的服务。包括向顾客提供咨询、旅游计划和建议、日程安排、导游、食宿和交通等服务。

娱乐，包括室内娱乐活动、游乐园、休闲健身娱乐活动及其他娱乐活动。

加工，属于制造业的范畴，包括农副食品加工业，石油加工、炼焦及核燃料加工业，有色金属、黑色金属冶炼及压延加工业，废弃资源和废旧材料回收加工业等。

此外还包括其他提供劳务的行业。

(2) 各种劳务类型的收入确认方法。上述各种劳务类型按以下方法确认收入：

第一，收入时间的确认。企业同时满足下列条件时，应确认提供劳务收入的实现：一是收入的金额能够合理地计量；二是相关的经济利益能够流入企业；三是交易中发生的成本能够合理地计量。

第二，收入方法的确认。企业受托加工制造大型机械设备、船舶、飞机等，以及从事建筑、安装、装配工程业务或者提供劳务等，持续时间超过 12 个月的，按照纳税年度内完工进度或者完成的工作量确认收入的实现。

企业确定提供劳务交易的完工进度，可以选用下列方法：① 已完工作的测量；② 已经提供的劳务占应提供劳务总量的比例；③ 已经发生的成本占估计总成本的比例。

第三，收入金额的确认。

企业应当按照从接受劳务方已收或应收的合同或协议价款确定提供劳务收入总额。

企业受托加工制造大型机械设备、船舶、飞机等，以及从事建筑、安装、装配工程业务或者提供劳务等，持续时间超过 12 个月的，应当在纳税年度结束时按照提供劳务收入总额乘以完工进度扣除以前会计期间累计已确认提供劳务收入后的金额，确认当期提供劳务收入。同时，按照提供劳务估计总成本乘以完工进度扣除以前会计期间累计已确认劳务成本后的金额，结转当期劳务成本。

企业提供劳务，但不按照纳税年度内完工进度或者完成的工作量确认收入的，应当分别下列情况处理：若已经发生的劳务成本预计能够得到补偿的，按照已经发生的劳务成本金额确认提供劳务收入，并按相同金额结转劳务成本；若已经发生的劳务成本预计不能够得到补偿的，可暂不确认提供劳务收入，但也不将已经发生的劳务成本计入当期损益，待已经发生的劳务成本确定不能得到补偿时，再经主管税务机关核定作为损失扣除。

企业与其他企业签订的合同或协议包括销售商品和提供劳务时，销售商品部分和提供劳务部分能够区分且能够单独计量的，应当将销售商品的部分作为销售商品处理，将提供劳务的部分作为提供劳务处理。销售商品部分和提供劳务部分不能够区分，或虽能区分但不能够单独计量的，应当将销售商品部分和提供劳务部分全部作为销售商品处理。

第四，特殊事项的确认。企业发生非货币性资产交换、偿债，以及将劳务用于捐赠、赞助、集资、广告、样品、职工福利和利润分配，应当视同提供劳务，按以上规定确认收入。

3. 转让财产收入

转让财产收入是指企业转让固定资产、生物资产、无形资产、股权、债权等财产取得的收入。

(1)“财产”的范围。现行税法列举了以下几种类型：

固定资产，是指企业为生产商品、提供劳务、出租或经营管理而持有的，使用寿命超过一个会计年度的财产。

生物资产，是指企业拥有的有生命的动植物资产，包括消耗性生物资产、生产性生物资产和公益性生物资产。

无形资产，企业拥有或者控制的没有实物形态的可辨认非货币性资产。无形资产只有能单独或者与相关合同、资产或负债一起，用于出售、转移、授予许可、租赁或者交换时，才能实现其经济价值。无形资产主要包括企业的商誉、知识产权等。商誉是企业长期生产经营积累的良好声誉和信用，可折价作为财产出资入股，或者转让、出租给他人以及为他人提供担保。知识产权包括专利权、商标权和著作权(版权)以及非专利技术等，是受法律保护的智力成果。知识产权除经过以特许权使用的方式授予他人使用外，还可以依法转让，改变其权利主体，同时为出让人带来收入。

股权，是指企业投资其他企业而因此享有的以其出资额(认购股份)为限的收益分配和参与经营决策的权利。股权既有财产权的性质，也有表决权、人身权的性质，但其投资收益是主要目的，因此可以作为财产转让。

债权，是特定的当事人之间依据合同约定或者法律规定而发生的特定权利义务关系，债包括合同之债、侵权之债、不当得利之债、无因管理之债等。而债权是基于债的关系而产生的对特定相对人的财产等请求权。债权还可以通过债券形式表现，包括国债、企业债券、公司债券、金融债券等，是指特定主体发行的、约定在一定期限内还本付息的有价证券。债券提高了债权的流通性,极大地便利了债权通过转让实现其经济价值。

(2) 转让"财产"收入的确认。当企业转让财产同时满足下列条件时,应当确认转让财产收入:一是企业获得已实现经济利益或潜在的经济利益的控制权;二是与交易相关的经济利益能够流入企业;三是相关的收入和成本能够合理地计量。

企业应当按照从财产受让方已收或应收的合同或协议价款确定转让财产收入金额。企业发生非货币性资产交换、偿债,以及将财产用于捐赠、赞助、集资、广告、样品、职工福利和利润分配,应当视同转让财产,按以上规定确认收入。

4. 股息、红利等权益性投资收益

股息、红利等权益性投资收益是指企业因权益性投资从被投资方取得的收入。股息、红利等权益性投资收益,除国务院财政、税务主管部门另有规定外,按照被投资方作出利润分配决定的日期确认收入的实现。

(1) 企业所得税法第六条第(四)项所称股息、红利收入,是由于权益性投资取得的。投资按照其目的不同可分为债权性投资和权益性投资:债权性投资是指为取得债权而进行的投资,如购买国债、企业债券等。债券是以合同形式明确规定投资企业与被投资企业的债权债务关系,约定投资企业在合同到期时收回本金已经按约定利率计算的利息,从而获得投资回报,其风险和收益率被固定,属于风险和收益相对较小的投资方式。权益性投资是指为取得对另一企业净资产的所有权而进行的投资,其主要是股权投资,其收益与企业的经营效益挂钩,以投资额为限分享企业的盈利并承担企业的损失。根据公司法规定,不经法定程序,在公司存续期间投资不得撤回,因此权益性投资一般无还本日期,企业如果想结束权益性投资并收回本金,则只能依法将所持股份转让。

股息、红利就是企业在进行结算时,将某一阶段的盈利部分按照股东所持股份的比例分配给股东的利润。股息、红利是企业经营利润中用于分配给股东作为投资回报的一部分,是股东将企业作为其投资工具而获得的收益的重要组成部分。股息、红利收入的形式可分为现金股利和股票股利。现金股利又称派股,是指企业以现金形式分配给股东的股利;股票股利又称送红股,是指企业以增发股份的方式代替现金方式向股东派息,通常是按照股东所持股份比例分配新股数量,以防止企业的资金流失,保证股东所获得的利润继续作为企业的投资部分,用于扩大再生产等。

(2) 股息、红利收入是企业从投资方取得的。这样规定,是为了将股息、红利收入和转让股权的收入区分开来。转让股权的收入是企业将其他企业的股权转让给他人而获得的差价收入,而股息、红利收入是企业从其被投资的企业利润中获得的分配收入。如在证券市场上转让股票获得的差价收入则属于上述所称转让财产收入,如持有股票的发行公司分配的股利则属于上述所称股息、红利收入。

(3) 股息、红利收入的实现方式:企业取得的股息、红利等权益性投资收益,应在被投资企业作出利润分配决策时确认收入实现,不论企业是否实际收到股息、红利等收益款项。

企业应当按照从被投资企业分配的股息、红利和其他利润分配收益全额确认股息、红利收益金额；企业如用其他方式变相进行利润分配的，应将权益性投资的全部收益款项作为股息、红利收益。

税法上对股息、红利等权益性投资收益的确认已偏离了权责发生制原则，更接近于收付实现制，但又不是纯粹的收付实现制。也就是说，税法上不确认会计上按权益法核算的投资收益，这是税法与会计的差异之一。但这也只是针对一般情况而言的，特殊情况下，比如《企业所得税法》第四十五条规定的受控外国企业规则（CFC 规则）中，由居民企业，或者由居民企业和中国居民控制的设立在实际税负明显低于本法第四条第一款规定税率水平的国家（地区）的企业，并非由于合理的经营需要而对利润不作分配或者减少分配的，上述利润中应归属于该居民企业的部分，应当计入该居民企业的当期收入。这时，投资收益的计算则是按权责发生制原则进行的。

此外，还可能存在一些特殊情况，《企业所得税法实施条例》授权国务院财政、税务主管部门针对可能出现的特殊情况，对收入确认的时间作出不同于被投资方利润分配决定时间原则的除外规定。

5. 利息收入

利息收入是指企业将资金提供他人使用但不构成权益性投资，或者因他人占用本企业资金取得的收入，包括存款利息、贷款利息、债券利息、欠款利息等收入。利息收入，按照合同约定的债务人应付利息的日期确认收入的实现。

(1)"利息"的内涵和外延。利息收入通常理解为企业为他人提供贷款而按照约定利率获得的报酬，即贷款资金的价格。此外，实践中还可能存在其他形式的、实际效果等同于资金借贷的行为。因此有必要对"利息"的定义作出从宽解释，尽量覆盖所有的同类情况。上述利息主要包括以下两种类型：

第一，企业将资金提供他人使用但不构成权益性投资。企业将资金提供他人使用，可能是借贷行为，也可能是股权投资行为。股权投资即权益性投资是企业为取得对另一企业净资产的所有权而进行的投资，通常是股权投资。而利息则是债权投资取得的收益，即按照固定期限、固定利率实现的投资回报。利息根据法律规定或者合同约定，可以分期（每月或每年）交付或者在收回本金时以及其他时间一次性交付。

第二，因企业的资金被他人占用而从他人取得的收入。实践中，一些企业不采取借贷形式，但因为其他原因占用了其他企业的资金，因而产生等同借贷行为的法律后果，即该企业应当按照法律规定或者双方约定的利率向提供资金的企业支付相当于利息的报酬。而这部分报酬也应属于《企业所得税法》第六条第（五）项所称的利息收入，应当依照规定缴纳企业所得税。

利息收入的形式，具体包括存款利息、贷款利息、债券利息、欠款利息等。存款利息是企业将自有资金存入银行,从而由银行向其定期支付的利息收入。贷款利息是企业将自有资金借贷给他人使用,由他人按约定利率和期限支付的利息收入。存款利息和贷款利息的区别在于借款人即资金使用人不同,前者是银行等办理吸收存款业务的金融机构,后者是有资金需求的其他企业或者个人。债券利息是指企业购买政府债券、金融机构或其他企业的债券,由这些债券发行主体按规定或约定期限支付的利息收入。欠款利息是其他企业或个人不能按期履行对该企业支付款项的义务,而使得本来应该属于该企业的资金在一段时间内仍属于有支付款项义务的企业或个人所有。

(2) 利息收入的确认。会计准则规定,企业的利息收入同时满足下列条件的,应当确认收入:一是相关的经济利益能够流入企业;二是收入的金额能够合理地计量。

一般而言,企业利息收入金额,应当按照有关借款合同或协议约定的金额确定。对于企业持有到期的长期债券或发放长期贷款取得的利息收入,可按照实际利率法确认收入的实现。关于持有至到期投资(主要是债权性投资)、贷款等的利息收入或某些金融负债的利息费用的确认,新会计准则规定采用实际利率法进行计算确定。实际利率法是指将金融资产或金融负债在预期存续期间或适用的更短期间内的未来现金流量,折现为该金融资产或金融负债当前账面价值,从而得出该金融资产或金融负债的实际利率(折现率),并按实际利率计算各期利息收入或利息费用的方法。考虑到实际利率法的处理结果与现行税法规定的名义利率法(合同利率法)差异较小,且能够反映有关资产的真实报酬率。所以,税法也认同企业采用实际利率法来确认利息收入的金额。

6. 租金收入

租金收入是指企业提供固定资产、包装物或者其他有形资产的使用权取得的收入。租金收入,按照合同约定的承租人应付租金的日期确认收入的实现。

(1) 租金收入的来源范围。租金是以当事人双方存在租赁合同关系为前提的。根据《中华人民共和国合同法》第二百一十二条规定,租赁合同是出租人将租赁物交付承租人使用、收益,承租人支付租金的合同。租金是为取得租赁物的使用权而支付的代价,是租赁合同的必要条款。租金收入即企业将自己的财产出租给其他企业或个人使用并从中收取的费用。现行税法列举了固定资产和包装物两类通常作为租赁物的企业资产类型。固定资产,包括企业的厂房、生产设备、运输工具等,由于其物质形态较为稳定,可供长期使用,可作为租赁物提供给他人使用而发挥其经济价值。包装物是为产品提供包装的部分,也可作为租赁物。其他资产,包括除固定资产、包装物以外企业可作为租赁物的其他资产,如生物资产、原材料等。

(2) 租金收入的确认。会计准则规定,企业的租金收入同时满足下列条件的,应当确认收入:一是相关的经济利益能够流入企业;二是收入的金额能够合理地计量。

而现行税法规定,租金收入应当按照合同约定的承租人应付租金的日期确认实现。这一规定,已经不完全属于权责发生制,而更接近于收付实现制。租金的支付时间是租赁合同的重要条款，承租人应当按照租赁合同约定的租金支付时间履行支付租金的义务，因此自合同约定支付租金之日起，该笔租金在法律上就属于出租人所有，发生财产转移的法律效力。

企业租金收入金额，应当按照有关租赁合同或协议约定的金额全额确定。

7. 特许权使用费收入

特许权使用费收入是指企业提供专利权、非专利技术、商标权、著作权以及其他特许权的使用权取得的收入。特许权使用费收入，按照合同约定的特许权使用人应付特许权使用费的日期确认收入的实现。

(1) 特许权的含义及范围。特许权的范围非常广泛，既可能是单一性质的法定权利，如专利权、商标权、著作权(版权)等，也可能是多种因素的组合，如某种产品的生产方法、某种经营模式(如连锁店经营)等。特许经营根据其权利对象的不同，大体可分为商标特许经营、产品特许经营、生产特许经营、品牌特许经营、专利及商业秘密特许经营和经营模式特许经营等几种类型。特许经营是民事行为，应当根据合同法、知识产权法、专利法等法律的规定进行。特许权使用可包括排他使用和非排他使用。前者是指被许可人获得该专利使用权后，专利权人承诺在约定使用期限内不再授予他人该专利使用权，自己也不使用，因此被许可人对该专利享有约定期限内的专有使用权；后者是指专利人还可以在许可人的使用期限内授予他人使用或自己使用，这就可能与被许可人在市场上形成竞争关系。具体采取何种使用方式，由专利权人和被许可人在书面的实施许可合同中约定。

现行税法列举了以下几种类型的特许权：

其一，专利权，又称发明创造专利权，是国家依照法定条件和程序，对发明、实用新型和外观设计等智力成果授予的排他性享有和使用的权利。专利权是专利权人的一种财产权，是其通过发明创造或他人转让而获得的，是对其智力劳动的报酬，专利权人可以排他性地使用其专利，或者授予他人使用该专利的权利，从而获得经济上的回报。专利权是鼓励发明创造而通过法律规定的一种民事权利。专利权适用《中华人民共和国专利法》等法律、法规的规定。

其二，非专利技术，是指除专利技术以外，具有技术性、秘密性、实用性的技术。非专利技术包括技术知识、经验等，能产生经济价值或竞争优势，且采取了保密措施，包括在授权他人使用时也要求他人承担保密义务。非专利技术是商业秘密的一种。

其三，商标权，又称商标专用权，是指经依法注册商标的所有权人支配其注册商标并禁止他人侵害的排他性权利，包括商标权人对其注册商标的排他使用权、收益权、处分权、续展权和禁止他人侵害的权利等。专利权适用《中华人民共和国商标法》等法律、法规的规定。

其四，著作权，又称版权，分为著作人格权与著作财产权两部分。其中著作人格权包括对作品的发表权、署名权、修改权及保护作品完整权等；著作财产权包括对作品的复制权、发行权、出租权、展览权、表演权、放映权、广播权、信息网络传播权、摄制权、改变权、翻译权以及许可他人使用并获得报酬的权利等。著作权人可以依法转让其著作财产权并获得相应的报酬收入。

其五，其他特许权，除以上四项较为常见的特许权外，还有一些特许权的类型，如连锁店经营的加盟特许权、品牌经营特许权等。这些都是具有经济价值的权利，通常要以支付费用的方式取得，因此也是特许权所有人的重要收入来源。

(2) 特许权使用费收入的确认。按照会计准则的规定，企业的特许权使用费收入同时满足下列条件的，应当确认收入：一是相关的经济利益能够流入企业，二是收入的金额能够合理地计量。

但是，现行税法规定，特许权使用费收入应当按照合同约定的特许权使用人应付特许权使用费的日期确认实现。特许权使用费的支付时间是特许权使用合同的重要条款，被许可人应当按照合同约定的使用费支付时间履行支付义务，因此自合同约定的支付使用费之日起，该笔使用费在法律上就转归特许权人所有，在法律上发生财产转移的效力。这样处理，则可使特许权使用费收入与许可他人使用该特许权所付出的成本和费用在此期间内相互对应，从而反映出企业收入的真实成本，便于计算应纳税所得额。本条的这一规定，并没有完全按照会计准则的上述规定处理，不完全是权责发生制，而更接近于收付实现制。

企业特许权使用费收入金额，应当按照有关使用合同或协议约定的金额全额确定。

8. 接受捐赠收入

接受捐赠收入是指企业接受的来自其他企业、组织或者个人无偿给予的货币性资产、非货币性资产。接受捐赠收入，按照实际收到捐赠资产的日期确认收入的实现。

(1) 捐赠的含义和范围。新企业所得税法首次将捐赠收入单列为一种收入类型，并对捐赠的含义和范围作了具体规定：

第一，捐赠是无偿给予的资产。捐赠的基本特征在于其无偿性，这也是捐赠区别于其他财产转让的标志。无偿性即出于某种原因，不支付金钱或付出其他相应代价而取得某项财产，如公益事业捐赠等。《中华人民共和国合同法》对赠与合同专节作了规定，赠与合同是赠与人将自己的财产无偿给予受赠人，受赠人表示接受赠与的合同；赠与的财产依法需要办理登记等手续的，应当办理有关手续；具有救灾、扶贫等社会公益、道德义务性质的赠与合同或者经过公证的赠与合同，赠与人不交付赠与的财产的，受赠人可以要求交付。基于捐赠的无偿性，合同法规定了赠与人和受赠人相应的权利义务。《中华人民共和国公益事业捐赠法》也规定捐赠应当是自愿和无偿的，并对自然人、法人或者其他组织自愿无偿向依法成立的公益性社会团体和公益性非营利的事业单位捐赠财产用于公益事业的作了特别规定。

第二，捐赠人是其他企业、组织或者个人。其他组织，包括事业单位、社会团体等。

第三，捐赠财产范围，包括货币性资产和非货币性资产。货币性资产、非货币性资产的范围分别对应《企业所得税法》第六条所称企业取得收入的货币形式和非货币形式。

（2）捐赠收入的确认。现行税法规定，企业接受的捐赠收入，按实际收到受赠资产的时间确认收入实现，即按照收付实现制原则确认，以款项的实际收付时间作为标准来确定当期收入和成本费用。《企业所得税法实施条例》第九条虽然规定以权责发生制为原则计算应纳税所得额，同时又明确：本条例和国务院财政、税务主管部门另有规定的除外。这一规定就是一个例外，主要基于两点考虑：

第一，赠与合同法律上的特殊性。一般合同在签订时成立，并确认为此时财产已经转移；而赠与合同则是在赠与财产实际交付时才成立，才在法律上确认为财产已经转移。根据《合同法》第一百八十六条规定，赠与人在赠与财产的权利转移之前可以撤销赠与，具有救灾、扶贫等社会公益、道德义务性质的赠与合同或者经过公证的赠与合同除外。也就是说，一般情况下，在赠与财产的权利转移之前，即使双方已经订立赠与合同，该合同都不能视为成立。只有救灾、扶贫等社会公益、道德义务性质的赠与合同或者经过公证的赠与合同，才能在法律上视为在赠与合同订立时已经成立。

第二，接受捐赠以无偿性为基本特征，即受赠人一般不需要支付代价，接受捐赠收入的成本较小或者没有成本，因此在很多情况下不存在收入与成本相互对应的问题，也就不需要采取权责发生制原则。

企业接受捐赠收入金额，按照捐赠资产的公允价值确定。按照《企业会计准则——基本准则》第四十二条的规定，所谓公允价值，是指在公平交易中，熟悉情况的交易双方自愿进行资产交换或者债务清偿的金额。

9. 其他收入

其他收入是指企业取得的除以上收入外的其他收入，包括企业资产溢余收入、逾期未退包装物押金收入、确实无法偿付的应付款项、已作坏账损失处理后又收回的应收款项、债务重组收入、补贴收入、违约金收入、汇兑收益等。

（1）企业资产溢余收入是指企业资产在盘点过程中发生的多于账面数额的资产。除了物资和现金等流动资产外，还可能包括无形资产等其他资产。

（2）逾期未退包装物押金收入。包装物押金是指纳税人为销售货物而出租或出借包装物所收取的押金。包装物的押金收取时不并入销售额计征所得税，但企业收取的押金逾期未返还买方的，则成为企业实际上的一笔收入，应确认为企业所得税法所称的收入，依法缴纳企业所得税。

（3）确实无法偿付的应付款项。根据企业财务制度规定，企业应当按期偿还各种负债，如确实无法支付的应付款项，计入营业外收入。

（4）已作坏账损失处理后又收回的应收款项。企业的生产经营损失作为坏账损失处理后，其亏损部分可以在年度的利润中扣除，或者在今后 5 个年度内用利润弥补。因此这部分损失已经在税务上作了处理。如果处理后其应收款项又被收回的，则应当重新作为企业的收入计算。

(5) 债务重组收入。根据企业会计准则，债务重组是指在债务人发生财务困难的情况下，债权人按照其与债务人达成的协议或者法院的裁定作出让步的事项。债务重组的方式主要包括以资产清偿债务、将债务转为资本、修改其他债务条件，如减少债务本金、减少债务利息等，以及以上三种方式的组合等。债务重组中债权人往往对债务人的偿债义务作出一定程度的让步，因此这部分让步的金额应当作为债务人的收入。

(6) 补贴收入。企业取得国家财政性补贴和其他补贴收入，除国务院和国务院财政、税务主管部门规定不计入损益者外，都应当作为计算应纳税所得额的依据，依法缴纳企业所得税。

(7) 违约金收入。违约金是合同一方当事人不履行合同或者履行合同不符合约定时，对另一方当事人支付的用于赔偿损失的金额。《合同法》第一百一十四条规定，当事人可以约定一方违约时应当根据违约情况向对方支付一定数额的违约金，也可以约定因违约产生的损失赔偿额的计算方法。

(8) 汇兑收益。企业在汇兑人民币和外汇时可能因为汇率变化而产生差价收益，这是营业外收入的一种类型，也应当作为收入依法缴纳企业所得税。

企业的其他收入同时满足下列条件的，应当确认收入：一是相关的经济利益能够流入企业，二是收入的金额能够合理地计量。

企业其他收入金额，按照实际收入额或相关资产的公允价值确定。

(四) 特殊收入的确认

1. 企业的下列生产经营业务可以分期确认收入的实现

(1) 以分期收款方式销售货物的，按照合同约定的收款日期确认收入的实现。

上述按照合同约定的收款日期确认收入的实现，这其实是对权责发生制原则的一个例外，接近于收付实现制原则，主要是出于纳税必要资金的考虑。新会计准则规定，对具有融资性质的分期收款销售货物(货款回收期一般超过 3 年)，其实质相当于企业向购货方提供了一笔信贷资金，因而企业应按照应收的合同或协议价款的公允价值确定收入金额。应收的合同或协议价款与公允价值之间的差额应当在合同或协议期间按实际利率法进行摊销，并相应冲减财务费用。考虑到在整个回收期内企业确认的收入总额是一致的，同时考虑到与增值税政策的衔接，税法拟不采用会计准则的规定。对分期收款销售货物的，按照合同或协议约定的金额确认销售收入金额。

(2) 企业受托加工制造大型机械设备、船舶、飞机等，以及从事建筑、安装、装配工程业务或者提供劳务等，持续时间超过 12 个月的，按照纳税年度内完工进度或者完成的工作量确认收入的实现。

企业确定提供劳务交易的完工进度，可以选用下列方法：① 已完工作的测量；② 已经提供的劳务占应提供劳务总量的比例;③ 已经发生的成本占估计总成本的比例。企业受托加工制造大型机械设备、船舶、飞机等,以及从事建筑、安装、装配工程业务或者提供劳务等,持续时间超过 12 个月的,应当在纳税年度结束时按照提供劳务收入总额乘以完工进度扣除以前会计期间累计已确认提供劳务收入后的金额,确认当期提供劳务收入;同时,按照提供劳务估计总成本乘以完工进度扣除以前会计期间累计已确认劳务成本后的金额,结转当期劳务成本。

2. 采取产品分成方式取得收入的,按照企业分得产品的时间确认收入的实现,其收入额按照产品的公允价值确定

产品分成,即多家企业在合作进行生产经营的过程中,合作各方对合作生产出的产品按照约定进行分配,并以此作为生产经营收入。由于产品分成是一种以实物代替货币作为收入的,而产品的价格又随着市场供求关系而波动,因此只有在分得产品的时刻确认收入的实现,才能够体现生产经营的真实所得。这一确认收入实现的标准,也是对权责发生制原则的一个例外。

前已述及,企业以非货币形式取得的收入,应当按照公允价值确定收入额。而产品分成正是以非货币形式取得收入的一种情形,因此也应当按照公允价值确定收入额。

3. 企业发生非货币性资产交换,以及将货物、财产、劳务用于捐赠、偿债、赞助、集资、广告、样品、职工福利和利润分配等用途的,应当视同销售货物、转让财产和提供劳务,但国务院财政、税务主管部门另有规定的除外

按照现行税法规定,应当视同销售货物、转让财产和提供劳务的特别情形主要包括以下两个方面:

(1) 非货币性资产交换。根据企业会计准则的规定,非货币性资产交换是指交易双方主要以存货、固定资产、无形资产和长期股权投资等非货币性资产进行的交换。该交换不涉及或只涉及少量的货币性资产(即补价)。货币性资产是指企业持有的货币资金和将以固定或可确定的金额收取的资产,包括现金、银行存款、应收账款和应收票据以及准备持有至到期的债券投资等;非货币性资产是指货币性资产以外的资产。非货币性资产交换必须同时满足两个条件才能作为收入,一是该项交换具有商业实质,二是换入资产或换出资产的公允价值能够可靠地计量。实践中,非货币性资产交换的典型事例是以股权换股权(股权置换)、以债权换债权等,其所得是对方等价的资产。因为在此交易过程中没有使用货币,为了确定其收入额,企业会计准则规定应当以公允价值和应支付的相关税费作为换入资产的成本,公允价值与换出资产账面价值的差额计入当期损益。

(2) 将货物、财产、劳务用于捐赠、偿债、赞助、集资、广告、样品、职工福利和利润分配等用途。这些用途中,有些情况下可能是出于生产经营的需要,但是有些情况是企业意图规避法律,逃避纳税义务。为了保证国家的税收收入,税法规定上述行为均视同销售货物、转让财产和提供劳务。由于在这些行为过程中对货物、财产和劳务没有以货币进行计

价，也应当按照公允价值确定其收入，计算应纳税额。

鉴于上述视同销售货物、转让财产和提供劳务的情形比较复杂，有些特殊情况下可能不宜视同销售货物、转让财产和提供劳务，即不能一概而论。因此税法还规定了除外条款：授权国务院财政、税务主管部门对上述行为中不宜视同销售货物、转让财产和提供劳务的情形作特别规定。

上述规定，一方面考虑到与《增值税暂行条例》的衔接，另一方面原税法是以独立经济核算的单位作为纳税人的，不具有法人地位但实行独立经济核算的分公司等也要独立计算缴纳所得税。新税法采用的是法人所得税的模式，因而缩小了视同销售的范围，对于货物在统一法人实体内部之间的转移，比如用于在建工程、管理部门、分公司等不再作为销售处理。

（五）处置资产收入的确认

根据《中华人民共和国企业所得税法实施条例》第二十五条规定，企业处置资产的所得税处理按以下规定执行：该规定自2008年1月1日起执行，对2008年1月1日以前发生的处置资产，2008年1月1日以后尚未进行税务处理的，也按该规定执行。

(1) 企业发生下列情形的处置资产，除将资产转移至境外以外，由于资产所有权属在形式和实质上均不发生改变，可作为内部处置资产，不视同销售确认收入，相关资产的计税基础延续计算：① 将资产用于生产、制造、加工另一产品；② 改变资产形状、结构或性能；③ 改变资产用途（如自建商品房转为自用或经营）；④ 将资产在总机构及其分支机构之间转移；⑤ 上述两种或两种以上情形的混合；⑥ 其他不改变资产所有权属的用途。

(2) 企业将资产移送他人的下列情形，因资产所有权属已发生改变而不属于内部处置资产，应按规定视同销售确定收入：① 用于市场推广或销售；② 用于交际应酬；③ 用于职工奖励或福利；④ 用于股息分配；⑤ 用于对外捐赠；⑥ 其他改变资产所有权属的用途。

(3) 企业发生第(2)条规定情形时，属于企业自制的资产，应按企业同类资产同期对外销售价格确定销售收入；属于外购的资产，可按购入时的价格确定销售收入。

（六）相关收入实现的确认

除企业所得税法及实施条例前述收入的规定外，企业销售收入的确认，必须遵循权责发生制原则和实质重于形式原则。

(1) 企业销售商品同时满足下列条件的，应确认收入的实现：

商品销售合同已经签订，企业已将商品所有权相关的主要风险和报酬转移给购货方。

企业对已售出的商品既没有保留通常与所有权相联系的继续管理权，也没有实施有效控制。

收入的金额能够可靠地计量。

已发生或将发生的销售方的成本能够可靠地核算。

(2) 符合上款收入确认条件，采取下列商品销售方式的，应按以下规定确认收入实现时间：

销售商品采用托收承付方式的，在办妥托收手续时确认收入。

销售商品采取预收款方式的，在发出商品时确认收入。

销售商品需要安装和检验的，在购买方接受商品以及安装和检验完毕时确认收入。如果安装程序比较简单，可在发出商品时确认收入。

销售商品采用支付手续费方式委托代销的，在收到代销清单时确认收入。

(3) 采用售后回购方式销售商品的，销售的商品按售价确认收入，回购的商品作为购进商品处理。有证据表明不符合销售收入确认条件的，如以销售商品方式进行融资，收到的款项应确认为负债，回购价格大于原售价的，差额应在回购期间确认为利息费用。

(4) 销售商品以旧换新的，销售商品应当按照销售商品收入确认条件确认收入，回收的商品作为购进商品处理。

(5) 企业为促进商品销售而在商品价格上给予的价格扣除属于商业折扣，商品销售涉及商业折扣的，应当按照扣除商业折扣后的金额确定销售商品收入金额。

债权人为鼓励债务人在规定的期限内付款而向债务人提供的债务扣除属于现金折扣，销售商品涉及现金折扣的，应当按扣除现金折扣前的金额确定销售商品收入金额，现金折扣在实际发生时作为财务费用扣除。

企业因售出商品的质量不合格等原因而在售价上给予的减让属于销售折让；企业因售出商品质量、品种不符合要求等原因而发生的退货属于销售退回。企业已经确认销售收入的售出商品发生销售折让和销售退回，应当在发生当期冲减当期销售商品收入。

(6) 企业在各个纳税期末，提供劳务交易的结果能够可靠估计的，应采用完工进度(完工百分比)法确认提供劳务收入。

提供劳务交易的结果能够可靠估计，是指同时满足下列条件：① 收入的金额能够可靠地计量；② 交易的完工进度能够可靠地确定；③ 交易中已发生和将发生的成本能够可靠地核算。

企业提供劳务完工进度的确定，可选用下列方法：① 已完工作的测量；② 已提供劳务占劳务总量的比例；③ 发生成本占总成本的比例。

企业应按照从接受劳务方已收或应收的合同或协议价款确定劳务收入总额，根据纳税期末提供劳务收入总额乘以完工进度扣除以前纳税年度累计已确认提供劳务收入后的金额，确认为当期劳务收入；同时，按照提供劳务估计总成本乘以完工进度扣除以前纳税期间累计已确认劳务成本后的金额，结转为当期劳务成本。

下列提供劳务满足收入确认条件的，应按规定确认收入：① 安装费。应根据安装完工进度确认收入。安装工作是商品销售附带条件的，安装费在确认商品销售实现时确认收入。② 宣传媒介的收费。应在相关的广告或商业行为出现于公众面前时确认收入。广告的制作费应根据制作广告的完工进度确认收入。③ 软件费。为特定客户开发软件的收费,应根据开发的完工进度确认收入。④ 服务费。包含在商品售价内可区分的服务费,在提供服务的期间分期确认收入。⑤ 艺术表演、招待宴会和其他特殊活动的收费。在相关活动发生时确认收入。收费涉及几项活动的,预收的款项应合理分配给每项活动,分别确认收入。⑥ 会员费。申请入会或加入会员,只允许取得会籍,所有其他服务或商品都要另行收费的,在取得该会员费时确认收入。申请人会或加入会员后,会员在会员期内不再付费就可得到各种服务或商品,或者以低于非会员的价格销售商品或提供服务的,该会员费应在整个受益期内分期确认收入。⑦ 特许权费。属于提供设备和其他有形资产的特许权费,在交付资产或转移资产所有权时确认收入;属于提供初始及后续服务的特许权费,在提供服务时确认收入。⑧ 劳务费。长期为客户提供重复的劳务收取的劳务费,在相关劳务活动发生时确认收入。

(7) 企业以买一赠一等方式组合销售本企业商品的,不属于捐赠,应将总的销售金额按各项商品的公允价值的比例来分摊确认各项的销售收入。

三、不征税收入和免税收入

国家为了扶持和鼓励某些特殊的纳税人和特定的项目,或者避免因征税影响企业的正常经营,对企业取得的某些收入予以不征税或免税的特殊政策,以减轻企业的负担,促进经济的协调发展。或准予抵扣应纳税所得额,或者是对专项用途的资金作为非税收入处理,减轻企业的税负,增加企业可用资金。

(一) 不征税收入

"不征税收入"是我国企业所得税法中新创设的一个概念,是指从企业所得税原理上讲应永久不列入征税范围的收入范畴。

我国税法规定不征税收入,其主要目的是对非经营活动或非营利活动带来的经济利益流入从应税总收入中排除。目前,我国组织形式多样,除企业外,有的以半政府机构(比如事业单位)的形式存在,有的以公益慈善组织形式存在,还有其他复杂的社会团体和民办非企业单位等。这些机构严格讲是不以营利活动为目的的,其收入的形式主要靠财政拨款以及为承担行政性职能所收取的行政事业性收费等等,对这类组织取得的非营利性收入征税没有实际意义。税法中规定的"不征税收入"概念,不属于税收优惠的范畴,这些收入不属于营利性活动带来的经济利益,是专门从事特定目的的收入,这些收入从企业所得税原理上讲应永久不列为征税范围的收入范畴。

现行税法规定,不征税收入项目具体如下。

1. 财政拨款

财政拨款是指各级人民政府对纳入预算管理的事业单位、社会团体等组织拨付的财政资金,但国务院和国务院财政、税务主管部门另有规定的除外。

作为不征税收入的财政拨款,需要具备以下三个条件:一是主体为各级政府,即负有公共管理职责的各级国家行政机关；二是拨款对象为纳入预算管理的事业单位、社会团体等组织，关键在于“纳入预算管理”；三是拨款为财政资金，被列入预算支出的。同时，考虑到财政拨款界定标准的复杂性，国务院和国务院财政、税务主管部门可以对一些特殊情形另作规定。

企业实际收到的财政补贴和税收返还等，按照现行会计准则的规定，属于政府补助的范畴，被排除在税法所谓的“财政拨款”之外，会计核算中计入企业的“营业外收入”科目，除企业取得的出口退税（增值税进项）外，一般作为应税收入征收企业所得税。这主要有以下考虑：一是企业从政府取得的补贴收入符合收入总额的立法精神。企业取得的财政补贴形式多种多样，既有减免的流转税，也有给予企业从事特定事项的财政补贴。无论企业取得何种形式的财政补贴，都导致企业净资产增加和经济利益流入，符合收入总额的立法精神。二是为了规范财政补贴收入和加强减免税的管理。从1994年分税制财政体制改革实行后，中央集中管理税权，各地不得自行或擅自减免税。地方政府为促进地区经济发展，不得不采取各种财政补贴等变相“减免税”形式给予企业优惠，进行招商引资，造成财政补贴收入的不规范，破坏了全国统一的公平税负的环境，也是对中央税权的严重侵蚀。为此，对企业从政府取得的财政补贴收入征税，有利于加强对财政补贴收入和减免税的规范管理。三是出于尽量减少税法与财务会计制度差异的考虑，也没有必要在这一问题上保持两者之间的差异，这有利于降低纳税遵从成本和税收管理成本。

2. 依法收取并纳入财政管理的行政事业性收费、政府性基金

行政事业性收费是指依照法律法规等有关规定，按照国务院规定程序批准，在实施社会公共管理，以及在向公民、法人或者其他组织提供特定公共服务过程中，向特定对象收取并纳入财政管理的费用。政府性基金是指企业依照法律、行政法规等有关规定，代政府收取的具有专项用途的财政资金。

现行税法规定，行政事业性收费和政府性基金为不征税收入，主要基于以下两点考虑：一是行政事业性收费和政府性基金的组织或机构一般是承担行政性职能或从事公共事务的，不以营利为目的，一般不作为应税收入的主体；二是行政事业性收费和政府性基金一般通过财政的“收支两条线”管理，封闭运行，对其征税没有实际意义。

(1) 行政事业性收费作为不征税收入的规定，是根据2002年国务院发布的《违反行政事业性收费和罚没收入收支两条线管理规定行政处分暂行规定》而作的界定。该暂行规定明确，行政事业性收费是指下列属于财政性资金的收入：① 依据法律、行政法规、国务院有关规定、国务院财政部门与计划部门共同发布的规章或者规定以及省、自治区、直辖市的地方性法规、政府规章或者规定和省、自治区、直辖市人民政府财政部门与计划（物价）部门共同发布的规定所收取的各项收费；② 法律、行政法规和国务院规定的以及国务院财政部门按照国家有关规定批准的政府性基金、附加。此外，事业单位因提供服务收取的经营服务性收费不属于行政事业性收费。

作为不征税收入的行政事业性收费，需要具备以下四个条件：一是根据法律法规等有

关规定，并依照国务院规定程序批准，这就保证了行政事业性收费在实体上和程序上有据可依；二是以实施社会公共管理为目的，并在向公民、法人或者其他组织提供特定公共服务过程中收取的，这表明行政事业性收费是为社会提供公共服务的企业，为补偿其公共服务的成本费用而收取的；三是向特定对象收取，即收取对象只限于直接从该公共服务中受益的特定群体，而不是像税收一样对广大纳税人普遍进行征收；四是纳入财政管理，即执行收支两条线管理，收费上缴国库，不得坐收坐支。

作为不征税收入的政府性基金，需要具备以下四个条件：一是有法律、行政法规等有关规定作为依据；二是企业代政府收取的；三是具有专项用途，政府性基金通常是国家为对某一领域进行支持而征收的一笔资金，因此必须专款专用，不得挪用他途；四是性质为财政资金，即上缴国库，纳入预算管理。政府性基金和行政事业性收费都属于非税收入，所不同的是行政事业性收费是企业提供公共服务的补偿，属于先支出后收入；而政府性基金则是企业为用于某项事业而收取的，属于先收入后支出。

(2) 具体规定如下：

第一，企业按照规定缴纳的、由国务院或财政部批准设立的政府性基金以及由国务院和省、自治区、直辖市人民政府及其财政、价格主管部门批准设立的行政事业性收费，准予在计算应纳税所得额时扣除。

企业缴纳的不符合上述第一条审批管理权限设立的基金、收费，不得在计算应纳税所得额时扣除。

第二，企业收取的各种基金、收费，应计入企业当年收入总额。

第三，对企业依照法律、法规及国务院有关规定收取并上缴财政的政府性基金和行政事业性收费，准予作为不征税收入，于上缴财政的当年在计算应纳税所得额时从收入总额中减除；未上缴财政的部分，不得从收入总额中减除。

3. 国务院规定的其他不征税收入

国务院规定的其他不征税收入是指企业取得的，由国务院财政、税务主管部门规定专项用途并经国务院批准的财政性资金。

财政性资金是指企业取得的来源于政府及其有关部门的财政补助、补贴、贷款贴息，以及其他各类财政专项资金，包括直接减免的增值税和即征即退、先征后退、先征后返的各种税收，但不包括企业按规定取得的出口退税款。

(1) 企业取得的各类财政性资金，除属于国家投资和资金使用后要求归还本金的以外，均应计入企业当年收入总额。国家投资是指国家以投资者身份投入企业并按有关规定相应增加企业实收资本(股本)的直接投资。

(2) 对企业取得的由国务院财政、税务主管部门规定专项用途并经国务院批准的财政性资金，准予作为不征税收入，在计算应纳税所得额时从收入总额中减除。

(3) 纳入预算管理的事业单位、社会团体等组织按照核定的预算和经费报领关系收到的由财政部门或上级单位拨入的财政补助收入，准予作为不征税收入，在计算应纳税所得额时从收入总额中减除，但国务院和国务院财政、税务主管部门另有规定的除外。

值得注意的是：企业的不征税收入用于支出所形成的费用，不得在计算应纳税所得额时扣除；企业的不征税收入用于支出所形成的资产，其计算的折旧、摊销不得在计算应纳税所得额时扣除。

（二）免税收入

（1）国债利息收入。为鼓励企业积极购买国债，支援国家建设，税法规定，企业因购买国债所得的利息收入，免征企业所得税。

（2）符合条件的居民企业之间的股息、红利等权益性收益。它是指居民企业直接投资于其他居民企业取得的投资收益。

（3）在中国境内设立机构、场所的非居民企业从居民企业取得与该机构、场所有实际联系的股息、红利等权益性投资收益。

上述第(2)、(3)项所称投资收益，不包括连续持有居民企业公开发行并上市流通的股票不足12个月取得的投资收益。

（4）符合条件的非营利组织的收入。符合条件的非营利组织是指：① 依法履行非营利组织登记手续；② 从事公益性或者非营利性活动；③ 取得的收入除用于与该组织有关的、合理的支出外，全部用于登记核定或者章程规定的公益性或者非营利性事业；④ 财产及其孳生息不用于分配；⑤ 按照登记核定或者章程规定，该组织注销后的剩余财产用于公益性或者非营利性目的，或者由登记管理机关转赠给与该组织性质、宗旨相同的组织，并向社会公告；⑥ 投入人对投入该组织的财产不保留或者享有任何财产权利；⑦ 工作人员工资福利开支控制在规定的比例内，不变相分配该组织的财产；⑧ 国务院财政、税务主管部门规定的其他条件。

《企业所得税法》第二十六条第(4)项所称符合条件的非营利组织的收入，不包括非营利组织从事营利性活动取得的收入，但国务院财政、税务主管部门另有规定的除外。

四、扣除原则和范围

（一）税前扣除项目的原则

企业申报的扣除项目和金额要真实、合法。所谓真实是指能提供证明有关支出确属已经实际发生；合法是指符合国家税法的规定，若其他法规规定与税收法规规定不一致，应以税收法规的规定为标准。除税收法规另有规定外，税前扣除一般应遵循以下原则：

（1）权责发生制原则。它是指企业费用应在发生的所属期扣除，而不是在实际支付时确认扣除。

（2）配比原则。它是指企业发生的费用应当与收入配比扣除。除特殊规定外，企业发生的费用不得提前或滞后申报扣除。

(3) 相关性原则。企业可扣除的费用从性质和根源上必须与取得应税收入直接相关。

(4) 确定性原则。即企业可扣除的费用不论何时支付,其金额必须是确定的。

(5) 合理性原则。符合生产经营活动常规,应当计入当期损益或者有关资产成本的必要和正常的支出。

(二) 扣除项目的范围

企业所得税法规定,企业实际发生的与取得收入有关的、合理的支出,包括成本、费用、税金、损失和其他支出,准予在计算应纳税所得额时扣除。在实际中,计算应纳税所得额时还应注意三方面的内容:① 企业发生的支出应当区分收益性支出和资本性支出。收益性支出在发生当期直接扣除;资本性支出应当分期扣除或者计入有关资产成本,不得在发生当期直接扣除。② 企业的不征税收入用于支出所形成的费用或者财产,不得扣除或者计算对应的折旧、摊销扣除。③ 除企业所得税法和本条例另有规定外,企业实际发生的成本、费用、税金、损失和其他支出,不得重复扣除。

(1) 成本是指企业在生产经营活动中发生的销售成本、销货成本、业务支出,以及其他耗费,即企业销售商品(产品、材料、下脚料、废料、废旧物资等)、提供劳务、转让固定资产、无形资产(包括技术转让)的成本。

企业必须将经营活动中发生的成本合理划分为直接成本和间接成本。直接成本是指可直接计入有关成本计算对象或劳务的经营成本中的直接材料、直接人工等。间接成本是指多个部门为同一成本对象提供服务的共同成本,或者同一种投入可以制造、提供两种或两种以上的产品或劳务的联合成本。

直接成本可根据有关会计凭证、记录直接计入有关成本计算对象或劳务的经营成本中。间接成本必须根据与成本计算对象之间的因果关系、成本计算对象的产量等,以合理的方法分配计入有关成本计算对象中。

(2) 费用是指企业每一个纳税年度为生产、经营商品和提供劳务等所发生的销售(经营)费用、管理费用和财务费用。已计入成本的有关费用除外。

销售费用是指应由企业负担的为销售商品而发生的费用,包括广告费、运输费、装卸费、包装费、展览费、保险费、销售佣金(能直接认定的进口佣金调整商品进价成本)、代销手续费、经营性租赁费及销售部门发生的差旅费、工资、福利费等费用。

管理费用是指企业的行政管理部门为管理组织经营活动提供各项支援性服务而发生的费用。

财务费用是指企业筹集经营性资金而发生的费用,包括利息净支出、汇总净损失、金融机构手续费以及其他非资本化支出。

(3) 税金是指企业发生的除企业所得税和允许抵扣的增值税以外的企业缴纳的各项税金及其附加。具体如下:

一是计入"营业税金及附加"的税金(六税一费):已缴纳的消费税、营业税、城建税、资源税、土地增值税、出口关税及教育费附加；

二是计入“管理费用”的税金：企业缴纳的房产税、车船税、城镇土地使用税、印花税等，已经计入管理费中扣除的，不再作为销售税金单独扣除；

三是不得扣除的税金：增值税为价外税，不包含在计税收入中，应纳税所得额计算时不得扣除。

（4）损失是指企业在生产经营活动中发生的固定资产和存货的盘亏、毁损、报废损失，转让财产损失，呆账损失，坏账损失，自然灾害等不可抗力因素造成的损失以及其他损失。

企业发生的损失，减除责任人赔偿和保险赔款后的余额，依照国务院财政、税务主管部门的规定扣除。

企业已经作为损失处理的资产，在以后纳税年度又全部收回或者部分收回时，应当计入当期收入。

（5）其他支出是指除成本、费用、税金、损失外，企业在生产经营活动中发生的与生产经营活动有关的、合理的支出。

（三）扣除项目及其标准

在计算应纳税所得额时，下列项目可按照实际发生额或规定的标准扣除。

1. 工资、薪金支出

企业发生的合理的工资、薪金支出准予据实扣除。工资、薪金支出是企业每一纳税年度支付给本企业任职或与其有雇佣关系的员工的所有现金或非现金形式的劳动报酬，包括基本工资、资金、津贴、补贴、年终加薪、加班工资，以及与任职或者是受雇有关的其他支出。

“合理工资、薪金”是指企业按照股东大会、董事会、薪酬委员会或相关管理机构制定的工资薪金制度规定实际发放给员工的工资、薪金。税务机关在对工资、薪金进行合理性确认时，可按以下原则掌握：

（1）企业制定了较为规范的员工工资、薪金制度。

（2）企业所制定的工资、薪金制度符合行业及地区水平。

（3）企业在一定时期所发放的工资、薪金是相对固定的，工资、薪金的调整是有序进行的。

（4）企业对实际发放的工资、薪金，已依法履行了代扣代缴个人所得税义务。

（5）有关工资、薪金的安排，不以减少或逃避税款为目的。

2. 职工福利费、工会经费、职工教育经费

企业发生的职工福利费、工会经费、职工教育经费按标准扣除，未超过标准的按实际数扣除，超过标准的只能按标准扣除。

（1）企业发生的职工福利费支出，不超过工资、薪金总额14%的部分准予扣除。企业职工福利费，包括以下内容：

一是尚未实行分离办社会职能的企业，其内设福利部门所发生的设备、设施和人员费

用，包括职工食堂、职工浴室、理发室、医务所、托儿所、疗养院等集体福利部门的设备、设施及维修保养费用和福利部门工作人员的工资、薪金、社会保险费、住房公积金、劳务费等。

二是为职工卫生保健、生活、住房、交通等所发放的各项补贴和非货币性福利，包括企业向职工发放的因公外地就医费用、未实行医疗统筹企业职工医疗费用、职工供养直系亲属医疗补贴、供暖费补贴、职工防暑降温费、职工困难补贴、救济费、职工食堂经费补贴、职工交通补贴等。

三是按照其他规定发生的其他职工福利费，包括丧葬补助费、抚恤费、安家费、探亲假路费等。

值得注意的是：企业发生的职工福利费，应该单独设置账册，进行准确核算。没有单独设置账册准确核算的，税务机关应责令企业在规定的期限内进行改正。逾期仍未改正的，税务机关可对企业发生的职工福利费进行合理的核定。

（2）企业拨缴的工会经费，不超过工资、薪金总额2%的部分准予扣除。

（3）除国务院财政、税务主管部门另有规定外，企业发生的职工教育经费支出，不超过工资、薪金总额2.5%的部分准予扣除，超过部分准予结转以后纳税年度扣除。

上述计算职工福利费、工会经费、职工教育经费的"工资、薪金总额"，是指企业按照上述第1条规定实际发放的工资、薪金总和，不包括企业的职工福利费、职工教育经费、工会经费以及养老保险费、医疗保险费、失业保险费、工伤保险费、生育保险费等社会保险费和住房公积金。属于国有性质的企业其工资、薪金，不得超过政府有关部门给予的限定数额；超过部分，不得计入企业工资、薪金总额，也不得在计算企业应纳税所得额时扣除。

3. 社会保险费

（1）企业依照国务院有关主管部门或者省级人民政府规定的范围和标准为职工缴纳的"五险一金"，即基本养老保险费、基本医疗保险费、失业保险费、工伤保险费、生育保险费等基本社会保险费和住房公积金，准予扣除。

（2）企业为投资者或者职工支付的补充养老保险费、补充医疗保险费，在国务院财政、税务主管部门规定的范围和标准内，准予扣除。企业依照国家有关规定为特殊工种职工支付的人身安全保险费和符合国务院财政、税务主管部门规定可以扣除的商业保险费准予扣除。

（3）企业参加财产保险，按照规定缴纳的保险费，准予扣除。企业为投资者或者职工支付的商业保险费，不得扣除。

（4）自2008年1月1日起，企业根据国家有关政策规定，为在本企业任职或者受雇的全体员工支付的补充养老保险费、补充医疗保险费，分别在不超过职工工资总额5%标准内的部分，在计算应纳税所得额时准予扣除；超过的部分，不予扣除。

4. 利息费用

企业在生产、经营活动中发生的利息费用，按下列规定扣除：

(1) 非金融企业向金融企业借款的利息支出、金融企业的各项存款利息支出和同业拆借利息支出、企业经批准发行债券的利息支出可据实扣除。

(2) 非金融企业向非金融企业借款的利息支出，不超过按照金融企业同期同类贷款利率计算的数额的部分可据实扣除，超过部分不许扣除。

其中，所谓金融企业是指各类银行、保险公司及经中国人民银行批准从事金融业务的非银行金融机构。包括国家专业银行、区域性银行、股份制银行、外资银行、中外合资银行以及其他综合性银行；还包括全国性保险企业、区域性保险企业、股份制保险企业、中外合资保险企业以及其他专业性保险企业；城市、农村信用社、各类财务公司以及其他从事信托投资、租赁等业务的专业和综合性非银行金融机构。非金融企业是指除上述金融机构以外的所有企业、事业单位以及社会团体等企业或组织。

需要强调的是，企业从其关联方接受的债权性投资与权益性投资的比例超过规定标准而发生的利息支出，不得在计算应纳税所得额时扣除。具体规定如下：

(1) 在计算应纳税所得额时，企业实际支付给关联方的利息支出，不超过以下规定比例和税法及其实施条例有关规定计算的部分，准予扣除，超过的部分不得在发生当期和以后年度扣除。

企业实际支付给关联方的利息支出，除符合下面第(2)条规定外，其接受关联方债权性投资与权益性投资比例为:金融企业 5∶1;其他企业 2∶1。

(2) 企业如果能够按照税法及其实施条例的有关规定提供相关资料，并证明相关交易活动符合独立交易原则的；或者该企业的实际税负不高于境内关联方的，其实际支付给境内关联方的利息支出，在计算应纳税所得额时准予扣除。

(3) 企业同时从事金融业务和非金融业务，其实际支付给关联方的利息支出，应按照合理方法分开计算；没有按照合理方法分开计算的，一律按前述第(1)条有关其他企业的比例计算准予税前扣除的利息支出。

(4) 企业自关联方取得的不符合规定的利息收入应按照有关规定缴纳企业所得税。

5. 借款费用

(1) 企业在生产经营活动中发生的合理的不需要资本化的借款费用，准予扣除。

(2) 企业为购置、建造固定资产、无形资产和经过 12 个月以上的建造才能达到预定可销售状态的存货发生借款的，在有关资产购置、建造期间发生的合理的借款费用，应予以资本化，作为资本性支出计入有关资产的成本；有关资产交付使用后发生的借款利息，可在发生当期扣除。

6. 汇兑损失

企业在货币交易中，以及纳税年度终了时将人民币以外的货币性资产、负债按照期末即期人民币汇率中间价折算为人民币时产生的汇兑损失，除已经计入有关资产成本以及与向所有者进行利润分配相关的部分外，准予扣除。

7. 业务招待费

企业发生的与生产经营活动有关的业务招待费支出，按照发生额的 60%扣除，但最高不得超过当年销售(营业)收入的 5‰。

8. 广告费和业务宣传费

企业发生的符合条件的广告费和业务宣传费支出，除国务院财政、税务主管部门另有规定外，不超过当年销售(营业)收入 15%的部分，准予扣除；超过部分，准予结转以后纳税年度扣除。

企业申报扣除的广告费支出应与赞助支出严格区分。企业申报扣除的广告费支出，必须符合下列条件：广告是通过工商部门批准的专门机构制作的；已实际支付费用，并已取得相应发票；通过一定的媒体传播。

9. 环境保护专项资金

企业依照法律、行政法规有关规定提取的用于环境保护、生态恢复等方面的专项资金，准予扣除。上述专项资金提取后改变用途的，不得扣除。

10. 保险费

企业参加财产保险，按照规定缴纳的保险费，准予扣除。

11. 租赁费

企业根据生产经营活动的需要租入固定资产支付的租赁费，按照以下方法扣除：

(1) 以经营租赁方式租入固定资产发生的租赁费支出，按照租赁期限均匀扣除。经营性租赁是指所有权不转移的租赁。

(2) 以融资租赁方式租入固定资产发生的租赁费支出，按照规定构成融资租入固定资产价值的部分应当提取折旧费用，分期扣除。融资租赁是指在实质上转移与一项资产所有权有关的全部风险和报酬的一种租赁。

12. 劳动保护费

企业发生的合理的劳动保护支出，准予扣除。

13. 公益性捐赠支出

公益性捐赠是指企业通过公益性社会团体或者县级(含县级)以上人民政府及其部门，用于《中华人民共和国公益事业捐赠法》规定的公益事业的捐赠。

企业发生的公益性捐赠支出，不超过年度利润总额 12%的部分，准予扣除。年度利润总额，是指企业依照国家统一会计制度的规定计算的年度会计利润。

(1) 用于公益事业的捐赠支出是指《中华人民共和国公益事业捐赠法》规定的向公益事业的捐赠支出，具体范围包括：① 救助灾害、救济贫困、扶助残疾人等困难的社会群体和个人的活动；② 教育、科学、文化、卫生、体育事业；③ 环境保护、社会公共设施建设；④ 促进社会发展和进步的其他社会公共和福利事业。

企事业单位、社会团体以及其他组织捐赠住房作为廉租住房的视同公益性捐赠，按上述规定执行。

(2) 公益性社会团体是指同时符合下列条件的基金会、慈善组织等社会团体：① 依法登记，具有法人资格；② 以发展公益事业为宗旨，且不以营利为目的；③ 全部资产及其增值为该法人所有；④ 收益和营运结余主要用于符合该法人设立目的的事业；⑤ 终止后的剩余财产不归属任何个人或者营利组织；⑥ 不经营与其设立目的无关的业务；⑦ 有健全的财务会计制度；⑧ 捐赠者不以任何形式参与社会团体财产的分配；⑨ 国务院财政、税务主管部门会同国务院民政部门等登记管理部门规定的其他条件。

(3) 公益性社会团体和县级以上人民政府及其组成部门和直属机构在接受捐赠时，捐赠资产的价值，按以下原则确认：① 接受捐赠的货币性资产，应当按照实际收到的金额计算；② 接受捐赠的非货币性资产，应当以其公允价值计算。捐赠方在向公益性社会团体和县级以上人民政府及其组成部门和直属机构捐赠时，应当提供注明捐赠非货币性资产公允价值的证明，如果不能提供上述证明，公益性社会团体和县级以上人民政府及其组成部门和直属机构不得向其开具公益性捐赠票据。

(4) 公益性社会团体和县级以上人民政府及其组成部门和直属机构在接受捐赠时，应按照行政管理级次分别使用由财政部或省、自治区、直辖市财政部门印制的公益性捐赠票据，并加盖本单位的印章；对个人索取捐赠票据的，应予以开具。

新设立的基金会在申请获得捐赠税前扣除资格后，原始基金的捐赠人可凭捐赠票据依法享受税前扣除。

14. 有关资产的费用

企业转让各类固定资产发生的费用，允许扣除。企业按规定计算的固定资产折旧费、无形资产和递延资产的摊销费，准予扣除。

15. 总机构分摊的费用

非居民企业在中国境内设立的机构、场所，就其中国境外总机构发生的与该机构、场所生产经营有关的费用，能够提供总机构出具的费用汇集范围、定额、分配依据和方法等证明文件，并合理分摊的，准予扣除。

16. 资产损失

(1) 企业当期发生的固定资产和流动资产盘亏、毁损净损失，由其提供清查盘存资料经主管税务机关审核后，准予扣除。

(2) 企业因存货盘亏、毁损、报废等原因不得从销项税金中抵扣的进项税金，应视同企业财产损失，准予与存货损失一起在所得税前按规定进行扣除。

【例 7-1】 某企业2014年5月因保管不善损失库存外购原材料32.79万元(含不含税运费2.79万元，该运输服务系一般纳税人运输企业提供)，8月份取得保险公司赔偿款10.5万元，则其当年税前准予扣除的财产损失为：

$$32.79+(32.79-2.79)\times17\%+2.79\times11\%-10.5=27.7\text{(万元)}$$

需要强调的是，2009年开始实施的新增值税条例对“非正常损失”的认定有变化，即：自然灾害损失不属于非正常损失，无需作进项税额转出。此项修改会影响到所得税前扣除损失的计量问题。

【例7-2】 某企业2014年5月因地震损失库存外购原材料32.79万元（含运费2.79万元，该运输服务系一般纳税人运输企业提供），8月份取得保险公司赔偿款10.5万元，则其当年税前准予扣除的财产损失为：

32.79－10.5＝22.29(万元)

17. 依照有关法律、行政法规和国家有关税法规定准予扣除的其他项目

如会员费、合理的会议费、差旅费、违约金、诉讼费用等。

五、不得扣除的项目

在计算应纳税所得额时，下列支出不得扣除：

(1) 向投资者支付的股息、红利等权益性投资收益款项。

(2) 企业所得税税款。

(3) 税收滞纳金。它是指纳税人违反税收法规，被税务机关处以的滞纳金。

(4) 罚金、罚款和被没收财物的损失。它是指纳税人违反国家有关法律、法规规定，被有关部门处以的罚款，以及被司法机关处以的罚金和被没收财物。

(5) 超过规定标准的捐赠支出。

(6) 赞助支出。它是指企业发生的与生产经营活动无关的各种非广告性质支出。

(7) 未经核定的准备金支出。它是指不符合国务院财政、税务主管部门规定的各项资产减值准备、风险准备等准备金支出。

(8) 企业之间支付的管理费、企业内营业机构之间支付的租金和特许权使用费，以及非银行企业内营业机构之间支付的利息。

(9) 与取得收入无关的其他支出。

六、亏损弥补

亏损是指企业依照企业所得税法和暂行条例的规定，将每一纳税年度的收入总额减除不征税收入、免税收入和各项扣除后小于零的数额，并非企业财务报表中的亏损额。

现行税法规定，企业某一纳税年度发生的亏损可以用下一年度的所得弥补，下一年度的所得不足以弥补的，可以逐年延续弥补，但最长不得超过5年。

5年内无论是盈利或亏损，均作为实际弥补期限连续计算。

【例7-3】 某企业10年内经营情况如表7-1所示，假设该企业一直执行上述“亏损弥补”的规定，则其弥补情况如下：

表 7－1

某企业 10 年内经营状况

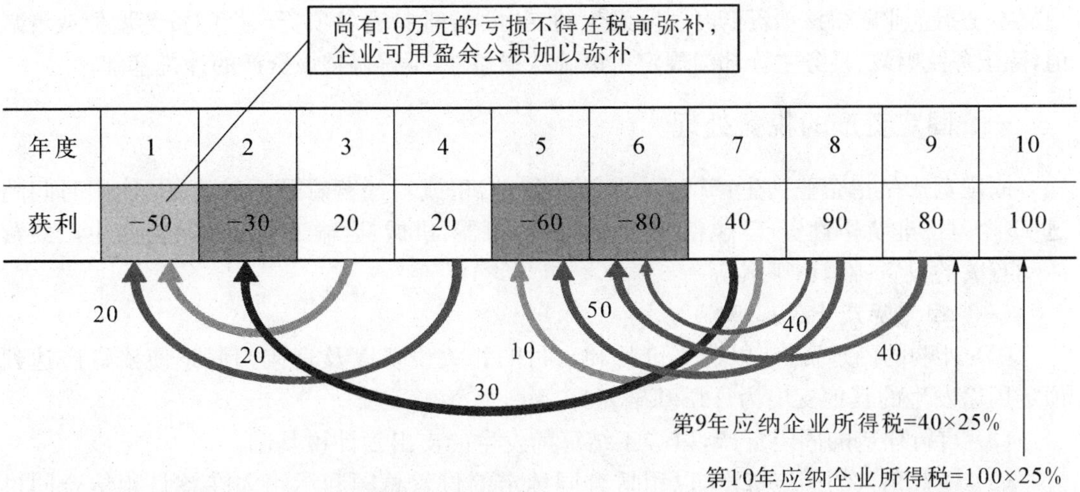

另外，企业在汇总计算缴纳企业所得税时，其境外营业机构的亏损不得抵减境内营业机构的盈利，企业境外业务之间的盈亏可以互相弥补。

【例 7－4】 某中国企业(居民企业)在境外 A、B 两个国家设有分支机构，其应纳税所得额如表 7－2 所示。

表 7－2

某中国企业应纳税所得额

单位：万元

年　度	境内应纳税所得额	A 国应纳税所得额	B 国应纳税所得额
2008	1 500	－300	500
2009	2 000	500	300

按照规定，2008年该公司在 A 国分支机构的亏损 300 万元不得用境内应纳税所得额 1 500万元弥补，也不得用该公司在 B 国分支机构的应纳税所得额弥补，只能用该公司在 A 国分支机构以后年度的盈利弥补。

第四节　资产的税务处理

资产是由于资本投资而形成的财产，对于资本性支出以及无形资产受让、开办、开发费用，不允许作为成本、费用从纳税人的收入总额中做一次性扣除，只能采取分次计提折旧或分次摊销的方式予以扣除。即纳税人经营活动中使用的固定资产的折旧费用、无形资产和长期待摊费用的摊销费用可以扣除。税法规定，纳入税务处理范围的资产形式主要有固定资产、生物资产、无形资产、长期待摊费用、投资资产、存货等，均以历史成本为计税基础。历史成本是指企业取得该项资产时实际发生的支出。企业持有各项资产期间资产增值或者减值，除国务院财政、税务主管部门规定可以确认损益外，不得调整该资产的计税基础。

一、固定资产的税务处理

固定资产是指企业为生产产品、提供劳务、出租或者经营管理而持有的、使用时间超过 12 个月的非货币性资产，包括房屋、建筑物、机器、机械、运输工具以及其他与生产经营活动有关的设备、器具、工具等。

（一）固定资产计税基础

（1）外购的固定资产，以购买价款和支付的相关税费以及直接归属于使该资产达到预定用途发生的其他支出为计税基础。

（2）自行建造的固定资产，以竣工结算前发生的支出为计税基础。

（3）融资租入的固定资产，以租赁合同约定的付款总额和承租人在签订租赁合同过程中发生的相关费用为计税基础，租赁合同未约定付款总额的，以该资产的公允价值和承租人在签订租赁合同过程中发生的相关费用为计税基础。

（4）盘盈的固定资产，以同类固定资产的重置完全价值为计税基础。

（5）通过捐赠、投资、非货币性资产交换、债务重组等方式取得的固定资产，以该资产的公允价值和支付的相关税费为计税基础。

（6）改建的固定资产，除已足额提取折旧的固定资产和租入的固定资产以外的其他固定资产，以改建过程中发生的改建支出增加计税基础。

（二）固定资产折旧的范围

在计算应纳税所得额时，企业按照规定计算的固定资产折旧，准予扣除。下列固定资产不得计算折旧扣除：

（1）房屋、建筑物以外未投入使用的固定资产。

（2）以经营租赁方式租入的固定资产。

（3）以融资租赁方式租出的固定资产。

（4）已足额提取折旧仍继续使用的固定资产。

（5）与经营活动无关的固定资产。

（6）单独估价作为固定资产入账的土地。

（7）其他不得计算折旧扣除的固定资产。

（三）固定资产折旧的计提方法

（1）企业应当自固定资产投入使用月份的次月起计算折旧；停止使用的固定资产，应当自停止使用月份的次月起停止计算折旧。

(2) 企业应当根据固定资产的性质和使用情况，合理确定固定资产的预计净残值。固定资产的预计净残值一经确定，不得变更。

(3) 固定资产按照直线法计算的折旧，准予扣除。

(四) 固定资产折旧的计提年限

除国务院财政、税务主管部门另有规定外，固定资产计算折旧的最低年限如下：

(1) 房屋、建筑物，为 20 年。

(2) 飞机、火车、轮船、机器、机械和其他生产设备，为 10 年。

(3) 与生产经营活动有关的器具、工具、家具等，为 5 年。

(4) 飞机、火车、轮船以外的运输工具，为 4 年。

(5) 电子设备，为 3 年。

从事开采石油、天然气等矿产资源的企业，在开始商业性生产前发生的费用和有关固定资产的折耗、折旧方法，由国务院财政、税务主管部门另行规定。

二、生物资产的税务处理

生物资产是指有生命的动物和植物。生物资产分为消耗性生物资产、生产性生物资产和公益性生物资产。消耗性生物资产是指为出售而持有的或在将来收获为农产品的生物资产，包括生长中的农田作物、蔬菜、用材林以及存栏待售的牲畜等。生产性生物资产是指为产出农产品、提供劳务或出租等目的而持有的生物资产，包括经济林、薪炭林、产畜和役畜等。公益性生物资产是指以防护、环境保护为主要目的的生物资产，包括防风固沙林、水土保持林和水源涵养林等。

(一) 生物资产的计税基础

生产性生物资产按照以下方法确定计税基础：

(1) 外购的生产性生物资产，以购买价款和支付的相关税费为计税基础。

(2) 通过捐赠、投资、非货币性资产交换、债务重组等方式取得的生产性生物资产，以该资产的公允价值和支付的相关税费为计税基础。

(二) 生物资产的折旧方法和折旧年限

生产性生物资产按照直线法计算的折旧，准予扣除。企业应当自生产性生物资产投入使用月份的次月起计算折旧；停止使用的生产性生物资产，应当自停止使用月份的次月起停止计算折旧。

企业应当根据生产性生物资产的性质和使用情况，合理确定生产性生物资产的预计净残值。生产性生物资产的预计净残值一经确定，不得变更。

生产性生物资产计算折旧的最低年限如下：

(1) 林木类生产性生物资产，为10 年。

(2) 畜类生产性生物资产，为3年。

三、无形资产的税务处理

无形资产是指企业长期使用但没有实物形态的资产，包括专利权、商标权、著作权、土地使用权、非专利技术、商誉等。

（一）无形资产的计税基础

无形资产按照以下方法确定计税基础：

（1）外购的无形资产，以购买价款和支付的相关税费以及直接归属于使该资产达到预定用途发生的其他支出为计税基础。

（2）自行开发的无形资产，以开发过程中该资产符合资本化条件后至达到预定用途前发生的支出为计税基础。

（3）通过捐赠、投资、非货币性资产交换、债务重组等方式取得的无形资产，以该资产的公允价值和支付的相关税费为计税基础。

（二）无形资产摊销的范围

在计算应纳税所得额时，企业按照规定计算的无形资产摊销费用，准予扣除。

下列无形资产不得计算摊销费用扣除：

（1）自行开发的支出已在计算应纳税所得额时扣除的无形资产。

（2）自创商誉。

（3）与经营活动无关的无形资产。

（4）其他不得计算摊销费用扣除的无形资产。

（三）无形资产的摊销方法及年限

无形资产的摊销，采取直线法计算。无形资产的摊销年限不得低于 10 年。作为投资或者受让的无形资产，有关法律规定或者合同约定了使用年限的，可以按照规定或者约定的使用年限分期摊销。外购商誉的支出，在企业整体转让或者清算时，准予扣除。

四、长期待摊费用的税务处理

长期待摊费用是指企业发生的应在一个年度以上或几个年度进行摊销的费用。在计算应纳税所得额时，企业发生的下列支出作为长期待摊费用，按照规定摊销的，准予扣除：

（1）已足额提取折旧的固定资产的改建支出。

（2）租入固定资产的改建支出。

（3）固定资产的大修理支出。

（4）其他应当作为长期待摊费用的支出。

企业的固定资产修理支出可在发生当期直接扣除。企业的固定资产改良支出，如果有关固定资产尚未提足折旧，可增加固定资产价值；如有关固定资产已提足折旧，可作为长期待摊费用，在规定的期间内平均摊销。

固定资产的改建支出是指改变房屋或者建筑物结构、延长使用年限等发生的支出。已足额提取折旧的固定资产的改建支出，按照固定资产预计尚可使用年限分期摊销；租入固定资产的改建支出，按照合同约定的剩余租赁期限分期摊销；改建的固定资产延长使用年限的，除已足额提取折旧的固定资产、租入固定资产的改建支出外，其他的固定资产发生改建支出，应当适当延长折旧年限。

大修理支出，按照固定资产尚可使用年限分期摊销。

企业所得税法所指固定资产的大修理支出，是指同时符合下列条件的支出：

(1) 修理支出达到取得固定资产时的计税基础50%以上。

(2) 修理后固定资产的使用年限延长2年以上。

其他应当作为长期待摊费用的支出，自支出发生月份的次月起，分期摊销，摊销年限不得低于3年。

五、存货的税务处理

存货是指企业持有以备出售的产品或者商品、处在生产过程中的在产品、在生产或者提供劳务过程中耗用的材料和物料等。

(一) 存货的计税基础

存货按照以下方法确定成本：

(1) 通过支付现金方式取得的存货，以购买价款和支付的相关税费为成本。

(2) 通过支付现金以外的方式取得的存货，以该存货的公允价值和支付的相关税费为成本。

(3) 生产性生物资产收获的农产品，以产出或者采收过程中发生的材料费、人工费和分摊的间接费用等必要支出为成本。

(二) 存货的成本计算方法

企业使用或者销售的存货的成本计算方法，可以在先进先出法、加权平均法、个别计价法中选用一种。计价方法一经选用，不得随意变更。

企业转让以上资产，在计算企业应纳税所得额时，资产的净值允许扣除。其中，资产的净值是指有关资产、财产的计税基础减除已经按照规定扣除的折旧、折耗、摊销、准备金等后的余额。

除国务院财政、税务主管部门另有规定外，企业在重组过程中，应当在交易发生时确认有关资产的转让所得或者损失，相关资产应当按照交易价格重新确定计税基础。

六、投资资产的税务处理

投资资产是指企业对外进行权益性投资和债权性投资而形成的资产。

（一）投资资产的成本

投资资产按以下方法确定投资成本：

（1）通过支付现金方式取得的投资资产，以购买价款为成本。

（2）通过支付现金以外的方式取得的投资资产，以该资产的公允价值和支付的相关税费为成本。

（二）投资资产成本的扣除方法

企业对外投资期间，投资资产的成本在计算应纳税所得额时不得扣除，企业在转让或者处置投资资产时，投资资产的成本准予扣除。

第五节 企业所得税的计算

一、居民企业应纳税额的计算

居民企业应纳企业所得税的计算包括查账征收和核定征收两种方式。

（一）查账征收

居民企业应缴纳所得税额等于应纳税所得额乘以适用税率，基本计算公式为：

应纳税额＝应纳税所得额×适用税率－减免税额－抵免税额

根据计算公式可以看出，应纳税额的多少，取决于应纳税所得额和适用税率两个因素。在实际过程中，应纳税所得额的计算一般有两种方法。

1. 直接计算法

在直接计算法下，企业每一纳税年度的收入总额减除不征税收入、免税收入、各项扣除以及允许弥补的以前年度亏损后的余额为应纳税所得额。计算公式为：

应纳税所得额＝收入总额－不征税收入－免税收入－各项扣除金额－弥补亏损

2. 间接计算法

在间接计算法下，是在会计利润总额的基础上加或减按照税法规定调整的项目金额后，即为应纳税所得额。计算公式为：

应纳税所得额＝会计利润总额±纳税调整项目金额

税收调整项目金额包括两方面的内容，一是企业的财务会计处理和税收规定不一致的应予以调整的金额；二是企业按税法规定准予扣除的税收金额。

【例 7－5】 某市一居民企业为增值税一般纳税人，主要生产家用电器，2013年度有关经营业务如下：

（1）销售取得不含税收入8 600万元，与家电配比的销售成本5 660万元。

(2) 转让技术所有权取得收入700万元，直接与技术所有权转让有关的成本和费用100万元。

(3) 出租设备取得租金收入200万元，接受原材料捐赠取得增值税专用发票注明材料金额50万元、增值税进项税金8.5万元，取得国债利息收入30万元。

(4) 购进原材料共计3 000万元，取得增值税专用发票注明进项税税额510万元；支付购料不含税运输费用共计230万元，取得运输企业开具的货物运输业增值税专用发票。

(5) 销售费用1 650万元，其中广告费1 400万元。

(6) 管理费用850万元，其中业务招待费90万元。

(7) 财务费用80万元，其中含向非金融企业(非关联企业)借款500万元所支付的年利息40万元(当年金融企业贷款的年利率为5.8%)。

(8) 计入成本、费用中的实发工资540万元；发生的工会经费15万元、职工福利费82万元、职工教育经费18万元。

(9) 营业外支出300万元，其中包括通过公益性社会团体向贫困山区的捐款150万元。

其他相关资料：① 上述销售费用、管理费用和财务费用不涉及转让费用；② 取得的相关票据均通过主管税务机关认证。

要求：根据上述资料，按下列计算回答总问题，每问需计算出合计数：

(1) 企业2013年应缴纳的增值税。

(2) 企业2013年应缴纳的营业税。

(3) 企业2013年应缴纳的城市维护建设税和教育费附加。

(4) 企业2013年实现的会计利润。

(5) 广告费用应调整的应纳税所得额。

(6) 业务招待费应调整的应纳税所得额。

(7) 财务费用应调整的应纳税所得额。

(8) 职工工会经费、职工福利费、职工教育经费应调整的应纳税所得额。

(9) 公益性捐赠应调整的应纳税所得额。

(10) 企业2013年度企业所得税的应纳税所得额。

(11) 企业2013年度应缴纳的企业所得税。

解：

(1) 应纳增值税＝8 600×17%－8.5－510－230×11%＝918.2(万元)

(2) 应纳营业税＝200×5%＝10(万元)

(3) 应纳城市维护建设税和教育费附加＝(918.2＋10)×(7%＋3%)＝92.82(万元)

(4) 会计利润＝8 600－5 660＋700－100＋200＋50＋8.5＋30－1 650－850－80－300－10－92.82＝845.68(万元)

(5) 销售(营业)收入＝8 600＋200＝8 800(万元)

广告费用应调整的应纳税所得额＝1 400－8 800×15％＝80(万元)

(6) 业务招待费×60％＝90×60％＝54(万元)，销售(营业)收入×5‰＝8 800×5‰＝44(万元)

业务招待费应调整的应纳税所得额＝90－44＝46(万元)

(7) 财务费用应调整的应纳税所得额＝40－500×5.8％＝11(万元)

(8) 工会经费扣除限额＝540×2％＝10.8(万元)，调增 15－10.8＝4.2(万元)

职工福利费扣除限额＝540×14％＝75.6(万元)，调增 82－75.6＝6.4(万元)

职工教育经费＝540×2.5％＝13.5(万元)，调增 18－13.5＝4.5(万元)

职工工会经费、职工福利费、职工教育经费应调整的应纳税所得额＝4.2＋6.4＋4.5＝15.1(万元)

(9) 公益性捐赠应调整的应纳税所得额＝150－845.68×12％＝48.52(万元)

(10) 企业所得税的应纳税所得额＝844.76＋80＋46＋11＋15.1＋48.52－30＝1 015.38(万元)

(11) 应纳企业所得税＝(1 015.38－600)×25％＋100×25％×50％＝116.35(万元)

【例 7－6】 某内资生产企业为增值税一般纳税人。2013年度有关经营情况如下：

(1) 12 月购进一台安全生产专用设备，取得的增值税专用发票上注明支付设备价款 120 万元、增值税进项税额20.4万元。

(2) 全年外购原材料共计金额 780 万元，取得的增值税专用发票上注明的税额132.6 万元，并通过主管税务机关认证，支付购进原材料的不含税运输费用共计 30 万元，并取得运输企业开具的货物运输业增值税专用发票。

(3) 全年销售产品开具增值税专用发票取得不含税收入2 800万元，开具普通发票取得含税收入 351 万元。

(4) 产品销售成本1 500万元。

(5) 发生销售费用 560 万元，其中广告费和宣传费 500 万元。

(6) 发生财务费用 200 万元，其中企业于2012年 10 月因某项不动产在建工程专项借款 300 万元，合同约定的利率为 6％，2013年年底工程尚未完工。

(7) 发生管理费用 593 万元，其中业务招待费 25 万元、支付给关联企业管理费 9 万元，企业自创商誉发生支出 400 万元，计提用于环境保护的专项资金 29 万元。

(8) 营业外支出反映业务：通过红十字会向某灾区捐资 30 万元；由于管理不善，产品被盗，损失的产品生产成本 50 万元，经测算，产品成本中外购原材料的比重占 60％，外购材料的增值税税率为 17％。

(9) 已在成本费用中列支的实发工资总额 500 万元，并按实际发生数列支了福利费 105 万元，上缴工会经费 10 万元并取得《工会经费专用拨缴款收据》，职工教育经费支出 20 万元。

(10) 投资收益共计 54 万元，其中2012年 1 月份企业以货币资金 100 万元购买境内一非上市公司 10％的股权，2013年 5 月被投资方作出分红 40 万元的利润分配决定，并于 8

月份通过转账支票到账；国债利息收入 50 万元。

要求：按下列顺序回答问题，每问均为共计金额：

(1) 计算该企业2013年度共计应缴纳的流转税、城建税和教育费附加。

(2) 计算该企业2013年应税收入总额。

(3) 计算该企业2013年所得税前准许扣除的销售费用。

(4) 计算该企业2013年所得税前准许扣除的财务费用。

(5) 计算该企业2013年所得税前准许扣除的管理费用。

(6) 计算该企业2013年企业会计利润总额。

(7) 计算该企业2013年所得税前准予扣除的营业外支出。

(8) 计算该企业2013年工资及三项经费纳税调增金额。

(9) 计算该企业2013年应纳税所得额。

(10) 计算该企业2013年实际应纳所得税额。

解：

(1) 销项税额＝2 800×17%＋351÷(1＋17%)×17%＝527(万元)

本期可抵扣进项税额＝20.4＋132.6＋30×11%－50×60%×17%＝151.2(万元)

2013年度应缴纳的增值税＝527－151.2＝375.8(万元)

城建税和教育费附加＝375.8×(7%＋3%)＝37.58(万元)

应缴纳的流转税、城建税和教育费附加合计＝375.8＋37.58＝413.38(万元)

(2) 2013年应税收入总额＝2 800＋351÷(1＋17%)＝3 100(万元)

提示：国债利息收入 50 万元；符合条件的居民企业之间的股息、红利等权益性投资收益 40×10%＝4(万元)，均是免税收入。

(3) 广告费和宣传费扣除限额＝3 100×15%＝465(万元)，实际发生额 500 万元超过扣除限额 465 万元，准予税前列支 465 万元。

所得税前准许扣除的销售费用＝560－(500－465)＝525(万元)

(4) 工程专门借款利息，为资本化利息支出，不得扣除。

所得税前准许扣除的财务费用＝200－300×6%＝182(万元)

(5) 业务招待费扣除限额＝3 100×5‰＝15.5(万元)，实际发生数×60%＝25×60%＝15(万元)，只能税前扣除 15 万元。

支付给关联企业管理费 9 万元，不得税前扣除。

自创商誉发生的支出 400 万元，不得税前扣除，也不能进行摊销。

环境保护的支出 29 万元，准予扣除。

所得税前准许扣除的管理费用＝593－(25－15)－9－400＝174(万元)

(6) 企业会计利润总额＝3 100＋54－1 500－37.58－560－(200－300×6%)(会计差错)－(593－400)(会计差错)－(30＋50＋50×60%×17%)＝593.04(万元)

提示:计算会计利润应当是以正确的会计核算为基础的,所以,对于会计中存在的差错,首先要进行会计上的调整,再以正确会计核算下实际发生的成本费用等各项支出在会计利润中扣除。

(7) 捐赠支出扣除限额＝593.04×12％＝71.16(万元),实际捐赠支出为 30 万元,可以据实扣除。

所得税前准予扣除的营业外支出＝30＋50＋50×60％×17％＝85.1(万元)

(8) 福利费扣除限额＝500×14％＝70(万元),实际列支 105 万元,纳税调增 35 万元。

职工教育经费扣除限额＝500×2.5％＝12.5(万元),实际列支 20 万元,纳税调增7.5万元。

工会经费扣除限额＝500×2％＝10(万元),实际列支 10 万元,据实扣除。

工资及三项经费纳税调增＝35＋7.5＝42.5(万元)

(9) 应纳税所得额＝3 100－1 500－37.58－525－182－174－85.1＋42.5＝638.82(万元)

(10) 应纳所得税额＝638.82×25％＝159.71(万元)

安全生产设备投资抵免＝(120＋20.4)×10％＝14.04(万元)

实际应纳所得税额＝159.71－14.04＝145.67(万元)

(二) 核定征收

为了加强企业所得税征收管理,规范核定征收企业所得税工作,保障国家税款及时足额入库,维护纳税人合法权益,根据《中华人民共和国企业所得税法》及其实施条例、《中华人民共和国税收征收管理法》及其实施细则的有关规定,核定征收企业所得税的有关规定如下。

1. 核定征收企业所得税的范围

本办法适用于居民企业纳税人,纳税人具有下列情形之一的,核定征收企业所得税:

(1) 依照法律、行政法规的规定可以不设置账簿的。

(2) 依照法律、行政法规的规定应当设置但未设置账簿的。

(3) 擅自销毁账簿或者拒不提供纳税资料的。

(4) 虽设置账簿,但账目混乱或者成本资料、收入凭证、费用凭证残缺不全,难以查账的。

(5) 发生纳税义务,未按照规定的期限办理纳税申报,经税务机关责令限期申报,逾期仍不申报的。

(6) 申报的计税依据明显偏低,又无正当理由的。

特殊行业、特殊类型的纳税人和一定规模以上的纳税人不适用本办法。上述特定纳税人由国家税务总局另行明确。

2. 核定征收的办法

税务机关应根据纳税人具体情况,对核定征收企业所得税的纳税人,核定应税所得率或者核定应纳所得税额。

(1) 具有下列情形之一的，核定其应税所得率：① 能正确核算(查实)收入总额，但不能正确核算(查实)成本费用总额的；② 能正确核算(查实)成本费用总额，但不能正确核算(查实)收入总额的；③ 通过合理方法，能计算和推定纳税人收入总额或成本费用总额的。

纳税人不属于以上情形的，核定其应纳所得税额。

(2) 税务机关采用下列方法核定征收企业所得税：① 参照当地同类行业或者类似行业中经营规模和收入水平相近的纳税人的税负水平核定。② 按照应税收入额或成本费用支出额定率核定。③ 按照耗用的原材料、燃料、动力等推算或测算核定。④ 按照其他合理方法核定。

采用前款所列一种方法不足以正确核定应纳税所得额或应纳税额的，可以同时采用两种以上的方法核定。采用两种以上方法测算的应纳税额不一致时，可按测算的应纳税额从高核定。

采用应税所得率方式核定征收企业所得税的，应纳所得税额计算公式为：

应纳所得税额＝应纳税所得额×适用税率

应纳税所得额＝应税收入额×应税所得率

或：　应纳税所得额＝成本(费用)支出额÷(1－应税所得率)×应税所得率

实行应税所得率方式核定征收企业所得税的纳税人，经营多业的，无论其经营项目是否单独核算，均由税务机关根据其主营项目确定适用的应税所得率。

主营项目应为纳税人所有经营项目中，收入总额或者成本(费用)支出额或者耗用原材料、燃料、动力数量所占比重最大的项目。

应税所得率按表 7-3 规定的幅度标准确定。

表 7-3

应税所得率幅度标准

行　业	所得税率
农、林、牧、渔业	3%～10%
制造业	5%～15%
批发和零售贸易业	4%～15%
交通运输业	7%～15%
建筑业	8%～20%
饮食业	8%～25%
娱乐业	15%～30%
其他行业	10%～30%

纳税人的生产经营范围、主营业务发生重大变化，或者应纳税所得额或应纳税额增减变化达到 20%的，应及时向税务机关申报调整已确定的应纳税额或应税所得率。

3. 核定征收企业所得税的管理

(1) 主管税务机关应及时向纳税人送达《企业所得税核定征收鉴定表》，及时完成对其核定征收企业所得税的鉴定工作。具体程序如下：

第一，纳税人应在收到《企业所得税核定征收鉴定表》后 10 个工作日内，填好该表并报送主管税务机关。《企业所得税核定征收鉴定表》一式三联，主管税务机关和县税务机关各执一联；另一联送达纳税人执行。主管税务机关还可根据实际工作需要，适当增加联次备用。

第二，主管税务机关应在受理《企业所得税核定征收鉴定表》后 20 个工作日内，分类逐户审查核实，提出鉴定意见，并报县税务机关复核、认定。

第三，县税务机关应在收到《企业所得税核定征收鉴定表》后 30 个工作日内，完成复核、认定工作。

纳税人收到《企业所得税核定征收鉴定表》后，未在规定期限内填列、报送的，税务机关视同纳税人已经报送，按上述程序进行复核认定。

(2) 税务机关应在每年 6 月底前对上年度实行核定征收企业所得税的纳税人进行重新鉴定。重新鉴定工作完成前，纳税人可暂按上年度的核定征收方式预缴企业所得税；重新鉴定工作完成后，按重新鉴定的结果进行调整。

(3) 主管税务机关应当分类逐户公示核定的应纳所得税额或应税所得率。主管税务机关应当按照便于纳税人及社会各界了解、监督的原则确定公示地点和方式。

纳税人对税务机关确定的企业所得税征收方式、核定的应纳所得税额或应税所得率有异议的，应当提供合法、有效的相关证据，税务机关经核实认定后调整有异议的事项。

(4) 纳税人实行核定应税所得率方式的，按下列规定申报纳税：

第一，主管税务机关根据纳税人应纳税额的大小确定纳税人按月或者按季预缴，年终汇算清缴。预缴方法一经确定，一个纳税年度内不得改变。

第二，纳税人应依照确定的应税所得率计算纳税期间实际应缴纳的税额，进行预缴。按实际数额预缴有困难的，经主管税务机关同意，可按上一年度应纳税额的 1/12 或 1/4 预缴，或者按经主管税务机关认可的其他方法预缴。

第三，纳税人预缴税款或年终进行汇算清缴时，应按规定填写《中华人民共和国企业所得税月(季)度预缴纳税申报表(B 类)》，在规定的纳税申报时限内报送主管税务机关。

(5) 纳税人实行核定应纳所得税额方式的，按下列规定申报纳税：

第一，纳税人在应纳所得税额尚未确定之前，可暂按上年度应纳所得税额的 1/12 或

1/4 预缴，或者按经主管税务机关认可的其他方法，按月或按季分期预缴。

第二，在应纳所得税额确定以后，减除当年已预缴的所得税额，余额按剩余月份或季度均分，以此确定以后各月或各季的应纳税额，由纳税人按月或按季填写《中华人民共和国企业所得税月（季）度预缴纳税申报表（B 类）》，在规定的纳税申报期限内进行纳税申报。

第三，纳税人年度终了后，在规定的时限内按照实际经营额或实际应纳税额向税务机关申报纳税。申报额超过核定经营额或应纳税额的，按申报额缴纳税款；申报额低于核定经营额或应纳税额的，按核定经营额或应纳税额缴纳税款。

(6) 对违反本办法规定的行为，按照《中华人民共和国税收征收管理法》及其实施细则的有关规定处理。

二、非居民企业应纳税额的计算

对于在中国境内未设立机构、场所的，或者虽设立机构、场所但取得的所得与其所设机构、场所没有实际联系的非居民企业的所得，按照下列方法计算应纳税所得额：

(1) 股息、红利等权益性投资收益和利息、租金、特许权使用费所得，以收入全额为应纳税所得额。

(2) 转让财产所得，以收入全额减除财产净值后的余额为应纳税所得额。

(3) 其他所得，参照前两项规定的方法计算应纳税所得额。

财产净值是指财产的计税基础减除已经按照规定扣除的折旧、折耗、摊销、准备金等后的余额。

具体征收管理规定如下：

(1) 扣缴义务人在每次向非居民企业支付或者到期应支付所得时，应从支付或者到期应支付的款项中扣缴企业所得税。

到期应支付的款项是指支付人按照权责发生制原则应当计入相关成本、费用的应付款项。

扣缴义务人每次代扣代缴税款时，应当向其主管税务机关报送《中华人民共和国扣缴企业所得税报告表》(以下简称扣缴表)及相关资料，并自代扣之日起 7 日内缴入国库。

(2) 扣缴企业所得税应纳税额计算。

扣缴企业所得税应纳税额＝应纳税所得额×实际征收率

应纳税所得额的计算，按上述(1)～(3)项的规定为标准；实际征收率是指企业所得税法及其实施条例等相关法律法规规定的税率，或者税收协定规定的更低的税率。

(3) 扣缴义务人对外支付或者到期应支付的款项为人民币以外货币的，在申报扣缴企业所得税时，应当按照扣缴当日国家公布的人民币汇率中间价，折合成人民币计算应纳税所得额。

(4) 扣缴义务人与非居民企业签订应税所得有关的业务合同时，凡合同中约定由扣缴义务人负担应纳税款的，应将非居民企业取得的不含税所得换算为含税所得后计算征税。

(5) 按照企业所得税法及其实施条例和相关税收法规规定，给予非居民企业减免税优惠的，应按相关税收减免管理办法和行政审批程序的规定办理。对未经审批或者减免税申请未得到批准之前，扣缴义务人发生支付款项的，应按规定代扣代缴企业所得税。

(6) 非居民企业可以适用的税收协定与国内相关法规有不同规定的，可申请执行税收协定规定；非居民企业未提出执行税收协定规定申请的，按国内税收法律法规的有关规定执行。

(7) 非居民企业已按国内税收法律法规的有关规定征税后，提出享受减免税或税收协定待遇申请的，主管税务机关经审核确认应享受减免税或税收协定待遇的，对多缴纳的税款应依据税收征管法及其实施细则的有关规定予以退税。

(8) 因非居民企业拒绝代扣税款的，扣缴义务人应当暂停支付相当于非居民企业应纳税款的款项，并在 1 日之内向其主管税务机关报告，并报送书面情况说明。

(9) 扣缴义务人未依法扣缴或者无法履行扣缴义务的，非居民企业应于扣缴义务人支付或者到期应支付之日起 7 日内，到所得发生地主管税务机关申报缴纳企业所得税。

股权转让交易双方为非居民企业且在境外交易的，由取得所得的非居民企业自行或委托代理人向被转让股权的境内企业所在地主管税务机关申报纳税。被转让股权的境内企业应协助税务机关向非居民企业征缴税款。

扣缴义务人所在地与所得发生地不在一地的，扣缴义务人所在地主管税务机关应自确定扣缴义务人未依法扣缴或者无法履行扣缴义务之日起 5 个工作日内，向所得发生地主管税务机关发送《非居民企业税务事项联络函》，告知非居民企业的申报纳税事项。

(10) 非居民企业依照有关规定申报缴纳企业所得税，但在中国境内存在多处所得发生地，并选定其中之一申报缴纳企业所得税的，应向申报纳税所在地主管税务机关如实报告有关情况。申报纳税所在地主管税务机关在受理申报纳税后，应将非居民企业申报缴纳所得税情况书面通知扣缴义务人所在地和其他所得发生地主管税务机关。

(11) 非居民企业未依照有关规定申报缴纳企业所得税，由申报纳税所在地主管税务机关责令限期缴纳，逾期仍未缴纳的，申报纳税所在地主管税务机关可以收集、查实该非居民企业在中国境内其他收入项目及其支付人（以下简称其他支付人）的相关信息，并向其他支付人发出《税务事项通知书》，从其他支付人应付的款项中，追缴该非居民企业的应纳税款和滞纳金。

其他支付人所在地与申报纳税所在地不在一地的，其他支付人所在地主管税务机关应给予配合和协助。

(12) 对多次付款的合同项目，扣缴义务人应当在履行合同最后一次付款前 15 日内，向主管税务机关报送合同全部付款明细、前期扣缴表和完税凭证等资料，办理扣缴税款清算手续。

三、境外所得抵扣税额的计算

企业取得的下列所得已在境外缴纳的所得税税额，可以从其当期应纳税额中抵免，抵免限额为该项所得依照本法规定计算的应纳税额；超过抵免限额的部分，可以在以后 5 个年度内，用每年度抵免限额抵免当年应抵税额后的余额进行抵补：

(1) 居民企业来源于中国境外的应税所得。

(2) 非居民企业在中国境内设立机构、场所，取得发生在中国境外但与该机构、场所有实际联系的应税所得。

居民企业从其直接或者间接控制的外国企业分得的来源于中国境外的股息、红利等权益性投资收益，外国企业在境外实际缴纳的所得税税额中属于该项所得负担的部分，可以作为该居民企业的可抵免境外所得税税额，在企业所得税税法规定的抵免限额内抵免。

上述所称直接控制，是指居民企业直接持有外国企业 20%以上股份。

上述所称间接控制，是指居民企业以间接持股方式持有外国企业 20%以上股份，具体认定办法由国务院财政、税务主管部门另行制定。

已在境外缴纳的所得税税额是指企业来源于中国境外的所得依照中国境外税收法律以及相关规定应当缴纳并已经实际缴纳的企业所得税性质的税款。企业依照企业所得税法的规定抵免企业所得税税额时，应当提供中国境外税务机关出具的税款所属年度的有关纳税凭证。

抵免限额是指企业来源于中国境外的所得，依照企业所得税法和本条例的规定计算的应纳税额。除国务院财政、税务主管部门另有规定外，该抵免限额应当分国(地区)不分项计算，计算公式为：

抵免限额＝中国境内、境外所得依照企业所得税法和条例规定计算的应纳税总额
×来源于某国(地区)的应纳税所得额÷中国境内、境外应纳税所得总额

前述 5 个年度，是指从企业取得的来源于中国境外的所得，已经在中国境外缴纳的企业所得税性质的税额超过抵免限额的当年的次年起连续 5 个纳税年度。

【例 7-7】 某居民企业是设在西部地区的国家鼓励类企业(企业所得税适用税率为 15%)，在境外 A、B 两国分别设有分支机构，2012年和2013年发生以下经济事项：

(1) 2012年境内所得 500 万元,在 A 国的分支机构取得生产经营所得 120 万元,A 国公司所得税税率为 40%;在 A 国取得特许权使用费所得 30 万元,A 国预提所得税税率 20%;从 B 国分支机构分回税后利润 40 万元,已在 B 国纳税 12 万元。

(2) 2013年境内所得 650 万元,从 A 国分回股息红利 32 万元(已在 A 国缴纳 20%的预提所得税),B 国经营亏损 25 万。

要求:分别计算2012年和2013年该企业汇总应纳的企业所得税。

解:

(1) 2012年汇总缴纳所得税的计算:

① A 国已纳税款扣除限额=(500+120+30)×25%×[(120+30)÷(500+120+30)]
=27.5(万元)

在 A 国已纳税款=120×40%+30×20%=54(万元)

A 国已纳税款 54 万元高于扣除限额37.5万元,2012年应按限额37.5万元扣除,超过限额的16.5万元当年不得扣除。

② B 国应纳税所得额=40+15=55(万元)

B 国已纳税款扣除限额=(500+55)×25%×[55÷(500+55)]=13.75(万元)

在 B 国已纳税款 12 万元,低于扣除限额13.75万元,可全额扣除。

③ 2012年度汇总缴纳企业所得税=500×15%+(120+30+55)×25%-37.5-12=76.75(万元)

(2) 2013年汇总缴纳所得税的计算:

① A 国应纳税所得额=32÷(1-20%)=40(万元)

② 在 A 国已纳税款=40×20%=8(万元)

③ 境外不同国家之间的盈亏不能相互弥补

④ A 国已纳税款扣除额=(650+40)×25%×[40÷(650+40)]=10(万元)

在 A 国已纳税款 8 万元低于扣除限额 10 万元,已纳税款 8 万元可据实扣除。同时2012年 A 国已纳税款超过扣除限额的16.5万元部分准予在2013年度补扣 2 万元。

⑤ 2013年度汇总缴纳企业所得税=650×15%+40×25%-8-2=97.5(万元)

四、清算所得的所得税处理

企业依法清算时,以其清算终了后的清算所得为应纳税所得额,按规定缴纳企业所得税,所谓清算所得,是指企业的全部资产可变现价值或者交易价格减除资产净值、清算费用以及相关税费等后的余额。

投资方企业从被清算企业分得的剩余资产,其中相当于从清算企业累计未分配利润和累计盈余公积中应当分得的部分,应当确认为股息所得,剩余资产减除上述股息所得后的余额,超过或者低于投资成本的部分,应当确认为投资资产转让所得或者损失。

五、房地产开发企业所得税预缴税款的处理

(1) 房地产开发企业按当年实际利润据实分季(或月)预缴企业所得税的，对开发、建造的住宅、商业用房以及其他建筑物、附着物、配套设施等开发产品，在未完工前采取预售方式销售取得的预售收入，按照规定的预计利润率分季(或月)计算出预计利润额，计入利润总额预缴，开发产品完工、结算计税成本后按照实际利润再行调整。

(2) 预计利润率暂按以下规定的标准确定：

第一，非经济适用房开发项目：① 位于省、自治区、直辖市和计划单列市人民政府所在地城区和郊区的，不得低于20%。② 位于地级市、地区、盟、州城区及郊区的，不得低于15%。③ 位于其他地区的，不得低于10%。

第二，经济适用房开发项目。经济适用房开发项目符合建设部、国家发展和改革委员会、国土资源部、中国人民银行《关于印发(经济适用房管理办法)的通知》(建住房[2004] 77号)等有关规定的，不得低于3%。

(3) 房地产开发企业按当年实际利润据实预缴企业所得税的，对开发、建造的住宅、商业用房以及其他建筑物、附着物、配套设施等开发产品，在未完工前采取预售方式销售取得的预售收入，按照规定的预计利润率分季(或月)计算出预计利润额，填报在《中华人民共和国企业所得税月(季)度预缴纳税申报表(A类)》(国税函[2008] 44号文件附件1)第4行"利润总额"内。

(4) 房地产开发企业对经济适用房项目的预售收入进行初始纳税申报时，必须附送有关部门批准经济适用房项目开发、销售的文件以及其他相关证明材料。凡不符合规定或未附送有关部门的批准文件以及其他相关证明材料的，一律按销售非经济适用房的规定执行。

(5) 本通知适用于从事房地产开发经营业务的居民纳税人。

(6) 以上规定自2008年1月1日起执行。已按原预计利润率办理完毕2008年第一季度预缴的外商投资房地产开发企业，从第二季度起按本规定执行。

第六节 企业所得税的减免税

企业所得税的税收优惠方式包括免税、减税、加计扣除、加速折旧、减计收入、税额抵免等。

一、免征与减征优惠

企业的下列所得，可免征、减征企业所得税。企业如果从事国家限制和禁止发展的项目，不得享受企业所得税优惠。

（一）免征、减征企业所得税

1. 关于扶持农、林、牧、渔业发展的税收优惠

具体分为两种情况：

（1）免征企业所得税。企业从事下列项目的所得，免征企业所得税：蔬菜、谷物、薯类、油料、豆类、棉花、麻类、糖秆、水果、坚果的种植；农作物新品种的选育；中药材的种植；林木的培育和种植；牲畜、家禽的饲养；林产品的采集；灌溉、农产品初加工、兽医、农技推广、农机作业和维修等农、林、牧、渔服务业项目；远洋捕捞。

（2）减半征收企业所得税。企业从事下列项目的所得，减半征收企业所得税：花卉、茶以及其他饮料作物和香料作物的种植；海水养殖、内陆养殖。

2. 关于鼓励公共基础设施建设的税收优惠

企业从事国家重点扶持的公共基础设施项目的投资经营所得，自项目取得第一笔生产经营收入所属纳税年度起，第1～3年免征企业所得税，第4～6年减半征收企业所得税，即“三免三减半”的税收优惠政策。

企业承包经营、承包建设和内部自建自用本条规定的项目，不得享受本条规定的企业所得税优惠。

3. 关于支持环境保护、节能节水的税收优惠

企业从事符合条件的环境保护、节能节水项目的所得，自项目取得第一笔生产经营收入所属纳税年度起，第1～3年免征企业所得税，第4～6年减半征收企业所得税。

4. 技术转让所得的税收优惠

企业所得税法所称符合条件的技术转让所得免征、减征企业所得税，是指一个纳税年度内，居民企业转让技术所有权所得不超过500万元的部分，免征企业所得税；超过500万元的部分，减半征收企业所得税。

（二）高新技术企业的税收优惠

对于国家需要重点扶持的高新技术企业，减按15%的税率征收企业所得税。

国家需要重点扶持的高新技术企业，是指拥有国家自主知识产权，并同时符合下列条件的企业：① 产品（服务）属于《国家重点支持的高新技术领域》规定的范围；② 研究开发费用占销售收入的比例不低于规定比例；③ 高新技术产品（服务）收入占企业总收入的比例不低于规定比例；④ 科技人员占企业职工总数的比例不低于规定比例；⑤ 高新技术企业认定管理办法规定的其他条件。

这一优惠政策的主要变化在于将高新技术产业开发区内的高新技术企业享受15%的优惠税率扩大到全国范围内的高新技术企业。

（三）小型微利企业的税收优惠

对符合规定条件的小型微利企业实行20%的照顾性税率。所谓小型微利企业，是指从事国家非限制和禁止行业，并符合下列条件的企业：

(1) 工业企业,年应纳税所得额不超过 30 万元,从业人数不超过 100 人,资产总额不超过3 000万元。

(2) 其他企业,年应纳税所得额不超过 30 万元,从业人数不超过 80 人,资产总额不超过1 000万元。

需要强调的是,新税法以从业人数和资产总额作为小型企业的判断标准;以年应纳税所得额作为微利企业的判断标准。对于从事国家非限制和禁止行业的企业,只有同时具备这两个标准才能享受小型微利企业的照顾性税率。

自 2014 年 1 月 1 日至 2016 年 12 月 31 日,对年应纳税所得额低于 10 万元(含 10 万元)的小型微利企业,其所得减按 50%计入应纳税所得额,按 20%的税率缴纳企业所得税。

(四) 加计扣除的优惠

1. 研究开发费用

企业为开发新技术、新产品、新工艺发生的研究开发费用,未形成无形资产计入当期损益的,在按规定实行 100%扣除基础上,按研究开发费用的 50%加计扣除;形成无形资产的,按无形资产成本的 150%进行摊销。

从2008年 1 月 1 日起,可以加计扣除的研究开发费按下列相关规定执行:

(1) 研究开发费是指从事规定范围内的研究开发活动发生的相关费用。研究开发活动是指企业为获得科学与技术(不包括人文、社会科学)新知识,创造性运用科学技术新知识,或实质性改进技术、工艺、产品(服务)而持续进行的具有明确目标的研究开发活动。

创造性运用科学技术新知识,或实质性改进技术、工艺、产品(服务),是指企业通过研究开发活动在技术、工艺、产品(服务)方面的创新取得了有价值的成果,对本地区(省、自治区、直辖市或计划单列市)相关行业的技术、工艺领先具有推动作用,不包括企业产品(服务)的常规性升级或对公开的科研成果直接应用等活动(如直接采用公开的新工艺、材料、装置、产品、服务或知识等)。

(2) 企业从事《国家重点支持的高新技术领域》和国家发展和改革委员会等部门公布的《当前优先发展的高技术产业化重点领域指南(2007年度)》规定项目的研究开发活动,其在一个纳税年度中实际发生的下列费用支出,允许在计算应纳税所得额时按照规定实行加计扣除:① 新产品设计费、新工艺规程制定费以及与研发活动直接相关的技术图书资料费、资料翻译费;② 从事研发活动直接消耗的材料、燃料和动力费用;③ 在职直接从事研发活动人员的工资、薪金、奖金、津贴、补贴;④ 专门用于研发活动的仪器、设备的折旧费或租赁费;⑤ 专门用于研发活动的软件、专利权、非专利技术等无形资产的摊销费用;⑥ 专门用于中间试验和产品试制的模具、工艺装备开发及制造费;⑦ 勘探开发技术的现场试验费;⑧ 研发成果的论证、评审、验收费用。

(3) 对企业共同合作开发的项目,凡符合上述条件的,由合作各方就自身承担的研发费用分别按照规定计算加计扣除。

(4) 对企业委托给外单位进行开发的研发费用，凡符合上述条件的，由委托方按照规定计算加计扣除，受托方不得再进行加计扣除。

对委托开发的项目，受托方应向委托方提供该研发项目的费用支出明细情况，否则，该委托开发项目的费用支出不得实行加计扣除。

(5) 企业根据财务会计核算和研发项目的实际情况，对发生的研发费用进行收益化或资本化处理的，可按下述规定计算加计扣除：① 研发费用计入当期损益未形成无形资产的，允许再按其当年研发费用实际发生额的 50%，直接抵扣当年的应纳税所得额。② 研发费用形成无形资产的，按照该无形资产成本的 150%在税前摊销。除法律另有规定外，摊销年限不得低于 10 年。

(6) 法律、行政法规和国家税务总局规定不允许企业所得税前扣除的费用和支出项目，均不允许计入研究开发费用。

(7) 企业未设立专门的研发机构或企业研发机构同时承担生产经营任务的，应对研发费用和生产经营费用分开进行核算，准确、合理的计算各项研究开发费用支出，对划分不清的，不得实行加计扣除。

(8) 企业必须对研究开发费用实行专账管理，同时必须按照本办法附表的规定项目，准确归集填写年度可加计扣除的各项研究开发费用实际发生金额。企业应于年度汇算清缴所得税申报时向主管税务机关报送本办法规定的相应资料。申报的研究开发费用不真实或者资料不齐全的，不得享受研究开发费用加计扣除，主管税务机关有权对企业申报的结果进行合理调整。

企业在一个纳税年度内进行多个研究开发活动的，应按照不同开发项目分别归集可加计扣除的研究开发费用额。

(9) 企业申请研究开发费加计扣除时，应向主管税务机关报送如下资料：① 自主、委托、合作研究开发项目计划书和研究开发费预算；② 自主、委托、合作研究开发专门机构或项目组的编制情况和专业人员名单；③ 自主、委托、合作研究开发项目当年研究开发费用发生情况归集表；④ 企业总经理办公会或董事会关于自主、委托、合作研究开发项目立项的决议文件；⑤ 委托、合作研究开发项目的合同或协议；⑥ 研究开发项目的效用情况说明、研究成果报告等资料。

(10) 企业实际发生的研究开发费，在年度中间预缴所得税时，允许据实计算扣除，在年度终了进行所得税年度申报和汇算清缴时，再依照本办法的规定计算加计扣除。

(11) 主管税务机关对企业申报的研究开发项目有异议的，可要求企业提供政府科技部门的鉴定意见书。

(12) 企业研究开发费各项目的实际发生额归集不准确、汇总额计算不准确的，主管税务机关有权调整其税前扣除额或加计扣除额。

(13) 企业集团研究开发费用按下列规定处理：① 企业集团根据生产经营和科技开

发的实际情况，对技术要求高、投资数额大需要由集团公司进行集中开发的研究开发项目，其实际发生的研究开发费，可以按照合理的分摊方法在受益集团成员公司间进行分摊。② 企业集团采取合理分摊研究开发费的，企业集团应提供集中研究开发项目的协议或合同，该协议或合同应明确规定参与各方在该研究开发项目中的权利和义务、费用分摊方法等内容。如不提供协议或合同，研究开发费不得加计扣除。③ 企业集团采取合理分摊研究开发费的，企业集团集中研究开发项目实际发生的研究开发费，应当按照权利和义务、费用支出和收益分享一致的原则，合理确定研究开发费用的分摊方法。④ 企业集团采取合理分摊研究开发费的，企业集团母公司负责编制集中研究开发项目的立项书、研究开发费用预算表、决算表和决算分摊表。⑤ 税企双方对企业集团集中研究开发费的分摊方法和金额有争议的，如企业集团成员公司设在不同省、自治区、直辖市和计划单列市的，企业按照国家税务总局的裁决意见扣除实际分摊的研究开发费；企业集团成员公司在同一省、自治区、直辖市和计划单列市的，企业按照省税务机关的裁决意见扣除实际分摊的研究开发费。

2. 特定人员工资加计扣除

企业安置残疾人员所支付的工资，在按照支付给残疾职工工资据实扣除的基础上，按照支付给残疾职工工资的 100％加计扣除。残疾人员的范围适用《中华人民共和国残疾人保障法》的有关规定。

（五）创业投资的税收优惠

创业投资企业采取股权投资方式投资于未上市的中小高新技术企业 2 年以上的，可以按照其投资额的 70％在股权持有满 2 年的当年抵扣该创业投资企业的应纳税所得额；当年不足抵扣的，可以在以后纳税年度结转抵扣。

【例 7－8】 某创业投资企业采取股权投资方式在2008年 2 月 1 日向某未上市的中小高新技术企业投资2 000万元。2008年该创业投资企业应纳税所得额为 1 000万元；2009年为1 200万元；2010年为1 800万元。该企业2008—2010年如何缴纳企业所得税？

分析：该创业投资企业可以在股权持有满 2 年的当年（即2010年），按其对该中小高新技术企业投资额的 70％抵扣其2010年的应纳税所得额。因此该企业2008年、2009年按应纳税所得额的全额纳税，2010年其应纳税额的计算如下：

应纳税额＝(1 800－2 000×70％)×25％＝100(万元)

（六）加速折旧的规定

企业的固定资产由于技术进步等原因，确需加速折旧的，可以缩短折旧年限或者采取加速折旧的方法。

可以采取缩短折旧年限或者采取加速折旧的方法的固定资产，包括：

(1) 由于技术进步，产品更新换代较快的固定资产。

(2) 常年处于强震动、高腐蚀状态的固定资产。

采取缩短折旧年限方法的，最低折旧年限不得低于实施条例所规定折旧年限的60%；采取加速折旧方法的，可以采取双倍余额递减法或者年数总和法。

加速折旧法是一种使用前期提取折旧较多，固定资产成本在使用年限内尽早得到价值补偿的折旧方法。我国现行财会制度规定允许使用的加速折旧法主要有两种：即双倍余额递减法和年数总和法。

(七) 综合利用资源的税收优惠

企业以《资源综合利用企业所得税优惠目录》规定的资源作为主要原材料，生产国家非限制和禁止并符合国家和行业相关标准的产品取得的收入，减按 90%计入收入总额。其中原材料占生产产品材料的比例不得低于《资源综合利用企业所得税优惠目录》规定的标准。

从上述规定我们可以看到，新税法对综合利用资源的税收优惠扩大到外资企业，同时将免税的做法改为减计收入的做法，并取消了 5 年优惠期的约束。

(八) 税额抵免的优惠

企业购置并实际使用文件规定的环境保护、节能节水、安全生产等专用设备的，该专用设备的投资额的 10%可以从企业当年的应纳税额中抵免；当年不足抵免的，可以在以后 5 个纳税年度结转抵免。

享受企业所得税优惠的环境保护、节能节水、安全生产等专用设备，应当实际购置并自身实际投入使用的专用设备；企业购置上述专用设备在 5 年内转让、出租的，应当停止享受企业所得税优惠，并补缴已经抵免的企业所得税税款。

(九) 民族自治区税收优惠

民族自治地方的自治机关对本民族自治地方的企业应缴纳的企业所得税中属于地方分享的部分，可以决定减征或者免征。

(十) 非居民企业的税收优惠

非居民企业减按 10%的所得税税率征收企业所得税。

(十一) 关于鼓励证券投资基金发展的优惠政策

(1) 对证券投资基金从证券市场取得的收入，包括买卖股票、债券的差价收入，股权的股息、红利收入、债券的利息收入及其他收入，暂不征收企业所得税。

(2) 对投资者从证券投资基金分配中取得的收入，暂不征收企业所得税。

(3) 对证券投资基金管理人运用基金买卖股票、债券的差价收入，暂不征收企业所得税。

(十二) 其他优惠

新税法公布前已经批准设立的企业，适用“5 年过渡期”，具体是指2007年 3 月 16 日新税法公布前已经完成登记注册的企业。

1. 低税率优惠过渡政策

自2008年1月1日起，原享受低税率优惠政策的企业，在新税法施行后5年内逐步过渡到法定税率。其中：享受企业所得税15%税率的企业，2008年按18%税率执行；2009年按20%税率执行；2010年按22%税率执行；2011年按24%税率执行；2012年按25%税率执行。原执行24%税率的企业，2008年起按25%税率执行。

2. “两免三减半”、“五免五减半”过渡政策

自2008年1月1日起，原享受企业所得税“两免三减半”、“五免五减半”等定期减免税优惠的企业，新税法施行后继续按原税收法律、行政法规及相关文件规定的优惠办法及年限享受至期满为止。但因未获利而尚未享受税收优惠的，其优惠期限从2008年度起计算。

【例7-9】 某生产性外商投资企业成立于2005年1月5日，该企业的经营期为15年。该企业的应纳税所得额情况如下表所示，那么2008年之后该企业的优惠期如何确定？2005—2007年应纳税所得额情况如表7-4所示。

表7-4

2005—2007年应纳税所得额情况(1)

单位：万元

年　度	2005	2006	2007
应纳税所得额	—200	100	300

分析：按照原外商投资企业和外国企业所得税法的规定，对于生产性外商投资企业，经营期在10年以上的，从开始获利的年度起，第1年和第2年免征企业所得税，第3～5年减半征收企业所得税。企业开办初期有亏损的，可以逐年结转弥补，以弥补亏损后有利润的纳税年度为开始获利年度。

对于该企业而言，由于2005年有亏损200万元，2006年的盈利100万元不足弥补2005年度亏损，2007年的盈利弥补2005年的亏损后有利润200万元，因此该企业的获利年度为2007年。

该企业2007年享受免税待遇，在新税法施行后可以继续享受减免税待遇，到期满为止，即2008年免征企业所得税，2009—2011年享受减半征收企业所得税的待遇，自2012年开始全额缴纳企业所得税。

如果该企业应纳税所得额表7-5，则无论2008年该企业是否获利，其优惠期限都是从2008年开始计算，即该企业2008—2009年度享受免税待遇，2010—2012年减半征收企业所得税，自2013年开始全额缴纳企业所得税。

表 7－5

2005—2007年应纳税所得额情况(2)

单位：万元

年 度	2005	2006	2007
应纳税所得额	－200	－200	100

【例 7－10】 某生产性外商投资企业于2007年 5 月 10 日完成登记注册手续，获得法人营业执照。那么2008年之后该企业是否可以享受税收优惠过渡期安排？

分析：根据新税法规定，2007年 3 月 16 日新税法公布前已经完成登记注册的企业可以享受税收优惠过渡性安排；而2007年 3 月 16 日新税法公布后完成登记注册的企业在2008年 1 月 1 日前可以享受原有的税收优惠，从2008年 1 月 1 日起，直接按照新税法的规定计算缴纳所得税，不得享受税收优惠过渡性安排。由于该企业2007年 5 月 10 日才完成登记注册手续，因此，该企业不得享受税收优惠过渡期安排，自2008年 1 月 1 日起按新税法的规定计算缴纳企业所得税。

（十三）西部大开发的税收优惠

1. 适用范围

本政策的适用范围包括重庆市、四川省、贵州省、云南省、西藏自治区、陕西省、甘肃省、宁夏回族自治区、青海省、新疆维吾尔自治区、新疆生产建设兵团、内蒙古自治区和广西壮族自治区(上述地区统称“西部地区”)。湖南省湘西土家族苗族自治州、湖北省恩施土家族苗族自治州、吉林省延边朝鲜族自治州，可以比照西部地区的税收优惠政策执行。

2. 具体内容

(1) 对设在西部地区国家鼓励类产业的内资企业，在2001—2010年，减按 15％的税率征收企业所得税。

国家鼓励类产业的内资企业是指以《当前国家重点鼓励发展的产业、产品和技术目录(2000年修订)》中规定的产业项目为主营业务，其主营业务收入占企业总收入 70％以上的企业。

收入达到比例的，实行企业自行申请，税务机关审核的管理办法。经税务机关审核确认后，企业方可减按 15％税率缴纳企业所得税。企业未按规定提出申请或未经税务机关审核确认的，不得享受上述税收优惠政策。

(2) 经省级人民政府批准，民族自治地方的内资企业可以定期减征或免征企业所得税；凡减免税款涉及中央收入 100 万元(含 100 万元)以上的，需报国家税务总局批准。

(3) 对在西部地区新办交通、电力、水利、邮政、广播电视企业，上述项目业务收入占企业总收入70%以上的,可以享受企业所得税如下优惠政策:内资企业自开始生产经营之日起,第1～2年免征企业所得税,第3～5年减半征收企业所得税。

新办交通企业是指投资新办从事公路、铁路、航空、港口、码头运营和管道运输的企业。新办电力企业是指投资新办从事电力运营的企业。新办水利企业是指投资新办从事江河湖泊综合治理、防洪除涝、灌溉、供水、水资源保护、水力发电、水土保持、河道疏浚、河海堤防建设等开发水利、防治水害的企业。新办邮政企业是指投资新办从事邮政运营的企业。新办广播电视企业是指投资新办从事广播电视运营的企业。

上述企业同时符合本规定条件的,第3～5年减半征收企业所得税时,按15%税率计算出应纳所得税额后减半执行。

上述所称企业,是指投资主体自建、运营上述项目的企业,单纯承揽上述项目建设的施工企业不得享受2年免征、3年减半征收企业所得税的政策。

3. 对实行汇总(合并)纳税企业

对实行汇总(合并)纳税企业,应当将西部地区的成员企业与西部地区以外的成员企业分开,分别汇总(合并)申报纳税,分别适用税率。

第七节 特别纳税调整

一、调整范围

特别纳税调整的范围是指企业与其关联方之间的业务往来,不符合独立交易原则而减少企业或者其关联方应纳税收入或者所得额的,税务机关有权按照合理方法调整。企业与其关联方共同开发、受让无形资产,或者共同提供、接受劳务发生的成本,在计算应纳税所得额时应当按照独立交易原则进行分摊。

上述所称独立交易原则,是指没有关联关系的交易各方,按照公平成交价格和营业常规进行业务往来遵循的原则。

(一) 关联方

关联方是指与企业有下列关联关系之一的企业、其他组织或者个人,具体指:

(1) 在资金、经营、购销等方面存在直接或者间接的控制关系。

(2) 直接或者间接地同为第三者控制。

(3) 在利益上具有相关联的其他关系。

(二) 关联企业之间关联业务的税务处理

(1) 企业与其关联方共同开发、受让无形资产,或者共同提供、接受劳务发生的成本,在计算应纳税所得额时应当按照独立交易原则进行分摊。

(2) 企业与其关联方分摊成本时,应当按照成本与预期收益相配比的原则进行分摊,并在税务机关规定的期限内,按照税务机关的要求报送有关资料。

(3) 企业与其关联方分摊成本时违反以上(1)、(2)规定的,其自行分摊的成本不得在计算应纳税所得额时扣除。

(4) 企业可以向税务机关提出与其关联方之间业务往来的定价原则和计算方法,税务机关与企业协商、确认后,达成预约定价安排。

预约定价安排是指企业就其未来年度关联交易的定价原则和计算方法,向税务机关提出申请,与税务机关按照独立交易原则协商、确认后达成的协议。

(5) 企业向税务机关报送年度企业所得税纳税申报表时,应当就其与关联方之间的业务往来,附送年度关联业务往来报告表。

税务机关在进行关联业务调查时,企业及其关联方,以及与关联业务调查有关的其他企业,应当按照规定提供相关资料。相关资料是指:① 与关联业务往来有关的价格、费用的制定标准、计算方法和说明等同期资料;② 关联业务往来所涉及的财产、财产使用权、劳务等的再销售(转让)价格或者最终销售(转让)价格的相关资料;③ 与关联业务调查有关的其他企业应当提供的与被调查企业可比的产品价格、定价方式以及利润水平等资料;④ 其他与关联业务往来有关的资料。

(6) 由居民企业,或者由居民企业和中国居民控制的设立在实际税负明显低于25%的税率水平的国家(地区)的企业,并非由于合理的经营需要而对利润不作分配或者减少分配的,上述利润中应归属于该居民企业的部分,应当计入该居民企业的当期收入。所指控制包括:① 居民企业或者中国居民直接或者间接单一持有外国企业10%以上有表决权股份,且由其共同持有该外国企业50%以上股份;② 居民企业,或者居民企业和中国居民持股比例没有达到第(1)项规定的标准,但在股份、资金、经营、购销等方面对该外国企业构成实质控制;③ 上述所指的实际税负明显偏低是指实际税负明显低于企业所得税法规定的25%税率的50%。

(7) 企业从其关联方接受的债权性投资与权益性投资的比例超过规定标准而发生的利息支出,不得在计算应纳税所得额时扣除。企业间接从关联方获得的债权性投资,包括:① 关联方通过无关联第三方提供的债权性投资;② 无关联第三方提供的、由关联方担保且负有连带责任的债权性投资;③ 其他间接从关联方获得的具有负债实质的债权性投资。

前述所称权益性投资,是指企业接受的不需要偿还本金和支付利息,投资人对企业净资产拥有所有权的投资。

(8) 母子公司间提供服务支付费用有关企业所得税处理:① 母公司为其子公司(以下简称子公司)提供各种服务而发生的费用,应按照独立企业之间公平交易原则确定服务的价格,作为企业正常的劳务费用进行税务处理。母子公司未按照独立企业之间的业务往来收取价款的，税务机关有权予以调整。② 母公司向其子公司提供各项服务，双方应签订服务合同或协议，明确规定提供服务的内容、收费标准及金额等，凡按上述合同或协议规定所发生的服务费，母公司应作为营业收入申报纳税；子公司作为成本费用在税前扣除。③ 母公司向其多个子公司提供同类项服务，其收取的服务费可以采取分项签订合同或协议收取；也可以采取服务分摊协议的方式，即由母公司与各子公司签订服务费用分摊合同或协议，以母公司为其子公司提供服务所发生的实际费用并附加一定比例利润作为向子公司收取的总服务费，在各服务受益子公司（包括盈利企业、亏损企业和享受减免税企业）之间按《中华人民共和国企业所得税法》第四十一条第二款规定合理分摊。④ 母公司以管理费形式向子公司提取费用，子公司因此支付给母公司的管理费，不得在税前扣除。⑤ 子公司申报税前扣除向母公司支付的服务费用，应向主管税务机关提供与母公司签订的服务合同或者协议等与税前扣除该项费用相关的材料。不能提供相关材料的，支付的服务费用不得税前扣除。

二、调整方法

税法规定对关联企业所得不实的，调整方法如下：

（1）可比非受控价格法是指按照没有关联关系的交易各方进行相同或者类似业务往来的价格进行定价的方法。

（2）再销售价格法是指按照从关联方购进商品再销售给没有关联关系的交易方的价格，减除相同或者类似业务的销售毛利进行定价的方法。

（3）成本加成法是指按照成本加合理的费用和利润进行定价的方法。

（4）交易净利润法是指按照没有关联关系的交易各方进行相同或者类似业务往来取得的净利润水平确定利润的方法。

（5）利润分割法是指将企业与其关联方的合并利润或者亏损在各方之间采用合理标准进行分配的方法。

（6）其他符合独立交易原则的方法。

三、核定征收

企业不提供与其关联方之间业务往来资料，或者提供虚假、不完整资料，未能真实反映其关联业务往来情况的，税务机关有权依法核定其应纳税所得额。核定方法有：

（1）参照同类或者类似企业的利润率水平核定。

（2）按照企业成本加合理的费用和利润的方法核定。

（3）按照关联企业集团整体利润的合理比例核定。

（4）按照其他合理方法核定。

企业对税务机关按照前款规定的方法核定的应纳税所得额有异议的，应当提供相关证据,经税务机关认定后,调整核定的应纳税所得额。

四、加收利息

企业实施其他不具有合理商业目的的安排而减少其应纳税收入或者所得额的,税务机关有权按照合理方法调整。不具有合理商业目的,是指以减少、免除或者推迟缴纳税款为主要目的。

税务机关依照规定进行特别纳税调整后,除了应当补征税款外,并按照国务院规定加收利息。

应当对补征的税款,自税款所属纳税年度的次年 6 月 1 日起至补缴税款之日止的期间,按日加收利息。加收的利息不得在计算应纳税所得额时扣除。

利息应当按照税款所属纳税年度中国人民银行公布的与补税期间同期的人民币贷款基准利率加 5 个百分点计算。

企业依照企业所得税法规定,在报送年度企业所得税纳税申报表时,附送了年度关联业务往来报告表的,可以只按规定的人民币贷款基准利率计算利息。

企业与其关联方之间的业务往来,不符合独立交易原则,或者企业实施其他不具有合理商业目的的安排的,税务机关有权在该业务发生的纳税年度起 10 年内,进行纳税调整。

第八节 企业所得税的征收与缴纳

一、纳税地点

(1) 除税收法律、行政法规另有规定外,居民企业以企业登记注册地为纳税地点;但登记注册地在境外的,以实际管理机构所在地为纳税地点。企业注册登记地是指企业依照国家有关规定登记注册的住所地。

(2) 居民企业在中国境内设立不具有法人资格的营业机构的,应当汇总计算并缴纳企业所得税。企业汇总计算并缴纳企业所得税时,应当统一核算应纳税所得额,具体办法由国务院财政、税务主管部门另行制定。

(3) 非居民企业在中国境内设立机构、场所的,应当就其所设机构、场所取得的来源于中国境内的所得,以及发生在中国境外但与其所设机构、场所有实际联系的所得,以机构、场所所在地为纳税地点。非居民企业在中国境内设立两个或者两个以上机构、场所的,经税务机关审核批准,可以选择由其主要机构、场所汇总缴纳企业所得税。非居民企业经批准汇总缴纳企业所得税后,需要增设、合并、迁移、关闭机构、场所或者停止机构、场所业务的,应当事先由负责汇总申报缴纳企业所得税的主要机构、场所向其所在地税务机关报告;需要变更汇总缴纳企业所得税的主要机构、场所的,依照前款规定办理。

(4) 非居民企业在中国境内未设立机构、场所的,或者虽设立机构、场所但取得的所得与其所设机构、场所没有实际联系的所得,以扣缴义务人所在地为纳税地点。

(5) 除国务院另有规定外,企业之间不得合并缴纳企业所得税。

二、纳税期限

企业所得税按年计征,分月或者分季预缴,年终汇算清缴,多退少补。

企业所得税的纳税年度,自公历每年1月1日起至12月31日止。企业在一个纳税年度的中间开业,或者由于合并、关闭等原因终止经营活动,使该纳税年度的实际经营期不足12个月的,应当以其实际经营期为一个纳税年度。企业清算时,应当以清算期间作为一个纳税年度。

自年度终了之日起5个月内,向税务机关报送年度企业所得税纳税申报表,并汇算清缴,结清应缴应退税款。

企业在年度中间终止经营活动的,应当自实际经营终止之日起60日内,向税务机关办理当期企业所得税汇算清缴。

三、纳税申报

按月或按季预缴的,应当自月份或者季度终了之日起15日内,向税务机关报送预缴企业所得税纳税申报表,预缴税款。

企业在报送企业所得税纳税申报表时,应当按照规定附送财务会计报告和其他有关资料。

企业应当在办理注销登记前,就其清算所得向税务机关申报并依法缴纳企业所得税。

依照企业所得税法缴纳的企业所得税,以人民币计算。所得以人民币以外的货币计算的,应当折合成人民币计算并缴纳税款。

企业在纳税年度内无论盈利或者亏损,都应当依照《企业所得税法》第五十四条规定的期限,向税务机关报送预缴企业所得税纳税申报表、年度企业所得税纳税申报表、财务会计报告和税务机关规定应当报送的其他有关资料。

四、跨地区经营汇总纳税企业所得税征收管理

(一) 基本原则与适用范围

为加强跨地区经营汇总纳税企业所得税征收管理,根据《中华人民共和国企业所得税法》及其实施条例、《中华人民共和国税收征收管理法》及其实施细则和《财政部国家税务总局中国人民银行关于印发〈跨省市总分机构企业所得税分配及预算管理暂行办法〉的通知》(财预[2008]10号)的有关规定,制定本规定。

(1) 居民企业在中国境内跨地区(指跨省、自治区、直辖市和计划单列市,下同)设立

不具有法人资格的营业机构、场所(以下称分支机构)的,该居民企业为汇总纳税企业(以下称企业),除另有规定外适用本办法。

铁路运输企业(包括广铁集团和大秦铁路公司)、国有邮政企业、中国工商银行股份有限公司、中国农业银行、中国银行股份有限公司、国家开发银行、中国农业发展银行、中国进出口银行、中央汇金投资有限责任公司、中国建设银行股份有限公司、中国建银投资有限责任公司、中国石油天然气股份有限公司、中国石油化工股份有限公司以及海洋石油天然气企业(包括港、澳、台和外商投资、外国海上石油天然气企业)等缴纳所得税未纳入中央和地方分享范围的企业,不适用本办法。

(2) 企业实行“统一计算、分级管理、就地预缴、汇总清算、财政调库”的企业所得税征收管理办法。

统一计算是指企业总机构统一计算包括企业所属各个不具有法人资格的营业机构、场所在内的全部应纳税所得额、应纳税额。

分级管理是指总机构、分支机构所在地的主管税务机关都有对当地机构进行企业所得税管理的责任,总机构和分支机构应分别接受机构所在地主管税务机关的管理。

就地预缴是指总机构分支机构应按本办法的规定,分月或分季分别向所在地主管税务机关申报预缴企业所得税。

汇总清算是指在年度终了后,总机构负责进行企业所得税的年度汇算清缴,统一计算企业的年度应纳所得税额,抵减总机构、分支机构当年已就地分期预缴的企业所得税款后,多退少补税款。

财政调库是指财政部定期将缴入中央国库的跨地区总分机构企业所得税待分配收入,按照核定的系数调整至地方金库。

(3) 总机构和具有主体生产经营职能的二级分支机构;就地分期预缴企业所得税。

二级分支机构及其下属机构均由二级分支机构集中就地预缴企业所得税;三级及以下分支机构不就地预缴企业所得税,其经营收入、职工工资和资产总额统一计入二级分支机构。

总机构设立具有独立生产经营职能部门,且具有独立生产经营职能部门的经营收入、职工工资和资产总额与管理职能部门分开核算的,可将具有独立生产经营职能的部门视同一个分支机构,就地预缴企业所得税。具有独立生产经营职能部门与管理职能部门的经营收入、职工工资和资产总额不能分开核算的,具有独立生产经营职能的部门不得视同一个分支机构,不就地预缴企业所得税。

不具有主体生产经营职能,且在当地不缴纳增值税、营业税的产品售后服务、内部研发、仓储等企业内部辅助性的二级及以下分支机构,不就地预缴企业所得税。

上年度认定为小型微利企业的,其分支机构不就地预缴企业所得税。

新设立的分支机构，设立当年不就地预缴企业所得税。

撤销的分支机构，撤销当年剩余期限内应分摊的企业所得税款由总机构缴入中央国库。

企业在中国境外设立的不具有法人资格的营业机构，不就地预缴企业所得税。

(4) 企业计算分期预缴的所得税时，其实际利润额、应纳税额及分摊因素数额，均不包括其在中国境外设立的营业机构。

(5) 总机构和分支机构处于不同税率地区的，先由总机构统一计算全部应纳税所得额，然后依照本办法第十九条规定的比例和第二十三条规定的三因素及其权重，计算划分不同税率地区机构的应纳税所得额后，再分别按总机构和分支机构所在地的适用税率计算应纳税额。

(6) 总机构和分支机构2007年及以前年度按独立纳税人计缴所得税尚未弥补完的亏损，允许在法定剩余年限内继续弥补。

(二) 税款预缴和汇算清缴

(1) 企业应根据当期实际利润额，按照本办法规定的预缴分摊方法计算总机构和分支机构的企业所得税预缴额，分别由总机构和分支机构分月或者分季就地预缴。

在规定期限内按实际利润额预缴有困难的，经总机构所在地主管税务机关认可，可以按照上一年度应纳税所得额的1/12或1/4，由总机构、分支机构就地预缴企业所得税。

预缴方式一经确定，当年度不得变更。

(2) 总机构和分支机构应分期预缴的企业所得税，50%在各分支机构间分摊预缴，50%由总机构预缴。总机构预缴的部分，其中25%就地入库，25%预缴入中央国库，按照财预[2008]10号文件的有关规定进行分配。

(3) 按照当期实际利润额预缴的税款分摊方法。① 分支机构应分摊的预缴数。总机构根据统一计算的企业当期实际应纳所得税额，在每月或季度终了后10日内，按照各分支机构应分摊的比例，将本期企业全部应纳所得税额的50%在各分支机构之间进行分摊并通知到各分支机构；各分支机构应在每月或季度终了之日起15日内，就其分摊的所得税额向所在地主管税务机关申报预缴。② 总机构应分摊的预缴数。总机构根据统一计算的企业当期应纳所得税额的25%，在每月或季度终了后15日内自行就地申报预缴。③ 总机构缴入中央国库分配税款的预缴数。总机构根据统一计算的企业当期应纳所得税额的25%，在每月或季度终了后15日内自行就地申报预缴。

(4) 按照上一年度应纳税所得额的1/12或1/4预缴的税款分摊方法。① 分支机构应分摊的预缴数。总机构根据上年汇算清缴统一计算应缴纳所得税额的1/12或1/4，在每月或季度终了之日起10日内，按照各分支机构应分摊的比例，将本期企业全部应纳所得税额的50%在各分支机构之间进行分摊并通知到各分支机构；各分支机构应在每月或季度终了之日起。15日内，就其分摊的所得税额向所在地主管税务机关申报预缴。② 总机构应分摊的预缴数。总机构根据上年汇算清缴统一计算应缴纳所得税额的1/12或1/4,将企业全部应纳所得税额的25%部分,在每月或季度终了后15日内自行向所在地主管税务机关申报预缴。③ 总机构缴入中央国库分配税款的预缴数。总机构根据上年汇算清缴统一计算应缴纳所得税额的1/12或1/4,将企业全部应纳所得税额的25%部分,在每月或季度终了后15日内,自行向所在地主管税务机关申报预缴。

(5) 总机构在年度终了后5个月内,应依照法律、法规和其他有关规定进行汇总纳税企业的所得税年度汇算清缴。各分支机构不进行企业所得税汇算清缴。

当年应补缴的所得税款,由总机构缴入中央国库。当年多缴的所得税款,由总机构所在地主管税务机关开具"税收收入退还书"等凭证,按规定程序从中央国库办理退库。

(三) 分支机构分摊税款比例

(1) 总机构应按照以前年度(1～6月份按上上年度,7～12月份按上年度)分支机构的经营收入、职工工资和资产总额三个因素计算各分支机构应分摊所得税款的比例,三因素的权重依次为0.35、0.35、0.30,计算公式为:

某分支机构分摊比例＝0.35×(该分支机构营业收入÷各分支机构营业收入之和)
＋0.35×(该分支机构工资总额÷各分支机构工资总额之和)
＋0.30×(该分支机构资产总额÷各分支机构资产总额之和)

以上公式中分支机构仅指需要就地预缴的分支机构,该税款分摊比例按上述方法一经确定后,当年不做调整。

公式中所称分支机构经营收入,是指分支机构在销售商品或者提供劳务等经营业务中实现的全部营业收入。其中,生产经营企业的经营收入是指销售商品、提供劳务等取得的全部收入;金融企业的经营收入是指利息和手续费等全部收入;保险企业的经营收入是指保费等全部收入。

公式中所称分支机构职工工资,是指分支机构为获得职工提供的服务而给予职工的各种形式的报酬。

公式中所称分支机构资产总额,是指分支机构拥有或者控制的除无形资产外能以货币计量的经济资源总额。

各分支机构的经营收入、职工工资和资产总额的数据均以企业财务会计决算报告数据为准。

(2) 分支机构所在地主管税务机关对总机构计算确定的分摊所得税款比例有异议的,应于收到《中华人民共和国企业所得税汇总纳税分支机构分配表》后30日内向企业总机构所在地主管税务机关提出书面复核建议,并附送相关数据资料。总机构所在地主管税务机关必须于收到复核建议后30日内,对分摊税款的比例进行复核,并做出调整或维持原比例的决定。分支机构所在地主管税务机关应执行总机构所在地主管税务机关的复核决定。

分摊所得税款比例复核期间，分支机构应先按总机构确定的分摊比例申报预缴税款。

(四) 征收管理

(1) 总机构和分支机构均应依法办理税务登记，接受所在地税务机关的监督和管理。

总机构应在每年 6 月 20 日前，将依照本办法第二十三条规定的方法计算确定的各分支机构当年应分摊税款的比例，填入《中华人民共和国企业所得税汇总纳税分支机构分配表》[见《国家税务总局关于印发〈中华人民共和国企业所得税月（季）度预缴纳税申报表〉等报表的通知》(国税函[2008] 44 号)附件 4，该附件填报说明第二条第 10 项“各分支机构分配比例”的计算公式依照该办法第二十三条的规定执行]，报送总机构所在地主管税务机关，同时下发各分支机构。

总机构所在地主管税务机关收到总机构报送的《中华人民共和国企业所得税汇总纳税分支机构分配表》后 10 日内，应通过国家税务总局跨地区经营汇总纳税企业信息交换平台或邮寄等方式，及时传送给各分支机构所在地主管税务机关。

总机构应当将其所有二级分支机构（包括不参与就地预缴分支机构）的信息及二级分支机构主管税务机关的邮编、地址报主管税务机关备案。

(2) 分支机构应将总机构信息、上级机构、下属分支机构信息报主管税务机关备案。分支机构注销后 15 日内，总机构应将分支机构注销情况报主管税务机关备案。

(3) 总机构及其分支机构除按纳税申报规定向主管税务机关报送相关资料外，还应报送《中华人民共和国企业所得税汇总纳税分支机构分配表》、财务会计决算报告和职工工资总额情况表。

(4) 分支机构的各项财产损失，应由分支机构所在地主管税务机关审核并出具证明后，再由总机构向所在地主管税务机关申报扣除。

(5) 各分支机构主管税务机关应根据总机构主管税务机关反馈的《中华人民共和国企业所得税汇总纳税分支机构分配表》，对其主管分支机构应分摊入库的所得税税款和计算分摊税款比例的 3 项指标进行查验核对。发现计算分摊税款比例的 3 项指标有问题的，应及时将相关情况通报总机构主管税务机关。分支机构未按税款分配数额预缴所得税造成少缴税款的，主管税务机关应按照《中华人民共和国税收征收管理法》及其实施细则的有关规定对其处罚，并将处罚结果通知总机构主管税务机关。

五、合伙企业所得税的征收管理

自2008年 1 月 1 日起，合伙企业缴纳的所得税按下列规定处理：

(1) 合伙企业以每一个合伙人为一纳税人。合伙企业合伙人是自然人的，缴纳个人所得税；合伙人是法人和其他组织的，缴纳企业所得税。

(2) 合伙企业生产经营所得和其他所得采取“先分后税”的原则。具体应纳税所得额的计算按照《关于个人独资企业和合伙企业投资者征收个人所得税的规定》(财税[2000]91 号)及《财政部国家税务总局关于调整个体工商户个人独资企业和合伙企业个人所得税税前扣除标准有关问题的通知》(财税[2008] 65 号)的有关规定执行。

前款所称生产经营所得和其他所得,包括合伙企业分配给所有合伙人的所得和企业当年留存的所得(利润)。

(3) 合伙企业的合伙人按照下列原则确定应纳税所得额:① 合伙企业的合伙人以合伙企业的生产经营所得和其他所得,按照合伙协议约定的分配比例确定应纳税所得额;② 合伙协议未约定或者约定不明确的,以全部生产经营所得和其他所得,按照合伙人协商决定的分配比例确定应纳税所得额;③ 协商不成的,以全部生产经营所得和其他所得,按照合伙人实缴出资比例确定应纳税所得额;④ 无法确定出资比例的,以全部生产经营所得和其他所得,按照合伙人数量平均计算每个合伙人的应纳税所得额。

合伙协议不得约定将全部利润分配给部分合伙人。

(4) 合伙企业的合伙人是法人和其他组织的,合伙人在计算其缴纳企业所得税时,不得用合伙企业的亏损抵减其盈利。

六、新增企业所得税征管范围调整

自2009年 1 月 1 日起,新增企业所得税纳税人中,应缴纳增值税的企业,其企业所得税由国税局管理;应缴纳营业税的企业,其企业所得税由地税局管理。以2008年为基年,2008年年底之前国税局、地税局各自管理的企业所得税纳税人不作调整。

从2009年起,企业所得税全额为中央收入的企业和在国税局缴纳营业税的企业,其企业所得税由国税局管理。银行(信用社)、保险公司的企业所得税由国税局管理。除前述规定外的其他各类金融企业的企业所得税由地税局管理。外商投资企业和外国企业常驻代表机构的企业所得税仍由国税局管理。

如2008年年底之前已成立跨区经营汇总纳税企业,从2009年起新设立的分支机构,其企业所得税的征管部门应与总机构企业所得税征管部门相一致;从2009年起新增跨区经营汇总纳税企业,总机构按基本规定确定的原则划分征管归属,其分支机构企业所得税的管理部门也应与总机构企业所得税管理部门相一致。按税法规定免缴流转税的企业,按其免缴的流转税税种确定企业所得税征管归属;既不缴纳增值税,也不缴纳营业税的企业,其企业所得税暂由地税局管理。既缴纳增值税又缴纳营业税的企业,原则上按照其税务登记时自行申报的主营业务应缴纳的流转税税种确定征管归属;企业税务登记时无法确定主营业务的,一般以工商登记注明的第一项业务为准;一经确定,原则上不再调整。

复习思考题

一、概念及简述题

1. 简述企业所得税企业"实际管理机构"的界定。
2. 简述企业所得税收入额的确定。
3. 简述企业所得税费用扣除原则的确定。
4. 简述企业所得税的征收管理。

二、计算题

1. 位于某市区的化妆品生产企业属于增值税一般纳税人。2013年发生下列经济业务：

1）购货业务：

(1) 购入原材料取得增值税专用发票上注明的价款为500万元；

(2) 购入低值易耗品取得增值税专用发票，其上注明的价款为4万元；

(3) 购入办公用品取得普通发票，价款为2万元；

(4) 购入电力28万元并取得专用发票，其中6万元用于福利方面，其余均用于生产应税产品。

2）销售及其他业务：

(1) 销售化妆品实现不含增值税的销售收入1 000万元，销售时用自己的车队负责运输，向购买方收取含税运费25.74万元(收入未分别核算)；

(2) 提供非应税消费品的加工业务，共开具普通发票56张，金额合计为35.1万元；

(3) 取得国债利息收入5万元，金融债券利息收入4万元；

(4) 本年取得出租房屋收入10万元。

3）本年有关成本、费用资料：

(1) 销售成本共400万元，其他业务支出22万元(不含销售税金)；

(2) 销售费用15万元、管理费用10万元、财务费用中的利息支出8万元；

(3) 支付滞纳金和行政性罚款共5万元，支付购货合同违约金3万元。

取得的增值税专用发票已通过认证，化妆品的消费税税率为30%。

要求：根据税法有关规定，回答下列问题：

(1) 计算本企业当年应该缴纳的增值税数额。

(2) 计算本企业当年应该缴纳的消费税数额。

(3) 计算本企业当年应该缴纳的营业税数额。

(4) 计算本企业当年应该缴纳的城建税及教育费附加。

(5) 计算本企业当年应该缴纳的企业所得税。

2. 某中外合资家电生产企业，共有在册职工 120 人，资产3 500万元。2013年销售产品取得不含税收入2 500万元，会计利润 600 万元，已预缴所得税 150 万元。经会计师事务所审核，发现以下问题：

(1) 期间费用中广告费 450 万元、业务招待费 15 万元、研究开发费用 20 万元。

(2) 营业外支出 50 万元(含通过公益性社会团体向贫困山区捐款 30 万元，直接捐赠 6 万元)。

(3) 计入成本、费用中的实发工资总额 150 万元、拨缴职工工会经费 3 万元、支出职工福利费 23 万元和职工教育经费 6 万元。

(4) 7 月购置并投入使用的安全生产专用设备企业未进行账务处理。取得购置设备增值税专用发票上注明价款 70 万元，增值税11.9万元，预计使用 10 年。

(5) 在 A 国设有分支机构，A 国分支机构当年应纳税所得额 300 万元，其中生产经营所得 200 万元，A 国规定税率为 20%；特许权使用费所得 100 万元，A 国规定的税率为 30%；从 A 国分后税后利润 230 万元，尚未入账处理。

要求：根据上述资料，按下列序号回答问题：

(1) 计算专用设备对会计利润及应纳税所得额的影响额。

(2) 广告费的调整额。

(3) 业务招待费的调整额。

(4) 调账后的会计利润总额。

(5) 对外捐赠的纳税调整额。

(6) 研究开发费用的纳税调整额。

(7)“三费”应调增所得额。

(8) 境内所得应纳企业所得税。

(9) A 国分支机构在我国应补缴企业所得税额。

(10) 年终汇算清缴实际缴纳的企业所得税。

第八章　个人所得税

个人所得税是对在中国境内有住所，或者无住所而在境内居住满1年的个人，就其从中国境内和境外取得的所得，以及在中国境内无住所又不居住或者无住所而在境内居住不满1年的个人，就其从中国境内取得的所得征收的一种税。

现行个人所得税的基本规范是1980年9月10日第五届全国人民代表大会第三次会议制定、根据1993年10月31日第八届全国人民代表大会常务委员会第四次会议决定修改的《中华人民共和国个人所得税法》(以下简称《个人所得税法》)，以及2008年2月18日修改的《中华人民共和国个人所得税法实施条例》。

第一节　个人所得税概述

个人所得税是世界各国普遍开征的一个税种，最早产生于18世纪的英国。很多国家个人所得税在全部税收收入中所占比重超过了其他税种，成为政府重要的财政收入。

一、个人所得税的产生

个人所得税最早诞生于英国。18世纪末英国由于与法国交战致使财政吃紧，而作为当时主要税收收入来源的消费税和关税都无法解决这个问题，于是有人提议向高收入者征收所得税。1799年，英国开始开征个人所得税。然而战争一结束，认为个人所得税侵犯隐私和个人权利的言论就占据了上风，个人所得税被停征。直到1842年，英国财政部门才又一次让议会和民众信服个人所得税的必要性，重新恢复征收个人所得税。随着现代国家的发展，公共财政的建立，国家机构日益膨胀，国家担负起越来越多的公共职能，相应地对于财政收入的需求也就越来越增加。个人所得税在20世纪被世界上大多数国家所采纳，已经成为许多发达国家税收收入的最主要来源。个人所得税在调节收入分配、缓解贫富悬殊、促进社会稳定、增加财政收入等方面的作用也得到了公认。它也被称为经济调节的“内在稳定器”。

二、个人所得税在我国的发展

为了适应改革开放形势下对外经济往来、对外经济技术文化交流和合作的需要，为了维护国家的税收权益和保障外籍人员的合法权益，1980年9月10日第五届全国人民代表大会第三次会议审议通过了《个人所得税法》，并同时公布实施。同年12月14日，经国务院批准，财政部公布了个人所得税法实施细则。该税法主要是针对来华工作的外籍人员设计的。

1986年和1987年，国务院根据经济改革与发展，以及调节个人收入分配的需要，分别发布了《城乡个体工商业户所得税暂行条例》和《个人收入调节税暂行条例》。这样，我国对个人所得的课税制度即形成了个人所得税、城乡个体工商业户所得税和个人收入调节税等三税并存的格局，在当时的经济条件下，对促进经济的发展，调节个人收入等方面起到了积极的作用。但是，随着社会政治、经济形势的发展，这些税收法律、法规逐渐暴露出一些矛盾和问题。

为了规范和完善对个人所得的课税制度，适应建立社会主义市场经济体制的需要，1993年10月31日，第八届全国人民代表大会常务委员会第四次会议通过了《关于修改〈中华人民共和国个人所得税法〉的决定》，同时公布了修改后的《个人所得税法》，并于1994年1月1日起施行。1994年1月28日，国务院第142号令发布《中华人民共和国个人所得税法实施条例》（以下简称《个人所得税法实施条例》）。1999年8月30日，第九届全国人民代表大会常务委员会第十一次会议通过了第二次修正的《中华人民共和国个人所得税法》。

2000年9月，财政部、国家税务总局根据《国务院关于个人独资企业和合伙企业征收所得税问题的通知》有关"对个人独资企业和合伙企业停征企业所得税，只对其投资者的经营所得征收个人所得税"的规定，制定了《关于个人独资企业和合伙企业投资者征收个人所得税的规定》（以下简称《规定》）。《规定》明确从2000年1月1日起，个人独资企业和合伙企业投资者将依法缴纳个人所得税。

三、个人所得税的征收模式

一般说来，个人所得税的征收模式有三种：分类征收制、综合征收制和混合征收制。分类征收制就是将纳税人不同来源、性质的所得项目，分别规定不同的税率征税；综合征收制是对纳税人全年的各项所得加以汇总，就其总额进行征税；混合征收制是对纳税人不同来源、性质的所得先分别按照不同的税率征税，然后将全年的各项所得进行汇总征税。三种不同的征收模式各有其优缺点。就第一种征收模式而言，其优点是对纳税人全部所得区分性质进行区别征税，能够体现国家的政治、经济与社会政策。缺点是对纳税人整体所得把握得不一定全面，容易导致实际税负的不公平。就第二种方式而言，可以对纳税人的全部所得征税，从收入的角度体现税收公平的原则，但它不利于针对不同收入进行调节，不利于体现国家的有关社会、经济政策。就第三种方式而言，集中了前面两种的优点，既可实现税收的政策性调节功能，也可体现税收的公平原则。

目前，我国个人所得税的征收采用的是分类征收制。在我国开征个人所得税之初，居民个人的收入水平比较低，收入来源比较单一，政府征税的目的主要在于对一部分居民畸高的收入进行调节。20 多年后的今天，我国居民个人的收入水平有了很大提高，而且收入的来源种类呈日益多样化趋势。在这样的情况下，仅仅按照居民收入的类型进行个人所得税的征收就不能达到调节收入分配的目的了。因为在现行税制下，不同收入种类所得的税率是不完全相同的，这样就会出现两种情况：一是纳税人有意把自己的收入在不同类型收入间进行转换，以达到不缴税或少缴税的目的。二是纳税人就其单个来源的收入可能不用纳税或者纳税不多，但如果把其全年收入加总起来考虑，则是一笔不小的收入。从结果上看，就不可能完全达到对收入进行公平调节的目的。因而对我国现行个人所得税制模式进行改革是一个方向，我国也初步确定把个人所得税制由分类征收制向分类与综合相结合的模式转变。

四、我国现行个人所得税的作用

（一）调节收入分配，体现社会公平

随着经济的发展，我国人民的生活水平不断提高，一部分人已经达到较高的收入水平。因此，有必要对个人收入进行适当的税收调节。在保证人们基本生活费用支出不受影响的前提下，高收入者多纳税，中等收入者少纳税，低收入者不纳税，以此缓解社会分配不公的矛盾，在不损害分配效率的前提下体现社会公平。

（二）扩大聚财渠道，增加财政收入

目前我国个人所得税收入占全部税收收入的比重不断提高，成为国家筹集财政收入的渠道之一。随着经济的发展，居民的收入水平还将继续提高，个人所得税占全部税收收入的比重还将继续提高，最终将成为我国的主体税种之一。

（三）增强纳税意识，树立义务观念

长期以来，我国公民的纳税意识普遍较为单薄，义务观念也比较缺乏。通过个人所得税税法宣传，税收的管理和税款的缴纳，源泉扣缴和自行申报制度实施，使公民在纳税过程中逐步树立公民必须依法履行纳税义务的观念。

第二节 个人所得税的征税对象、纳税人与税率

一、征税对象

我国现行个人所得税采用分类课征制，即对纳税人取得的不同所得项目分项定率征收。在税法中列举征税的应纳税所得共有 11 项，并在税法实施条例及相关法规中，对其实施范围逐一作出了具体解释。

（一）工资、薪金所得

工资、薪金所得，是指个人因任职或者受雇而取得的工资、薪金、奖金、年终加薪、劳动分红、津贴、补贴以及任职或者受雇有关的其他所得。

一般来说，工资、薪金所得属于非独立个人劳动所得。所谓非独立个人劳动，是指个人所从事的是由他人指定、安排并接受管理的劳动，工作或服务于公司、工厂、行政、事业单位的人员（私营企业主除外）均为非独立劳动者。他们从上述单位取得的劳动报酬是以工资、薪金的形式体现的。

工资、薪金以外，奖金、年终加薪、劳动分红、津贴、补贴也被确定为工资、薪金范畴。其中，年终加薪、劳动分红不分种类和取得情况，一律按工资、薪金所得课税。津贴、补贴等则有例外。根据我国目前个人收入的构成情况，规定对于一些不属于工资、薪金性质的补贴、津贴或者不属于纳税人本人工资、薪金所得项目的收入，不予征税。这些项目包括：

（1）独生子女补贴。

（2）执行公务员工资制度未纳入基本工资总额的补贴、津贴差额和家属成员的副食品补贴。

（3）托儿补助费。

（4）差旅费津贴、误餐补助。其中，误餐补助是指按照财政部规定，个人因公在城区、郊区工作，不能在工作单位或返回就餐的，根据实际误餐顿数，按规定的标准领取的误餐费。单位以误餐补助名义发给职工的补助、津贴不能包括在内。

奖金是指所有具有工资性质的奖金，免税奖金的范围在税法中另有规定。

关于企业减员增效和行政、事业单位、社会团体在机构改革过程中实行内部退养办法人员取得收入如何征税问题，现行规定如下：

（1）实行内部退养的个人在其办理内部退养手续后至法定离退休年龄之间从原任职单位取得的工资、薪金，不属于离退休工资，应按“工资、薪金所得”项目计征个人所得税。

（2）个人在办理内部退养手续后从原任职单位取得的一次性收入，应按办理内部退养手续后至法定离退休年龄之间的所属月份进行平均，并与领取当月的“工资、薪金”所得合并后减除当月费用扣除标准，以余额为基数确定适用税率，再将当月工资、薪金加上取得的一次性收入，减去费用扣除标准，按适用税率计征个人所得税。

（3）个人在办理内部退养手续后至法定离退休年龄之间重新就业取得的“工资、薪金”所得，应与其从原任职单位取得的同一月份的“工资、薪金”所得合并，并依法自行向主管税务机关申报缴纳个人所得税。

根据2001年11月9日国税函[2001]832号批复的规定，公司职工取得的用于购买企业国有股权的劳动分红，按“工资、薪金所得”项目计征个人所得税。

出租汽车经营单位对出租车驾驶员采取单车承包或承租方式运营，出租车驾驶员从事客货营运取得的收入，按工资、薪金所得征税。

（二）个体工商户的生产、经营所得

个体工商户的生产、经营所得，是指：

(1) 个体工商户从事工业、手工业、建筑业、交通运输业、商业、饮食业、服务业、修理业及其他行业取得的所得。

(2) 个人经政府有关部门批准，取得执照，从事办学、医疗、咨询以及其他有偿服务活动取得的所得。

(3) 上述个体工商户和个人取得的与生产、经营有关的各项应税所得。

(4) 个人因从事彩票代销业务而取得的所得，应按照“个体工商户的生产、经营所得”项目计征个人所得税。

(5) 其他个人从事个体工商业生产、经营取得的所得。

个体工商户的上述生产、经营所得实际上可以分为两类：一类是纯生产、经营所得，如第(1)、(2)、(3)、(4)项所得，它是指个人直接从事工商各业生产、经营活动而取得的生产性、经营性所得以及有关的其他所得。另一类是独立劳动所得，如第(5)项所得。所谓独立劳动，是指个人所从事的是由自己自由提供的、不受他人指定、安排和具体管理的劳动。例如，私人诊所的医生、私人会计师事务所的会计师，以及独立从事教学、文艺等活动的个人均为独立劳动者，他们的收入具有不确定性。

在国际税收协定中，也将独立的个人劳务严格界定为从事独立的科学、文学、艺术、教育或教学活动，以及医师、律师、工程师、建筑师、牙医师和会计师的独立活动。严格说来，个体工商户的劳动虽然也属于独立劳动，但没有包括在人们通常所说的“独立劳动”之内。

从事个体出租车运营的出租车驾驶员取得的收入，按个体工商户的生产、经营所得项目缴纳个人所得税。

出租车属个人所有，但挂靠出租汽车经营单位或企事业单位，驾驶员向挂靠单位缴纳管理费的，或出租汽车经营单位将出租车所有权转移给驾驶员的，出租车驾驶员从事客货运营取得的收入，比照个体工商户的生产、经营所得项目征税。

个体工商户和从事生产、经营的个人，取得与生产、经营活动无关的其他各项应税所得，应分别按照其他应税项目的有关规定，计算征收个人所得税。如取得银行存款的利息所得、对外投资取得的股息所得，应按“股息、利息、红利”税目的规定单独计征个人所得税。

个人独资企业、合伙企业的个人投资者以企业资金为本人、家庭成员及其相关人员支付与企业生产经营无关的消费性支出及购买汽车、住房等财产性支出，视为企业对个人投资者利润分配，并入投资者个人的生产经营所得，依照“个体工商户的生产、经营所得”项目计征个人所得税。

（三）对企事业单位的承包经营、承租经营的所得

对企事业单位的承包经营、承租经营所得，是指个人承包经营或承租经营以及转包、

转租取得的所得。承包项目可分多种，如生产经营、采购、销售、建筑安装等各种承包。转包包括全部转包或部分转包。

（四）劳务报酬所得

劳务报酬所得是指个人独立从事各种非雇佣的各种劳务所取得的所得。内容如下：

(1) 设计。它是指按照客户的要求，代为制定工程、工艺等各类设计业务。

(2) 装潢。它是指接受委托，对物体进行装饰、修饰，使之美观或具有特定用途的作业。

(3) 安装。它是指按照客户要求，对各种机器、设备的装配、安置，以及与机器、设备相连的附属设施的装设和被安装机器设备的绝缘、防腐、保温、油漆等工程作业。

(4) 制图。它是指受托按实物或设想物体的形象，依体积、面积、距离等，用一定比例绘制成平面图、立体图、透视图等的业务。

(5) 化验。它是指受托用物理或化学的方法，检验物质的成分和性质等业务。

(6) 测试。它是指利用仪器仪表或其他手段代客对物品的性能和质量进行检测试验的业务。

(7) 医疗。它是指从事各种病情诊断、治疗等医护业务。

(8) 法律。它是指受托担任辩护律师、法律顾问，撰写辩护词、起诉书等法律文书的业务。

(9) 会计。它是指受托从事会计核算的业务。

(10) 咨询。它是指对客户提出的政治、经济、科技、法律、会计、文化等方面的问题进行解答、说明的业务。

(11) 讲学。它是指应邀(聘)进行讲课、做报告、介绍情况等业务。

(12) 新闻。它是指提供新闻信息、编写新闻消息的业务。

(13) 广播。它是指从事播音等劳务。

(14) 翻译。它是指受托从事中、外语言或文字的翻译(包括笔译和口译)的业务。

(15) 审稿。它是指对文字作品或图形作品进行审查、核对的业务。

(16) 书画。它是指按客户要求，或自行从事书法、绘画、题词等业务。

(17) 雕刻。它是指代客镌刻图章、牌匾、碑、玉器、雕塑等业务。

(18) 影视。它是指应邀或应聘在电影、电视节目中出任演员，或担任导演、音响、化妆、道具、制作、摄影等与拍摄影视节目有关的业务。

(19) 录音。它是指用录音器械代客录制各种音响带的业务，或者应邀演讲、演唱、采访而被录音的服务。

(20) 录像。它是指用录像器械代客录制各种图像、节目的业务，或者应邀表演、采访被录像的业务。

(21) 演出。它是指参加戏剧、音乐、舞蹈、曲艺等文艺演出活动的业务。

(22) 表演。它是指从事杂技、体育、武术、健美、时装、气功以及其他技巧性表演活动的业务。

(23) 广告。它是指利用图书、报纸、杂志、广播、电视、电影、招贴、路牌、橱窗、霓虹灯、灯箱、墙面及其他载体,为介绍商品、经营服务项目、文体节目或通告、声明等事项,所做的宣传和提供相关服务的业务。

(24) 展览。它是指举办或参加书画展、影展、盆景展、邮展、个人收藏品展、花鸟虫鱼展等各种展示活动的业务。

(25) 技术服务。它是指利用一技之长而进行技术指导、提供技术帮助的业务。

(26) 介绍服务。它是指介绍供求双方商谈,或者介绍产品、经营服务项目等服务的业务。

(27) 经纪服务。它是指经纪人通过居间介绍,促成各种交易和提供劳务等服务的业务。

(28) 代办服务。它是指代委托人办理受托范围内的各项事宜的业务。

(29) 其他劳务。它是指上述列举 28 项劳务项目之外的各种劳务。

自2004年 1 月 20 日起,对商品营销活动中,企业和单位对其营销业绩突出的非雇员以培训班、研讨会、工作考察等名义组织旅游活动,通过免收差旅费、旅游费对个人实行的营销业绩奖励(包括实物、有价证券等),应根据所发生费用的全额作为该营销人员当期的劳务收入,按照"劳务报酬所得"项目征收个人所得税,并由提供上述费用的企业和单位代扣代缴。

在实际操作过程中,还可能出现难以判定一项所得是属于工资、薪金所得,还是属于劳务报酬所得的情况。这两者的区别在于:工资、薪金所得是属于非独立个人劳务活动,即在机关、团体、学校、部队、企业、事业单位及其他组织中任职、受雇而得到的报酬;而劳务报酬所得,则是个人独立从事各种技艺、提供各项劳务取得的报酬。

(五) 稿酬所得

稿酬所得是指个人因其作品以图书、报刊形式出版、发表而取得的所得。对不以图书、报刊形式出版、发表的翻译、审稿、书画所得归为劳务报酬所得。

(六) 特许权使用费所得

特许权使用费所得是指个人提供专利权、商标权、著作权、非专利技术以及其他特许权的使用权取得的所得。提供著作权的使用权取得的所得,不包括稿酬所得。

我国没有开征资本利得税,故将个人提供和转让专利权取得的所得,都列入特许权使用费所得征收个人所得税。

(七) 利息、股息、红利所得

利息、股息、红利所得是指个人拥有债权、股权而取得的利息、股息、红利所得。利息是指个人拥有债权而取得的利息,包括存款利息、贷款利息和各种债券的利息。按税法规定，个人取得的利息所得，除国债和国家发行的金融债券利息外，应当依法缴纳个人所得税。股息、红利是指个人拥有股权取得的股息、红利。

按照一定的比率对每股发给的息金，称为股息；公司、企业应分配的利润，按股份分配的，称为红利。股息、红利所得，除另有规定外，都应当缴纳个人所得税。

除个人独资企业、合伙企业以外的其他企业的个人投资者，以企业资金为本人、家庭成员及其相关人员支付与企业生产经营无关的消费性支出及购买汽车、住房等财产性支出，视为企业对个人投资者的红利分配，依照“利息、股息、红利所得”项目计征个人所得税。企业的上述支出不允许在所得税前扣除。

纳税年度内个人投资者从其投资企业（个人独资企业、合伙企业除外）借款，在该纳税年度终了后既不归还又未用于企业生产经营的，其未归还的借款可视为企业对个人投资者的红利分配，依照“利息、股息、红利所得”项目计征个人所得税。

个人在个人银行结算账户的存款自2003年9月1日起孳生的利息，应按“利息、股息、红利所得”项目计征个人所得税，税款由办理个人银行结算账户业务的储蓄机构在结付利息时代扣代缴。

（八）财产租赁所得

财产租赁所得是指个人出租建筑物、土地使用权、机器设备、车船以及其他财产取得的所得。

个人取得的财产转租收入，属于“财产租赁所得”的征税范围，由财产转租人缴纳个人所得税。在确认纳税人时，应以产权凭证为依据；对无产权凭证的，由主管税务机关根据实际情况确定。产权所有人死亡，在未办理产权继承手续期间，该财产出租而有租金收入的，以领取租金的个人为纳税人。

（九）财产转让所得

财产转让所得是指个人转让有价证券、股权、建筑物、土地使用权、机器设备、车船以及其他财产取得的所得。

在现实生活中，个人进行的财产转让主要是个人财产所有权的转让。财产转让实际上是一种买卖行为，当事人双方通过签订、履行财产转让合同，形成财产买卖的法律关系，使出让财产的个人从对方取得价款（收入）或其他经济利益。财产转让所得因其性质的特殊性，需要单独列举项目征税。对个人取得的各项财产转让所得，除股票转让所得外，都要征收个人所得税。

1．股票转让所得

根据《个人所得税法实施条例》规定，对股票所得征收个人所得税的办法，由财政部另行制定，报国务院批准施行。鉴于我国证券市场发育还不成熟，股份制还处于试点阶段，对股票转让所得的计算、征税办法和纳税期限的确认等都需要做深入的调查研究后，结合国际通行的做法，做出符合我国实际的规定。因此，国务院决定，对股票转让所得暂不征收个人所得税。

2. 量化资产股份转让

集体所有制企业在改制为股份合作制企业时，对职工个人以股份形式取得的拥有所有权的企业量化资产，暂缓征收个人所得税；待个人将股份转让时，就其转让收入额，减除个人取得该股份时实际支付的费用支出和合理转让费用后的余额，按"财产转让所得"项目计征个人所得税。

3. 个人出售自有住房

(1) 根据《个人所得税法》的规定，个人出售自有住房取得的所得应按照"财产转让所得"项目征收个人所得税。

(2) 个人出售自有住房的应纳税所得税额，按下列原则确定：

一是个人出售除已购公有住房以外的其他自有住房，其应纳税所得额按照《个人所得税法》的有关规定确定。

二是个人出售已购公有住房，其应纳税所得额为个人出售已购公有住房的销售价，减除住房面积标准的经济适用房价款、原支付超过住房面积标准的房价款、向财政或原产权单位缴纳的所得收益以及税法规定的合理费用后的余额。

已购公有住房是指城镇职工根据国家和县级(含县级)以上人民政府有关城镇住房制度改革政策规定，按照成本价(或标准价)购买的公有住房。

经济适用住房价格按县级(含县级)以上地方人民政府规定的标准确定。

三是职工以成本价(或标准价)出资的集资合作建房、安居工程住房、经济适用住房以及拆迁安置住房，比照已购公有住房确定应纳税所得额。

(3) 企事业单位将自建住房以低于购置或建造成本价格销售给职工的个人所得税的征税规定：

第一，根据住房制度改革政策的有关规定，国家机关、企事业单位及其他组织(以下简称单位)在住房制度改革期间，按照所在地县级以上人民政府规定的房改成本价格向职工出售公有住房，职工因支付的房改成本价格低于房屋建造成本价格或市场价格而取得的差价收益，免征个人所得税。

第二，除上述符合规定的情形外，根据《中华人民共和国个人所得税法》及其实施条例的有关规定，单位按低于购置或建造成本价格出售住房给职工，职工因此而少支出的差价部分，属于个人所得税应税所得，应按照"工资、薪金所得"项目缴纳个人所得税。

其中"差价部分"，是指职工实际支付的购房价款低于该房屋的购置或建造成本价格的差额。

第三，对职工取得的上述应税所得，比照《国家税务总局关于调整个人取得全年一次性奖金等计算征收个人所得税方法问题的通知》(国税发[2005]9号)规定的全年一次性奖金的征税办法，计算征收个人所得税，即先将全部所得数额除以12，按其商数并根据个人所得税法规定的税率表确定适用的税率和速算扣除数，再根据全部所得数额、适用的税率和速算扣除数，按照税法规定计算征税。此前未征税款不再追征，已征税款不予退还。

(4) 对个人转让自用5年以上并且是家庭唯一生活用房取得的所得，继续免征个人所得税。

(5) 为了确保有关住房转让的个人所得税政策得到全面、正确的实施，各级房地产交易管理部门应与税务机关加强协作、配合，主管税务机关需要有关本地区房地产交易情况的，房地产交易管理部门应及时提供。

(十) 偶然所得

偶然所得是指个人得奖、中奖、中彩以及其他偶然性质的所得。得奖是指参加各种有奖竞赛活动，取得名次得到的奖金；中奖、中彩是指参加各种有奖活动，如有奖销售、有奖储蓄，或者购买彩票，经过规定程序，抽中、摇中号码而取得的奖金。偶然所得应缴纳的个人所得税税款，一律由发奖单位或机构代扣代缴。

(十一) 经国务院财政部门确定征税的其他所得

除上述列举的各项个人应税所得外，其他确有必要征税的个人所得，由国务院财政部门确定。个人取得的所得，难以界定应纳税所得项目的，由主管税务机关确定。

二、纳税人

在中国境内有住所，或者无住所而在境内居住满1年的个人，以及在中国境内无住所又不居住或者无住所而在境内居住不满1年的个人为个人所得税纳税人，包括中国公民、个体工商业户以及有来源于中国境内所得的外籍人员和中国香港、澳门、台湾同胞。

自2000年1月1日起，个人独资企业和合伙企业投资者也是个人所得税的纳税人。

(一) 居民纳税人与非居民纳税人的判定

为了有效地行使税收管辖权，我国采用国际上通行的住所标准和居住时间标准将个人所得税纳税人划分为居民纳税人和非居民纳税人，分别承担不同的纳税义务。

1. 居民纳税人

居民纳税人负有无限纳税义务。其所取得的应纳税所得，无论是来源于中国境内还是中国境外任何地方，都要在中国缴纳个人所得税。根据《个人所得税法》规定，居民纳税人是指在中国境内有住所，或者无住所而在中国境内居住满1年的个人。

所谓在中国境内有住所的个人，是指因户籍、家庭、经济利益关系，而在中国境内习惯性居住的个人。这里所说的习惯性居住是判定纳税人属于居民还是非居民的一个重要依据。它是指个人因学习、工作、探亲等原因消除之后，没有理由在其他地方继续居留时，所要回到的地方，而不是指实际居住或在某一个特定时期内的居住地。一个纳税人因学习、工作、探亲、旅游等原因，原来是在中国境外居住，但是在这些原因消除之后，如果必须回到中国境内居住的，则中国为该人的习惯性居住地。尽管该纳税人在一个纳税年度内，甚至连续几个纳税年度，都未在中国境内居住过1天，他仍然是中国居民纳税人，应就其来自全球的应纳税所得，向中国缴纳个人所得税。

所谓在境内居住满1年，是指在一个纳税年度(即公历1月1日起至12月31日止)内，在中国境内居住满365日。在计算居住天数时，对临时离境应视同在华居住，不扣减其在华居住的天数。这里所说的临时离境，是指在一个纳税年度内，一次不超过30日或者多次累计不超过90日的离境。综上可知，个人所得税的居民纳税人包括以下两类：

(1) 在中国境内定居的中国公民和外国侨民。但不包括虽具有中国国籍，却并没有在中国大陆定居，而是侨居海外的华侨和居住在香港、澳门、台湾的同胞。

(2) 从公历1月1日起至12月31日止，居住在中国境内的外国人、海外侨胞和香港、澳门、台湾同胞。这些人如果在一个纳税年度内，一次离境不超过30日，或者多次离境累计不超过90日的，仍应被视为全年在中国境内居住，从而判定为居民纳税人。例如，一个外籍人员从1997年10月起到中国境内的公司任职，在1998年纳税年度内，曾于3月7～12日离境回国，向其总公司述职，12月23日又离境回国欢度圣诞节和元旦。这两次离境时间相加，没有超过90日的标准，应视作临时离境，不扣减其在华居住天数。因此，该纳税人应为居民纳税人。

现行税法中关于“中国境内”的概念，是指中国大陆地区，目前还不包括香港、澳门和台湾地区。

2. 非居民纳税人

非居民纳税人是指不符合居民纳税人判定标准(条件)的纳税人。非居民纳税人承担有限纳税义务，即仅就其来源于中国境内的所得，向中国缴纳个人所得税。《个人所得税法》规定，非居民纳税人是“在中国境内无住所又不居住或者无住所而在境内居住不满1年的个人”。也就是说，非居民纳税人是指习惯性居住地不在中国境内，而且不在中国居住，或者在一个纳税年度内，在中国境内居住不满1年的个人。在现实生活中，习惯性居住地不在中国境内的个人，只有外籍人员、华侨或香港、澳门和台湾同胞。因此，非居民纳税人，实际上只能是在一个纳税年度中，没有在中国境内居住，或者在中国境内居住不满1年的外籍人员、华侨或香港、澳门、台湾同胞。

自2004年7月1日起，对境内居住的天数和境内实际工作期间按以下规定为准：

(1) 判定纳税义务及计算在中国境内居住的天数。对在中国境内无住所的个人，需要计算确定其在中国境内居住天数，以便依照税法和协定或安排的规定判定其在华负有何种纳税义务时，均应以该个人实际在华逗留天数计算。上述个人入境、离境、往返或多次往返境内外的当日，均按1天计算其在华实际逗留天数。

(2) 对个人入、离境当日及计算在中国境内实际工作期间。对在中国境内、境外机构同时担任职务或仅在境外机构任职的境内无住所个人，在按《国家税务总局关于在中国境内无住所的个人计算缴纳个人所得税若干具体问题的通知》(国税函[1995]125号)第一条的规定计算其境内工作期间时，对其入境、离境、往返或多次往返境内外的当日，均按半天计算为在华实际工作天数。

（二）所得来源地的认定

非居民纳税人因其负有限纳税义务，仅就来源于中国境内的所得按税法规定缴纳个人所得税，因此对其所得来源地的判断认定，则显得十分重要。

对来源于中国境内所得的判断认定，不是以款项的支付地为标准，也不是以取得者是否居住在中国境内为标准，税法具体规定如下：

（1）工资、薪金所得，以纳税人任职、受雇的公司、企业、事业单位、机关、团体、部队、学校等单位的所在地，作为所得来源地。

（2）生产、经营所得，以生产、经营活动实现地，作为所得来源地。

（3）劳务报酬所得，以纳税人实际提供劳务的地点，作为所得来源地。

（4）不动产转让所得，以不动产坐落地为所得来源地；动产转让所得，以实现转让的地点为所得来源地。

（5）财产租赁所得，以被租赁财产的使用地，作为所得来源地。

（6）利息、股息、红利所得，以支付利息、股息、红利的企业、机构、组织的所在地，作为所得来源地。

（7）特许权使用费所得，以特许权的使用地，作为所得来源地。

三、税率

现行个人所得税按纳税人所得项目的不同，税率分别确定为：

（1）工资、薪金所得，适用3%～45%的七级超额累进税率（见表8-1）。

（2）个体工商户的生产、经营所得和对企事业单位的承包经营、承租经营所得以及个人独资企业和合伙企业的生产经营所得，适用5%～35%的五级超额累进税率（见表8-3）。

（3）稿酬所得，适用比例税率，税率为20%，并按应纳税额减征30%。其实际税率为14%。

（4）劳务报酬所得，适用比例税率，税率为20%。对劳务报酬所得一次收入畸高的，可以实行加成征收，具体实施办法由国务院规定。

上述“劳务报酬所得一次收入畸高”，是指个人一次取得劳务报酬，其应纳税所得额超过20 000元。具体加成征收办法为：对应纳税所得额超过20 000元至50 000元的部分，依照税法规定计算应纳税额后再按照应纳税额加征五成；超过50 000元的部分，加征十成。因此，劳务报酬所得实际上适用20%、30%、40%的三级超额累进税率（见表8-5）。

（5）特许权使用费所得，利息、股息、红利所得，财产租赁所得，财产转让所得，偶然所得和其他所得，适用比例税率，税率为20%。

从2007年8月15日起，居民储蓄利息税率调为5%，自2008年10月9日起暂免征收储蓄存款利息的个人所得税。对个人出租住房取得的所得减按10%的税率征收个人所得税。

第三节 应纳税所得额的确定

现行个人所得税在计算确定应纳税所得额时，需区分不同应税项目，分项进行费用扣除，即根据所得的不同情况分别实行定额、定率和会计核算三种扣除办法，以某项应税项目的收入额减去税法规定的该项费用减除标准后的余额为该项应纳税所得额。

一、费用减除标准

1. 工资、薪金所得

工资、薪金所得，自2011年9月1日起，以每月收入额减除费用3 500元后的余额为应纳税所得额。

按照税法的规定，对在中国境内无住所而在中国境内取得工资、薪金所得的纳税人和在中国境内有住所而在中国境外取得工资、薪金所得的纳税人，可以根据其平均收入水平、生活水平以及汇率变化情况确定附加减除费用，附加减除费用适用的范围和标准具体规定如下：

(1) 附加减除费用适用的范围，包括：① 在中国境内的外商投资企业和外国企业中工作取得工资、薪金所得的外籍人员。② 应聘在中国境内的企业、事业单位、社会团体、国家机关中工作取得工资、薪金所得的外籍专家。③ 在中国境内有住所而在中国境外任职或者受雇取得工资、薪金所得的个人。④ 财政部确定的取得工资、薪金所得的其他人员。

(2) 附加减除费用标准。上述适用范围内的人员每月工资、薪金所得在减除3 500元费用的基础上，再减除1 300元。

(3) 华侨和香港、澳门、台湾同胞参照上述附加减除费用标准执行。

2. 个体工商户的生产、经营所得

个体工商户的生产、经营所得，以每一纳税年度的收入总额，减除成本、费用以及损失后的余额，为应纳税所得额。成本、费用是指纳税人从事生产、经营所发生的各项直接支出和分配计入成本的间接费用以及销售费用、管理费用、财务费用；所说的损失是指纳税人在生产、经营过程中发生的各项营业外支出。

从事生产、经营的纳税人未提供完整、准确的纳税资料，不能正确计算应纳税所得额的，由主管税务机关核定其应纳税所得额。

个人独资企业的投资者以全部生产经营所得为应纳税所得额；合伙企业的投资者按照合伙企业的全部生产经营所得和合伙协议约定的分配比例，确定应纳税所得额，合伙协议没有约定分配比例的，以全部生产经营所得和合伙人数量平均计算每个投资者的应纳税所得额。

上述所称生产经营所得，包括企业分配给投资者个人的所得和企业当年留存的所得

(利润)。

3. 对企事业单位的承包经营、承租经营所得

对企事业单位的承包经营、承租经营所得,以每一纳税年度的收入总额,减除必要费用后的余额,为应纳税所得额。每一纳税年度的收入总额,是指纳税人按照承包经营、承租经营合同规定分得的经营利润和工资、薪金性质的所得;所说的减除必要费用,是指按月减除3 500元。

4. 劳务报酬所得、稿酬所得、特许权使用费所得、财产租赁所得

劳务报酬所得、稿酬所得、特许权使用费所得、财产租赁所得,每次收入不超过4 000元的,减除费用 800 元;4 000元以上的,减除 20%的费用,其余额为应纳税所得额。

5. 财产转让所得

财产转让所得,以转让财产的收入额减除财产原值和合理费用后的余额,为应纳税所得额。财产原值是指:

(1) 有价证券,为买入价以及买入时按照规定交纳的有关费用。

(2) 建筑物,为建造费或者购进价格以及其他有关费用。

(3) 土地使用权,为取得土地使用权所支付的金额,开发土地的费用以及其他有关费用。

(4) 机器设备、车船,为购进价格、运输费、安装费以及其他有关费用。

(5) 其他财产,参照以上方法确定。

纳税人未提供完整、准确的财产原值凭证,不能正确计算财产原值的,由主管税务机关核定其财产原值。

合理费用是指卖出财产时按照规定支付的有关费用。

6. 利息、股息、红利所得,偶然所得和其他所得

利息、股息、红利所得,偶然所得和其他所得,以每次收入额为应纳税所得额。

个人从公开发行和转让市场取得的上市公司股票,持股期限在 1 个月以内(含 1 个月)的,其股息红利所得金额计入应纳税所得额;持股期限在 1 个月以上至 1 年(含 1 年)的,暂减按 50%计入应纳税所得额;持股期限超过 1 年的,暂减按 25%计入应纳税所得额。上述所得统一适用 20%的税率计征个人所得税。

二、每次收入的确定

对于纳税人取得的劳务报酬所得,稿酬所得,特许权使用费所得,财产租赁所得,利息、股息、红利所得,偶然所得和其他所得等应税所得项目,在确定应纳税所得额时,均是以每次收入为计算依据的,因此,准确确定每次收入,则是计算应纳税额的关键。依照税法规定,每次收入区分不同应税项目,具体如下。

1. 劳务报酬所得

劳务报酬所得,属于一次性收入的,以取得该项收入为一次;属于同一项目连续性收

入的，以一个月内取得的收入为一次。“同一项目”是指税法所列举的设计、装潢、安装、制图等29项具体应税劳务项目中的某一单项。纳税人兼有不同劳务项目的报酬，应分别减除费用，计算应纳税所得额。

【例8-1】 某演员某月参加一场商业演出，取得出场费2 000元；为某产品出演电视媒体广告，取得报酬30 000元。这两项收入均属于一次性劳务报酬收入，应分别减除费用，计算其应纳税所得额。即，出场费的应纳税所得额为1 200元(2 000－800)；广告收入的应纳税所得额为24 000元[30 000×(1－20%)]。

假设该演员同时为一家电视台的一档娱乐节目做嘉宾主持，每周录制一次，每次电视台支付其报酬600元，本月连续录制四次。该项收入应视为同一事项的连续性收入，以其一个月内取得的收入2 400元为一次计算其应纳税所得额为1 600元(2 400－800)，而不能以每周报酬600元为一次。

2. 稿酬所得

稿酬所得，以每次出版、发表取得的收入为一次。由于现实中，稿酬的支付或取得形式多种多样，比较复杂。对其每次收入的确定，税法具体规定为：

(1) 个人每次以图书、报刊方式出版、发表同一作品，不论出版单位是预付还是分笔支付稿酬，或者加印该作品后再付稿酬，均应合并其稿酬所得按一次计征个人所得税。

(2) 个人在两处或两处以上出版、发表或再版同一作品而取得的稿酬所得，则可分别各处取得的所得或再版所得按分次所得计征个人所得税。

(3) 个人的同一作品在报刊上连载，应合并其因连载而取得的所有稿酬所得为一次，按税法规定计征个人所得税。在其连载之后又出书取得稿酬所得，或先出书后连载取得的稿酬所得，应视同再版稿酬分次计征个人所得税，即连载作为一次，出书作为另一次。

3. 特许权使用费所得

特许权使用费所得，以一项特许权的一次许可使用所取得的收入为一次。如果转让时取得的收入是分笔支付的，则应将各笔收入相加为一次的收入，计征个人所得税。

4. 财产租赁所得

财产租赁所得，以一个月内取得的收入为一次。

5. 利息、股息、红利所得

利息、股息、红利所得，以支付利息、股息、红利时取得的收入为一次。

6. 偶然所得、其他所得

偶然所得、其他所得，均以每次取得该项收入为一次。

三、应纳税所得额的其他有关规定

(1) 个人取得的应纳税所得，包括现金、实物和有价证券。所得为实物的，应当按照取得的凭证上所注明的价格计算应纳税所得额；无凭证的实物或者凭证上所注明的价格明显偏低的，由主管税务机关参照当地的市场价格核定应纳税所得额。所得为有价证券的，由主管税务机关根据票面价格和市场价格核定应纳税所得额。

（2）纳税人各项所得的计算，以人民币为单位。所得为外国货币的，应当按照填开完税凭证的上一月最后一日中国人民银行公布的外汇牌价，折合成人民币计算应纳税所得额。依照税法规定，在年度终了后汇算清缴的，对已经按月或者按次预缴税款的外国货币所得，不再重新折算；对应当补缴税款的所得部分，按照上一纳税年度最后一日中国人民银行公布的外汇牌价，折合成人民币计算应纳税所得额。

（3）个人的所得（不含偶然所得和经国务院财政部门确定征税的其他所得）用于资助非关联的科研机构和高等学校研究开发新产品、新技术、新工艺所发生的研究开发经费，经主管税务机关确定，可以全额在下月（工资、薪金所得）或下次（按次计征的所得）或当年（按年计征的所得）计征个人所得税时，从应纳税所得额中扣除，不足抵扣的，不得结转抵扣。

（4）个人将其所得通过中国境内的社会团体、国家机关向教育和其他社会公益事业以及遭受严重自然灾害地区、贫困地区捐赠，捐赠额未超过纳税义务人申报的应纳税所得额30%的部分，可以从其应纳税所得额中扣除纳税人通过中国人口福利基金会、光华科技基金会的公益、救济性捐赠，可在应纳税所得额的30%内扣除。

按现行规定为支持社会公益事业发展，个人通过中国金融教育发展基金会、中国国际民间组织合作促进会、中国社会工作协会孤残儿童救助基金管理委员会、中国发展研究基金会、陈嘉庚科学奖基金会、中国友好和平发展基金会、中华文学基金会、中华农业科教基金会、中国少年儿童文化艺术基金会和中国公安英烈基金会用于公益救济性捐赠，企业在年度应纳税所得额12%以内的部分，个人在申报应纳税所得额30%以内的部分，准予在计算缴纳企业所得税和个人所得税前扣除。

个人通过非营利的社会团体和国家机关向农村义务教育的捐赠，准予在缴纳个人所得税前的所得额中全额扣除。农村义务教育的范围，是政府和社会力量举办的农村乡镇（不含县和县级市政府所在地的镇）、村的小学和初中以及属于这一阶段的特殊教育学校。纳税人对农村义务教育与高中在一起的学校的捐赠，也享受此项所得税前扣除。

【例 8－2】 某居民取得一次性劳务报酬收入50 000元。该居民将其中15 000元通过民政局捐赠给儿童福利院。则其应纳个人所得税额为：

（1）捐赠扣除限额＝50 000×(1－20%)×30%＝12 000(元)

（2）捐赠额15 000元超过扣除限额12 000元，税前可扣除12 000元。

（3）应纳税额＝[50 000×(1－20%)－12 000]×30%－2 000＝6 400(元)

假设捐出10 000元，未超过扣除限额，可全部扣除，则其应纳税额为：

[50 000×(1－20%)－10 000]×30%－2 000＝7 000(元)

第四节 个人所得税的计算

一、工资、薪金所得应纳税额的计算

（一）一般计算方法

工资、薪金所得应纳税额的计算公式为：

（1）应纳税所得额＝每月收入额－3 500元或4 800元

（2）应纳税额＝应纳税所得额×适用税率－速算扣除数

工资、薪金所得适用税率及速算扣除数见表8－1。

表8－1

税率表一（工资、薪金所得适用）

级数	全月应纳税所得额	税率（%）	速算扣除数
1	不超过1 500元的	3	0
2	超过1 500元至4 500元的部分	10	105
3	超过4 500元至9 000元的部分	20	555
4	超过9 000元至35 000元的部分	25	1 005
5	超过35 000元至55 000元的部分	30	2 755
6	超过55 000元至80 000元的部分	35	5 505
7	超过80 000元的部分	45	13 505

【例8－3】 某纳税人（中国公民）2014年3月工资收入4 200元，不适用附加减除费用，则其应纳个人所得税额为：

应纳税所得额＝4 200－3 500＝700（元）

应纳税额＝700×3%＝21（元）

【例8－4】 某中外合资经营企业一外籍管理人员（假设为非居民纳税人）2014年3月取得薪金收入12 800元人民币，则其应纳个人所得税额为：

应纳税所得额＝12 800－（3 500＋1 300）＝8 000（元）

应纳税额＝8 000×20%－555＝1 045（元）

（二）工资、薪金所得应纳税额计算中的特殊问题

1．对个人取得全年一次性奖金等计算征收个人所得税的方法

全年一次性奖金是指行政机关、企事业单位等扣缴义务人根据其全年经济效益和对

雇员全年工作业绩的综合考核情况，向雇员发放的一次性奖金。一次性奖金也包括年终加薪、实行年薪制和绩效工资办法的单位根据考核情况兑现的年薪和绩效工资。

纳税人取得全年一次性奖金，单独作为1个月工资、薪金所得计算纳税，自2005年1月1日起按以下计税办法，由扣缴义务人发放时代扣代缴：

(1) 将雇员当月内取得的全年一次性奖金，除以12个月，按其商数确定适用税率和速算扣除数。如果在发放年终一次性奖金的当月，雇员当月工资薪金所得低于税法规定的费用扣除额，应将全年一次性奖金减除"雇员当月工资薪金所得与费用扣除额的差额"后的余额，按上述办法确定全年一次性奖金的适用税率和速算扣除数。

(2) 将雇员个人当月内取得的全年一次性奖金，按上述第1条确定的适用税率和速算扣除数计算征税。计算公式为：

如果雇员当月工资薪金所得高于(或等于)税法规定的费用扣除额的，适用公式为：

应纳税额＝雇员当月取得全年一次性奖金×适用税率－速算扣除数

如果雇员当月工资薪金所得低于税法规定的费用扣除额的，适用公式为：

应纳税额＝(雇员当月取得全年一次性奖金－雇员当月工资薪金所得与费用扣除额的差额)×适用税率－速算扣除数

【例8-5】 某企业2013年终员工甲年终奖为54 000元，乙年终奖为55 000元。则甲、乙两人的税后净收入(该企业员工当月工薪所得均高于税法规定3 500元扣除限额)分别计算为：

甲应纳税额＝54 000×10%－105＝5 295(元)

甲税后净收入＝54 000－5 295＝48 705(元)

乙应纳税额＝55 000×20%－555＝10 445(元)

乙税后净收入＝55 000－10 445＝44 555(元)

乙的年终奖比甲的年终奖多1 000元，税后比甲少4 150元(48 705－44 555)。

【例8-6】 张某2013年12月应税工资2 800元，当月取得全年一次性奖金24 000元。则其当月应纳个人所得税为：

应纳税额＝[24 000－(3 500－2 800)]×10%－105＝2 225(元)

(3) 在一个纳税年度内，对每一个纳税人，该计税办法只允许采用一次。

(4) 实行年薪制和绩效工资的单位，个人取得年终兑现的年薪和绩效工资按上述第(2)条、第(3)条规定执行。

(5) 雇员取得除全年一次性奖金以外的其他各种名目奖金，如半年奖、季度奖、加班奖、先进奖、考勤奖等，一律与当月工资、薪金收入合并，按税法规定缴纳个人所得税。

(6) 对无住所个人取得上述第(5)条所述的各种名目奖金,如果该个人当月在我国境内没有纳税义务,或者该个人由于出入境原因导致当月在我国工作时间不满1个月的,仍按照《国家税务总局关于在我国境内无住所的个人取得奖金征税问题的通知》(国税发[1996]183号)计算纳税。

2. 雇主为雇员承担全年一次性奖金部分税款有关个人所得税的计算方法

取得不含税全年一次性奖金收入应纳个人所得税适用的税率见表8-2。

表8-2

不含税全年一次性奖金应纳个人所得税税率及速算扣除数表

级数	全月应纳税所得额		税率(%)	速算扣除数
	含税级距(B)	不含税级距(A)		
1	不超过1 500元的	不超过1 455元的	3	0
2	超过1 500元至4 500元的部分	超过1 455元至4 155元的部分	10	105
3	超过4 500元至9 000元的部分	超过4 155元至7 755元的部分	20	555
4	超过9 000元至35 000元的部分	超过7 755元至27 255元的部分	25	1 005
5	超过35 000元至55 000元的部分	超过27 255元至41 255元的部分	30	2 755
6	超过55 000元至80 000元的部分	超过41 255元至57 505元的部分	35	5 505
7	超过80 000元的部分	超过57 505元的部分	45	13 505

自2011年5月1日起,雇主为雇员承担全年一次性奖金部分税款有关个人所得税的计算方法如下:

(1) 雇主为雇员负担全年一次性奖金部分个人所得税款,属于雇员又额外增加了收入,应将雇主负担的这部分税款并入雇员的全年一次性奖金,换算为应纳税所得额后,按照规定方法计征个人所得税。

(2) 将不含税全年一次性奖金换算为应纳税所得额的计算方法:

雇主为雇员定额负担税款的计算公式如下:

应纳税所得额=雇员取得的全年一次性奖金+雇主替雇员定额负担的税款
－当月工资薪金低于费用扣除标准的差额

雇主为雇员按一定比例负担税款的计算公式如下:

① 查找不含税全年一次性奖金的适用税率和速算扣除数:未含雇主负担税款的全年一次性奖金收入÷12,根据其商数找出不含税级距对应的适用税率A和速算扣除数A

② 计算含税全年一次性奖金。计算公式如下:

应纳税所得额=(未含雇主负担税款的全年一次性奖金收入
－当月工资薪金低于费用扣除标准的差额
－不含税级距的速算扣除数 A×雇主负担比例)
÷(1－不含税级距的适用税率 A×雇主负担比例)

(3) 对上述应纳税所得额,扣缴义务人应按照国税发[2005]9 号文件规定的方法计算应扣缴税款。即:将应纳税所得额÷12,根据其商数找出对应的适用税率 B 和速算扣除数 B,据以计算税款。计算公式如下:

应纳税额=应纳税所得额×适用税率 B－速算扣除数 B
实际缴纳税额=应纳税额－雇主为雇员负担的税额

(4) 雇主为雇员负担的个人所得税款,应属于个人工资薪金的一部分。凡单独作为企业管理费列支的,在计算企业所得税时不得税前扣除。

【例 8－7】 2014 年 12 月某企业职工甲当月工资 5 800 元,全年一次性年终奖 45 000 元,企业为甲定额负担 3 000 元该年终奖应纳的个人所得税款;职工乙当月工资 2 800 元,全年一次性年终奖 32 000 元,企业为乙定额负担 1 500 元该年终奖应纳的个人所得税。则甲、乙在 2014 年 12 月应纳的个人所得税为:

① 甲当月工资应纳税额=(5 800－3 500)×10%－105=125(元)

年终奖应纳税额的计算:

应纳税所得额=雇员取得的全年一次性奖金+雇主替雇员定额负担的税款
=45 000+3 000=48 000(元)

48 000÷12=4 000(元),查含税级距对应的税率表,适用第 2 级"超过 1 500 元至 4 500元的部分",适用税率 10%,速算扣除数 105 元。

应纳税额=48 000×10%－105=4 695(元)
实际缴纳税额=4 695－3 000=1 695(元)

② 乙当月工资 2 800 元,不超过费用扣除标准,不缴纳个人所得税

年终奖应纳税额的计算:

应纳税所得额=雇员取得的全年一次性奖金+雇主替雇员定额负担的税款
－当月工资薪金低于费用扣除标准的差额
=32 000+1 500－700=32 800(元)

32 800÷12=2 733.33(元),查含税级距对应的税率表,适用第 2 级"超过 1 500 元至 4 500 元的部分",适用税率 10%,速算扣除数 105 元。

应纳税额=32 800×10%－105=3 175(元)
实际缴纳税额=3 175－1 500=1 675(元)

【案例8-8】 2014年12月某企业职工丙当月工资9 800元，全年一次性年终奖86 400元，该企业为丙定率负担40%年终奖应纳的个人所得税款。则职工丙在2014年12月应纳的个人所得税为：

① 丙当月工资应纳税额＝(9 800－3 500)×20%－555＝705(元)

② 丙年终奖应纳税额的计算：

未含雇主负担税款的全年一次性奖金收入86 400÷12＝7 200(元)，查不含税级距对应的税率表，适用第3级“超过4 155元至7 755元的部分”，适用税率20%，速算扣除数555元。

应纳税所得额＝(未含雇主负担税款的全年一次性奖金收入－当月工资薪金低于费用扣除标准的差额－不含税级距的速算扣除数A×雇主负担比例)÷(1－不含税级距的适用税率A×雇主负担比例)
＝(86 400－555×40%)÷(1－20%×40%)＝93 671.74(元)

含税的应纳税所得额93 671.74÷12＝7 805.98(元)，查含税级距对应的税率表，适用第3级“超过4 500元至9 000元的部分”，适用税率20%，速算扣除数555元。

应纳税额＝应纳税所得额×适用税率B－速算扣除数B＝93 671.74×20%－555＝18 179.35(元)

3. 对在中国境内无住所的个人一次取得数月奖金或年终加薪、劳动分红(以下简称奖金，不包括应按月支付的奖金)的计税方法

对上述个人取得的奖金，可单独作为1个月的工资、薪金所得计算纳税。由于对每月的工资、薪金所得计税时已按月扣除了费用，因此，对上述奖金不再减除费用，全额作为应纳税所得额直接按适用税率计算应纳税款，并且不再按居住天数进行划分计算。上述个人应在取得奖金月份的次月7日内申报纳税。但有一种特殊情况，即：在中国境内无住所的个人在担任境外企业职务的同时，兼任该外国企业在华机构的职务，但并不实际或不经常到华履行该在华机构职务，对其一次取得的数月奖金中属于全月未在华的月份奖金，依照劳务发生地原则，可不作为来源于中国境内的奖金收入计算纳税。

4. 特定行业职工取得的工资、薪金所得的计税方法

为了照顾采掘业、远洋运输业、远洋捕捞业因季节、产量等因素的影响，职工的工资、薪金收入呈现较大幅度波动的实际情况，对这三个特定行业的职工取得的工资、薪金所得，可按月预缴，年度终了后30日内，合计其全年工资、薪金所得，再按12个月平均并计算实际应纳的税款，多退少补。用公式表示为：

应纳所得税额＝[(全年工资、薪金收入÷12－费用扣除标准)×税率－速算扣除数]×12

5. 关于个人取得公务交通、通信补贴收入征税问题

个人因公务用车和通信制度改革而取得的公务用车、通信补贴收入，扣除一定标准的

公务费用后，按照“工资、薪金”所得项目计征个人所得税。按月发放的，并入当月“工资、薪金”所得计征个人所得税；不按月发放的，分解到所属月份并与该月份“工资、薪金”所得合并后计征个人所得税。

公务费用扣除标准，由省级地方税务局根据纳税人公务交通、通讯费用实际发生情况调查测算，报经省级人民政府批准后确定，并报国家税务总局备案。

6. 关于失业保险费(金)征税问题

城镇企事业单位及其职工个人按照《失业保险条例》规定的比例，实际缴付的失业保险费，均不计入职工个人当期工资、薪金收入，免予征收个人所得税；超过《失业保险条例》规定的比例缴付失业保险费的，应将其超过规定比例缴付的部分计入职工个人当期的工资、薪金收入，依法计征个人所得税。

具备《失业保险条例》规定条件的失业人员，领取的失业保险金，免予征收个人所得税。

7. 关于支付各种免税之外的保险金的征税方法

企业为员工支付各项免税之外的保险金，应在企业向保险公司缴付时(即该保险落到被保险人的保险账户)并入员工当期的工资收入，按“工资、薪金所得”项目计征个人所得税，税款由企业负责代扣代缴。

8. 在外商投资企业、外国企业和外国驻华机构工作的中方人员取得的工资、薪金所得的征税问题

(1) 在外商投资企业、外国企业和外国驻华机构工作的中方人员取得的工资、薪金收入，凡是由雇佣单位和派遣单位分别支付的，支付单位应按税法规定代扣代缴个人所得税。同时，按税法规定，纳税义务人应以每月全部工资、薪金收入减除规定费用后的余额为应纳税所得额。为了有利于征管，对雇佣单位和派遣单位分别支付工资、薪金的，采取由支付者中的一方减除费用的方法，即只由雇佣单位在支付工资、薪金时，按税法规定减除费用，计算扣缴个人所得税；派遣单位支付的工资、薪金不再减除费用，以支付金额直接确定适用税率，计算扣缴个人所得税。

上述纳税义务人，应持两处支付单位提供的原始明细工资、薪金单(书)和完税凭证原件，选择并固定到一地税务机关申报每月工资、薪金收入，汇算清缴其工资、薪金收入的个人所得税，多退少补。具体申报期限，由各省、自治区、直辖市税务机关确定。

【例 8-9】 张某为一外商投资企业雇佣的中方人员，2014年5月，该外商投资企业支付给张某的薪金为7 200元，同月，张某还收到其所在的派遣单位发给的工资1 900元。请问：该外商投资企业、派遣单位应如何扣缴个人所得税？张某实际应缴的个人所得税为多少？

① 外商投资企业应为张某扣缴的个人所得税为：

扣缴税额＝(每月收入额－3 500)×适用税率－速算扣除数

＝(7 200－3 500)×10％－105＝265(元)

② 派遣单位应为张某扣缴的个人所得税为：

扣缴税额＝每月收入额×适用税率－速算扣除数
＝1 900×10%－105＝85(元)

③ 张某实际应缴的个人所得税为：

应纳税额＝(每月收入额－3 500)×适用税率－速算扣除数
＝(7 200＋1 900－3 500)×20%－555
＝565(元)

因此，在张某到某税务机关申报时，还应补缴215元(565－265－85)。

(2) 对外商投资企业、外国企业和外国驻华机构发放给中方工作人员的工资、薪金所得，应全额征税。但对可以提供有效合同或有关凭证，能够证明其工资、薪金所得的一部分按照有关规定上缴派遣(介绍)单位的，可扣除其实际上缴的部分，按其余额计征个人所得税。

9. 在中国境内无住所的个人取得工资薪金所得的征税问题

依照《个人所得税法》，及其实施条例和我国对外签订的避免双重征税协定(以下简称税收协定)的有关规定，对在中国境内无住所的个人由于在中国境内公司、企业、经济组织(以下简称中国境内企业)或外国企业在中国境内设立的机构、场所以及税收协定所说常设机构(以下简称中国境内机构)担任职务，或者由于受雇或履行合同而在中国境内从事工作，取得的工资、薪金所得应分别不同情况确定：

(1) 关于工资、薪金所得来源地的确定。根据规定，属于来源于中国境内的工资薪金所得应为个人实际在中国境内工作期间取得的工资、薪金，即：个人实际在中国境内工作期间取得的工资、薪金不论是由中国境内还是境外企业或个人雇主支付，均属来源于中国境内的所得；个人实际在中国境外工作期间取得的工资、薪金，不论是由中国境内还是境外企业或个人雇主支付，均属于来源于中国境外的所得。

(2) 关于在中国境内无住所而在一个纳税年度中在中国境内连续或累计居住不超过90日或在税收协定规定的期间中在中国境内连续或累计居住不超过183日的个人纳税义务的确定。

根据有关规定，在中国境内无住所而在一个纳税年度中在中国境内连续或累计工作不超过90日或在税收协定规定的期间中在中国境内连续或累计居住不超过183日的个人，由中国境外雇主支付并且不是由该雇主的中国境内机构负担的工资、薪金，免于申报缴纳个人所得税。对前述个人应仅就其实际在中国境内工作期间由中国境内企业或个人雇主支付或者由中国境内机构负担的工资、薪金所得申报纳税。凡是该中国境内企业、机构属于采取核定利润方法计征企业所得税或没有营业收入而不征收企业所得税的，在该中国境内企业、机构任职、受雇的个人实际在中国境内工作期间取得的工资、薪金，不论是否在该中国境内企业、机构会计账簿中有记载，均应视为该中国境内企业支付或由该中国境内机构负担的工资、薪金。

自2004年7月1日起，在中国境内无住所而在一个纳税年度中在中国境内连续或累计居住不超过90日或在税收协定规定的期间在中国境内连续或累计居住不超过183日的个人，负有纳税义务的；应适用下述公式：

应纳税额＝(当月境内外工资、薪金应纳税所得额×适用税率－速算扣除数)
×当月境内支付工资÷当月境内外支付工资总额
×当月境内工作天数÷当月天数

上述个人每月应纳的税款应按税法规定的期限申报缴纳。

(3) 关于在中国境内无住所而在一个纳税年度中在中国境内连续或累计居住超过90日或在税收协定规定的期间中在中国境内连续或累计居住超过183日但不满1年的个人纳税义务的确定。

根据有关规定，在中国境内无住所而在一个纳税年度中在中国境内连续或累计工作超过90日或在税收协定规定的期间中在中国境内连续或累计居住超过183日但不满1年的个人，其实际在中国境内工作期间取得的由中国境内企业或个人雇主支付和由境外企业或个人雇主支付的工资薪金所得，均应申报缴纳个人所得税；其在中国境外工作期间取得的工资、薪金所得，除中国境内企业或高层管理人员，不予征收个人所得税。

自2004年7月1日起，在中国境内无住所而在一个纳税年度中在中国境内连续或累计居住超过90日或在税收协定规定的期间在中国境内连续或累计居住超过183日但不满1年的个人，负有纳税义务的，应适用下述公式：

应纳税额＝(当月境内外工资、薪金应纳税所得额×适用税率－速算扣除数)
×当月境内工作天数÷当月天数

上述个人每月应纳的税款应按规定的期限申报缴纳。其中，取得的工资、薪金所得是由境外雇主支付并且不是由中国境内机构负担的个人，事先可预定在一个纳税年度中连续或累计居住超过90日或在税收协定规定的期间中连续或累计居住超过183日的，其每月应纳的税款应按规定期限申报纳税；对事先不能预定在一个纳税年度或税收协定规定的有关期间中连续或累计居住超过90日或183日的，可以待达到90日或183日后的次月7日内，就其以前月份应纳的税款一并申报缴纳。

自2004年7月1日起，在中国境内无住所但在境内居住满1年而不超过5年的个人，其在中国境内工作期间取得的由中国境内企业或个人雇主支付和由中国境外企业或个人雇主支付的工资、薪金，均应申报缴纳个人所得税；其在《实施条例》第三条所说临时离境工作期间的工资薪金所得，仅就由中国境内企业或个人雇主支付的部分申报纳税，凡是中国境内企业、机构属于采取核定利润方法计征企业所得税或没有营业收入而不征收企业所得税的，在中国境内企业、机构任职、受雇的个人取得的工资、薪金，不论是否在中国境内企业、机构会计账簿中有记载，均应视为由其任职的中国境内企业、机构支付。

上述个人，在1个月中既有在中国境内工作期间的工资、薪金所得，也有在临时离境期间由境内企业或个人雇主支付的工资、薪金所得的，应合并计算当月应纳税款，并按税法规定的期限申报缴纳。在中国境内无住所但在境内居住满1年而不超过5年的个人，负有纳税义务的应适用下述公式：

应纳税额＝(当月境内外工资、薪金应纳税所得额×适用税率－速算扣除数)
×(1－当月境外支付工资÷当月境内外支付工资总额
×当月境外工作天数÷当月天数)

如果上款所述各类个人取得的是日工资、薪金或者不满1个月工资、薪金，仍应以日工资、薪金乘以当月天数换算成月工资、薪金后，按照上述公式计算其应纳税额。

(4) 中国境内企业董事、高层管理人员纳税义务的确定。担任中国境内企业董事或高层管理职务的个人[指公司正、副(总)经理、各职能技师、总监及其他类似公司管理层的职务]，其取得的由该中国境内企业支付的董事费或工资薪金，不适用前述(2)、(3)项的规定，而应自其担任该中国境内企业董事或高层管理职务起，至其解除上述职务止的期间，不论其是否在中国境外履行职务，均应申报缴纳个人所得税；其取得的由中国境外企业支付的工资、薪金，应依照前述规定确定纳税义务。

(5) 不满1个月的工资、薪金所得应纳税款的计算。属于前述情况中的个人，凡应仅就不满1个月期间的工资、薪金所得申报纳税的，均应按全月工资、薪金所得计算实际应纳税额。其计算公式为：

应纳税额＝(当月工资、薪金应纳税所得额×适用税率－速算扣除数)
×当月实际在中国天数÷当月天数

如果属于上述情况的个人取得的是日工资、薪金，应以日工资、薪金乘以当月天数换算成月工资、薪金后，按上述公式计算应纳税额。

10. 关于个人取得退职费收入征免个人所得税问题

(1)《个人所得税法》第四条第七款所说的可以免征个人所得税的“退职费”，是指个人符合《国务院关于工人退休、退职的暂行办法》(国发[1978]104号)规定的退职条件并按该办法规定的退职费标准所领取的退职费。

(2) 个人取得的不符合上述办法规定的退职条件和退职费标准的退职费收入，应属于与其任职、受雇活动有关的工资、薪金性质的所得，应在取得的当月按工资、薪金所得计算缴纳个人所得税。但考虑到作为雇主给予退职人员经济补偿的退职费，通常为一次性发给，且数额较大，以及退职人员有可能在一段时间内没有固定收入等实际情况，依照《个人所得税法》有关工资、薪金所得计算征税的规定，对退职人员一次取得较高退职费收入的，可视为其一次取得数月的工资、薪金收入，并以原每月工资、薪金收入总额为标准，划分为若干月份的工资、薪金收入后，计算个人所得税的应纳税所得额及税额。但按上述方法划分超过了6个月工资、薪金收入的，应按6个月平均划分计算。个人取得全部退职费收入的应纳税款，应由其原雇主在支付退职费时负责代扣并于次月7日内缴入国库。个人退职后6个月内又再次任职、受雇的，对个人已缴纳个人所得税的退职费收入，不再与再次任职、受雇取得的工资、薪金所得合并计算补缴个人所得税。

11. 对个人因解除劳动合同取得经济补偿金的征税方法

根据《财政部、国家税务总局关于个人与用人单位解除劳动关系取得的一次性补偿收入征免个人所得税问题的通知》和《国家税务总局关于国有企业职工因解除劳动合同取得一次性补偿收入征免个人所得税问题的通知》等文件精神，自2001年10月1日起，按以下规定处理：

(1) 企业依照国家有关法律规定宣告破产，企业职工从该破产企业取得的一次性安置费收入，免征个人所得税。

(2) 个人因与用人单位解除劳动关系而取得的一次性补偿收入（包括用人单位发放的经济补偿金、生活补助费和其他补助费用），其收入在当地上年职工平均工资3倍数额以内的部分，免征个人所得税；超过3倍数额部分的一次性补偿收入，可视为一次取得数月的工资、薪金收入，允许在一定期限内平均计算。方法为：以超过3倍数额部分的一次性补偿收入，除以个人在本企业的工作年限数（超过12年的按12年计算），以其商数作为个人的月工资、薪金收入，按照税法规定计算缴纳个人所得税。个人在解除劳动合同后又再次任职、受雇的，已纳税的一次性补偿收入不再与再次任职、受雇的工资薪金所得合并计算补缴个人所得税。

(3) 个人领取一次性补偿收入时按照国家和地方政府规定的比例实际缴纳的住房公积金、医疗保险费、基本养老保险费、失业保险费，可以在计征其一次性补偿收入的个人所得税时予以扣除。

二、个体工商户的生产、经营所得应纳税额的计算

个体工商户的生产、经营所得应纳税额的计算公式为：

应纳税额＝应纳税所得额×适用税率－速算扣除数

或　　＝(全年收入总额－成本、费用以及损失)×适用税率－速算扣除数

(一) 对个体工商户个人所得税计算征收的有关规定

(1) 自2011年9月1日起，个体工商户业主的费用扣除标准统一确定42 000元/年，即3 500元/月。

(2) 个体工商户向其从业人员实际支付的合理的工资、薪金支出，允许在税前据实扣除。

(3) 个体工商户拨缴的工会经费、发生的职工福利费、职工教育经费支出分别在工资薪金总额2%、14%、2.5%的标准内据实扣除。

(4) 个体工商户每一纳税年度发生的广告费和业务宣传费用不超过当年销售（营业）收入15%的部分，可据实扣除；超过部分，准予在以后纳税年度结转扣除。

(5) 个体工商户每一纳税年度发生的与其生产经营业务直接相关的业务招待费支出，按照发生额的60%扣除，但最高不得超过当年销售（营业）收入的5‰。上述第(2)、(3)、(4)、(5)条规定，自2008年1月1日起执行。

(6) 个体工商户在生产、经营期间借款利息支出，凡有合法证明的，不高于按金融机构同类、同期贷款利率计算的数额的部分，准予扣除。

(7) 个体工商户或个人专营种植业、养殖业、饲养业、捕捞业，应对其所得计征个人所得税。兼营上述四业并且四业的所得单独核算的，对属于征收个人所得税的，应与其他行业的生产、经营所得合并计征个人所得税；对于上述四业的所得不能单独核算的，应就其全部所得计征个人所得税。

(8) 个体工商户和从事生产、经营的个人，取得与生产、经营活动无关的各项应税所得，应分别适用各应税项目的规定计算征收个人所得税。

(二) 个体工商户的生产、经营所得适用税率及速算扣除数

个体工商户的生产、经营所得适用税率及速算扣除数见表8-3。

表8-3

税率表二（个体工商户的生产、经营所得和对企事业单位的承包经营、承租经营所得适用）

级数	全年应纳税所得额	税率(%)	速算扣除数
1	不超过15 000元的	5	0
2	超过15 000元至30 000元的部分	10	750
3	超过30 000元至60 000元的部分	20	3 750
4	超过60 000元至100 000元的部分	30	9 750
5	超过100 000元的部分	35	14 750

(三) 个人独资企业和合伙企业应纳个人所得税的计算

对个人独资企业和合伙企业生产经营所得，其个人所得税应纳税额的计算有以下两种方法。

1. 查账征税

(1) 自2011年9月1日起，个人独资企业和合伙企业投资者的生产经营所得依法计征个人所得税时，个人独资企业和合伙企业投资者本人的费用扣除标准统一确定为

42 000元/年，即3 500元/月。投资者的工资不得在税前扣除。

（2）投资者及其家庭发生的生活费用不允许在税前扣除。投资者及其家庭发生的生活费用与企业生产经营费用混合在一起，并且难以划分的，全部视为投资者个人及其家庭发生的生活费用，不允许在税前扣除。

（3）企业生产经营和投资者及其家庭生活共用的固定资产，难以划分的，由主管税务机关根据企业的生产经营类型、规模等具体情况，核定准予在税前扣除的折旧费用的数额或比例。

（4）企业向其从业人员实际支付的合理的工资、薪金支出，允许在税前据实扣除。

（5）企业拨缴的工会经费、发生的职工福利费、职工教育经费支出分别在工资薪金总额2%、14%、2.5%的标准内据实扣除。

（6）每一纳税年度发生的广告费和业务宣传费用不超过当年销售（营业）收入15%的部分，可据实扣除；超过部分，准予在以后纳税年度结转扣除。

（7）每一纳税年度发生的与其生产经营业务直接相关的业务招待费支出，按照发生额的60%扣除，但最高不得超过当年销售（营业）收入的5‰。上述第（4）、（5）、（6）、（7）条规定，从2008年1月1日起执行。

（8）企业计提的各种准备金不得扣除。

（9）投资者兴办两个或两个以上企业，并且企业性质全部是独资的，年度终了后，汇算清缴时，应纳税款的计算按以下方法进行：汇总其投资兴办的所有企业的经营所得作为应纳税所得额，以此确定适用税率，计算出全年经营所得的应纳税额，再根据每个企业的经营所得占所有企业经营所得的比例，分别计算出每个企业的应纳税额和应补缴税额。计算公式如下：

① 应纳税所得额 $=\sum$ 各个企业的经营所得

② 应纳税额＝应纳税所得额×税率－速算扣除数

③ 本企业应纳税额＝应纳税额×本企业的经营所得 $\div\sum$ 各企业的经营所得

④ 本企业应补缴的税额＝本企业应纳税额－本企业预缴的税额

2. 核定征收

核定征收方式，包括定额征收、核定应税所得率征收以及其他合理的征收方式。

实行核定应税所得率征收方式的，应纳所得税额的计算公式为：

（1）应纳所得税额＝应纳税所得额×适用税率

（2）应纳税所得额＝收入总额×应税所得率

或 ＝成本费用支出额÷（1－应税所得率）×应税所得率

应税所得率应按表8－4规定的标准执行。

表 8-4

个人所得税应税所得率表

行　　业	应税所得率
工业、交通运输业、商业	5%～20%
建筑业、房地产开发业	7%～20%
饮食服务业	7%～25%
娱乐业	20%～40%
其他行业	10%～30%

企业经营多业的，无论其经营项目是否单独核算，均应根据其主营项目确定其适用的应税所得率。

实行核定征税的投资者，不能享受个人所得税的优惠政策。

实行查账征税方式的个人独资企业和合伙企业改为核定征税方式后，在查账征税方式下认定的年度经营亏损未弥补完的部分，不得再继续弥补。

三、对企事业单位的承包经营、承租经营所得应纳税额的计算

对企事业单位的承包经营、承租经营所得，其个人所得税应纳税额的计算公式为：

应纳税额＝应纳税所得额×适用税率－速算扣除数

或　　＝(纳税年度收入总额－必要费用)×适用税率－速算扣除数

(1) 对企事业单位的承包经营、承租经营所得，以每一纳税年度的收入总额，减除必要费用后的余额为应纳税所得额。

在一个纳税年度中，承包经营或者承租经营期限不足 1 年的，以其实际经营期为纳税年度。

(2) 对企事业单位的承包经营、承租经营所得适用的速算扣除数，同个体工商户的生产、经营所得适用的速算扣除数。

【例 8-10】 2014年 1 月 1 日，某个人与事业单位签订承包合同经营招待所，承包期为 3 年。2014年招待所实现承包经营利润150 000元，按合同规定承包人每年应从承包经营利润中上缴承包费30 000元。则该承包人2014年度应纳个人所得税为：

年应纳税所得额＝承包经营利润－上缴费用－每月必要费用扣减合计

＝150 000－30 000－3 500×12＝78 000(元)

应纳税额＝年应纳税所得额×适用税率－速算扣除数＝78 000×30%－9 750＝13 650(元)

四、劳务报酬所得应纳税额的计算

对劳务报酬所得，其个人所得税应纳税额的计算公式如下。

1. 每次收入不足4 000元的

应纳税额＝应纳税所得额×适用税率＝(每次收入额－800)×20％

2. 每次收入在4 000元以上的

应纳税额＝应纳税所得额×适用税率＝每次收入额×(1－20％)×20％

3. 每次收入的应纳税所得额超过20 000元的

应纳税额＝应纳税所得额×适用税率－速算扣除数
＝每次收入额×(1－20％)×适用税率－速算扣除数

劳务报酬所得适用税率及速算扣除数见表 8－5。

表 8－5

税率表三(劳务报酬所得适用)

级 数	每次应纳税所得额	税率(％)	速算扣除数(元)
1	不超过20 000元的部分	20	0
2	超过20 000元至50 000元的部分	30	2 000
3	超过50 000元的部分	40	7 000

【例 8－11】 歌星周某2014年 5 月在 A 地参加商业演出，演出一天，获取出场费3 500元；在 B 地参加某公司开业十周年庆典演出，获取出场费28 000元；在 C 地为某品牌家用电器出演电视广告，获取广告收入65 000元。则周某当月上述三笔所得应纳个人所得税额为：

① A 地出场费收入：

应纳税所得额＝3 500－800＝2 700(元)

应纳税额＝2 700×20％＝540(元)

② B 地出场费收入：

应纳税所得额＝28 000×(1－20％)＝22 400(元)

应纳税额＝22 400×30％－2 000＝4 720(元)

③ C 地广告收入：

应纳税所得额＝65 000×(1－20%)＝52 000(元)

应纳税额＝52 000×40%－7 000＝13 800(元)

④ 周某当月应纳税额＝540＋4 720＋13 800＝19 060(元)

提示：上述计算过程中，B地所得加征五成和C地所得加征十成，均采用上述表8－5所列税率进行简化计算的。当然，也可以采用分步计算方法，在此以周某在C地的广告收入为例加以说明：其收入65 000元按规定计算的应纳税所得额为52 000元，应加征十成，分步计算过程为：

① 加成征收的税额＝(50 000－20 000)×20%×50%＋(52 000－50 000)×20%×100%
＝3 000＋400＝3 400(元)

② 应纳的全部税额＝52 000×20%＋3 400＝13 800(元)

4. 为纳税人代付税款的计算方法

如果单位或个人为纳税人代付税款的，应当将单位或个人支付给纳税人的不含税支付额(或称纳税人取得的不含税收入额)换算为应纳税所得额，然后按规定计算应代付的个人所得税款。其计算公式为：

(1) 不含税收入额不超过3 360元的：

① 应纳税所得额＝(不合税收入额－800)÷(1－税率)

② 应纳税额＝应纳税所得额×适用税率

(2) 不含税收入额超过3 360元的：

① 应纳税所得额＝[(不含税收入额－速算扣除数)×(1－20%)]÷[1－税率×(1－20%)]

或　＝[－(不合税收入额－速算扣除数)×(1－20%)]÷当级换算系数

② 应纳税额＝应纳税所得额×适用税率－速算扣除数

上述(1)中的公式①和(2)中的公式①中的税率，是指不含税劳务报酬收入所对应的税率(见表8－6)；(1)中的公式②和(2)中的公式②中的税率，是指应纳税所得额按含税级距所对应的税率(见表8－5)。

表8－6

不含税劳务报酬收入适用税率表

级　数	不含税劳务报酬收入额	税率(%)	速算扣除数(元)	换算系数(%)
1	未超过3 360元的部分	20	0	无
2	超过3 360元至21 000元的部分	20	0	84
3	超过21 000元至49 500元的部分	30	2 000	76
4	超过49 500元的部分	40	7 000	68

【例 8-12】 某科研单位工程师为某施工企业提供设计服务，双方商定，设计完成后由施工企业支付给工程师35 000元劳务费，个人所得税由施工企业代付。不考虑其他税费的情况下，施工企业支付给工程师的35 000元劳务费是税后金额，计算代付个人所得税时，首先应将其不含税劳务费按公式换算为应纳税所得额，再根据适用税率和加成计税的方法计算出代付的个人所得税税额。根据上述计算公式：

应纳税所得额＝(35 000－2 000)×(1－20％)÷[1－30％×(1－20％)]＝34 736.84(元)

应纳税额＝34 736.84×30％－2 000＝8 421.05(元)

五、稿酬所得应纳税额的计算

稿酬所得应纳税额的计算公式为：

(1) 每次收入不足4 000元的：

应纳税额＝应纳税所得额×适用税率×(1－30％)
＝(每次收入额－800)×20％×(1－30％)

(2) 每次收入在4 000元以上的：

应纳税额＝应纳税所得额×适用税率×(1－30％)
＝每次收入额×(1－20％)×20％×(1－30％)

【例 8-13】 某作家取得一次未扣除个人所得税的稿酬收入20 000元，请计算其应缴纳的个人所得税税额。

应纳税额＝应纳税所得额×适用税率×(1－30％)
＝20 000×(1－20％)×20％×(1－30％)＝2 240(元)

六、特许权使用费所得应纳税额的计算

特许权使用费所得应纳税额的计算公式为：

(1) 每次收入不足4 000元的：

应纳税额＝应纳税所得额×适用税率＝(每次收入额－800)×20％

(2) 每次收入在4 000元以上的：

应纳税额＝应纳税所得额×适用税率＝每次收入额×(1－20％)×20％

七、利息、股息、红利所得应纳税额的计算

利息、股息、红利所得应纳税额的计算公式为：

应纳税额＝应纳税所得额×适用税率＝每次收入额×20％（或 5％）

银行储蓄存款利息所得适用税率：2007年 8 月 15 日前为 20％，8 月 15 日起为 5％；2008年 10 月 9 日起暂免征个人所得税。

【例 8－14】 张某 2013 年 5 月购买某上市公司的股票10 000股，该上市公司2013年度的利润方案为每 10 股送 3 股，并于2014年 6 月份实施，该股票的面值为每股 1 元。计算上市公司应扣缴王某的个人所得税。

对个人投资者从上市公司取得的股息、红利所得，持股期限在 1 年以上的，暂减按 25％计入个人应纳税所得额，依照现行税法规定计征个人所得税。

应纳个人所得税＝10 000÷10×3×1×25％×20％＝150（元）

八、财产租赁所得应纳税额的计算

（一）应纳税所得额

财产租赁所得一般以个人每次取得的收入，定额或定率减除规定费用后的余额为应纳税所得额。每次收入不超过4 000元，定额减除费用 800 元；每次收入在4 000元以上，定率减除 20％的费用。财产租赁所得以 1 个月内取得的收入为一次。

在确定财产租赁的应纳税所得额时，纳税人在出租财产过程中缴纳的税金和教育费附加，可持完税（缴款）凭证，从其财产租赁收入中扣除。准予扣除的项目除了规定费用和有关税、费外，还准予扣除能够提供有效、准确凭证，证明由纳税人负担的该出租财产实际开支的修缮费用。允许扣除的修缮费用，以每次 800 元为限。一次扣除不完的，准予在下一次继续扣除，直到扣完为止。

个人出租财产取得的财产租赁收入，在计算缴纳个人所得税时，应依次扣除以下费用：

（1）财产租赁过程中缴纳的税费。

（2）由纳税人负担的该出租财产实际开支的修缮费用。

（3）税法规定的费用扣除标准。

应纳税所得额的计算公式为：

（1）每次（月）收入不超过4 000元的：

应纳税所得额＝每次（月）收入额－准予扣除项目－修缮费用（800 元为限）－800 元

（2）每次（月）收入超过4 000元的：

应纳税所得额＝［每次（月）收入额－准予扣除项目－修缮费用（800 元为限）］×（1－20％）

（二）应纳税额的计算方法

财产租赁所得适用 20％的比例税率。但对个人按市场价格出租的居民住房取得的所得，自2001年 1 月 1 日起暂减按 10％的税率征收个人所得税。其应纳税额的计算公式为：

应纳税额＝应纳税所得额×适用税率

【例 8－15】 某市居民张某2014年 1～6 月每月取得出租居民住房租金收入5 000元(按市场价出租，当期未发生修缮费用)。计算张某 1～6 月应纳的营业税、城建税、教育费附加、房产税、个人所得税。

(1) 1～6 月租金收入应缴纳的营业税＝5 000×3%÷2×6＝450(元)

提示：按市场价格出租的居民住房，营业税减按 3%减半计征。

(2) 1～6 月租金收入应缴纳的城建税＝450×7%＝31.5(元)

(3) 1～6 月租金收入应缴纳的教育费附加＝450×3%＝13.5(元)

(4) 1～6 月租金收入应缴纳的房产税＝5 000×4%×6＝1 200(元)

(5) 1～6 月租金收入应缴纳的个人所得税＝[5 000－5 000×3%÷2×(1＋7%＋3%)－5 000×4%]×(1－20%)×10%×6＝2 264.4(元)

在实际征税过程中，有时会出现财产租赁所得的纳税人不明确的情况。对此，在确定财产租赁所得纳税人时，应以产权凭证为依据。无产权凭证的，由主管税务机关根据实际情况确定纳税人。如果产权所有人死亡，在未办理产权继承手续期间，该财产出租且有租金收入的，以领取租金收入的个人为纳税人。

九、财产转让所得应纳税额的计算

(一) 一般情况下财产转让所得应纳税额的计算

财产转让所得应纳税额的计算公式为：

应纳税额＝应纳税所得额×适用税率＝(收入总额－财产原值－合理税费)×20%

【例 8－16】 某居民建房一幢，造价36 000元，支付费用2 000元。该居民转让房屋，售价60 000元，在卖房过程中按规定支付交易费等有关费用2 500元，其应纳个人所得税税额的计算过程为：

(1) 应纳税所得额＝财产转让收入－财产原值－合理费用
＝60 000－(36 000＋2 000)－2 500＝19 500(元)

(2) 应纳税额＝19 500×20%＝3 900(元)

(二) 个人住房转让所得应纳税额的计算

对个人转让住房征收个人所得税中，出现了需要进一步明确的问题。为完善征收管理制度，加强征管，根据《个人所得税法》和《税收征收管理法》的有关规定精神，国税发[2006]108 号文件进一步明确了个人住房转让的征收管理规定。自2006年 8 月 1 日起，个人转让住房所得应纳个人所得税的计算具体规定如下：

(1) 以实际成交价格为转让收入。纳税人申报的住房成交价格明显低于市场价格且无正当理由的，征收机关依法有权根据有关信息核定其转让收入，但必须保证各税种计税价格一致。

(2) 纳税人可凭原购房合同、发票等有效凭证，经税务机关审核后，允许从其转让收入中减除房屋原值、转让住房过程中缴纳的税金及有关合理费用。

(3) 纳税人未提供完整、准确的房屋原值凭证，不能正确计算房屋原值和应纳税额的，税务机关可根据《税收征收管理法》第三十五条的规定，对其实行核定征税，即按纳税人住房转让收入的一定比例核定应纳个人所得税额。具体比例由省级地方税务局或者省级地方税务局授权的地市级地方税务局根据纳税人出售住房的所处区域、地理位置、建造时间、房屋类型、住房平均价格水平等因素，在住房转让收入1%～3%的幅度内确定。

(4) 为方便出售住房的个人依法履行纳税义务，加强税收征管，主管税务机关要在房地产交易场所设置税收征收窗口，个人转让住房应缴纳的个人所得税，应与转让环节应缴纳的营业税、契税、土地增值税等税收一并办理；地方税务机关暂没有条件在房地产交易场所设置税收征收窗口的，应委托契税征收部门一并征收个人所得税等税收。

(三) 个人销售无偿受赠不动产应纳税额的计算

为加强房地产交易中个人无偿赠与不动产行为的税收管理，《国家税务总局关于加强房地声交易个人无偿赠与不动产税收管理有关问题》国税发[2006]144号文件规定个人将受赠的不动产对外销售应征收个人所得税。个人将受赠不动产对外销售征收个人所得税的具体规定如下：

(1) 受赠人取得赠与人无偿赠与的不动产后，再次转让该项不动产的，在缴纳个人所得税时，以财产转让收入减除受赠、转让住房过程中缴纳的税金及有关合理费用后的余额为应纳税所得额，按20%的适用税率计算缴纳个人所得税。即：① 按财产转让所得征；② 按财产转让收入减除受赠、转让住房过程中缴纳的税金及有关合理费用后的余额为应纳税所得额，按20%的适用税率计算缴纳个人所得税；③ 税务机关不得核定征收。

(2) 在受赠和转让住房过程中缴纳的税金。个人转让住房和受赠住房涉及的其他税金，按相关的规定处理。

十、偶然所得应纳税额的计算

偶然所得应纳税额的计算公式为：

应纳税额＝应纳税所得额×适用税率＝每次收入额×20%

十一、其他所得应纳税额的计算

其他所得应纳税额的计算公式为：

应纳税额＝应纳税所得额×适用税率＝每次收入额×20%

十二、应纳税额计算中的特殊问题

(一) 关于企业改组改制过程中个人取得的量化资产征税问题

对职工个人以股份形式取得的量化资产仅作为分红依据,不拥有所有权的企业量化资产,不征收个人所得税。

对职工个人以股份形式取得的拥有所有权的企业量化资产,暂缓征收个人所得税;待个人将股份转让时,就其转让收入额,减除个人取得该股份时实际支付的费用支出和合理转让费用后的余额,按"财产转让所得"项目计征个人所得税。

对职工个人以股份形式取得的企业量化资产参与企业分配而获得的股息、红利,应按"利息、股息、红利所得"项目征收个人所得税。

(二) 两个以上的纳税人共同取得同一项所得的计税问题

两个或两个以上的纳税义务人共同取得同一项所得的(如共同写作一部著作而取得稿酬所得),可以对每个人分得的收入分别减除费用,并计算各自应纳的税款。

在个人所得税应纳税额的计算时,还有一个问题需要解决,即企业和个人的外币收入如何折合成人民币计算纳税的问题。根据国家税务总局1995年9月12日《关于企业和个人的外币收入如何折合成人民币计算缴纳税款问题的通知》规定,企业和个人取得的收入和所得为美元、日元、港币的,仍统一使用中国人民银行公布的人民币对上述三种货币的基准汇价,折合成人民币计算缴纳税款;企业和个人取得的收入和所得为上述三种货币以外的其他货币的,应根据美元对人民币的基准汇价和国家外汇管理局提供的纽约外汇市场美元对主要外币的汇价进行套算,按套算后的汇价作为折合汇率计算缴纳税款。套算公式为:

某种货币对人民币的汇价=美元对人民币的基准汇价÷纽约外汇市场美元对该种货币的汇价

(三) 个人因购买和处置债权取得所得征收个人所得税的方法

(1) 根据《个人所得税法》及有关规定,个人通过招标、竞拍或其他方式购置债权以后,通过相关司法或行政程序主张债权而取得的所得,应按照"财产转让所得"项目缴纳个人所得税。

(2) 个人通过上述方式取得"打包"债权,只处置部分债权的,其应纳税所得额按以下方式确定:

其一,以每次处置部分债权的所得,作为一次财产转让所得征税。

其二,其应税收入按照个人取得的货币资产和非货币资产的评估价值或市场价值的合计数确定。

其三,所处置债权成本费用(即财产原值),按下列公式计算:

当次处置债权成本费用=个人购置"打包"债权实际支出×当次处置债权账面价值(或拍卖机构公布价值)÷"打包"债权账面价值(或拍卖机构公布价值)

其四，个人购买和处置债权过程中发生的拍卖招标手续费、诉讼费、审计评估费以及缴纳的税金等合理税费，在计算个人所得税时允许扣除。

（四）办理补充养老保险退保和提供担保个人所得税的征税方法

（1）关于单位为个人办理补充养老保险退保后个人所得税及企业所得税的处理问题。单位为职工个人购买商业性补充养老保险等，在办理投保手续时应作为个人所得税的"工资、薪金所得"项目，按税法规定缴纳个人所得税；因各种原因退保，个人未取得实际收入的，已缴纳的个人所得税应予以退回。

（2）关于个人提供担保取得收入征收个人所得税问题。个人为单位或他人提供担保获得报酬，应按照《个人所得税法》规定的"其他所得"项目缴纳个人所得税，税款由支付所得的单位或个人代扣代缴。

（五）个人兼职和退休人员再任职取得收入个人所得税的征税方法

个人兼职取得的收入应按照"劳务报酬所得"应税项目缴纳个人所得税；退休人员再任职取得的收入，在减除按个人所得税法规定的费用扣除标准后，按"工资、薪金所得"应税项目缴纳个人所得税。

（六）企业为股东个人购买汽车个人所得税的征税方法

（1）企业为股东购买车辆并将车辆所有权办到股东个人名下，其实质为企业对股东进行了红利性质的实物分配，应按照"利息、股息、红利所得"项目征收个人所得税。考虑到该股东个人名下的车辆同时也为企业经营使用的实际情况，允许合理减除部分所得；减除的具体数额由主管税务机关根据车辆的实际使用情况合理确定。

（2）依据《中华人民共和国企业所得税暂行条例》以及有关规定，上述企业为个人股东购买的车辆，不属于企业的资产，不得在企业所得税前扣除折旧。

（七）个人股票期权所得个人所得税的征税方法

1. 股票期权所得

企业员工股票期权（以下简称股票期权），是指上市公司按照规定的程序授予本公司及其控股企业员工的一项权利，该权利允许被授权员工在未来时间内以某一特定价格购买本公司一定数量的股票。

上述"某一特定价格"被称为"授予价"或"施权价"，即根据股票期权计划可以购买股票的价格，一般为股票期权授予日的市场价格或该价格的折扣价格，也可以是按照事先设定的计算方法约定的价格。"授予日"，也称"授权日"，是指公司授予员工上述权利的日期；"行权"，也称"执行"，是指员工根据股票期权计划选择购买股票的过程；员工行使上述权利的当日为"行权日"，也称"购买日"。

2. 股票期权所得性质的确认及其具体征税规定

（1）员工接受实施股票期权计划企业授予的股票期权时，除另有规定外，一般不作为应税所得征税。

(2) 员工行权时，其从企业取得股票的实际购买价(施权价)低于购买日公平市场价(指该股票当日的收盘价)的差额，是因员工在企业的表现和业绩情况而取得的与任职、受雇有关的所得，应按“工资、薪金所得”适用的规定计算缴纳个人所得税。

对因特殊情况，员工在行权日之前将股票期权转让的，以股票期权的转让净收入，作为工资、薪金所得征收个人所得税。

员工行权日所在期间的工资、薪金所得，应按下列公式计算工资、薪金应纳税所得额：

股票期权形式的工资、薪金应纳税所得额＝(行权股票的每股市场价－员工取得该股票期权支付的每股施权价)×股票数量

(3) 员工将行权后的股票再转让时获得的高于购买日公平市场价的差额，是因个人在证券二级市场上转让股票等有价证券而获得的所得，应按照“财产转让所得”适用的征免规定计算缴纳个人所得税。

(4) 员工因拥有股权而参与企业税后利润分配取得的所得，应按照“利息、股息、红利所得”适用的规定计算缴纳个人所得税。

3. 工资、薪金所得境内外来源划分

按照《国家税务总局关于在中国境内无住所个人以有价证券形式取得工资薪金所得确定纳税义务有关问题的通知》(国税函[2000]190 号)有关规定，需对员工因参加企业股票期权计划而取得的工资、薪金所得确定境内或境外来源的，应按照该员工据以取得上述的工资、薪金所得的境内、外工作期间月份数比例计算划分。

4. 应纳税款的计算

(1) 认购股票所得(行权所得)的税款计算。员工因参加股票期权计划而从中国境内取得的所得，按上述通知规定应按工资薪金所得计算纳税的，对该股票期权形式的工资、薪金所得可区别于所在月份的其他工资、薪金所得，单独按下列公式计算当月应纳税款：

应纳税额＝(股票期权形式的工资、薪金应纳税所得额÷规定月份数×适用税率－速算扣除数)×规定月份数

上述公式中的规定月份数，是指员工取得来源于中国境内的股票期权形式的工资、薪金所得的境内工作期间月份数，长于 12 个月的，按 12 个月计算；上述公式中的适用税率和速算扣除数，以股票期权形式的工资、薪金应纳税所得额除以规定月份数后的商数，对照《国家税务总局关于印发〈征收个人所得税若干问题〉的通知》(国税发[1994]89 号)所附税率表确定。

(2) 转让股票(销售)取得所得的税款计算。对于员工转让股票等有价证券取得的所得，应按现行税法和政策规定征免个人所得税。即：个人将行权后的境内上市公司股票再行转让而取得的所得，暂不征收个人所得税；个人转让境外上市公司的股票而取得的所得，应按税法的规定计算应纳税所得额和应纳税额，依法缴纳税款。

（3）参与税后利润分配取得所得的税款计算。员工因拥有股权参与税后利润分配而取得的股息、红利所得，除依照有关规定可以免税或减税的外，应全额按规定税率计算纳税。

5. 可公开交易的股票期权

部分股票期权在授权时即约定可以转让，且在境内或境外存在公开市场及挂牌价格（以下称可公开交易的股票期权）。员工接受该可公开交易的股票期权时，应作为《财政部、国家税务总局关于个人股票期权所得征收个人所得税问题的通知》财税[2005]35 号文件第二条第（一）项所述的另有规定情形，按以下规定进行税务处理：

（1）员工取得可公开交易的股票期权，属于员工已实际取得有确定价值的财产，应按授权日股票期权的市场价格，作为员工授权日所在月份的工资、薪金所得，并按财税[2005]35 号文件第四条第（一）项规定计算缴纳个人所得税。如果员工以折价购入方式取得股票期权的，可以授权日股票期权的市场价格扣除折价购入股票期权时实际支付的价款后的余额，作为授权日所在月份的工资薪金所得。

（2）员工取得上述可公开交易的股票期权后，转让该股票期权所取得的所得，属于财产转让所得，按财税[2005]35 号文件第四条第（二）项规定进行税务处理。

（3）员工取得本条第（一）项所述可公开交易的股票期权后，实际行使该股票期权购买股票时，不再计算缴纳个人所得税。

6. 取得的股票期权形式工资、薪金所得

员工以在一个公历月份中取得的股票期权形式工资、薪金所得为一次。员工在一个纳税年度中多次取得股票期权形式工资、薪金所得的，其在该纳税年度内首次取得股票期权形式的工资、薪金所得应按财税[2005]35 号文件第四条第（一）项规定的公式计算应纳税款；本年度内以后每次取得股票期权形式的工资、薪金所得，应按以下公式计算应纳税款：

应纳税款＝（本纳税年度内取得的股票期权形式工资、薪金所得累计应纳税所得额
÷规定月份数×适用税率－速算扣除数）
×规定月份数－本纳税年度内股票期权形式的工资、薪金所得累计已纳税款

上述公式中的本纳税年度内取得的股票期权形式工资、薪金所得累计应纳税所得额，包括本次及本次以前各次取得的股票期权形式工资、薪金所得应纳税所得额；上述公式中的规定月份数，是指员工取得来源于中国境内的股票期权形式工资、薪金所得的境内工作期间月份数，长于 12 个月的，按 12 个月计算；上述公式中的适用税率和速算扣除数，以本纳税年度内取得的股票期权形式工资、薪金所得累计应纳税所得额除以规定月份数后的商数，对照《国家税务总局关于印发〈征收个人所得税若干问题的规定〉的通知》（国税发[1994]89 号）所附税率表确定；上述公式中的本纳税年度内股票期权形式的工资、薪金所得累计已纳税款，不含本次股票期权形式的工资、薪金所得应纳税款。

7. 取得多次来源于中国境内的股票期权形式工资、薪金所得

员工多次取得或者一次取得多项来源于中国境内的股票期权形式工资、薪金所得，而且各次或各项股票期权形式工资、薪金所得的境内工作期间月份数不相同的，以境内工作期间月份数的加权平均数为财税[2005]35 号文件第四条第(一)项规定公式和本文件第七条规定公式中的规定月份数，但最长不超过 12 个月。其计算公式为：

$$规定月份数=\sum 各次或各项股票期权形式工资、薪金应纳税所得额与该次或该项所得境内工作期间月份数的乘积\div\sum 各次或各项股票期权形式工资、薪金应纳税所得额$$

8. 以非上市公司股票期权形式取得的所得

公司雇员以非上市公司股票期权形式取得的所得征收个人所得税问题。

(1) 按照(财税[2005]35 号)第一条的规定，现行有关个人股票期权所得征收个人所得税的规定，仅适用于以上市发行的股票为内容，按照规定的程序对员工实施的期权奖励计划。因此，该公司雇员以非上市公司股票期权形式取得的工资薪金所得，不能按照财税[2005]35 号文件规定缴纳个人所得税。

(2) 该公司雇员以非上市公司股票期权形式取得的工资、薪金所得，在计算缴纳个人所得税时，因一次收入较多，可比照《国家税务总局关于调整个人取得全年一次性奖金等计算征收个人所得税方法问题的通知》(国税发[2005]9 号)规定的全年一次性奖金的征税办法，计算征收个人所得税。

(3) 该公司雇员以非上市股票期权形式取得所得的纳税义务发生时间，按雇员的实际购买日确定，其所得额为其从公司取得非上市股票的实际购买价低于购买日该股票价值的差额。

由于非上市公司股票没有可参考的市场价格，为便于操作，除存在实际或约定的交易价格，或存在与该非上市股票具有可比性的相同或类似股票的实际交易价格情形外，购买日股票价值可暂按其境外非上市母公司上一年度经中介机构审计的会计报告中每股净资产数额来确定。

9. 税款的征收管理

(1) 扣缴义务人。实施股票期权计划的境内企业为个人所得税的扣缴义务人，应按税法规定履行代扣代缴个人所得税的义务。

(2) 自行申报纳税。员工从两处或两处以上取得股票期权形式的工资、薪金所得和没有扣缴义务人的，该个人应在《个人所得税法》规定的纳税申报期限内自行申报缴纳税款。

(3) 报送有关资料。实施股票期权计划的境内企业，应在股票期权计划实施之前，将企业的股票期权计划或实施方案、股票期权协议书、授权通知书等资料报送主管税务机关；应在员工行权之前，将股票期权行权通知书和行权调整通知书等资料报送主管税务

机关。

扣缴义务人和自行申报纳税的个人在申报纳税或代扣代缴税款时，应在税法规定的纳税申报期限内，将个人接受或转让的股票期权以及认购的股票情况（包括种类、数量、施权价格、行权价格、市场价格、转让价格等）报送主管税务机关。

（4）处罚。实施股票期权计划的企业和因股票期权计划而取得应税所得的自行申报员工，未按规定报送上述有关报表和资料，未履行申报纳税义务或者扣缴税款义务的，按照《税收征收管理法》及其实施细则的有关规定进行处理。

（八）企业高级管理人员行使股票认购权取得所得个人所得税的征税方法

（1）根据《个人所得税法》和有关规定，企业有股票认购权的高级管理人员，在行使股票认购权时的实际购买价（行权价）低于购买日（行权日）公平市场价之间的数额，属于个人所得税"工资、薪金所得"应税项目的所得，应按照《国家税务总局关于个人认购股票等有价证券而从雇主取得折扣或补贴收入有关征收个人所得税问题的通知》（国税发[1998]9号）的规定缴纳个人所得税，税款由企业负责代扣代缴。

（2）个人在股票认购权行使前，将其股票认购权转让所取得的所得，应并入其当月工资收入，按照"工资、薪金所得"项目缴纳个人所得税。上述所得由境内受雇企业或机构支付的，或者属于《国家税务总局关于外商投资企业和外国企业对境外企业支付其雇员的工资薪金代扣代缴个人所得税问题的通知》（国税发[1999]241号）规定的本应由境内受雇企业或机构支付但实际由其境外母公司（总机构）或境外关联企业支付情形的，相应所得的应纳税款由境内受雇企业或机构负责代扣代缴；上述应纳税款在境内没有扣缴义务人的，取得所得的个人应按税法规定，在规定的期限内向主管税务机关自行申报纳税。

（3）对个人在行使股票认购权后，将已认购的股票（不包括境内上市公司股票）转让所取得的所得，应按照"财产转让所得"项目缴纳个人所得税。上述税款由直接向个人支付转让收入的单位（不包括境外企业）负责代扣代缴；直接向个人支付转让收入的单位为境外企业的，取得收入的个人应按税法规定，在规定的期限内向主管税务机关自行申报纳税。

（九）纳税人收回转让的股权征收个人所得税的方法

（1）股权转让合同履行完毕、股权已做变更登记，且所得已经实现的，转让人取得的股权转让收入应当依法缴纳个人所得税。转让行为结束后，当事人双方签订并执行解除原股权转让合同、退回股权的协议，是另一次股权转让行为，对前次转让行为征收的个人所得税款不予退回。

（2）股权转让合同未履行完毕，因执行仲裁委员会做出的解除股权转让合同及补充协议的裁决、停止执行原股权转让合同，并原价收回已转让股权的，由于其股权转让行为尚未完成、收入未完全实现，随着股权转让关系的解除，股权收益不复存在，根据《个人所得税法》和《税收征收管理法》的有关规定，以及从行政行为合理性原则出发，纳税人不应缴纳个人所得税。

（十）企业向个人支付不竞争款项征收个人所得税

不竞争款项是指资产购买方企业与资产出售方企业自然人股东之间在资产购买交易中，通过签订保密和不竞争协议等方式，约定资产出售方企业自然人股东在交易完成后一定期限内，承诺不从事有市场竞争的相关业务，并负有相关技术资料的保密义务，资产购买方企业则在约定期限内，按一定方式向资产出售方企业自然人股东所支付的款项。

根据《中华人民共和国个人所得税法》第二条第十一项有关规定，鉴于资产购买方企业向个人支付的不竞争款项，属于个人因偶然因素取得的一次性所得，为此，资产出售方企业自然人股东取得的所得，应按照《中华人民共和国个人所得税法》第二条第十项“偶然所得”项目计算缴纳个人所得税，税款由资产购买方企业在向资产出售方企业自然人股东支付不竞争款项时代扣代缴。

（十一）个人取得拍卖收入征收个人所得税

(1) 自2007年5月1日起，个人通过拍卖市场拍卖个人财产，对其取得所得按以下规定征税：

其一，根据国税发[1994]89号，作者将自己的文字作品手稿原件或复印件拍卖取得的所得，应以其转让收入额减除800元（转让收入额4 000元以下）或者20%（转让收入额4 000元以上）后的余额为应纳税所得额，按照“特许权使用费”所得项目适用20%税率缴纳个人所得税。

其二，个人拍卖除文字作品原稿及复印件外的其他财产，应以其转让收入额减除财产原值和合理费用后的余额为应纳税所得额，按照“财产转让所得”项目适用20%税率缴纳个人所得税。

(2) 对个人财产拍卖所得征收个人所得税时，以该项财产最终拍卖成交价格为其转让收入额。

个人财产拍卖所得适用“财产转让所得”项目计算应纳税所得额时，纳税人凭合法有效凭证（税务机关监制的正式发票、相关境外交易单据或海关报关单据、完税证明等），从其转让收入额中减除相应的财产原值、拍卖财产过程中缴纳的税金及有关合理费用。

财产原值是指售出方个人取得该拍卖品的价格（以合法有效凭证为准）。具体为：通过商店、画廊等途径购买的，为购买该拍卖品时实际支付的价款；通过拍卖行拍得的，为拍得该拍卖品实际支付的价款及交纳的相关税费；通过祖传收藏的，为其收藏该拍卖品而发生的费用；通过赠送取得的，为其受赠该拍卖品时发生的相关税费；通过其他形式取得的，参照以上原则确定财产原值。

拍卖财产过程中缴纳的税金是指在拍卖财产时纳税人实际缴纳的相关税金及附加。

有关合理费用是指拍卖财产时纳税人按照规定实际支付的拍卖费（佣金）、鉴定费、评估费、图录费、证书费等费用。

(3) 纳税人如不能提供合法、完整、准确的财产原值凭证，不能正确计算财产原值的，按转让收入额的3%征收率计算缴纳个人所得税；拍卖品为经文物部门认定是海外回流文物的，按转让收入额的2%征收率计算缴纳个人所得税。

(4) 纳税人的财产原值凭证内容填写不规范，或者一份财产原值凭证包括多件拍卖品且无法确认每件拍卖品一一对应的原值的，不得将其作为扣除财产原值的计算依据，应视为不能提供合法、完整、准确的财产原值凭证，并按上述规定的征收率计算缴纳个人所得税。

(5) 纳税人能够提供合法、完整、准确的财产原值凭证，但不能提供有关税费凭证的，不得按征收率计算纳税，应当就财产原值凭证上注明的金额据实扣除，并按照税法规定计算缴纳个人所得税。

(6) 个人财产拍卖所得应纳的个人所得税税款，由拍卖单位负责代扣代缴，并按规定向拍卖单位所在地主管税务机关办理纳税申报。

(7) 拍卖单位代扣代缴个人财产拍卖所得应纳的个人所得税税款时，应给纳税人填开完税凭证，并详细标明每件拍卖品的名称、拍卖成交价格、扣缴税款额。

(8) 主管税务机关应加强对个人财产拍卖所得的税收征管工作，在拍卖单位举行拍卖活动期间派工作人员进入拍卖现场，了解拍卖的有关情况，宣传辅导有关税收政策，审核鉴定原值凭证和费用凭证，督促拍卖单位依法代扣代缴个人所得税。

(十二) 个人取得有奖发票奖金征免个人所得税

个人取得单张有奖发票奖金所得不超过800元(含800元)的，暂免征收个人所得税；个人取得单张有奖发票奖金所得超过800元的，应全额按照《个人所得税法》规定的“偶然所得”项目征收个人所得税。税务机关或其指定的有奖发票兑奖机构，是有奖发票奖金所得个人所得税的扣缴义务人，应依法认真做好个人所得税代扣代缴工作。

(十三) 个人取得退职费收入征免税问题

《个人所得税法》规定可以免征个人所得税的“退职费”，是指个人符合《国务院关于工人退休、退职的暂行规定》(国发[1978]104号)规定的退职条件并按该办法规定的退职费标准所领取的退职费。

不符合上述规定的退职费应照章征税。个人一次取得不符合规定的退职费收入的，可将其视为一次取得数月工资薪金，并以原每月工资薪金总额为标准，划分为若干月份的工资。超过6个月工资收入的，按6个月平均划分计算。

(十四) 对个人因解除劳动合同取得经济补偿金的征税

(1) 企业依照国家有关法律规定宣告破产，企业职工从该破产企业取得的一次性安置费收入，免征个人所得税。

(2) 个人因与用人单位解除劳动关系而取得的一次性补偿收入(包括用人单位发放

的经济补偿金、生活补助费和其他补助费)，其收入在当地上年职工平均工资 3 倍数额以内的部分，免征个人所得税；超过 3 倍数额部分的一次性补偿收入，可视为一次取得数月的工资、薪金收入，允许在一定期限内平均计算。

计算方法：以超过 3 倍数额部分的一次性补偿收入，除以个人在本企业的工作年限数(超过 12 年的按 12 年计算)，以其商数作为个人的月工资、薪金收入，按照税法规定计算缴纳个人所得税。

(3) 个人领取一次性补偿收入时按照国家和地方政府规定的比例实际缴纳的住房公积金、医疗保险费、基本养老保险费、失业保险费，可以在计征其一次性补偿收入的个人所得税时予以扣除。

(十五) 个人提前退休取得补贴收入征收个人所得税的问题

自 2011 年 1 月 1 日起，对个人提前退休取得一次性补贴收入征收个人所得税按以下规定处理：

(1) 机关、企事业单位对未达到法定退休年龄、正式办理提前退休手续的个人，按照统一标准向提前退休工作人员支付一次性补贴，不属于免税的离退休工资收入，应按照“工资、薪金所得”项目征收个人所得税。

(2) 个人因办理提前退休手续而取得的一次性补贴收入，应按照办理提前退休手续至法定退休年龄之间所属月份平均分摊计算个人所得税。计税公式：

$$\begin{aligned}\text{应纳税额}=\{[&(\text{一次性补贴收入}\div\text{办理提前退休手续至法定退休年龄的实际月份数})\\&-\text{费用扣除标准}]\times\text{适用税率}-\text{速算扣除数}\}\\&\times\text{提前办理退休手续至法定退休年龄的实际月份数}\end{aligned}$$

(十六) 企业年金的个人所得税征收管理问题

(1) 企业和事业单位(以下统称单位)根据国家有关政策规定的办法和标准(企业年金单位缴费每年不超过本企业上年度职工工资总额的 1/12，原劳动和社会保障部令 2004 年第 20 号；职业年金单位缴纳职业年金费用的比例最高不超过本单位上年度缴费工资基数的 8%，国办发[2011]37 号)，为在本单位任职或者受雇的全体职工缴付的企业年金或职业年金(以下统称年金)单位缴费部分，在计入个人账户时，个人暂不缴纳个人所得税。

(2) 个人根据国家有关政策规定缴付的年金个人缴费部分，在不超过本人缴费工资计税基数的 4%标准内的部分，暂从个人当期的应纳税所得额中扣除。

(3) 超过上述两项规定的标准缴付的年金单位缴费和个人缴费部分，应并入个人当期的工资、薪金所得，依法计征个人所得税。税款由建立年金的单位代扣代缴，并向主管税务机关申报解缴。

(4) 企业年金个人缴费工资计税基数为本人上一年度月平均工资。月平均工资超过职工工作地所在设区城市上一年度职工月平均工资 300%以上的部分，不计入个人缴费工资计税基数。

（十七）企业促销展业赠送礼品计征个人所得税的问题

自2011年6月9日起，企业和单位（包括企业、事业单位、社会团体、个人独资企业、合伙企业和个体工商户等，以下简称企业）在营销活动中以折扣折让、赠品、抽奖等方式，向个人赠送现金、消费券、物品、服务等（以下简称礼品）有关个人所得税的具体规定如下：

(1) 企业在销售商品（产品）和提供服务过程中向个人赠送礼品，属于下列情形之一的，不征收个人所得税：① 企业通过价格折扣、折让方式向个人销售商品（产品）和提供服务；② 企业在向个人销售商品（产品）和提供服务的同时给予赠品，如通信企业对个人购买手机赠话费、入网费，或者购话费赠手机等；③ 企业对累积消费达到一定额度的个人按消费积分反馈礼品。

(2) 企业向个人赠送礼品，属于下列情形之一的，取得该项所得的个人应依法缴纳个人所得税，税款由赠送礼品的企业代扣代缴：① 企业在业务宣传、广告等活动中，随机向本单位以外的个人赠送礼品，对个人取得的礼品所得，按照"其他所得"项目，全额适用20%的税率缴纳个人所得税。② 企业在年会、座谈会、庆典以及其他活动中向本单位以外的个人赠送礼品，对个人取得的礼品所得，按照"其他所得"项目，全额适用20%的税率缴纳个人所得税。③ 企业对累积消费达到一定额度的顾客，给予额外抽奖机会，个人的获奖所得，按照"偶然所得"项目，全额适用20%的税率缴纳个人所得税。

(3) 企业赠送的礼品是自产产品（服务）的，按该产品（服务）的市场销售价格确定个人的应税所得；是外购商品（服务）的，按该商品（服务）的实际购置价格确定个人的应税所得。

十三、应纳税额计算举例

【例8-17】 演员张某（中国公民）供职于甲歌舞团，2014年1～11月已按规定缴纳了个人所得税，12月份应税工资收入2 200元，另有以下收入：

(1) 本单位发放的年终奖36 000元。

(2) 随甲歌舞团巡回演出，甲歌舞团另付张某出场费10 000元。

(3) 本月自行参加一场由乙公司组织的商业演出，获取出场费70 000元，从中取出20 000元，通过民政部门捐赠给一所儿童福利院。

(4) 出版自传一本，税前稿酬所得12 000元。

(5) 当月另取得国库券利息收入15 000元、本单位集资利息收入3 000元、某上市公司分派的股息5 000元（持股期限8个月）。

(6) 为丙公司提供技术服务，取得报酬30 000元，与其报酬相关的个人所得税由丙公司承担。

(7) 承包丁企业下属一酒家，每月固定在该酒家领取工资3 000元，年底按承包合同规定分得经营利润100 000元。

要求：根据上述资料，按下列序号计算回答问题：

(1) 张某当月工资、薪金所得应缴纳的个人所得税。

(2) 张某当月年终奖应缴纳的个人所得税。

(3) 张某当月劳务报酬所得应缴纳的个人所得税（不含由其他单位代付税款）。

(4) 张某当月稿酬所得应缴纳的个人所得税。

(5) 张某当月利息、股息、红利所得应缴纳的个人所得税。

(6) 乙公司为张某支付技术服务报酬应代付的个人所得税。

(7) 承包经营所得应缴纳的个人所得税。

解：

(1) 工资、薪金所得应纳税额＝[(2 200＋10 000)－3 500]×20%－555＝1 185(元)

(2) 年终奖应纳税额＝36 000×10%－105＝3 495(元)

(3) 捐赠扣除限额＝70 000×(1－20%)×30%＝16 800(元)，捐赠20 000元，超过扣除限额16 800元，税前可扣除16 800元，则其劳务报酬所得应纳税额＝[70 000×(1－20%)－16 800]×30%－2 000＝9 760(元)

(4) 稿酬所得应纳税额＝12 000×(1－20%)×20%×(1－30%)＝1 344(元)

(5) 利息、股息、红利所得应纳税额：

集资利息所得应纳税额＝3 000×20%＝600(元)

股息所得应纳税额＝5 000×50%×20%＝500(元)

国债利息免税。

利息、股息、红利所得应纳税额＝600＋500＝1 100(元)

(6) 乙公司为张某支付技术服务报酬应代付的个人所得税：

应纳税所得额＝[(30 000－2 000)×(1－20%)]÷[1－30%×(1－20%)]＝29 473.68(元)

代付个人所得税＝29 473.68×30%－2 000＝6 842.1(元)

(7) 承包经营所得应纳个人所得税：

应纳税所得额＝(100 000＋3 000×12)－3 500×12＝94 000(元)

应纳税额＝94 000×30%－9 750＝18 450(元)

【例 8－18】 2014年 3 月，某企业当月发生下列与个人收入有关的事项：

(1) 对总经理赵某（中国公民）采用年薪制，年薪600 000元，平时每月支付其工资10 000元，每年视其履职状况支付其其余薪金。3 月，赵某总经理任期到期，董事会决定不再聘用，当月支付其薪金10 000元，并根据考核状况支付其其余年薪450 000元。

(2) 新任总经理施密特为法国公民，任期 3 年，于 3 月 10 来华与赵某交接工作，当月企业按日工资(含节假日)2 000元计算其在华工资。

(3) 支付钱某退职费18 000元,该退职费符合规定条件与标准;同时支付孙某退职费24 000元,该退职费不符合规定条件与标准。钱某、孙某原每月工资均为2 000元。

(4) 因减员增效与在本企业工作了 16 年的李某解除劳动关系,支付李某一次性补偿收入 16 万元,当地上年职工平均工资20 000元。

(5) 当月周某办理内部退养手续,支付其一次性收入36 000元,当月至周某法定离退休年龄尚有 20 个月。周某当月工资为2 600元。

(6) 因临时聘用吴某为本企业提供技术服务,协议税后报酬为30 000元,与该报酬相关的个人所得税由本企业承担。

(7) 支付退休人员郑某再任职收入4 400元,当月郑某还从有关方面领取退休金1 500元。

(8) 支付总价款180 000元为本企业的个人投资者王某购买小汽车一辆,该汽车产权已办到王某个人名下。

要求:根据上述资料,按下列序号计算回答问题:

(1) 总经理赵某当月应缴纳的个人所得税。

(2) 施密特当月应缴纳的个人所得税。

(3) 钱某和孙某当月应缴纳的个人所得税。

(4) 李某当月应缴纳的个人所得税。

(5) 周某当月应缴纳的个人所得税。

(6) 该企业为吴某支付技术服务报酬应代付的个人所得税。

(7) 郑某当月应缴纳的个人所得税。

(8) 王某当月应缴纳的个人所得税。

解:

(1) 总经理赵某当月个人所得税的计算:

当月工资收入应纳个人所得税=(10 000-3 500)×20%-555=745(元)

年薪收入应纳税个人所得税=450 000÷12=37 500元,适用税率 30%,速算扣除数2 755

年薪应纳个人所得税=450 000×30%-2 755=132 245(元)

合计纳税=745+132 245=132 990(元)

(2) 新任总经理施密特当月应纳的个人所得税:

折合月工资=2 000×31=62 000(元)

当月应纳税额=[(62 000-4 800)×35%-5 505]×22÷31=10 300.97(元)

(3) 钱某取得的符合规定条件与标准的退职费18 000元,免征个人所得税;

孙某取得的不符合规定条件与标准的退职费，应按规定计征个人所得税；

划分收入的月份：24 000÷2 000＝12＞6 个月，应按 6 个月平均划分计算。

计算 6 个月平均税额再推回全部应纳税额：

应纳税额＝[(24 000÷6－3 500)×3%]×6＝90(元)

(4) 李某当月应纳个人所得税的计算：

计算免征额＝20 000×3＝60 000(元)

按其工作年限平摊其应税收入，即其工作多少年，就将应税收入看作多少个月的工资，但最多不能超过 12 年，最后再推回全部应纳税额：

视同月应纳税所得额＝[(160 000－60 000)÷12－3 500]＝4 833.33(元)

应纳税额合计＝(4 833.33×20%－555)×12＝4 939.99(元)

(5) 周某当月应纳个人所得税的计算：

应纳税所得额＝(36 000÷20＋2 600)－3 500＝900(元)(适用税率 3%，速算扣除数 0)

应纳税额＝[(36 000＋2 600)－3 500]×3%＝1 053(元)

(6) 为吴某代付个人所得税的计算：

应纳税所得额＝[(30 000－2 000)×(1－20%)]÷[1－30%×(1－20%)]＝29 473.68(元)

代付个人所得税＝29 473.68×30%－2 000＝6 842.1(元)

(7) 退休人员郑某当月应纳个人所得税的计算：

应纳税额＝(4 400－3 500)×3%＝27(元)

退休人员再任职收入按照工资薪金所得计征个人所得税，退休工资免税。

(8) 王某当月应纳个人所得税的计算：

应纳税额＝180 000×20%＝36 000(元)

企业购买车辆并将车辆所有权办到股东个人名下，其实质为企业对股东进行了红利性质的实物分配，应按照“利息、股息、红利所得”项目征收个人所得税，但允许合理减除部分所得。

第五节　个人所得税的减免税

依据现行《个人所得税法》及其实施条例以及财政部、国家税务总局发布的其他相关规定，目前个人所得税的减税免税的优惠政策主要包括以下五项内容。

一、免征个人所得税的优惠

(1) 省级人民政府、国务院部委和中国人民解放军军以上单位,以及外国组织颁发的科学、教育、技术、文化、卫生、体育、环境保护等方面的奖金。

(2) 国债和国家发行的金融债券利息。这里所说的国债利息,是指个人持有中华人民共和国财政部发行的债券而取得的利息所得;所说的国家发行的金融债券利息,是指个人持有经国务院批准发行的金融债券而取得的利息所得。

(3) 按照国家统一规定发给的补贴、津贴。这里所说的按照国家统一规定发给的补贴、津贴,是指按照国务院规定发给的政府特殊津贴和国务院规定免纳个人所得税的补贴、津贴。

发给中国科学院资深院士和中国工程院资深院士每人每年1万元的资深院士津贴免予征收个人所得税。

(4) 福利费、抚恤金、救济金。这里所说的福利费,是指根据国家有关规定,从企业、事业单位、国家机关、社会团体提留的福利费或者工会经费中支付给个人的生活补助费;所说的救济金,是指国家民政部门支付给个人的生活困难补助费。

(5) 保险赔款。

(6) 军人的转业费、复员费。

(7) 按照国家统一规定发给干部、职工的安家费、退职费、退休工资、离休工资、离休生活补助费。

(8) 依照我国有关法律规定应予免税的各国驻华使馆、领事馆的外交代表、领事官员和其他人员的所得。上述"所得",是指依照《中华人民共和国外交特权与豁免条例》和《中华人民共和国领事特权与豁免条例》规定免税的所得。

(9) 中国政府参加的国际公约以及签订的协议中规定免税的所得。

(10) 关于发给见义勇为者的奖金问题。对乡、镇(含乡、镇)以上人民政府或经县(含县)以上人民政府主管部门批准成立的有机构、有章程的见义勇为基金或者类似性质组织,奖励见义勇为者的奖金或奖品,经主管税务机关核准,免征个人所得税。

(11) 企业和个人按照省级以上人民政府规定的比例提取并缴付的住房公积金、医疗保险金、基本养老保险金、失业保险金,不计入个人当期的工资、薪金收入,免予征收个人所得税。超过规定的比例缴付的部分计征个人所得税。

个人领取原提存的住房公积金、医疗保险金、基本养老保险金时,免予征收个人所得税。

(12) 对个人取得的教育储蓄存款利息所得以及国务院财政部门确定的其他专项储蓄存款或者储蓄性专项基金存款的利息所得,免征个人所得税。

(13) 储蓄机构内从事代扣代缴工作的办税人员取得的扣缴利息税手续费所得,免征个人所得税。

(14) 对第三届高等学校教学名师奖奖金,免予征收个人所得税。

(15) 生育妇女按照县级以上人民政府根据国家有关规定制定的生育保险办法,取得的生育津贴、生育医疗费或其他属于生育保险性质的津贴、补贴,免征个人所得税。

(16) 对第二届全国职工技术创新成果获奖者所得奖金,免予征收个人所得税。

(17) 对延长离休退休年龄的高级专家从其劳动人事关系所在单位取得的,单位按国家有关规定向职工统一发放的工资、薪金、奖金、津贴、补贴等收入,视同离休、退休工资,免征个人所得税。

从其劳动人事关系所在单位之外的其他地方取得的培训费、讲课费、顾问费、稿酬等各种收入,依法计征个人所得税。

延长离休退休年龄的高级专家是指:① 享受国家发放的政府特殊津贴的专家、学者;② 中国科学院、中国工程院院士。

(18) 个人通过扣缴单位统一向灾区的捐赠,由扣缴单位凭政府机关或非营利组织开具的汇总捐赠凭据、扣缴单位记载的个人捐赠明细表等,由扣缴单位在代扣代缴税款时,依法据实扣除。

个人直接通过政府机关、非营利组织向灾区的捐赠,采取扣缴方式纳税的,捐赠人应及时向扣缴单位出示政府机关、非营利组织开具的捐赠凭据,由扣缴单位在代扣代缴税款时,依法据实扣除;个人自行申报纳税的,税务机关凭政府机关、非营利组织开具的接受捐赠凭据,依法据实扣除。

扣缴单位在向税务机关进行个人所得税全员全额扣缴申报时,应一并报送由政府机关或非营利组织开具的汇总接受捐赠凭据(复印件)、所在单位每个纳税人的捐赠总额和当期扣除的捐赠额。

(19) 经国务院财政部门批准免税的所得。

二、减征个人所得税的优惠

(1) 残疾、孤老人员和烈属的所得。

(2) 因严重自然灾害造成重大损失的。

(3) 其他经国务院财政部门批准减税的。

三、暂免征收个人所得税的优惠

(1) 外籍个人以非现金形式或实报实销形式取得的住房补贴、伙食补贴、搬迁费、洗衣费。

(2) 外籍个人按合理标准取得的境内、外出差补贴。

(3) 外籍个人取得的探亲费、语言训练费、子女教育费等,经当地税务机关审核批准为合理的部分。可以享受免征个人所得税优惠的探亲费,仅限于外籍个人在我国的受雇地与其家庭所在地(包括配偶或父母居住地)之间搭乘交通工具,且每年不超过两次的费用。

(4) 个人举报、协查各种违法、犯罪行为而获得的奖金。

(5) 个人办理代扣代缴税款手续,按规定取得的扣缴手续费。

(6) 个人转让自用达5年以上并且是唯一的家庭居住用房取得的所得。

(7) 对按《国务院关于高级专家离休退休若干问题的暂行规定》和《国务院办公厅关于杰出高级专家暂缓离休审批问题的通知》精神,达到离休、退休年龄,但确因工作需要,适当延长离休、退休年龄的高级专家(指享受国家发放的政府特殊津贴的专家、学者),其在延长离休、退休期间的工资、薪金所得,视同退休工资、离休工资免征个人所得税。

(8) 外籍个人从外商投资企业取得的股息、红利所得。

(9) 凡符合下列条件之一的外籍专家取得的工资、薪金所得可免征个人所得税:

根据世界银行专项贷款协议由世界银行直接派往我国工作的外国专家。

联合国组织直接派往我国工作的专家。

为联合国援助项目来华工作的专家。

援助国派往我国专为该国无偿援助项目工作的专家。

根据两国政府签订文化交流项目来华工作2年以内的文教专家,其工资、薪金所得由该国负担的。

根据我国大专院校国际交流项目来华工作2年以内的文教专家,其工资、薪金所得由该国负担的。

通过民间科研协定来华工作的专家,其工资、薪金所得由该国政府机构负担的。

(10) 股权分置改革中非流通股股东通过对价方式向流通股股东支付的股份、现金等收入,暂免征收流通股股东应缴纳的个人所得税。

(11) 对被拆迁人按照国家有关城镇房屋拆迁管理办法规定的标准取得的拆迁补偿款,免征个人所得税。

(12) 自2006年6月1日起,对保险营销员佣金中的展业成本,免征个人所得税;对佣金中的劳务报酬部分,扣除实际缴纳的营业税及附加后,依照税法有关规定计算征收个人所得税。保险营销员的佣金由展业成本和劳务报酬构成,所谓"展业成本"即营销费。根据目前保险营销员展业的实际情况,佣金中展业成本的比例暂定为40%。

四、对在中国境内无住所,但在境内居住1年以上、不到5年的纳税人的减免税优惠

《个人所得税法实施条例》规定:"在中国境内无住所,但是居住1年以上5年以下的个人,其来源于中国境外的所得,经主管税务机关批准,可以只就由中国境内公司、企业以及其他经济组织或者个人支付的部分缴纳个人所得税;居住超过5年的个人,从第6年起,应当就其来源于中国境内外的全部所得缴纳个人所得税。"

1995年9月16日,财政部、国家税务总局又发出通知,对执行上述规定时5年期限的计算问题做了明确规定。

1. 关于5年期限的具体计算

个人在中国境内居住满5年,是指个人在中国境内连续居住满5年,即在连续5年中的每一纳税年度内均居住满1年。

2. 关于个人在华居住满5年以后纳税义务的确定

个人在中国境内居住满5年后,从第6年起的以后年度中,凡在境内居住满1年的,应当就其来源于境内、境外的所得申报纳税;凡在境内居住不满1年的,则仅就该年内来源于境内的所得申报纳税。如该个人在第6年起以后的某一纳税年度内在境内居住不足90天,可以按《个人所得税法实施条例》第七条(详见本节五)的规定确定纳税义务,并从再次居住满1年的年度起重新计算5年期限。

3. 关于计算5年期限的起始日期

个人在境内是否居住满5年,自1994年1月1日起开始计算。

五、对在中国境内无住所,但在一个纳税年度中在中国境内居住不超过90日的纳税人的减免税优惠

《个人所得税法实施条例》规定:在中国境内无住所,但是在一个纳税年度中在中国境内连续或者累计居住不超过90日的个人,其来源于中国境内的所得,由境外雇主支付并且不由该雇主在中国境内的机构、场所负担的部分,免予缴纳个人所得税。

第六节　境外所得的税额扣除

税法规定,纳税人从中国境外取得的所得,准予其在应纳税额中扣除已在境外缴纳的个人所得税税额。但扣除额不得超过该纳税人境外所得依照我国现行个人所得税法规定计算的应纳税额。

"已在境外缴纳的个人所得税税额"是指纳税人从中国境外取得的所得,依照该所得来源国家或者地区的法律应当缴纳并且实际已经缴纳的税额。

"依照我国现行个人所得税法规定计算的应纳税额"是指纳税人从中国境外取得的所得,区别不同国家或者地区和不同应税项目,依照税法规定的费用减除标准和适用税率计算的应纳税额;同一国家或者地区内不同应税项目的应纳税额之和,为该国家或者地区的扣除限额。

纳税人在中国境外一个国家或者地区实际已经缴纳的个人所得税税额,低于依照上述规定计算出的该国家或者地区扣除限额的,应当在中国缴纳差额部分的税款;超过该国家或者地区扣除限额的,其超过部分不得在本纳税年度的应纳税额中扣除,但是可

以在以后纳税年度的该国家或者地区扣除限额的余额中补扣，补扣期限最长不得超过5年。

【例8-19】 中国公民张某在2014年度从A、B两国取得应税收入，其中：在A国一公司任职，取得工资、薪金收入69 600元；因提供一项专利技术使用权，一次取得特许权使用费收入30 000元，该两项收入在A国缴纳个人所得税4 800元；因在B国出版著作获得稿酬收入（版税）15 000元，并在B国就该项收入缴纳个人所得税1 720元。

其抵扣计算方法如下：

1. A国所纳个人所得税的抵免限额

A国所纳个人所得税的抵免限额按照我国税法规定的费用减除标准和税率，计算张某从A国取得的应税所得应纳税额，该应纳税额即为抵免限额。

（1）工资、薪金所得。张某从A国取得的工资、薪金收入，应每月减除费用4 800元，其余额按九级超额累进税率表的适用税率计算应纳税额。

每月应纳税额＝(69 600÷12－4 800)×3%＝30(元)

全年应纳税额＝30×12＝360(元)

（2）特许权使用费所得。张某从A国取得的特许权使用费收入，应减除20%的费用，其余额按20%的比例税率计算应纳税额，应为：

应纳税额＝30 000×(1－20%)×20%＝4 800(元)

根据计算结果，张某从A国取得应税所得在A国缴纳的个人所得税额的抵免限额为5 160元（360＋4 800）。张某在A国实际缴纳个人所得税4 800元，低于抵免限额可以全额抵扣，并需在中国补缴差额部分的税款，计360元（5 160－4 800）。

2. B国所纳个人所得税的抵免限额

按照我国税法的规定，张某从B国取得的稿酬收入，应减除20%的费用，就其余额按20%的税率计算应纳税额并减征30%，计算结果为1 680元{[15 000×(1－20%)×20%]×(1－30%)}。

即其抵免限额为1 680元。张某取得的稿酬所得在B国实际缴纳个人所得税1 720元，超出抵免限额40元，不能在本年度扣减，但可在以后5个纳税年度的该国减除限额的余额中补扣。

需要说明的是，纳税人依照税法的规定申请扣除已在境外缴纳的个人所得税税额时，应当提供境外税务机关填发的完税凭证原件。

为了保证正确计算扣除限额及合理扣除境外已纳税额，税法规定，在中国境内有住所，或者无住所而在境内居住满1年的个人，从中国境内和境外取得的所得，应当分别计算应纳税额。

第七节 个人所得税的征收与缴纳

个人所得税的纳税办法，有自行申报纳税和代扣代缴两种。

一、自行申报纳税

自行申报纳税是由纳税人自行在税法规定的纳税期限内，向税务机关申报取得的应税所得项目和数额，如实填写个人所得税纳税申报表，并按照税法规定计算应纳税额，据此缴纳个人所得税的一种方法。

（一）自行申报纳税的纳税义务人

（1）自2006年1月1日起，年所得12万元以上的。

（2）从中国境内两处或者两处以上取得工资、薪金所得的。

（3）从中国境外取得所得的。

（4）取得应税所得，没有扣缴义务人的。

（5）国务院规定的其他情形。

其中，年所得12万元以上的纳税人，无论取得的各项所得是否已足额缴纳了个人所得税，均应当按照本办法的规定，于纳税年度终了后向主管税务机关办理纳税申报；其他情形的纳税人，均应当按照自行申报纳税管理办法的规定，于取得所得后向主管税务机关办理纳税申报。同时需要注意的是，年所得12万元以上的纳税人，不包括在中国境内无住所，且在一个纳税年度中在中国境内居住不满1年的个人；从中国境外取得所得的纳税人，是指在中国境内有住所，或者无住所而在一个纳税年度中在中国境内居住满1年的个人。

（二）自行申报纳税的内容

年所得12万元以上的纳税人，在纳税年度终了后，应当填写《个人所得税纳税申报表》（适用于年所得12万元以上的纳税人申报），并在办理纳税申报时报送主管税务机关，同时报送个人有效身份证件复印件，以及主管税务机关要求报送的其他有关资料。

1. 构成12万元的所得

工资、薪金所得；个体工商户的生产、经营所得；对企事业单位的承包经营、承租经营所得；劳务报酬所得；稿酬所得；特许权使用费所得；利息、股息、红利所得；财产租赁所得；财产转让所得；偶然所得；经国务院财政部门确定征税的其他所得。

2. 不包含在12万元中的所得

（1）免税所得。即省级人民政府、国务院部委、中国人民解放军军以上单位，以及外国组织、国际组织颁发的科学、教育、技术、文化、卫生、体育、环境保护等方面的奖金；国债和国家发行的金融债券利息；按照国家统一规定发给的补贴、津贴，即《个人所得税法实施条例》第十三条规定的按照国务院规定发放的政府特殊津贴、院士津贴、资深院士津贴，以及国务院规定免征个人所得税的其他补贴、津贴;福利费、抚恤金、救济金;保险赔款军人的转业费、复员费;按照国家统一规定发给干部、职工的安家费、退职费、退休工资、离休工资、离休生活补助费。

(2)《个人所得税法实施条例》第六条规定可以免税的来源于中国境外的所得。

(3)《个人所得税法实施条例》第二十五条规定的按照国家规定单位为个人缴付和个人缴付的基本养老保险费、基本医疗保险费、失业保险费、住房公积金。

3. 各项所得的年所得的计算方法

(1) 工资、薪金所得。按照未减除费用及附加减除费用的收入额计算。

(2) 劳务报酬所得、特许权使用费所得。不得减除纳税人在提供劳务或让渡特许权使用权过程中缴纳的有关税费。

(3) 财产租赁所得。不得减除纳税人在出租财产过程中缴纳的有关税费;对于纳税人一次取得跨年度财产租赁所得的,全部视为实际取得所得年度的所得。

(4) 个人转让房屋所得。采取核定征收个人所得税的,按照实际征收率(1%、2%、3%)分别换算为应税所得率(5%、10%、15%),据此计算年所得。

(5) 个人储蓄存款利息所得、企业债券利息所得。全部视为纳税人实际取得所得年度的所得。

(6) 对个体工商户、个人独资企业投资者,按照征收率核定个人所得税的,将征收率换算为应税所得率,据此计算应纳税所得额。合伙企业投资者按照上述方法确定应纳税所得额后,合伙人应根据合伙协议规定的分配比例确定其应纳税所得额,合伙协议未规定分配比例的,按合伙人数平均分配确定其应纳税所得额。对于同时参与两个以上企业投资的,合伙人应将其投资所有企业的应纳税所得额相加后的总额作为年所得。

(7) 股票转让所得。以一个纳税年度内,个人股票转让所得与损失盈亏相抵后的正数为申报所得数额,盈亏相抵为负数的,此项所得按"零"填写。

(三) 自行申报纳税的申报期限

(1) 年所得12万元以上的纳税人,在纳税年度终了后3个月内向主管税务机关办理纳税申报。

(2) 个体工商户和个人独资、合伙企业投资者取得的生产、经营所得应纳的税款,分月预缴的,纳税人在每月终了后7日内办理纳税申报;分季预缴的,纳税人在每个季度终了后7日内办理纳税申报;纳税年度终了后,纳税人在3个月内进行汇算清缴。

(3) 纳税人年终一次性取得对企事业单位的承包经营、承租经营所得的,自取得所得之日起30日内办理纳税申报;在一个纳税年度内分次取得承包经营、承租经营所得的,在每次取得所得后的次月7日内申报预缴;纳税年度终了后3个月内汇算清缴。

(4) 从中国境外取得所得的纳税人,在纳税年度终了后30日内向中国境内主管税务机关办理纳税申报。

(5) 除以上规定的情形外，纳税人取得其他各项所得须申报纳税的，在取得所得的次月7日内向主管税务机关办理纳税申报。

(6) 纳税人不能按照规定的期限办理纳税申报，需要延期的，按照《税收征收管理法》第二十七条和《税收征收管理法实施细则》第三十七条的规定办理。

（四）自行申报纳税的申报方式

纳税人可以采取数据电文、邮寄等方式申报，也可以直接到主管税务机关申报，或者采取符合主管税务机关规定的其他方式申报。纳税人采取邮寄方式申报的，以邮政部门挂号信函收据作为申报凭据，以寄出的邮戳日期为实际申报日期。

纳税人也可以委托有税务代理资质的中介机构或者他人代为办理纳税申报。

（五）自行申报纳税的申报地点

(1) 在中国境内有任职、受雇单位的，向任职、受雇单位所在地主管税务机关申报。

(2) 在中国境内有两处或者两处以上任职、受雇单位的，选择并固定向其中一处单位所在地主管税务机关申报。

(3) 在中国境内无任职、受雇单位，年所得项目中有个体工商户的生产、经营所得或者对企事业单位的承包经营、承租经营所得（以下统称生产、经营所得）的，向其中一处实际经营所在地主管税务机关申报。

(4) 在中国境内无任职、受雇单位，年所得项目中无生产、经营所得的，向户籍所在地主管税务机关申报。在中国境内有户籍，但户籍所在地与中国境内经常居住地不一致的，选择并固定向其中一地主管税务机关申报。在中国境内没有户籍的，向中国境内经常居住地主管税务机关申报。

(5) 其他所得的纳税人，纳税申报地点分别为：

第一，从两处或者两处以上取得工资、薪金所得的，选择并固定向其中一处单位所在地主管税务机关申报。

第二，从中国境外取得所得的，向中国境内户籍所在地主管税务机关申报。在中国境内有户籍，但户籍所在地与中国境内经常居住地不一致的，选择并固定向其中一地主管税务机关申报。在中国境内没有户籍的，向中国境内经常居住地主管税务机关申报。

第三，个体工商户向实际经营所在地主管税务机关申报。

第四，个人独资、合伙企业投资者兴办两个或两个以上企业的，区分不同情形确定纳税申报地点：

兴办的企业全部是个人独资性质的，分别向各企业的实际经营管理所在地主管税务机关申报；兴办的企业中含有合伙性质的，向经常居住地主管税务机关申报；兴办的企业中含有合伙性质，个人投资者经常居住地与其兴办企业的经营管理所在地不一致的，选择并固定向其参与兴办的某一合伙企业的经营管理所在地主管税务机关申报；除以上情形外，纳税人应当向取得所得所在地主管税务机关申报。

纳税人不得随意变更纳税申报地点，因特殊情况变更纳税申报地点的，须报原主管税务机关备案。

（六）自行申报纳税的申报管理

（1）主管税务机关应当将各类申报表，登载到税务机关的网站上，或者摆放到税务机关受理纳税申报的办税服务厅，免费供纳税人随时下载或取用。

（2）主管税务机关应当在每年法定申报期间，通过适当方式，提醒年所得12万元以上的纳税人办理自行纳税申报。

（3）受理纳税申报的主管税务机关根据纳税人的申报情况，按照规定办理税款的征、补、退、抵手续。

（4）主管税务机关按照规定为已经办理纳税申报并缴纳税款的纳税人开具完税凭证。

（5）税务机关依法为纳税人的纳税申报信息保密。

（6）纳税人变更纳税申报地点，并报原主管税务机关备案的，原主管税务机关应当及时将纳税人变更纳税申报地点的信息传递给新的主管税务机关。

（7）主管税务机关对已办理纳税申报的纳税人建立纳税档案，实施动态管理。

二、代扣代缴纳税

代扣代缴是指按照税法规定负有扣缴税款义务的单位或者个人，在向个人支付应纳税所得时，应计算应纳税额，从其所得中扣除并缴入国库，同时向税务机关报送扣缴个人所得税报告表。这种方法，有利于控制税源、防止漏税和逃税。

根据《个人所得税法》及其实施条例以及《税收征收管理法》及其实施细则的有关规定，国家税务总局制定下发了《个人所得税代扣代缴暂行办法》（以下简称《暂行办法》）。自1995年4月1日起执行的《暂行办法》，对扣缴义务人和代扣代缴的范围、扣缴义务人的义务及应承担的责任、代扣代缴期限等做了明确规定。

（一）扣缴义务人和代扣代缴的范围

1. 扣缴义务人

凡支付个人应纳税所得的企业（公司）、事业单位、机关、社团组织、军队、驻华机构、个体户等单位或者个人，为个人所得税的扣缴义务人。

这里所说的驻华机构，不包括外国驻华使领馆和联合国及其他依法享有外交特权和豁免的国际组织驻华机构。

2. 代扣代缴的范围

扣缴义务人向个人支付下列所得，应代扣代缴个人所得税：

（1）工资、薪金所得。

（2）对企事业单位的承包经营、承租经营所得。

（3）劳务报酬所得。

（4）稿酬所得。

（5）特许权使用费所得。

（6）利息、股息、红利所得。

（7）财产租赁所得。

（8）财产转让所得。

（9）偶然所得。

（10）经国务院财政部门确定征税的其他所得。

扣缴义务人向个人支付应纳税所得（包括现金、实物和有价证券）时，不论纳税人是否属于本单位人员，均应代扣代缴其应纳的个人所得税税款。

这里所说的支付，包括现金支付、汇拨支付、转账支付和以有价证券、实物以及其他形式的支付。

（二）扣缴义务人的义务及应承担的责任

（1）扣缴义务人应指定支付应纳税所得的财务会计部门或其他有关部门的人员为办税人员，由办税人员具体办理个人所得税的代扣代缴工作。

代扣代缴义务人的有关领导要对代扣代缴工作提供便利，支持办税人员履行义务；确定办税人员或办税人员发生变动时，应将名单及时报告主管税务机关。

（2）扣缴义务人的法人代表（或单位主要负责人）、财会部门的负责人及具体办理代扣代缴税款的有关人员，共同对依法履行代扣代缴义务负法律责任。

（3）同一扣缴义务人的不同部门支付应纳税所得时，应报办税人员汇总。

（4）扣缴义务人在代扣税款时，必须向纳税人开具税务机关统一印制的代扣代收税款凭证，并详细注明纳税人姓名、工作单位、家庭住址和居民身份证或护照号码（无上述证件的，可用其他能有效证明身份的证件）等个人情况。对工资、奖金所得和利息、股息、红利所得等，因纳税人数众多、不便一一开具代扣代收税款凭证的，经主管税务机关同意，可不开具代扣代收税款凭证，但应通过一定形式告知纳税人已扣缴税款。纳税人为持有完税依据而向扣缴义务人索取代扣代收税款凭证的，扣缴义务人不得拒绝。

扣缴义务人应主动向税务机关申领代扣代收税款凭证，据以向纳税人扣税。非正式扣税凭证，纳税人可以拒收。

（5）扣缴义务人对纳税人的应扣未扣的税款，其应纳税款仍然由纳税人缴纳，扣缴义务人应承担应扣未扣税款50%以上至3倍的罚款。

（6）扣缴义务人应设立代扣代缴税款账簿，正确反映个人所得税的扣缴情况，并如实填写《扣缴个人所得税报告表》及其他有关资料。

（7）关于行政机关、事业单位工资发放方式改革后扣缴个人所得税问题：

第一，行政机关、事业单位改革工资发放方式后，随着支付工资所得单位的变化，其扣缴义务人也有所变化。根据《个人所得税法》第八条规定，凡是有向个人支付工薪所得行为的财政部门(或机关事务管理、人事等部门)、行政机关、事业单位均为个人所得税的扣缴义务人。

第二,财政部门(或机关事务管理、人事等部门)向行政机关、事业单位工作人员发放工资时应依法代扣代缴个人所得税。行政机关、事业单位在向个人支付与其任职、受雇有关的其他所得时,应将个人的这部分所得与财政部门(或机关事务管理、人事等部门)发放的工资合并计算应纳税额,并就应纳税额与财政部门(或机关事务管理、人事等部门)已扣缴税款的差额部分代扣代缴个人所得税。

(三) 代扣代缴期限

扣缴义务人每月所扣的税款,应当在次月 7 日内缴入国库,并向主管税务机关报送《扣缴个人所得税报告表》、代扣代收税款凭证和包括每一纳税人姓名、单位、职务、收入、税款等内容的支付个人收入明细表以及税务机关要求报送的其他有关资料。

扣缴义务人违反上述规定不报送或者报送虚假纳税资料的,一经查实,其未在支付个人收入明细表中反映的向个人支付的款项,在计算扣缴义务人应纳税所得额时不得作为成本费用扣除。

扣缴义务人因有特殊困难不能按期报送《扣缴个人所得税报告表》及其他有关资料的,经县级税务机关批准,可以延期申报。

三、核定征收

核定征收是指按照《税收征收管理法》的有关规定对无法查账征收的纳税人所采用的一种征收形式。有关规定如下:

(1) 增值税、营业税起征点提高后,对采取核定征税办法的纳税人(包括按综合征收率或接应缴纳流转税的一定比例附征个人所得税等方法的纳税人),可依据《税收征收管理法》和《个人所得税法》的有关规定,结合增值税和营业税起征点提高后纳税人所得相应增加的实际情况,本着科学、合理、公开的原则,重新核定纳税人的个人所得税定额。

(2) 任何地区均不得对律师事务所实行全行业核定征税办法。要按照《税收征收管理法》和国发[1997]12 号文件的规定精神,对具备查账征收条件的律师事务所,实行查账征收个人所得税。

对按照《税收征收管理法》第三十五条的规定确实无法实行查账征收的律师事务所,经地市级地方税务局批准,应根据《财政部、国家税务总局关于印发(关于个人独资企业和合伙企业投资者征收个人所得税的规定)的通知》(财税[2000]91 号)中确定的应税所得率来核定其应纳税额。各地要根据其雇员人数、营业规模等情况核定其营业额,并根据当地同行业的盈利水平从高核定其应税所得率,应税所得率不得低于 25%。对实行核定征税的律师事务所,应督促其建账建制,符合查账征税条件后,应尽快转为查账征税。

各地要严格贯彻执行《国家税务总局关于律师事务所从业人员取得收入征收个人所

得税有关业务问题的通知》(国税发[2000]149 号),对律师事务所的个人所得税加强征收管理。对作为律师事务所雇员的律师,其办案费用或其他个人费用在律师事务所报销的,在计算其收入时不得再扣除国税发[2000]149 号第 5 条第 2 款规定的其收入 30%以内的办理案件支出费用。

税务师事务所、审计师事务所以及其他中介机构的个人所得税征收管理,也应按照上述律师事务所的有关原则进行处理。

四、个人所得税的管理

(一) 建立个人收入档案管理制度

(1) 个人收入档案管理制度,是指税务机关按照要求对每个纳税人的个人基本信息、收入和纳税信息以及相关信息建立档案,并对其实施动态管理的一项制度。

(2) 省以下(含省级)各级税务机关的管理部门应当按照规定逐步对每个纳税人建立收入和纳税档案,实施"一户式"的动态管理。

(3) 省以下(含省级)各级税务机关的管理部门应区别不同类型纳税人,并按以下内容建立相应的基础信息档案:

其一,雇员纳税人(不含股东、投资者、外籍人员)的档案内容包括:姓名、身份证照类型、身份证照号码、学历、职业、职务、电子邮箱地址、有效联系电话、有效通信地址、邮政编码、户籍所在地、扣缴义务人编码、是否重点纳税人。

其二,非雇员纳税人(不含股东、投资者)的档案内容包括:姓名、身份证照类型、身份证照号码、电子邮箱地址、有效联系电话、有效通信地址(工作单位或家庭地址)、邮政编码、工作单位名称、扣缴义务人编码、是否重点纳税人。

其三,股东、投资者(不含个人独资、合伙企业投资者)的档案内容包括:姓名、国籍、身份证照类型、身份证照号码、有效通信地址、邮政编码、户籍所在地、有效联系电话、电子邮箱地址、公司股本(投资)总额、个人股本(投资)额、扣缴义务人编码、是否重点纳税人。

其四,个人独资、合伙企业投资者、个体工商户、对企事业单位的承包承租经营人的档案内容包括:姓名、身份证照类型、身份证照号码、个体工商户(或个人独资企业、合伙企业、承包承租企事业单位)名称、经济类型、行业、经营地址、邮政编码、有效联系电话、税务登记证号码、电子邮箱地址、所得税征收方式(核定、查账)、主管税务机关、是否重点纳税人。

其五,外籍人员(含雇员和非雇员)的档案内容包括:纳税人编码、姓名(中、英文)、性别、出生地(中、英文)、出生年月、境外地址(中、英文)、国籍或地区、身份证照类型、身份证照号码、居留许可号码(或台胞证号码、回乡证号码)、劳动就业证号码、职业、境内职务、境外职务、入境时间、任职期限、预计在华时间、预计离境时间、境内任职单位名称及税务登记证号码、境内任职单位地址、邮政编码、联系电话、其他任职单位(也应包括地址、电话、联系方式)名称及税务登记证号码、境内受聘或签约单位名称及税务登记证号码、地址、邮政编码、联系电话、境外派遣单位名称（中、英文）、境外派遣单位地址（中、英文）、支付地（包括境内支付还是境外支付）、是否重点纳税人。

(4) 纳税人档案的内容来源：① 纳税人税务登记情况；②《扣缴个人所得税报告表》和《支付个人收入明细表》；③ 代扣代收税款凭证；④ 个人所得税纳税申报表；⑤ 社会公共部门提供的有关信息；⑥ 税务机关的纳税检查情况和处罚记录；⑦ 税务机关掌握的其他资料及纳税人提供的其他信息资料。

(5) 税务机关应对档案内容适时进行更新和调整；并根据本地信息化水平和征管能力提高的实际，以及个人收入的变化等情况，不断扩大档案管理的范围，直至实现全员全额管理。

(6) 税务机关应充分利用纳税人档案资料，加强个人所得税管理。定期对重点纳税人、重点行业和企业的个人档案资料进行比对分析和纳税评估，查找税源变动情况和原因，及时发现异常情况，采取措施堵塞征管漏洞。

（二）建立代扣代缴明细账制度

(1) 代扣代缴明细账制度是指税务机关依据个人所得税法和有关规定，要求扣缴义务人按规定报送其支付收入的个人所有的基本信息、支付个人收入和扣缴税款明细信息以及其他相关涉税信息，并对每个扣缴义务人建立档案，为后续实施动态管理打下基础的一项制度。

(2) 税务机关应按照税法及相关法律、法规的有关规定，督促扣缴义务人按规定设立代扣代缴税款账簿，正确反映个人所得税的扣缴情况。

(3) 扣缴义务人申报的纳税资料，税务机关应严格审查核实。对《扣缴个人所得税报告表》和《支付个人收入明细表》没有按每一个人逐栏逐项填写的，或者填写内容不全的，主管税务机关应要求扣缴义务人重新填报。已实行信息化管理的，可以将《支付个人收入明细表》并入《扣缴个人所得税报告表》。

《扣缴个人所得税报告表》填写实际缴纳了个人所得税的纳税人的情况；《支付个人收入明细表》填写支付了应税收入，但未达到纳税标准的纳税人的情况。

(4) 税务机关应将扣缴义务人报送的支付个人收入情况与其同期财务报表交叉比对，发现不符的，应要求其说明情况，并依法查实处理。

(5) 税务机关应对每个扣缴义务人建立档案，其内容包括：扣缴义务人编码、扣缴义务人名称、税务（注册）登记证号码、电话号码、电子邮件地址、行业、经济类型、单位地址、邮政编码、法定代表人（单位负责人）和财务主管人员姓名及联系电话、税务登记机关、登记证照类型、发照日期、主管税务机关、应纳税所得额（按所得项目归类汇总）、免税收入、应纳税额（按所得项目归类汇总）、纳税人数、已纳税额、应补（退）税额、减免税额、滞纳金、罚款、完税凭证号等。

(6) 扣缴义务人档案的内容来源：① 扣缴义务人扣缴税款登记情况；②《扣缴个人所

得税报告表》和《支付个人收入明细表》;③ 代扣代收税款凭证;④ 社会公共部门提供的有关信息;⑤ 税务机关的纳税检查情况和处罚记录;⑥ 税务机关掌握的其他资料。

(三) 建立纳税人与扣缴义务人向税务机关双向申报制度

(1) 纳税人与扣缴义务人向税务机关双向申报制度是指,纳税人与扣缴义务人按照法律、行政法规规定和税务机关依法律、行政法规所提出的要求,分别向主管税务机关办理纳税申报,税务机关对纳税人和扣缴义务人提供的收入、纳税信息进行交叉比对、核查的一项制度。

(2) 对税法及其实施条例,以及相关法律、法规规定纳税人必须自行申报的,税务机关应要求其自行向主管税务机关进行纳税申报。

(3) 税务机关接受纳税人、扣缴义务人的纳税申报时,应对申报的时限、应税项目、适用税率、税款计算及相关资料的完整性和准确性进行初步审核,发现有误的,应及时要求纳税人、扣缴义务人修正申报。

(4) 税务机关应对双向申报的内容进行交叉比对和评估分析,从中发现问题并及时依法处理。

(四) 建立与社会各部门配合的协税制度

(1) 与社会各部门配合的协税制度,是指税务机关应建立与个人收入和个人所得税征管有关的各部门的协调与配合的制度,及时掌握税源和与纳税有关的信息,共同制定和实施协税、护税措施,形成社会协税、护税网络。

(2) 税务机关应重点加强与以下部门的协调配合:公安、检察、法院、工商、银行、文化体育、财政、劳动、房管、交通、审计、外汇管理等部门。

(3) 税务机关通过加强与有关部门的协调配合,着重掌握纳税人的相关收入信息:① 与公安部门联系,了解中国境内无住所个人出入境情况及在中国境内的居留暂住情况,实施阻止欠税人出境制度,掌握个人购车等情况;② 与工商部门联系,了解纳税人登记注册的变化情况和股份制企业股东及股本变化等情况;③ 与文化体育部门联系,掌握各种演出、比赛获奖等信息,落实演出承办单位和体育单位的代扣代缴义务等情况;④ 与房管部门联系,了解房屋买卖、出租等情况;⑤ 与交通部门联系,了解出租车、货运车以及运营等情况;⑥ 与劳动部门联系,了解中国境内无住所个人的劳动就业情况。

(4) 税务机关应积极创造条件,逐步实现与有关部门的相关信息共享或定期交换。

(5) 各级税务机关应当把大力宣传和普及个人所得税法知识、不断提高公民的依法纳税意识作为一项长期的基础性工作予以高度重视,列入重要议事日程,并结合征管工作的要求、社会关注的热点和本地征管的重点,加强与上述部门的密切配合。制定周密的宣传工作计划,充分利用各种宣传媒体和途径、采取灵活多样的方式进行个人所得税宣传。

(五) 加强高收入者的重点管理

(1) 税务机关应将下列人员纳入重点纳税人范围:金融、保险、证券、电力、电信、石油、石化、烟草、民航、铁道、房地产、学校、医院、城市供水供气、出版社、公路管理、外商投资企业和外国企业、高新技术企业、中介机构、体育俱乐部等高收入行业人员；民营经济投资者、影视明星、歌星、体育明星、模特等高收入个人；临时来华演出人员。

(2) 各级税务机关应从下列人员中，选择一定数量的个人作为重点纳税人，实施重点管理：① 收入较高者；② 知名度较高者；③ 收入来源渠道较多者；④ 收入项目较多者；⑤ 无固定单位的自由职业者；⑥ 对税收征管影响较大者。

(3) 各级税务机关对重点纳税人应实行滚动动态管理办法，每年都应根据本地实际情况，适时增补重点纳税人，不断扩大重点纳税人管理范围，直至实现全员全额管理。

(4) 税务机关应对重点纳税人按人建立专门档案，实行重点管理，随时跟踪其收入和纳税变化情况。

(5) 各级税务机关应充分利用建档管理掌握的重点纳税人信息，定期对重点纳税人的收入、纳税情况进行比对、评估分析，从中发现异常问题，及时采取措施堵塞管理漏洞。

(6) 省级(含计划单列市)税务机关应于每年 7 月底以前和次年 1 月底以前，分别将所确定的重点纳税人的半年和全年的基本情况及收入、纳税等情况，用 Excel 表格的形式填写《个人所得税重点纳税人收入和纳税情况汇总表》报送国家税务总局(所得税管理司)。

(7) 各级税务机关应强化对个体工商户、个人独资企业和合伙企业投资者以及独立从事劳务活动的个人的个人所得税征管。

第一，积极推行个体工商户、个人独资企业和合伙企业建账工作，规范财务管理，健全财务制度；有条件的地区应使用税控装置加强对纳税人的管理和监控。

第二，健全和完善核定征收工作，对账证不全、无法实行查账征收的纳税人，按规定实行核定征收，并根据纳税人经营情况及时进行定额调整。

第三，加强税务系统的协作配合，实现信息共享，建立健全个人所得税情报交流和异地协查制度，互通信息，解决同一个投资者在两处或两处以上投资和取得收入合并缴纳个人所得税的监控难题。

第四，加强个人投资者从其投资企业借款的管理，对期限超过 1 年又未用于企业生产经营的借款，严格按照有关规定征税。

第五，要严格对个人投资的企业和个体工商户税前扣除的管理，定期进行检查。

对个人投资者以企业资金为本人、家庭成员及其相关人员支付的与生产经营无关的消费性、财产性支出，严格按照规定征税。

第六，加强对从事演出、广告、讲课、医疗等人员的劳务报酬所得的征收管理，全面推行预扣预缴办法，从源泉上加强征管。

(8) 税务机关要加强对重点纳税人、独立纳税人的专项检查，严厉打击涉税违法犯罪行为。各地每年应当通过有关媒体公开曝光 2～3 起个人所得税违法犯罪案件。

(9) 税务机关要重视和加强重点纳税人、独立纳税人的个人所得税日常检查，及时发现征管漏洞和薄弱环节，制定和完善征管制度、办法。日常检查由省级以下税务机关的征管和税政部门共同组织实施。

实施日常检查应当制订计划，并按规定程序进行，防止多次、重复检查，防止影响纳税人的生产经营。

(六) 加强税源的源泉管理

(1) 税务机关应严格税务登记管理制度，认真开展漏征漏管户的清理工作，摸清底数。

(2) 税务机关应按照有关要求建立和健全纳税人、扣缴义务人的档案，切实加强个人所得税税源管理。

(3) 税务机关应继续做好代扣代缴工作，提高扣缴质量和水平。

第一，要继续贯彻落实已有的个人所得税代扣代缴工作制度和办法，并在实践中不断完善提高。

第二，要对本地区所有行政、企事业单位、社会团体等扣缴义务人进行清理和摸底，在此基础上按照纳税档案管理的指标建立扣缴义务人台账或基本账户，对其实行跟踪管理。

第三，配合全员全额管理，推行扣缴义务人支付个人收入明细申报制度。

第四，对下列行业应实行重点税源管理：金融、保险、证券、电力、电信、石油、石化、烟草、民航、铁道、房地产、学校、医院、城市供水供气、出版社、公路管理、外商投资企业、高新技术企业、中介机构、体育俱乐部等高收入行业；连续 3 年(含 3 年)为零申报的代扣代缴单位(以下简称长期零申报单位)。

第五，对重点税源管理的行业、单位和长期零申报单位，应将其列为每年开展专项检查的重点对象，或对其纳税申报材料进行重点审核。

(4) 各级税务机关应充分利用与各部门配合的协作制度，从公安、工商、银行、文化、体育、房管、劳动、外汇管理等社会公共部门获取税源信息。

(5) 各级税务机关应利用从有关部门获取的信息，加强税源管理、进行纳税评估。税务机关应定期分析税源变化情况，对变动较大等异常情况，应及时分析原因，采取相应管理措施。

(6) 各级税务机关在加强查账征收工作的基础上，对符合《税收征收管理法》第三十五条规定情形的，采取定期定额征收和核定应税所得率征收，以及其他合理的办法核定征收个人所得税。

对共管个体工商户的应纳税经营额由国家税务总局负责核定。

(7) 主管税务机关在确定对纳税人的核定征收方式后，要选择有代表性的典型户进行调查，在此基础上确定应纳税额。典型调查面不得低于核定征收纳税人的 3%。

(七) 加强全员全额管理

(1) 全员全额管理是指凡取得应税收入的个人，无论收入额是否达到个人所得税的纳税标准，均应就其取得的全部收入，通过代扣代缴和个人申报，全部纳入税务机关管理。

(2) 各级税务机关应本着先扣缴义务人后纳税人，先重点行业、企业和纳税人后一般行业、企业和纳税人，先进"笼子"后规范的原则，积极稳妥地推进全员全额管理工作。

(3) 各级税务机关要按照规定和要求，尽快建立个人收入档案管理制度、代扣代缴明细账制度、纳税人与扣缴义务人向税务机关的双向申报制度、与社会各部门配合的协税制度，为实施全员全额管理打下基础。

(4) 各级税务机关应积极创造条件，并根据"金税工程"三期的总体规划和有关要求，依托信息化手段，逐步实现全员全额申报管理，并在此基础上，为每个纳税人开具完税凭证(证明)。

(5) 税务机关应充分利用全员全额管理掌握的纳税人信息、扣缴义务人信息、税源监控信息、有关部门、媒体提供的信息、税收管理人员实地采集的信息等，依据国家有关法律和政策法规的规定，对自行申报纳税人的纳税申报情况和扣缴义务人扣缴税情况的真实性、准确性进行分析、判断，开展个人所得税纳税评估，提高全员全额管理的质量。

(6) 税务机关应加强个人独资和合伙企业投资者、个体工商户、独立劳务者等无扣缴义务人的独立纳税人的基础信息和税源管理工作。

(7) 个人所得税纳税评估应按人机结合的方式进行，其基本原理和流程是：根据当地居民收入水平及其变动、行业收入水平及其变动等影响个人所得税的相关因素，建立纳税评估分析系统；根据税收收入增减额、增减率或行业平均指标模型确定出纳税评估的重点对象；对纳税评估对象进行具体评估分析，查找锁定引起该扣缴义务人或者纳税人个人所得税变化的具体因素；据此与评估对象进行约谈，要求其说明情况并纠正错误，或者交由稽查部门实施稽查，并进行后续的重点管理。

(8) 税务机关应按以下范围和来源采集纳税评估的信息。

第一，信息采集的范围：① 当地职工年平均工资、月均工资水平；② 当地分行业职工年平均工资、月均工资水平；③ 当地分行业资金利润率；④ 企业财务报表相关数据；⑤ 股份制企业分配股息、红利情况；⑥ 其他有关数据。

第二，信息采集的来源：① 税务登记的有关信息；② 纳税申报的有关信息；③ 会计报表的有关信息；④ 税控收款装置的有关信息；⑤ 中介机构出具的审计报告、评估报告的信息；⑥ 相关部门、媒体提供的信息；⑦ 税收管理人员到纳税户了解采集的信息；⑧ 其他途径采集的纳税人和扣缴义务人与个人所得税征管有关的信息。

(9) 税务机关应设置纳税评估分析指标、财务分析指标、业户不良记录评析指标，通过分析确定某一期间个人所得税的总体税源发生增减变化的主要行业、主要企业、主要群体，确定纳税评估重点对象。个人所得税纳税评估的程序、指标、方法等按照国家税务总局《纳税评估管理办法》(试行)及相关规定执行。

(10) 个人所得税纳税评估的主要项目：① 工资、薪金所得，应重点分析工资总额增减率与该项目税款增减率对比情况，人均工资增减率与人均该项目税款增减率对比情况，税款增减率与企业利润增减率对比分析，同行业、同职务人员的收入和纳税情况对比分析。② 利息、股息、红利所得，应重点分析当年该项目税款与上年同期对比情况，该项目税款增减率与企业利润增减率对比情况，企业转增个人股本情况，企业税后利润分配情况。③ 个体工商户的生产、经营所得（含个人独资企业和合伙企业），应重点分析当年与上年该项目税款对比情况，该项目税款增减率与企业利润增减率对比情况；税前扣除项目是否符合现行政策规定；是否连续多个月零申报：同地区、同行业个体工商户生产、经营所得的税负对比情况。④ 对企事业单位的承包经营、承租经营所得，应重点分析当年与上年该项目税款对比情况，该项目税款增减率与企业利润增减率对比情况，其行业利润率、上缴税款占利润总额的比重等情况；是否连续多个月零申报；同地区、同行业对企事业单位的承包经营、承租经营所得的税负对比情况。⑤ 劳务报酬所得，应重点分析纳税人取得的所得与过去对比情况，支付劳务费的合同、协议、项目情况，单位白条列支劳务报酬情况。⑥ 其他各项所得，应结合个人所得税征管实际，选择有针对性的评估指标进行评估分析。

复习思考题

一、概念及简述题

1. 简述个人所得税的特点。
2. 简述个人所得税的居民纳税人和非居民纳税人的区分。
3. 简述个人所得税的纳税申报。

二、计算题

1. 居住在市区的中国居民李某，为一中外合资企业的职员，2014年取得以下所得：

（1）每月取得合资企业支付的工资薪金10 200元。

（2）2 月份，为某企业提供技术服务，取得报酬30 000元，与其报酬相关的个人所得税由该企业承担。

（3）3 月份，从 A 国取得特许权使用费折合人民币15 000元，已按 A 国税法规定缴纳个人所得税折合1 500元人民币并取得完税凭证。

（4）4 月 1 日至 6 月 30 日，前往 B 国参加培训，利用业余时间为当地三所中文学校授课，取得课酬折合人民币各10 000元，未扣缴税款；出国期间将其国内自己的小汽车出租给他人使用，每月取得租金5 000元。

（5）7 月份，与同事 A（外籍）合作出版了一本中外文化差异的书籍，共获得稿酬56 000元，李某与杰克事先约定按 6∶4比例分配稿酬。

(6) 10 月份，取得 3 年期国债利息收入3 888元。

(7) 11 月份，以每份 218 元的价格转让某企业债券 500 份，发生相关税费 870 元。债券申购价每份 200 元，申购时共支付相关税费 350 元；转让 A 股股票取得所得24 000元。

(8) 1～12 月份，与 4 个朋友合伙经营一个酒吧，年底酒吧将 30 万元生产经营所得在合伙人中进行平均分配。

要求：根据上述资料，按下列序号计算回答问题：

(1) 李某全年工资薪金应缴纳的个人所得税。

(2) 某企业为李某支付技术服务报酬应代付的个人所得税。

(3) 李某从 A 国取得特许权使用费所得应补缴的个人所得税。

(4) 李某从 B 国取得课酬所得应缴纳的个人所得税。

(5) 李某出租小汽车应缴纳的营业税、城市维护建设税和教育费附加。

(6) 李某小汽车租金收入应缴纳的个人所得税。

(7) 李某稿酬所得应缴纳的个人所得税。

(8) 李某利息所得的个人所得税。

(9) 李某转让有价证券所得应缴纳的个人所得税。

(10) 李某分得的生产经营所得应缴纳的个人所得税。

2. 某企业(非上市公司)一级技工刘某，2014年全年收入情况如下：

(1) 1～12 月份每月工资收入5 000元，12 月份取得年终一次性奖金26 400元。

(2) 2 月份在企业改制过程中以股份形式取得的拥有所有权的企业量化资产，价值20 000元。

(3) 3 月份为某制造公司安装设备提供技术帮助，合同规定，公司支付刘某报酬32 000元，与报酬相关的个人所得税由公司代付。

(4) 4 月份与同事合编并出版一部《技工知识手册》，出版社共支付稿酬6 200元，其中刘某分得 40%的稿酬。

(5) 6 月份取得教育储蓄存款利息所得 320 元。

(6) 5 月 1 日起将其自有的房屋出租给他人居住，租赁期 2 年，月租金1 200元，6 月份因房屋漏雨，找物业管理部门修理，发生修理费 1 000元，并取得物业部门开具的收据。

(7) 10 月份参加某商场的有奖销售活动，获得中奖奖金6 000元，刘某拿出其中2 000元通过市民政局捐赠给灾区。

(8) 12 月份以股份形式取得的拥有所有权的企业量化资产参与企业分配获得股息3 000元。

要求：

(1) 判断上述收入中哪些需计算缴纳个人所得税，哪些不需缴纳个人所得税。

(2) 计算各支付单位应代扣代缴以及刘某应自行申报缴纳的个人所得税税款。

第九章　资源税类

第一节　资　源　税

资源税是国家对特定自然资源的开发、使用所征收的一种特别税。现行资源税的基本规范是 1993 年 12 月 25 日国务院发布，2011 年 9 月 30 日修订的《中华人民共和国资源税暂行条例》（以下简称《资源税暂行条例》）。

资源税采取从量定额的办法征收，实施“普遍征收，级差调节”的原则。普遍征收是指对在我国境内开发的一切应税资源产品征收资源税；级差调节是指运用资源税对因资源贮存状况、开采条件、资源优劣、地理位置等客观存在的差别而产生的资源级差收入，通过实施差别税额标准进行调节。资源条件好的，税额高一些；资源条件差的，税额低一些。

一、征税范围

资源税征收范围理论上讲应包括一切开发和利用的国有资源。但由于我国目前普遍开征资源税相对条件不足，因此只对矿产品、盐等为主开征。具体征收范围包括以下七项：

（一）原油

开采的天然原油（含稠油、高凝油、稀油）征税；人造石油不征税。凝析油视同原油征税，但不包括以油母页岩等为原料加工炼制的原油。

（二）天然气

专门开采的天然气和与原油同时开采的天然气征税；煤矿生产的天然气和煤层瓦斯不征资源税。

（三）煤炭

原煤征资源税；洗煤、选煤和其他煤炭制品不征税。

（四）其他非金属矿原矿

它是指原油、天然气、煤炭和井矿盐以外的非金属矿原矿，包括宝石、金刚石、玉石、石棉、硫铁矿、自然硫、磷铁矿等。

（五）黑色金属矿原矿

它是指纳税人开采后自用、销售的，用于直接入炉冶炼或作为主产品先入选精矿，制造人工矿，最终入炉冶炼的黑色金属矿石原矿，包括铁矿石、锰矿石和铬矿石。

（六）有色金属矿原矿

包括铜矿石、铅锌矿石、铝土矿石、钨矿石、锡矿石、锑矿石、铝矿石、镍矿石、黄金矿石（盐金矿、砂金矿）、钒矿石（含石煤钒）、其他有色金属矿。

（七）盐

一是固体盐，包括海盐原盐、湖盐原盐和井矿盐；二是液体盐（卤水），是指氯化钠含量达到一定浓度的溶液。是用于生产碱和其他产品的原料。

纳税人在开采主矿产品的过程中伴采的其他应税矿产品，凡未单独规定适用税额的，一律按主矿产品或视同主矿产品税目征收资源税。

未列举名称的其他非金属矿原矿和其他有色金属矿原矿，由省、自治区、直辖市人民政府决定征收或暂缓征收资源税，并报财政部和国家税务总局备案。

二、纳税人与税率

（一）纳税人

1. 纳税人

《资源税暂行条例》规定的纳税人就是资源税的纳税义务人，是指凡在中华人民共和国境内开采应税资源的矿产品或者生产盐的单位和个人。包括内外资企业、单位、机关、社团、个人。

单位是指国有企业、集体企业、私营企业、股份制企业、其他企业和行政单位、事业单位、军事单位、社会团体及其他单位。

个人是指个体经营者和其他个人；其他单位和其他个人包括外商投资企业、外国企业及外籍人员。

对外合作开采石油资源，应当依法纳税。

2. 扣缴义务人

《资源税暂行条例》扣缴义务人，主要是针对零星、分散、不定期开采的情况，为了加强资源税征收管理，避免漏税，对收购未税矿产品的单位规定为资源税的扣缴义务人，由扣缴义务人在收购矿产品时代扣代缴资源税款。

收购未税矿产品的单位是指独立矿山、联合企业和其他单位。独立矿山是指只有采矿或只有采矿和选矿，独立核算、自负盈亏的单位，其生产的原矿和精矿主要用于对外销售。联合企业是指采矿、选矿、冶炼（或加工）连续生产的企业或采矿、冶炼（或加工）连续生产的企业，其采矿单位，一般是该企业的二级或二级以下核算单位。其他单位也包括收购未税矿产品的个体户在内。盐的资源税纳税问题由于现行产销体制原因，纳税环节确定在出厂环节，由生产者缴纳，有些地区由运销或公收单位为扣缴义务人。

（二）税率

根据不同资源税产品及资源条件的差异和相关产品流转税负担变化，按照调节资源级差收入要求，区别不同应税产品品种和主要开采地，确定高低不同的适用税率。采用从量定额办法征收资源税的税目税率表如表 9 - 1 所示。

表 9 - 1

资源税税目税率表

税目		税率
一、原油		销售额的 5%～10%
二、天然气		销售额的 5%～10%
三、煤炭		销售额的 2%～10%
四、其他非金属矿原矿	普通非金属矿原矿	每吨或者每立方米 0.5～20 元
	贵重非金属矿原矿	每千克或者每克拉 0.5～20 元
五、黑色金属矿原矿		每吨 2～30 元
六、有色金属矿原矿	稀土矿	每吨 0.4～60 元
	其他有色金属矿原矿	每吨 0.4～30 元
七、盐	固体盐	每吨 10～60 元
	液体盐	每吨 2～10 元

资源税应税产品的具体适用税率，按《资源税税目税率明细表》执行。

矿产品等级的划分，按本细则所附《几个主要品种的矿山资源等级表》执行。

对于划分资源等级的应税产品，其《几个主要品种的矿山资源等级表》中未列举名称的纳税人适用的税率，由省、自治区、直辖市人民政府根据纳税人的资源状况，参照《资源税税目税率明细表》和《几个主要品种的矿山资源等级表》中确定的邻近矿山或者资源状况、开采条件相近矿山的税率标准，在浮动 30%的幅度内核定，并报财政部和国家税务总局备案。

纳税人开采或者生产不同税目应税产品的，应当分别核算不同税目应税产品的销售额或者销售数量；未分别核算或者不能准确提供不同税目应税产品的销售额或者销售数量的，从高适用税率。

三、计算与减免税

（一）应纳税额的计算

资源税的应纳税额，按照从价定率或者从量定额的办法，分别以应税产品的销售额乘以纳税人具体适用的比例税率或者以应税产品的销售数量乘以纳税人具体适用的定额税率计算。

1. 从价定率计征方法

根据现行资源税法相关规定，原油、天然气和煤炭资源税实行从价定率计征。应纳税额的计算公式如下：

应纳税额＝销售额×适用税率

实行从价定率计征资源税的以应税产品的销售额为计税依据，销售额为纳税人销售应税产品向购买方收取的全部价款和价外费用，但不包括收取的增值税销项税额。具体规定如下：

(1) 上述价外费用，包括价外向购买方收取的手续费、补贴、基金、集资费、返还利润、奖励费、违约金、滞纳金、延期付款利息、赔偿金、代收款项、代垫款项、包装费、包装物租金、储备费、优质费、运输装卸费以及其他各种性质的价外收费。但下列项目不包括在内：① 同时符合以下条件的代垫运输费用：第一，承运部门的运输费用发票开具给购买方的；第二，纳税人将该项发票转交给购买方的。② 同时符合以下条件代为收取的政府性基金或者行政事业性收费：第一，由国务院或者财政部批准设立的政府性基金，由国务院或者省级人民政府及其财政、价格主管部门批准设立的行政事业性收费；第二，收取时开具省级以上财政部门印制的财政票据；第三，所收款项全额上缴财政。

(2) 纳税人以人民币以外的货币结算销售额的，应当折合成人民币计算。其销售额的人民币折合率可以选择销售额发生的当天或者当月 1 日的人民币汇率中间价。纳税人应在事先确定采用何种折合率计算方法，确定后 1 年内不得变更。

(3) 煤炭应税产品包括原煤和以未税原煤加工的洗选煤。原煤销售额不含从坑口到车站、码头等的运输费用。

(4) 纳税人将其开采的原煤，自用于连续生产洗选煤的，在原煤移送使用环节不缴纳资源税；自用于其他方面的，视同销售原煤，依照有关规定确定销售额，计算缴纳资源税。

(5) 纳税人将其开采的原煤加工为洗选煤销售的，以洗选煤销售额乘以折算率作为应税煤炭销售额计算缴纳资源税。

洗选煤应纳税额＝洗选煤销售额×折算率×适用税率

洗选煤销售额包括洗选副产品的销售额，不包括洗选煤从洗选煤厂到车站、码头等的运输费用。

折算率可通过洗选煤销售额扣除洗选环节成本、利润计算，也可通过洗选煤市场价格与其所用同类原煤市场价格的差额及综合回收率计算。折算率由省、自治区、直辖市财税部门或其授权地市级财税部门确定。

(6) 纳税人将其开采的原煤加工为洗选煤自用的，视同销售洗选煤，依照有关规定确定销售额，计算缴纳资源税。

(7) 纳税人申报的应税产品销售额明显偏低并且无正当理由的、有视同销售应税产品行为而无销售额的，除财政部、国家税务总局另有规定外，按下列顺序确定销售额：① 按纳税人最近时期同类产品的平均销售价格确定；② 按其他纳税人最近时期同类产品的平均销售价格确定；③ 按组成计税价格确定。组成计税价格为：

组成计税价格＝成本×(1＋成本利润率)÷(1－税率)

公式中的成本是指：应税产品的实际生产成本。公式中的成本利润率由省、自治区、直辖市税务机关确定。

【例 9－1】 某油田 2014 年 10 月共计开采原油 8 000 吨，当月销售原油 6 000 吨，取得销售收入(不含增值税)18 000 000 元，同时还向购买方收取违约金 23 400 元、优质费 5 850元；支付不含税运输费用 20 000 元，取得运输企业开具的货物运输业增值税专用发票(当月已通过税务机关认证)。已知销售原油的资源税税率为 6%。则该油田 10 月份应缴纳的资源税为：

该油田 10 月应纳资源税＝[18 000 000＋(23 400＋5 850)÷(1＋17%)]×6%＝1 081 755(元)

2. 从量定额计征方法

根据现行资源税法相关规定，除原油、天然气和煤炭以外的应税矿产品和盐资源税实行从量定额计征。应纳税额的计算公式如下：

应纳税额＝课税数量×单位税额

实行从量定额计征资源税的以销售数量为计税依据，具体规定如下：

(1) 销售数量，包括纳税人开采或者生产应税产品的实际销售数量和视同销售的自用数量。

纳税人开采或者生产应税产品，自用于连续生产应税产品的，不缴纳资源税；自用于其他方面的，视同销售，依照规定缴纳资源税。自产自用包括用于非生产项目和生产非应税产品两部分。

(2) 纳税人不能准确提供应税产品销售数量的，以应税产品的产量或者主管税务机关确定的折算比换算成的数量为计征资源税的销售数量。

(3) 金属和非金属矿产品原矿，因无法准确掌握纳税人移送使用原矿数量的，可将其精矿按选矿比折算成的原矿数量作为课税数量。

选矿比＝精矿数量÷耗用原矿数量

(4) 纳税人以自产的液体盐加工固体盐，按固体盐税额征税，以加工的固体盐数量为课税数量。纳税人以外购的液体盐加工固体盐，其加工固体盐所耗用液体盐的已纳税额准予抵扣。

【例 9－2】 某钨矿企业 2014 年 10 月共开采钨矿石原矿 80 000 吨，直接对外销售钨矿石原矿 40 000 吨，以部分钨矿石原矿入选精矿 9 000 吨(当月全部销售)，选矿比为 40%。钨矿石选用税额每吨 0.6 元。则该企业 10 月份应缴纳的资源税为：

应纳资源税＝40 000×0.6＋9 000÷40%×0.6＝37 500(元)

3. 代扣代缴计征方法

收购未税矿产品的单位(包括独立矿山、联合企业及其他收购未税矿产品的单位)为资源税的扣缴义务人。

(1) 独立矿山、联合企业收购未税资源税应税产品的单位,按照本单位应税产品税额(率)标准,依据收购的数量(金额)代扣代缴资源税。

(2) 其他收购单位收购的未税资源税应税产品,按主管税务机关核定的应税产品税额(率)标准,依据收购的数量(金额)代扣代缴资源税。

收购数量(金额)的确定比照课税数量(销售额)的规定执行。

(二) 减免税规定

1. 原油、天然气资源税优惠政策

(1) 开采原油过程中用于加热、修井的原油,免税。

(2) 对油田范围内运输稠油过程中用于加热的原油、天然气免征资源税。

(3) 对稠油、高凝油和高含硫天然气资源税减征 40%。

(4) 对三次采油资源税减征 30%。

(5) 对低丰度油气田资源税暂减征 20%。

(6) 对深水油气田资源税减征 30%。

符合上述减免税规定的原油、天然气划分不清的,一律不予减免资源税;同时符合上述两项及两项以上减税规定的,只能选择其中一项执行,不能叠加适用。

2. 煤炭资源税优惠政策

(1) 对衰竭期煤矿开采的煤炭,资源税减征 30%。

(2) 对充填开采置换出来的煤炭,资源税减征 50%。

3. 其他相关规定

(1) 纳税人开采或者生产应税产品过程中,因意外事故或者自然灾害等原因遭受重大损失的,由省、自治区、直辖市人民政府酌情决定减税或者免税。

(2) 纳税人的减税、免税项目,应当单独核算销售额或者销售数量;未单独核算或者不能准确提供销售额或者销售数量的,不予减税或者免税。

(3) 纳税人在资源税纳税申报时,除财政部、国家税务总局另有规定外,应当将其应税和减免税项目分别计算和报送。

(4) 资源税规定仅对我国境内开采或生产应税产品的单位和个人征收,进口的矿产品和盐不征收资源税。但出口的应税产品不可免征资源税,也不退还已纳资源税。

四、征收与缴纳

(一) 纳税义务发生时间

(1) 纳税人销售应税产品,其纳税义务发生时间为:① 纳税人采取分期收款结算方式的，其纳税义务发生时间，为销售合同规定的收款日期的当天；② 纳税人采取预收货款结算方式的，其纳税义务发生时间，为发出应税产品的当天；③ 纳税人采取其他结算方式的，其纳税义务发生时间，为收讫销售款或者取得索取销售款凭据的当天。

（2）纳税人自产自用应税产品的纳税义务发生时间，为移送使用应税产品的当天。

（3）扣缴义务人代扣代缴税款的纳税义务发生时间，为支付货款的当天。

（二）纳税期限

资源税的纳税期限是指纳税人发生纳税义务后缴纳税款的期限。一般由主管税务机关根据实际情况以及纳税人或者扣缴义务人应纳税额的大小分别核定，不能按固定期限计算纳税的，可以按次计算纳税。

资源税的纳税期限为 1 日、3 日、5 日、10 日、15 日或者 1 个月。纳税人以 1 个月为一期纳税的，自期满之日起 10 日内申报纳税；以 1 日、3 日、5 日、10 日或者 15 日为一期纳税的，自期满之日起 5 日内预缴税款，于次月 1 日起 10 日内申报纳税并结清上月税款。

（三）纳税地点

资源税的纳税地点是指纳税人将应纳的资源税，向应税产品的开采或生产所在地税务机关缴纳。具体实施体现为以下几种情况：

（1）凡是缴纳资源税的纳税人，都应当向应税产品的开采或者生产所在地主管税务机关缴纳税款。

（2）如果纳税人在本省、自治区、直辖市范围内开采或者生产应税产品，其纳税地点需要调整的，由所在地省、自治区、直辖市税务机关决定。

（3）如果纳税人应纳的资源税属于跨省开采，其下属生产单位与核算单位不在同一省、自治区、直辖市的，对其开采的矿产品一律在开采地纳税，其应纳税款由独立核算、自负盈亏的单位，按照开采地的实际销售量（或者自用量）及适用的单位税额计算，定期划拨。

（4）扣缴义务人代扣代缴的资源税，也应当向收购地主管税务机关缴纳。

《资源税暂行条例》将资源税纳税地点规定在采掘地，照顾到了采掘地的利益，又利于调动采掘地爱矿、护矿、支持生产的积极性，解决或者缩小了由财政体制的“分灶吃饭”与资源税纳税地点不一致的矛盾，同时又考虑了各省的实际情况。

第二节　土地增值税

土地增值税是对转让国有土地使用权、地上建筑物及其附着物并取得收入的单位和个人，就其有偿转让房地产所取得的增值额为征税对象而征收的一种税。土地增值税依据征税的税基不同，大致可分为两大类：一类是财产性质的土地税，它以土地的数量或价值为税基，或实行从量计税，或采取从价计税，这类土地税的历史悠久，属于原始的直接税或财产税;另一类是收益性质的土地税,体现对土地收益和地租的征税。

土地属于不动产,对土地课税是一种古老的税收形式,也是各国普遍对财产和收益开征的一种税。1993年12月13日国务院发布了《中华人民共和国土地增值税暂行条例》(以下简称《土地增值税暂行条例》),并规定1994年1月起实行。财政部于1995年1月27日颁布了《中华人民共和国土地增值税暂行条例实施细则》(以下简称《实施细则》),这是我国开征的第一个对土地增值额或土地收益征收的税种。

一、征税范围

根据《土地增值税暂行条例》及其实施细则的规定,土地增值税的征税范围如下。

(一)征税范围的一般规定

1. 对转让国有土地使用权的行为课税

(1)"国有土地"是指按国家法律规定属于国家所有的土地,国有土地使用权是指土地使用人根据国家法律、合同等规定,对国家所有土地享有的使用权利。土地增值税只对企业、单位和个人等经济主体转让国有土地使用权的行为课税。对转让非国有土地和出让国有土地的行为均不征税。根据《中华人民共和国宪法》和《中华人民共和国土地管理法》(以下简称《土地管理法》)的规定,城市的土地属于国家所有。

(2)"集体所有土地"是指农村和城市郊区的土地除由法律规定属于国家所有的以外,属于集体所有。农村集体所有的土地,根据《土地管理法》、《城市房地产管理法》及国家其他有关规定,是不得自行转让的,只有根据有关法律规定,由国家征用以后变为国家所有时,才能进行转让。未经国家征用的集体土地不能转让,也不能纳入土地增值税的征税范围。国家为了公共利益,可以依照法律规定对集体土地实行征用,依法被征用后的土地属于国家所有。集体土地的自行转让是一种违法行为,应由有关部门来处理。对于目前违法将集体土地转让给其他单位和个人的情况,应在有关部门处理、补办土地征用或出让手续变为国家所有之后,再纳入土地增值税的征税范围。

2. 对转让土地使用权和地上建筑物及其附着物的产权课税

(1)转让国有土地使用权是指土地使用者通过出让方式,向政府缴纳了土地出让金,有偿受让土地使用后,仅对土地进行了通水、通电、通路和平整地面等土地开发,而未进行房产开发。即所谓将"生地变熟地",然后将空地直接出售行为。这种情况属于国有土地使用权的有偿转让,应纳入土地增值税的征税范围。

(2)"地上的建筑物"是指建于土地上的一切建筑物,包括地上地下的各种附属设施。"附着物"是指附着于土地上的不能移动或一经移动即遭损坏的物品。

根据《土地增值税暂行条例》规定,纳税人转让地上建筑物和其他附着物的产权转让,取得的增值性收入,要缴纳土地增值税。即是指纳税人转让房地产所取得的全部收入,而并非仅仅是土地使用权转让或地上建筑物等的转让。

3. 对有偿转让的原房地产课税

原房地产的买卖是指原房地产所有人将已建成并已投入使用的房地产的房屋产权和土地使用权一并转让给其他单位和个人的行为。有偿转让并取得收入时,应纳入土地增值税范围。包括:取得国有土地使用权后进行房屋开发建造然后出售的;存量房地产的买卖,是指已经建成并已投入使用的房地产,其房屋所有人将房屋产权和土地使用权一并转让给其他单位和个人。

具体讲,就是对继承、赠与等方式无偿转让的房地产,不予征税。因为尽管房地产的权属发生了变更,但权属人并没有取得收入,因此不征收土地增值税。表现两种情况如下:

(1) 房产所有人、土地使用权所有人将房屋产权、土地使用权赠与直系亲属或承担直接赡养义务人的行为,不予征税。

(2) 房产所有人、土地使用权所有人通过中国境内非营利的社会团体、国家机关将房屋产权、土地使用权赠与教育、民政和其他福利事业、公益事业的行为,不予征税。

需要强调的是,无论是单独转让国有土地使用权,还是房屋产权与国有土地使用权一并转让的,只要取得收入,均属于土地增值税的征税范围,应对之征收土地增值税。

(二) 征税范围的若干具体判定

根据以上三条判定标准我们就可对以下若干具体情况是否属于土地增值税的征税范围进行判定。

1. 以继承、赠与方式转让房地产的不能纳入征税范围

这种情况因其只发生房地产产权的无偿转让行为而未取得相应的收入,不能将其纳入土地增值税的征税范围。可分为两种情况:

(1) 房地产的继承是指房产的原产权所有人、依照法律规定取得土地使用权的土地使用人死亡以后,由其继承人依法承受死者房产产权和土地使用权的民事法律行为。这种行为虽然发生了房地产的权属变更,但作为房产产权、土地使用权的原所有人(即被继承人)并没有因为权属的转让而取得任何收入。因此,这种房地产的继承不属于土地增值税的征税范围。

(2) 房地产的赠与是指房产所有人、土地使用权所有人将自己所拥有的房地产无偿地交给其他人的民事法律行为。但这里的“赠与”仅指以下情况:① 房产所有人、土地使用权所有人将房屋产权、土地使用权赠与直系亲属或承担直接赡养义务人的;② 房产所有人、土地使用权所有人通过中国境内非营利的社会团体、国家机关将房屋产权、土地使用权赠与教育、民政和其他社会福利、公益事业的。

上述社会团体是指中国青少年发展基金会、希望工程基金会、宋庆龄基金会、减灾委员会、中国红十字会、中国残疾人联合会、全国老年基金会、老区促进会以及经民政部门批准成立的其他非营利的公益性组织。

房地产的赠与虽发生了房地产的权属变更,但作为房产所有人、土地使用权的所有人并

没有因为权属的转让而取得任何收入。因此,房地产的赠与不属于土地增值税的征税范围。

2. 以房地产的出租方式取得租金的行为不列入征税范围

房地产的出租是指房产的产权所有人、依照法律规定取得土地使用权的土地使用人,将房产、土地使用权租赁给承租人使用,由承租人向出租人支付租金的行为。房地产的出租,出租人虽取得了收入,但没有发生房产产权、土地使用权的转让。因此,不属于土地增值税的征税范围。

3. 房地产的抵押期间未发生房地产产权变更行为不属于征税范围

(1) 房地产的抵押是指房地产的产权所有人、依法取得土地使用权的土地使用人作为债务人或第三人向债权人提供不动产作为清偿债务的担保而不转移权属的法律行为。这种情况由于房产的产权、土地使用权在抵押期间产权并没有发生权属的变更,房产的产权所有人、土地使用权人仍能对房地产行使占有、使用、收益等权利,房产的产权所有人、土地使用权人虽然在抵押期间取得了一定的抵押贷款,但实际上这些贷款在抵押期满后是要连本带利偿还给债权人的。因此,对房地产的抵押,在抵押期间不征收土地增值税。

(2) 待抵押期满后,视该房地产是否转移占有而确定是否征收土地增值税。对于以房地产抵债而发生房地产权属转让的,应列入土地增值税的征税范围。

4. 以房地产交换房地产的行为发生权属变更的属于征税范围

这种情况是指以一方的房地产与另一方的房地产进行交换的行为。由于这种行为既发生了房产产权、土地使用权的转移,交换双方又取得了实物形态的收入,按《土地增值税暂行条例》规定,它属于土地增值税的征税范围。

但对个人之间互换自有居住用房地产的,经当地税务机关核实,可以免征土地增值税。

5. 以房地产进行投资、联营用于所投资、联营企业中的免征土地增值税

对于以房地产进行投资、联营的,投资、联营的一方以土地(房地产)作价入股进行投资或作为联营条件,将房地产转让到所投资、联营的企业中时,暂免征收土地增值税。对投资、联营企业将上述房地产再转让的,应征收土地增值税。

6. 合作建房行为建成后按比例分房自用的免征土地增值税

对于一方出地,一方出资金,双方合作建房,建成后按比例分房自用的,暂免征收土地增值税;建成后转让的,应征收土地增值税。

7. 企业兼并转让房地产行为暂免征土地增值税

在企业兼并中,对被兼并企业将房地产转让到兼并企业中的,暂免征收土地增值税。

8. 房地产的代建房行为未发生权属转移、未取得收入不属于征税范围

这种情况是指房地产开发公司代客户进行房地产的开发,开发完成后向客户收取代建收入的行为。对于房地产开发公司而言,虽然取得了收入,但没有发生房地产权属的转移,其收入属于劳务收入性质,故不属于土地增值税的征税范围。

9. 房地产的重新评估未发生权属转移、未取得收入不属于征税范围

这主要是指国有企业在清产核资时对房地产进行重新评估而使其升值的情况。这种情况房地产虽然有增值,但其既没有发生房地产权属的转移,房产产权、土地使用权人也未取得收入,所以不属于土地增值税的征税范围。

二、纳税人与税率

(一) 纳税人

土地增值税的纳税义务人为转让国有土地使用权、地上的建筑及其附着物(以下简称转让房地产)并取得收入的单位和个人。单位包括各类企业、事业单位、国家机关和社会团体及其他组织。个人包括个体经营者。

概括起来,《土地增值税暂行条例》对纳税人的规定主要有以下四个特点:

(1) 法人与自然人。即不论是企业、事业单位、国家机关、社会团体及其他组织,还是个人,只要有偿转让房地产,都是土地增值税的纳税人。

(2) 任何经济性质企业。即不论是全民所有制企业、集体企业、私营企业、个体经营者,还是联营企业、合资企业、合作企业、外商独资企业等,只要有偿转让房地产,都是土地增值税的纳税人。

(3) 内外资企业、中国公民与外籍个人。即不论是内资企业还是外商投资企业、外国驻华机构,也不论是中国公民、港澳台同胞、海外华侨,还是外国公民,只要有偿转让房地产,都是土地增值税的纳税人。

(4) 任何行业和部门。即不论是工业、农业、商业、学校、医院、机关等,只要有偿转让房地产,都是土地增值税的纳税人。

(二) 税率

土地增值税的主要目的在于抑制房地产的投机、炒卖活动,限制滥占耕地的行为,并适当调节纳税人的收入分配,保障国家权益,因此,税率设计的基本原则是:增值多的多征,增值少的少征,无增值的不征。按照这个原则,土地增值税实行四级超率累进税率。超率累进税率如表 9-2 所示。

表 9-2

土地增值税四级超率累进税率表

级　数	增值额与扣除项目金额的比率	税率(%)	速算扣除系数(%)
1	不超过 50%的部分	30	0
2	超过 50%～100%的部分	40	5
3	超过 100%～200%的部分	50	15
4	超过 200%的部分	60	35

三、计算与减免税

（一）计税依据的确定

土地增值税的计税依据是纳税人转让房地产所取得的增值额，即纳税人转让房地产所取得的收入减去税法规定的扣除项目后的余额。

根据《土地增值税暂行条例》及其实施细则的规定，纳税人转让房地产取得的收入，应包括转让房地产的全部价款及有关的经济收益。从收入的形式来看，包括货币收入、实物收入和其他收入。

（二）扣除项目的确定

计算土地增值税应纳税额，并不是直接对转让房地产所取得的收入征税，而是要对收入额减除国家规定的各项扣除项目金额后的余额计算征税（这个余额就是纳税人在转让房地产中获取的增值额）。因此，要计算增值额，首先必须确定扣除项目。税法准予纳税人从转让收入额减除的扣除项目包括如下几项。

1. 取得土地使用权所支付的金额

它是指纳税人取得土地使用权支付的地价款和按国家统一规定交纳的有关费用之和。

（1）“取得土地使用权所支付的地价款”可以有三种形式：① 如果是以协议、招标、拍卖等出让方式取得土地使用权的，地价款为纳税人所支付的土地出让金；② 如果是以行政划拨方式取得土地使用权的，地价款为按照国家有关规定补交的土地出让金；③ 如果是以转让方式取得土地使用权的，地价款为向原土地使用权人实际支付的地价款。

（2）“取得土地使用权时按国家统一规定缴纳的有关费用”，是指纳税人在取得土地使用权过程中为办理有关手续，按国家统一规定缴纳的有关登记、过户手续费。

2. 房地产开发成本

它是指纳税人房地产开发项目实际发生的成本，包括土地的征用及拆迁补偿费、前期工程费、建筑安装工程费、基础设施费、公共配套设施费、开发间接费用等。

（1）土地征用及拆迁补偿费。包括土地征用费、耕地占用税、劳动力安置费及有关地上、地下附着物拆迁补偿的净支出、安置动迁用房支出等。

（2）前期工程费。包括规划、设计、项目可行性研究和水文、地质、勘察、测绘、“三通一平”等支出。

（3）建筑安装工程费。它是指以出包方式支付给承包单位的建筑安装工程费，以自营方式发生的建筑安装工程费。

（4）基础设施费。包括开发小区内道路、供水、供电、供气、排污、排洪、通讯、照明、环卫、绿化等工程发生的支出。

（5）公共配套设施费。包括不能有偿转让的开发小区内公共配套设施发生的支出。

(6) 开发间接费用。它是指直接组织、管理开发项目发生的费用，包括工资、职工福利费、折旧费、修理费、办公费、水电费、劳动保护费、周转房摊销等。

3. 房地产开发费用

它是指与房地产开发项目有关的销售费用、管理费用和财务费用。根据现行财务会计制度的规定，这三项费用作为期间费用，直接计入当期损益，不按成本核算对象进行分摊。因此作为土地增值税扣除项目的房地产开发费用，不按纳税人房地产开发项目实际发生的费用进行扣除，而按《实施细则》的标准进行扣除。尤其是财务费用中的数额较大利息支出扣除，作了较详细的规定。

《实施细则》规定，财务费用中的利息支出，凡能够按转让房地产项目计算分摊并提供金融机构证明的，允许据实扣除，但最高不能超过按商业银行同类同期贷款利率计算的金额。

对于利息支出以外的其他房地产开发费用，按取得土地使用权所支付的金额和房地产开发成本计算的金额之和，在5%以内计算扣除。对于利息支出，分两种情况扣除：① 凡不能按转让房地产项目计算分摊利息支出或不能提供金融机构证明的，允许据实扣除，但最高不能超过商业银行同期贷款利率计算的金额。超过贷款期限的利息和加罚的利息均不允许扣除。② 凡不能让转让房地产项目计算分摊利息支出并不能提供金融机构证明的，利息支出不得单独计算，而应并入房地产开发费用中一并计算扣除。这种情况下，“房地产开发费用”计算方法按取得土地使用权支付的金额和房地产开发成本金额之和，在10%以内计算扣除。计算扣除的具体比例，由各省、自治区、直辖市人民政府规定。

上述规定的具体含义将其转化为公式为：

(1) 纳税人能够按转让房地产项目计算分摊利息支出，并能提供金融机构的贷款证明的：

允许扣除的房地产开发费用＝利息＋(取得土地使用权所支付的金额＋房地产开发成本)×5%以内

利息最高不能超过按商业银行同类同期贷款利率计算的金额。

(2) 纳税人不能按转让房地产项目计算分摊利息支出或不能提供金融机构贷款证明的：

允许扣除的房地产开发费用＝(取得土地使用权所支付的金额＋房地产开发成本)×10%以内

此外，财政部、国家税务总局还对扣除项目金额中利息支出的计算问题作了两点专门规定：一是利息的上浮幅度按国家的有关规定执行，超过上浮幅度的部分不允许扣除；二是对于超过贷款期限的利息部分和加罚的利息不允许扣除。

4. 与转让房地产有关的税金

它是指在转让房地产时缴纳的营业税、城市维护建设税、教育费附加、印花税，也可视同税金予以扣除。其中,允许扣除的印花税,是指转让房地产时缴纳的印花税。需要明确的是,房地产开发企业按照《施工、房地产开发企业财务制度》有关规定,其在转让时缴纳的印花税因列入管理费用中,因已相应作了扣除,故在此不允许单独再扣除。其他纳税人缴纳的印花税(按产权转移书据所载金额的5‰贴花)允许在此扣除。对于个人购入房地产在转让的,其在购入环节交纳的契税,由于已经包含在旧房及建筑物的评估价格之中,在计算土地增值税时,就不另作为与转让房地产有关的税近予以扣除。

5. 其他扣除项目

对从事房地产开发的纳税人可按《实施细则》规定,对从事房地产开发的纳税人允许按取得土地使用权时所值赋的金额和房地产开发成本之和,加计20%的扣除。在此,应特别指出的是:此条优惠只适用于从事房地产开发的纳税人,除此之外的其他纳税人不适用。这样规定目的是为了抑制炒买炒卖房地产的投机行为,保护正常开发投资者的积极性。

6. 旧房及建筑物的评估价格

旧房及建筑物的评估价格是指在转让已使用的房屋及建筑物时,由政府批准设立的房地产评估机构评定的重置成本价乘以成新度折扣率后的价格。评估价格须经当地税务机关确认。

重置成本价的含义是:对旧房及建筑物,按转让时的建材价格及人工费用计算,建造同样面积、同样层次、同样结构、同样建设标准的新房及建筑物所需花费的成本费用。成新度折扣率的含义是:按旧房的新旧程度作一定比例的折扣。例如,一幢房屋已使用近10年,建造时的造价为1 000万元,按转让时的建材及人工费用计算,建同样的新房需花费4 000万元,该房有六成新,则该房的评估价格为2 400万元(4 000×60%)。

此外,转让旧房的,应按房屋及建筑物的评估价格、取得土地使用权所支付的地价款和按国家统一规定缴纳的有关费用及在转让环节缴纳的税金作为扣除项目金额计征土地增值税。对取得土地使用权时未支付地价款或不能提供已支付的地价款凭据的,在计征土地增值税时不允许扣除。

(三) 应纳税额的计算

土地增值税纳税人转让房地产所取得的收入减除规定的扣除项目金额后的余额即增值额为税基。计算土地增值税是以增值额与扣除项目金额的比率大小按相适用的税率累进计算征收的,即增值额与扣除项目比率为土地增值率。土地增值率的比率越大,适用的税率越高,缴纳的税款越多。其计算原理与超率累进税率基本相同。因此,准确核算增值额是很重要的。当然,准确核算增值额,还需要有准确的房地产转让收入额和扣除项目的金额。在实际房地产交易活动中,有些纳税人由于不能准确提供房地产转让价格或扣除项目金额,致使增值额不准确,直接影响应纳税额的计算和缴纳。因此,纳税人有下列情形之一的,按照房地产评估价格计算征收:① 隐瞒、虚报房地产成交价格的；② 提供扣除项目金额不实的；③ 转让房地产的成交价格低于房地产评估价格，又无正当理由的。

1．土地增值税的计算公式

土地增值税的计算公式为：

应纳税额＝增值额×适用税率－速算扣除数（扣除项目金额×速算扣除数系数）

增值额＝转让收入－扣除项目金额

增值率＝增值额÷扣除项目金额

2．土地增值税案例

【例 9－3】 某纳税人转让房地产所取得的收入为400万元，其扣除项目金额为100万元，请计算其应纳土地增值税的税额。

（1）增值额＝400－100＝300（万元）

（2）增值额与扣除项目金额之比＝300÷100＝300％

增值额超过扣除项目金额200％，其适用的简便计算公式为：

土地增值税税额＝增值额×60％－扣除项目金额×35％

（3）土地增值税税额＝300×60％－100×35％＝145（万元）

【例 9－4】 某房地产开发公司出售一幢写字楼，收入总额为11 000万元。开发该写字楼支出如下：支付地价款及各种费用2 000万元；房地产开发成本3 000万元；财务费用中的利息支出为500万元（可转让项目计算分摊并提供金融机构证明），但其中有80万元属加罚的利息；转让环节缴纳的有关税费为580万元；该单位所在地政府规定的其他房地产开发费用计算扣除比例为5％。请计算该公司应该缴纳的土地增值税。

（1）允许扣除的项目金额＝（2 000＋3 000）×（1＋5％＋20％）＋（500－80）＋580
＝6 250＋1 000＝7 250（万元）

（2）增值额＝11 000－7 250＝3 750（万元）

（3）增值率＝3 750÷7 250＝51.17％

（4）应纳税额＝3 750×40％－7 250×5％＝1 137.5（万元）

（1）式中20％是指可按《实施细则》规定，对从事房地产开发的纳税人允许按取得土地使用权时所支付的金额和房地产开发成本之和，加计20％的扣除。

（四）减税免税

1．建造普通标准住宅的税收优惠

纳税人建造普通标准住宅出售，增值额未超过扣除项目金额20％的，免征土地增值税。增值额超过扣除项目金额之和20％的，应就其全部增值额按规定计征土地增值税。

这里所说的"普通标准住宅",是指按所在地一般民用住宅标准建造的居住用住宅。高级公寓、别墅、度假村等不属于普通标准住宅。普通标准住宅与其他住宅的具体划分界限,2005年5月31日以前由各省、自治区、直辖市人民政府规定。2005年6月1日起,普通标准住宅应同时满足:住宅小区建筑容积率在1.0以上;单套建筑面积在120平方米以下;实际成交价格低于同级别土地上住房平均交易价格1.2倍以下。各省、自治区、直辖市要根据实际情况,制定本地区享受优惠政策普通住房具体标准。允许单套建筑面积和价格标准适当浮动,但向上浮动的比例不得超过上述标准的20%。纳税人建造普通标准住宅出售,增值额未超过扣除项目金额20%的,免征土地增值税;增值额超过扣除项目金额20%的,应就其全部增值额按规定计税。

对于纳税人既建普通标准住宅又搞其他房地产开发的,应分别核算增值额。不分别核算增值额或不能准确核算增值额的,其建造的普通标准住宅不能适用这一免税规定。

2. 因国家建设需要而被政府征用、收回的房地产免税

这类房地产是指因城市实施规划、国家建设的需要而被政府批准征用的房产或收回的土地使用权。因城市实施规划、国家建设的需要而搬迁,由纳税人自行转让原房地产的比照有关规定免征土地增值税。税法之所以对建造普通标准住宅和政府征用、收回的房地产给予免税优惠,是因为经营此类房地产,一般属于政策要求必建的微利项目,它的投资大,收益小。所以国家从政策上给予支持,避免负担过重问题。

3. 个人之间互换自有居住用房地产

对个人之间互换自有居住用房地产的,经当地税务机关核实,可以免征土地增值税。

四、征收与缴纳

(一) 征收管理

(1) 要进一步完善土地增值税的征收管理制度和操作规程,建立健全土地增值税的纳税申报制度、房地产评估规程、委托代征办法等。

(2) 对在1994年1月1日以前已签订房地产开发合同或立项并已按规定投入资金进行开发,其首次转让房地产的,免征土地增值税的税收优惠政策已到期,应按规定恢复征税。

(3) 针对当前房地产市场逐步规范,房地产投资商的投资回报趋于正常情况,各地要进一步完善土地增值税的预征办法,预征率的确定要科学、合理。对已经实行预征办法的地区,可根据实际情况,适当调减预征率。

(4) 要继续加强与房地产有关部门的配合,严格按照财政部、国家税务总局、国家国有资产管理局《关于转让国有房地产征收土地增值税中有关房地产价格评估问题的通知》(财税字[1995]61号)、国家税务总局和国家土地管理局《关于土地增值税若干征管问题的通知》(国税发[1996]4号)、国家税务总局和建设部《关于土地增值税征收管理有关问

题的通知》(国税发[1996]48号)等联合发文的要求,加强部门之间的配合和协作,共同搞好土地增值税的征收管理。

(二) 纳税申报

1. 纳税申报

(1) 土地增值税的纳税人应在转让房地产合同签订之日起7日内向房地产所在地主管税务机关办理纳税申报。同时,向税务机关提交房屋及建筑物产权、土地使用权证书,土地转让、房产买卖合同、会计报表、房地产评估报告及其他与转让房地产有关的资料。按照税务机关核定的税额及规定的期限,到指定银行缴纳土地增值税。

(2) 如果纳税人经常取得房地产转让收入而难以在每次转让以后申报缴纳土地增税,经税务机关批准,可以定期申报纳税,具体期限由税务机关根据实际情况而定。

(3) 纳税人在项目全部竣工结算以前转让房地产取得的收入,由于各种原因无法据实计算土地增值税的,可以按照所在省、自治区、直辖市地方税务机关规定于征税款,待项目全部竣工、办理结算以后结清,多退少补。凡当地税务机关规定不予征土地增值税的,也应在取得收入时先到税务机关登记或备案。

(4) 1995年5月17日,国家税务总局制定并下发了《土地增值税纳税申报表》。此表包括适用于从事房地产开发纳税人的《土地增值税项目登记表》和《土地增值税纳税申报表(一)》,及适用于非从事房地产开发纳税人的《土地增值税纳税申报表(二)》。国家税务总局同时规定,纳税人必须按照税法的有关规定向房地产所在地主管税务机关如实申报转让房地产所取得的收入、扣除项目金额以及应纳土地增值税税额,并按期缴纳税款。

2. 纳税清算

纳税人办理土地增值税清算应报送以下资料:

(1) 房地产开发企业清算土地增值税书面申请、土地增值税纳税申报表。

(2) 项目竣工决算报表、取得土地使用权所支付的地价款凭证、国有土地使用权出让合同、银行贷款利息结算通知单、项目工程合同结算单、商品房购销合同统计表等与转让房地产的收入、成本和费用有关的证明资料。

(3) 主管税务机关要求报送的其他与土地增值税清算有关的证明资料等。

(4) 纳税人委托税务中介机构审核鉴证的清算项目,还应报送中介机构出具的《土地增值税清算税款鉴证报告》。

3. 纳税地点

土地增值税的纳税人应向房地产所在地主管税务机关办理纳税申报,并在税务机关核定的期限内缴纳土地增值税。

这里所说的"房地产所在地",是指房地产的坐落地。纳税人转让的房地产坐落在两个或两个以上地区的,应按房地产所在地分别申报纳税。

在实际工作中，纳税地点的确定又可分为以下两种情况：

(1) 纳税人是法人的。当转让的房地产坐落地与其机构所在地或经营所在地一致时，则在办理税务登记的原管辖税务机关申报纳税即可；如果转让的房地产坐落地与其机构所在地或经营所在地不一致时，则应在房地产坐落地所管辖的税务机关申报纳税。

(2) 纳税人是自然人的。当转让的房地产坐落地与其居住所在地一致时，则在住所所在地税务机关申报纳税；当转让的房地产坐落地与其居住所在地不一致时，在办理过户手续所在地的税务机关申报纳税。

第三节 城镇土地使用税

城镇土地使用税是以城镇国有土地为征税对象，对在我国境内拥有土地使用权的单位和个人，就其土地使用面积按税法规定征收的一种税。现行城镇土地使用税法，是2006年12月31日《国务院关于修改〈中华人民共和国城镇土地使用税暂行条例〉的决定》(以下简称《城镇土地使用税暂行条例》)。该税由国务院决定自2007年1月1日起对企业、单位和个人开征。

开征城镇土地使用税，有利于通过经济手段，加强对土地的管理，使土地无偿使用成为有偿使用，促进合理、节约使用土地，提高土地使用效益；有利于适当调节不同地区、不同地段之间的土地级差收入，促进企业加强经济核算，理顺国家与土地使用者之间的分配关系。

一、征税范围

城镇土地使用税的征税范围，是指在城市、县城、建制镇和工矿区内的国家所有和集体所有的土地。其中城市、县城、建制镇和工矿区分别按以下标准确认。

(1) 城市是指经国务院批准设立的市，其征收范围包括市区和郊区。

(2) 县城是指县人民政府所在地，其征收范围为县人民政府所在地的城镇。

(3) 建制镇是指经省、自治区、直辖市人民政府批准设立的，符合国务院标准的建制镇，其征收范围为镇人民政府所在地。

(4) 工矿区是指工商业比较发达，人口比较集中的大中型工矿企业所在地，工矿区须经省、自治区、直辖市人民政府批准。

上述城镇土地使用税的征税范围中，城市的土地包括市区和郊区的土地，县城的土地是指县人民政府所在地的城镇的土地，建制镇的土地是指镇人民政府所在地的土地。建立在城市、县城、建制镇和工矿区以外的工矿企业则不需缴纳城镇土地使用税。

二、纳税人与税率

（一）纳税人

城镇土地使用税的纳税人是指凡在城市、县城、建制镇、工矿区范围内使用土地的单位和个人，为城镇土地使用税（以下简称土地使用税）的纳税人。

其中，单位是指国有企业、集体企业、私营企业、股份制企业、外商投资企业、外国企业以及其他企业和事业单位、社会团体、国家机关、军队以及其他单位；个人是指个体工商户以及其他个人。由于现实生活中，使用土地情况十分复杂，为确保土地使用税及时、足额的征收上来，税法根据用地者的不同情况，对城镇土地使用税的纳税人通常有如下具体规定：

（1）该税由拥有土地使用权的单位或个人缴纳。

（2）拥有土地使用权的单位和个人不在土地所在地的，由实际使用人和代管人为纳税人。

（3）土地使用权属未确定或权属纠纷未解决的，由实际使用人为纳税人。

（4）土地使用权共有的，共有各方都是纳税人，由共有各方分别纳税。

（5）几个人或几个单位共同拥有一块土地的使用权，这块土地的城镇土地使用的纳税人应是对这块土地拥有使用权的每一个人或每一个单位。他们应以其实际使用的土地面积占总面积的比例，分别计算缴纳土地使用税。

【例 9－5】 某城市的甲企业与乙企业共同拥有一块土地的使用权，这块土地面积为 1 500 平方米，甲企业实际使用 1/3，乙企业实际使用 2/3，则甲企业应是其所占的土地 500 平方米（1 500×1/3）的城镇土地使用税的纳税人，乙企业是其所占的土地 1 000 平方米（1 500×2/3）的城镇土地使用税纳税人。

（6）对外商投资企业和外国企业暂不适用城镇土地使用税。

（二）税率

城镇土地使用税实行分级幅度的定额税率，即采用有幅度的差别税额，按大、中、小城市和县城、建制镇、工矿区分别规定每平方米土地使用税年应纳税额。具体标准如下：

（1）大城市1.5元至 30 元。

（2）中等城市 1.2 元至 24 元。

（3）小城市0.9元至 18 元。

（4）县城、建制镇、工矿区0.6元至 12 元。

上述大、中、小城市以公安部门登记在册的非农业正式户口人数为依据，按照国务院颁布的《城市规划条例》中规定的标准划分。其中，市区及郊区非农业人口在 50 万以上者为大城市；市区及郊区非农业人口在 20 万至 50 万之间者为中等城市；市区及郊区非农业人口在 20 万以下者为小城市。城镇土地使用税税率表如表 9－3 所示。

表 9－3

城镇土地使用税税率表

级　别	人口(人)	每平方米税额(元)
大城市	50 万以上	1.5～30
中等城市	20 万～50 万	1.2～24
小城市	20 万以下	0.9～18
县城、建制镇、工矿区		0.6～12

各省、自治区、直辖市人民政府可根据市政建设情况和经济繁荣程度在规定税额幅度内，确定所辖地区的适用税额幅度。经济落后地区，土地使用税的适用税额标准可适当降低，但降低额不得超过上述规定最低税额的 30%。经济发达地区的适用税额标准可以适当提高，但须报财政部批准。

土地使用税规定幅度税额主要考虑到我国各地区存在着悬殊的土地级差收益，同一地区内不同地段的市政建设情况和经济繁荣程度也有较大的差别。把土地使用税税额定为幅度税额，拉开档次，而且每个幅度税额的差距规定了 20 倍。这样，各地政府在划分本辖区不同地段的等级，确定适用税额时，有选择余地，便于具体划分和确定。幅度税额还可以调节不同地区、不同地段之间的土地级差收益。尽可能地平衡税负。

三、计算与减免税

(一) 应纳税额的计算

1. 计税依据

城镇土地使用税以纳税人实际占用的土地面积为计税依据，土地面积计量标准为每平方米。即税务机关根据纳税人实际占用的土地面积，按照规定的税额计算应纳税额，向纳税人征收土地使用税。一般而言，纳税人实际占用的土地面积按下列办法确定：

(1) 由省、自治区、直辖市人民政府确定的单位组织测定土地面积的，以测定的面积为准。

(2) 尚未组织测量，但纳税人持有政府部门核发的土地使用证书的，以证书确认的土地面积为准。

(3) 尚未核发出土地使用证书的，应由纳税人申报土地面积，据以纳税，待核发土地使用证以后再作调整。

2. 应纳税额的计算

城镇土地使用税的应纳税额依据纳税人实际占用的土地面积乘以该土地所在地段的适用税额求得。其计算公式为：

全年应纳税额＝实际占用应税土地面积(平方米)×适用税额

【例 9－6】 设在某城市的某企业使用土地面积为 10 000 平方米。经税务机关核定，该土地为应税土地，每平方米年税额为 4 元。请计算其全年应纳的土地使用税税额。

本年应纳土地使用税＝10 000 ×4＝40 000(元)

【例 9－7】 某市核定人口为 80 万，永兴商场坐落在该市繁华地段，企业土地使用证书记载占用土地面积为3 800平方米，经确定属一等地段；该商场另设两个统一核算的分店均坐落在市区三等地段，共占地8 800平方米；一座仓库位于市郊，属五等地段，占地面积为1 600平方米；另外，该商场自办托儿所占地面积2 900平方米，属三等地段。使用税额为：一等地段年税额 15 元/平方米；三等地段年税额 5 元/平方米；五等地段年税额1.2/平方米。计算该商场全年应纳城镇土地使用税税额。

(1) 商场占地应纳税额＝3 800×15＝57 000(元)

(2) 分店占地应纳税额＝8 800×5＝44 000(元)

(3) 仓库占地应纳税额＝1 600×1.2＝1 920(元)

(4) 商场自办托儿所：按税法规定免征土地使用税。

(二) 减免税规定

1. 法定减免土地使用税规定

(1) 国家机关、人民团体、军队自用的土地。该土地是指这些单位本身的办公用地和公务用地。如国家机关、人民团体的办公楼用地，军队的训练场用地等。人民团体是指经国务院授权的政府部门批准设立或登记备案并由国家拨付行政事业费的各种社会团体。

(2) 由国家财政部门拨付事业经费的单位自用的土地。该土地是指这些单位本身的业务用地。如学校的教学楼、操场、食堂等占用的土地。其中，由国家财政部门拨付事业经费的单位，是指国家财政部门拨付经费、实行全额预算管理或差额预算管理的事业单位。事业单位自用土地，是指这些单位本身的业务用地，企业办的学校、医院、托儿所、幼儿园，其用地能与企业其他用地明确区分的，可以比照由国家财政部门拨付事业经费单位的自用土地，免征土地使用税。

(3) 宗教寺庙、公园、名胜古迹自用的土地。宗教寺庙自用的土地，是指举行宗教仪式等的用地和寺庙内的宗教人员生活用地。公园、名胜古迹自用的土地，是指供公共参观游览的用地及其管理单位的办公用地。

以上单位的生产、经营用地和其他用地，不属于免税范围，应按规定缴纳土地使用税，如公园、名胜古迹中附设的营业单位如影剧院、饮食部、茶社、照相馆等使用的土地。

(4) 市政街道、广场、绿化地带等公共用地。注意，社会性的公用土地不能免税，例如企业内的广场、道路、绿化等占用的土地。

(5) 直接用于农、林、牧、渔业的生产用地。该土地是指直接从事于种植养殖、饲养的专业用地,不包括农副产品加工场地和生活办公用地。

(6) 经批准开山填海整治的土地和改造的废弃土地。该土地从使用的月份起5至10年免缴土地使用税。具体免税期限由各省、自治区、直辖市地方税务局在《城镇土地使用税暂行条例》规定的期限内自行确定。

(7) 对非营利性医疗机构、疾病控制机构和妇幼保健机构等卫生机构自用的土地,免征城镇土地使用税。对营利性医疗机构自用的土地自2000年起免征城镇土地使用税3年。

(8) 免税单位无偿使用纳税单位的土地(如公安、海关等单位使用铁路、民航等单位的土地),免征城镇土地使用税。纳税单位无偿使用免税单位的土地,纳税单位应照章缴纳城镇土地使用税。纳税单位与免税单位共同使用、共有使用权土地上的多层建筑,对纳税单位可按其占用的建筑面积占建筑总面积的比例计征城镇土地使用税。

(9) 政府部门和企业、事业单位、社会团体、个人投资兴办的福利性、非营利性老年服务机构自用的土地免税。

(10) 对行使国家行政管理职能的中国人民银行总行(含国家外汇管理局)所属分支机构自用的土地免税。

(11) 为了体现国家的产业政策,支持重点产业的发展,对石油、电力、煤炭等能源用地,民用港口、铁路等交通用地和水利设施用地,三线调整企业、盐业、采石场、邮电等一些特殊用地划分了征免税界限和给予政策性减免税照顾。

2. 地方性减免土地使用税规定

这是指由省、自治区、直辖市地方税务局根据实际情况给予的减免税。

(1) 个人所有的居住房屋及院落用地。

(2) 房产管理部门在房租调整改革前经租的居民住房用地。

(3) 免税单位职工家属的宿舍用地。

(4) 民政部门举办的安置残疾人占一定比例的福利工厂用地。

(5) 集体和个人办的各类学校、医院、托儿所、幼儿园用地。

(6) 对基建项目在建期间使用的土地,原则上应照章征收城镇土地使用税。但对有些基建项目,特别是国家产业政策扶持发展的大型基建项目,其占地面积大,建设周期长,在建期间又没有经营收入,为照顾其实际情况,对纳税人纳税确有困难的,可由各省、自治区、直辖市地方税务局根据具体情况予以免征或减征土地使用税。

(7) 城镇内的集贸市场(农贸市场)用地,按规定应征收城镇土地使用税。为了促进集贸市场的发展及照顾各地的不同情况,各省、自治区、直辖市地方税务局可根据具体情况自行确定对集贸市场用地征收或者免征城镇土地使用税。

(8) 房地产开发公司建造商品房的用地,原则上应按规定计征城镇土地使用税。但在商品房出售之前纳税确有困难的，其用地是否给予缓征或减征、免征照顾，可由各省、自治区、直辖市地方税务局根据从严的原则结合具体情况确定。

(9) 原房管部门代管的私房，落实政策后，有些私房产权已归还给房主，但由于各种原因，房屋仍由原住户居住，并且住户仍是按照房管部门在房租调整改革之前确定的租金标准向房主缴纳租金。对这类房屋用地，房主缴纳土地使用税确有困难的，可由各省、自治区、直辖市地方税务局根据实际情况，给予定期减征或免征城镇土地使用税的照顾。

(10) 对于各类危险品仓库、厂房所需的防火、防爆、防毒等安全防范用地，可由各省、自治区、直辖市地方税务局确定，暂免征收城镇土地使用税。

(11) 企业搬迁后原场地不使用的、企业范围内荒山等尚未利用的土地，免征城镇土地使用税。免征税额由企业在申报缴纳城镇土地使用税时自行计算扣除，并在申报表附表或备注栏中作相应说明。

对搬迁后原场地不使用的和企业范围内荒山等尚未利用的土地，凡企业申报暂免征收城镇土地使用税的，应事先向土地所在地的主管税务机关报送有关部门的批准文件或认定书等相关证明材料，以备税务机关查验。具体报送材料由各省、自治区、直辖市和计划单列市地方税务局确定。

企业按上述规定暂免征收城镇土地使用税的土地开始使用时，应从使用的次月起自行计算和申报缴纳城镇土地使用税。

(12) 经贸仓库、冷库均属于征税范围，因此不宜一律免征城镇土地使用税。对纳税确有困难的企业，可根据《城镇土地使用税暂行条例》第七条的规定，向企业所在地的地方税务机关提出减免税申请，由省、自治区、直辖市地方税务局审核后，报国家税务总局批准，享受减免城镇土地使用税的照顾。

(13) 对房产管理部门在房租调整改革前经租的居民住房用地，考虑到在房租调整改革前，房产管理部门经租居民住房收取的租金标准一般较低，许多地方纳税确有困难的实际情况而确定的一项临时性照顾措施。房租调整改革后，房产管理部门经租的居民住房用地(不论是何时经租的)，都应缴纳城镇土地使用税。至于房租调整改革后，有的房产管理部门按规定缴纳城镇土地使用税确有实际困难的，可按税收管理体制的规定，报经批准后再给予适当的减征或免征土地使用税的照顾。

(14) 考虑到中国物资储运总公司所属物资储运企业经营状况，对中国物资储运总公司所属的物资储运企业的露天货场、库区道路、铁路专用线等非建筑用地征免城镇土地使用税问题，可由省、自治区、直辖市地方税务局按照下述原则处理：对经营情况好、有负税能力的企业，应恢复征收城镇土地使用税；对经营情况差、纳税确有困难的企业，可在授权范围内给予适当减免城镇土地使用税的照顾。

(15) 向居民供热并向居民收取采暖费的供热企业暂免征收城镇土地使用税。“供热企业”包括专业供热企业、兼营供热企业、单位自供热及为小区居民供热的物业公司等，不包括从事热力生产但不直接向居民供热的企业。

免征城镇土地使用税的“生产占地”，是指上述企业为居民供热所使用的土地。对既向居民供热，又向非居民供热的企业，可按向居民供热收取的收入占其总供热收入的比例划分征免税界限；对于兼营供热的企业，可按向居民供热收取的收入占其生产经营总收入的比例划分征免税界限。

四、征收与缴纳

（一）纳税期限

城镇土地使用税实行按年计算、分期缴纳。具体纳税期限由省、自治区、直辖市人民政府确定。各省、自治区、直辖市税务机关结合当地情况，一般分别确定按月、季或半年等不同的期限缴纳。

（二）纳税义务发生时间

（1）纳税人购置新建商品房，自房屋交付使用之次月起，缴纳城镇土地使用税。

（2）纳税人购置存量房，自办理房屋权属转移、变更登记手续，房地产权属登记机关签发房屋权属证书之次月起，缴纳城镇土地使用税。

（3）纳税人出租、出借房产，自交付出租、出借房产之次月起，缴纳城镇土地使用税。

（4）以出让或转让方式有偿取得土地使用权的，应由受让方从合同约定交付土地时间的次月起缴纳城镇土地使用税；合同未约定交付时间的，由受让方从合同签订的次月起缴纳城镇土地使用税。

（5）纳税人新征用的耕地，自批准征用之日起满1年时开始缴纳土地使用税。

（6）纳税人新征用的非耕地，自批准征用次月起缴纳土地使用税。

（三）纳税地点

城镇土地使用税在土地所在地缴纳。

纳税人使用的土地不属于同一省、自治区、直辖市管辖的，由纳税人分别向土地所在地的税务机关缴纳土地使用税；在同一省、自治区、直辖市管辖范围内，纳税人跨地区使用的土地，其纳税地点由各省、自治区、直辖市地方税务局确定。

（四）征收机构

土地使用税由土地所在地的地方税务机关征收，其收入纳入地方财政预算管理。土地使用税征收工作涉及面广，政策性较强，在税务机关负责征收的同时，还必须注意加强同国土管理、测绘等有关部门的联系，及时取得土地的权属资料，沟通情况，共同协作把征收管理工作做好。

（五）纳税申报

城镇土地使用税的纳税人应按照条例的有关规定及时办理纳税申报，并如实填写《城镇土地使用税申报表》,将其占用土地的权属、位置、用途、面积和税务机关规定的其他内容,据实向当地税务机关办理纳税申报登记,并提供有关的证明文件资料。纳税人征用的土地,必须与批准新征用之日起 30 日内申报登记。纳税人如有住址变更、土地使用权属转换等情况,从转移之日起,按规定期限办理申报变更登记。

第四节　耕地占用税

耕地占用税是指以占用耕地为征税对象,对占用耕地建房或者从事其他非农业建设的单位和个人,就其实际占用耕地面积征收的一种税,它属于国家对特定土地资源占用而课征的一种税。

耕地是土地资源中最重要的组成部分,是农业生产最基本的资料。随着经济的发展,我国耕地面积逐年减少,非农业占地数量急剧增加,相当于要用占用世界总量 7%的耕地,养活占世界总量 22%的人口,人多地少的矛盾日益突出。为综合治理这种现象,保护农用耕地使用率,促进土地资源的合理开发利用,运用税收经济杠杆调节经济利益,引导节约、合理使用耕地资源,我国于1987年 4 月颁发《中华人民共和国耕地占用税暂行条例》,随后全面开征耕地占用税。现行耕地占用税法的基本规范,是2007年 12 月 1 日由国务院重新颁布的《中华人民共和国耕地占用税暂行条例》,2008年 2 月起实行。

一、征税范围

耕地占用税的征税对象是一切用于建房和从事其他非农业建设的耕地。

征税范围包括国家所有和集体所有的耕地,是指用于种植农作物的土地(包括菜地、园地),也包括新开荒地、休闲地、轮歇地、草田轮作地。其中,园地包括苗圃、花圃、茶园、果园、桑园和其他种植经济林木的土地。

占用鱼塘及其他农用土地建房或从事其他非农业建设,也视同占用耕地,必须依法征收耕地占用税。其中,占用“其他农用土地”,如占用以开发从事种植、养殖的滩涂、草场、水面和林地等从事非农业建设,是否征税,由省、自治区、直辖市本着有利于保护农用土地资源和保护生态平衡的原则,结合具体情况加以确定。此外,土地被占用前 3 年内曾用于种植农作物的,也被视为耕地,应按规定征收耕地占用税。

二、纳税人与税率

(一) 纳税人

耕地占用税的纳税人,是指占用耕地建房或者从事其他非农业建设的各类企业、单位、个体经营者和其他个人。其中,企业包括国有企业、集体企业、私营企业、股份制企业、外商投资企业、外国企业、其他企业;单位包括事业单位、国家机关、军队以及其他单位。

（二）税率

1. 统一差别幅度定额税率

耕地占用税根据不同地区人均占有耕地的数量和当地经济发展状况实行定额税率,从量征收。定额税率设计的方法是,以县为单位按人均耕地面积的多少,确定占用每平方米耕地的使用税额。中央统一规定单位幅度税额,各地区在中央统一规定的幅度内,根据各省情况制定。中央统一规定的幅度税额为:

(1) 人均耕地不超过1亩(含1亩)的地区,耕地占用税:10～50元/平方米。

(2) 人均耕地超过1亩不超过2亩(含2亩)的地区,耕地占用税:8～40元/平方米。

(3) 人均耕地超过2亩不超过3亩(含3亩)的地区,耕地占用税:6～30元/平方米。

(4) 人均耕地超过3亩以上的地区,耕地占用税:5～25元/平方米。

经济特区、经济技术开发区和经济发达、人均耕地特别少的地区,适用税额可以适当提高,但最高税额不得超过规定税额的50%。

2. 地区差别平均税额

耕地占用税规定,各地适用税额,由省、自治区、直辖市人民政府在以上规定的税额幅度内,根据本地区情况核定。各省、自治区、直辖市耕地占用税平均税额表,如表9-4所示。

表9-4

各省、自治区、直辖市耕地占用税平均税额表

地　　区	每平方米平均税额(元)
上　海	45
北　京	40
天　津	35
江苏、浙江、福建、广东	30
辽宁、湖北、湖南	25
河北、安徽、江西、山东、河南、重庆、四川	22.5
广西、海南、贵州、云南、陕西	20
陕西、吉林、黑龙江	17.5
内蒙古、西藏、甘肃、青海、宁夏、新疆	12.5

三、计算与减免税

（一）应纳税额计算

1. 计税依据

耕地占用税以纳税人实际占用的耕地面积为计税依据，以每平方米土地为计税单位，按适用的定额税率计税。

2. 应纳税额的计算

耕地占用税应纳税额＝实际占用耕地面积（平方米）×适用定额税率

【例 9－8】 某县级行政区一家企业占用耕地 28 000 平方米用于工业建设，所占耕地使用的定额税率为 45 元/平方米。计算该企业应纳耕地占用税是多少？

解： 应纳税额＝28 000×45＝1 260 000（元）

【例 9－9】 某民营大型企业在上海市松江区占用耕地 68 000 平方米用于商业建设，在北京某县占用耕地 900 000 平方米用于工业建设，在山西占用耕地 89 000 平方米用于工业建设。请计算该企业应纳耕地占用税是多少？

解： 应纳税额＝68 000×45＋60 000×40＋89 000×17.5
＝3 060 000＋2 400 000＋1 557 500
＝7 017 500（元）

（二）减免税规定

（1）军事设施占用耕地的，免征耕地占用税。

（2）学校、幼儿园、养老院、医院占用耕地的，免征耕地占用税。

（3）铁路线路、公路线路、飞机场跑道、停机坪、港口、航道占用耕地的，减按每平方米 2 元的税额征收耕地占用税。

（4）农村居民占用耕地新建住宅，按照当地适用税额减半征收耕地占用税。

（5）农村烈士家属、残疾军人、鳏寡孤独以及革命老根据地、少数民族聚居区和边远贫困山区生活困难的农村居民，在规定用地标准以内新建住宅缴纳耕地占用税确有困难的，经所在地乡（镇）人民政府审核，报经县级人民政府批准后，可以免征或者减征耕地占用税。

（6）农村居民经批准搬迁，原宅基地恢复耕种，凡新建住宅占用耕地不超过原宅基地面积的，不征收耕地占用税；超过原宅基地面积的，对超过部分按照当地适应税额减半征收耕地占用税。

（7）农田水利占用耕地的，不征收耕地占用税。

（8）建设直接为农业生产服务的生产设施占用林地、牧草地、农田水利用地、养殖水面以及渔业水域滩涂等其他农用地，不征收耕地占用税。

四、征收与缴纳

1. 征收机关

耕地占用税现在由地方税务机关负责征收。土地管理部门在通知单位或者个人办理占用耕地手续时，应当同时通知耕地所在地及地方税务机关。

2. 纳税申报

经批准占用耕地的，耕地占用税纳税义务发生时间为纳税人收到土地管理部门办理占用农用地手续通知的当天，获准占用耕地的单位或者个人应当在收到土地管理部门的通知之日起 30 日内缴纳耕地占用税。未经批准占用耕地的，耕地占用税纳税义务发生时间为实际占用耕地的当天，未经批准占用耕地一经发现，应立即要求纳税人限期缴纳耕地占用税。

土地管理部门凭耕地占用税凭证或者免税凭证和其他文件发放建设用地批准书。

3. 税款退缴

纳税人临时占用的土地，应当依照本条例的规定缴纳耕地占用税。纳税人在批准临时占用耕地的期限内恢复所占用耕地原状的，全额退还已经缴纳的耕地占用税。

复习思考题

一、简述题

1. 简述资源税的概念及资源税的征税范围。
2. 简述资源税计税依据的确定方法。
3. 简述土地增值税准予纳税人从转让收入额中减除的扣除项目。
4. 简述我国土地使用税的征收范围和税收优惠。
5. 简述耕地占用税的征收范围和征收管理。

二、计算题

1. 某煤矿主要从事煤炭的开采并对原煤加工，生产洗煤业务，在开采煤炭过程中，伴采天然气，2014年 12 月、2015 年 1 月发生下列业务：

(1) 2014 年 12 月份：

采用分期收款方式销售自行开采的原煤1 200吨，不含税销售额 660 000 元，合同规定，货款分两个月支付，本月支付 60%，其余款项 8 月 15 日之前支付。由于购货方资金紧张，7 月支付货款 200 000 元。

采用预收货款方式销售给甲企业洗选煤 1 000 吨，不含税销售额 600 000 元，7 月收取 20％定金，金额为 120 000 元，合同规定，8 月 5 日发货，并收回剩余款项。

销售天然气 1 000 千立方米，不含税销售额 3 000 000 元。

从一般纳税人企业购进材料，取得的增值税专用发票上注明增值税额 240 000 元，支付不含税运费 12 000 元，取得运输企业开具的货物运输业增值税专用发票。

(2) 2015 年 1 月份：

8 月 5 日向甲企业发出洗选煤 1 000 吨，收回剩余的 80％货款，金额为 480 000 元；8 月份销售原煤 1 500 吨，取得不含税销售额 840 000 元。

8 月购进货物取得的增值税专用发票上注明的增值税 590 000 元，支付购货不含税运费 32 000 元，取得运输企业开具的货物运输业增值税专用发票。

原煤资源税税率 5％，天然气资源税税率 6％，洗选煤的折算率为 40％。煤炭增值税税率为 17％，天然气增值税税率为 13％，取得增值税专用发票均符合税法规定并在当月认证抵扣。

根据上述资料计算该煤矿 2014 年 12 月和 2015 年 1 月应纳资源税和增值税。

2. 某房地产开发公司，2014年发生以下业务：

(1) 竞拍取得市区一处土地的使用权，支付土地出让金6 000万元，缴纳相关税费 240 万元。

(2) 开发建设普通标准住宅楼和写字楼各一栋，占地面积各为 1/2。

(3) 住宅楼开发成本3 000万元，分摊到住宅楼利息支出 300 万元，包括超过贷款期限的利息 40 万元。

(4) 写字楼开发成本4 000万元，无法提供金融机构证明利息支出具体数额。

(5) 9 月份全部竣工验收后，公司将住宅楼出售，取得收入15 000万元；写字楼取得收入29 000万元。

其他相关资料：该房地产公司所在省规定，按《土地增值税暂行条例》规定的高限计算扣除房地产开发费用。

根据上述资料，计算该公司应缴纳的营业税和土地增值税。

第十章 财 产 税 类

第一节 房 产 税

房产税是以房产为征税对象,依据房产的计税余值或租金收入向房产所有人或经营人征收的一种财产税。

房产税是一个历史悠久的税种,最早始于周朝。新中国成立后,政务院于1951年8月颁布了《城市房地产税暂行条例》,规定在城市中的房屋合并征收房产税和地产税,称为城市房地产税。1973年简化税制,把对内资企业征收的房地产税并入了工商税。对房地产管理部门和个人的房屋,以及外商投资企业和外国企业的房产,继续保留征收城市房地产税。1984年10月,国务院决定在推行第二步利改税和改革工商税制时,对国内企业单位恢复征收房地产税。同时考虑到房地产税已不符合我国的实际情况,因此将城市房地产税分为房产税和土地使用税两个税种。1986年9月15日,国务院正式发布了《房产税暂行条例》,同年10月1日起开始施行。现行房产税仅对国内的单位和个人征收。

开征房产税,其目的在于运用税收杠杆调节收入,理顺分配关系;配合有关部门加强房产管理,提高房屋使用效益。开征房产税有利于控制固定资产投资规模和促进住房制度改革的顺利进行;有利于完善税制,为实施分税制创造了条件。

一、征税范围

房产税的征税对象是房产。所称房产是指以房屋形态表现的财产。房屋是指有屋面和围护结构(有墙或两边有柱),能够遮风避雨,可供人们在其中生产、学习、工作、娱乐、居住或储藏物资的场所。至于那些独立于房屋之外的建筑物,如围墙、烟囱、水塔、变电塔、油池油柜、酒窖菜窖、酒精池、糖蜜池、室外游泳池、玻璃暖房、砖瓦石灰窑以及各种油气罐等,均不属于房产的范围。

(一) 征税范围的一般规定

房产税的征税范围包括:城市、县城、建制镇和工矿区;不包括农村。

城市是指经国务院批准设立的市。其征税范围为市区、郊区和市辖县县城,不包括农村。

县城是指未设立建制镇的县人民政府所在地。

建制镇是指经省、自治区、直辖市人民政府批准设立的建制镇。其征税范围为镇人民政府所在地，不包括所辖的行政村。

工矿区是指工商业比较发达，人口比较集中，符合国务院规定的建制镇标准，但尚未设立建制镇的大中型工矿企业所在地。开征房产税的工矿区须经省、自治区、直辖市人民政府批准。

（二）若干具体问题的税务处理

1．无租使用其他单位的房产

纳税单位和个人无租使用房产管理部门、免税单位及纳税单位的房产，应由使用人代为缴纳房产税。

2．以支付修理费抵交房产租金出租的房产

房产出租，由承租人修理，不支付房租，承租人以支付修理费抵交房产租金的，仍应由房产的产权所有人依照规定缴纳房产税。

3．纳税单位与免税单位共同使用的房屋

纳税单位与免税单位共同使用的房屋，按各自使用的部分划分，分别征收或免征房产税。

4．投资联营的房产

对于投资联营的房产，在计征房产税时应予以区别对待。对于以房产投资联营，投资者参与投资利润分红，共担风险的，按房产原值作为计税依据计征房产税；对以房产投资，收取固定收入，不承担联营风险的，实际是以联营名义取得房产租金，应按税法的有关规定由出租方按租金收入计缴房产税。

5．融资租赁的房屋

对于融资租赁的房屋，由于租赁费包括购进房屋的价款、手续费、借款利息等，与一般房屋出租的“租金”内涵不同，且租赁期满后，当承租方偿还最后一笔租赁费时，房屋产权要转移到承租方，这实际是一种变相的分期付款购买固定资产的形式，所以在计征房产税时应以房产余值计算征收。至于租赁期内房产税的纳税人，由当地税务机关根据实际情况确定。

6．房地产开发企业建造的商品房

房地产开发企业建造的商品房，在出售前，不征收房产税；但对出售前房地产开发企业已使用或出租、出借的商品房应按规定征收房产税。

二、纳税人与税率

（一）纳税人

房产税以在征税范围内的房屋产权所有人为纳税人。

上述“产权所有人”是指拥有房产的单位和个人，即房产的使用、收益、出卖、赠送等权利归其所有，也就是通常所说的“产权人”、“业主”或“房东”。

房产税的纳税人具体包括：

(1) 产权属于国家所有的，以经营管理单位为纳税人；产权属于集体和个人所有的，以集体单位和个人为纳税人。

(2) 产权出典的，以承典人为纳税人。“产权出典”是指产权所有人将房屋的产权在一定期限内典给他人使用而取得资金的一种融资业务，多发生于出典人急需用款，但又想保留产权回赎权的时候。承典人向出典人交付一定的典价之后，在质典期内即获抵押物品的支配权，并可转典。出典人在规定期限内须归还典价的本金和利息，方可赎回出典房屋的产权。由于在房屋出典期间，产权所有人已无权支配房屋，因此，税法规定，以对房屋具有支配权的承典人为房产税纳税人。

(3) 产权所有人、承典人不在房产所在地的，或者产权未确定及租典纠纷未解决的，以房产代管人或者使用人为纳税人。“代管人”是接受产权所有人、承典人的委托代为管理房产或虽未受委托而在事实上已代管房产的人。“使用人”是直接在使用房产的人。“租典纠纷”是指产权所有人在房产出典和租赁关系上，与承典人、租赁人发生各种争议，特别是权利与义务的争议悬而未决的。此外还有一些产权归属不清的问题，也属于租典纠纷。

综上所述，房产税的纳税人包括：产权所有人、经营管理单位、承典人、房产代管人或者使用人。

(二) 税率

现行房产税采用的是比例税率，依照房产的计税余值计算缴纳的，税率为1.2%；依照房产的租金收入计算缴纳的，税率为12%。

自2001年1月1日起，对个人按市场价格出租的居民住房，用于居住的，可暂减按4%的税率征收房产税。

三、计算与减免税

(一) 房产税应纳税额的计算

1. 计税依据

房产税以房产的计税余值或房产的租金收入为计税依据。按照房产的计税余值征税的，称为从价计征；按照房产的租金收入征税的，称为从租计征。

(1) 从价计征。对纳税人经营自用的房屋，以房产的计税余值为计税依据。“计税余值”是指依照房产原值一次减除10%～30%的损耗价值以后的余额。其具体减除比例，由省、自治区、直辖市人民政府在税法规定的减除幅度内自行确定。

上述“房产原值”是指纳税人按照会计制度规定，在账簿“固定资产”科目中记载的房屋造价(或原价)。对纳税人未按会计制度规定记载的，在计征房产税时，应按规定调整房产原值;对房产原值明显不合理的,应重新予以评估;对没有房产原值的,应由房屋所在地的税务机关参考同类房屋的价值核定。

房产原值应包括与房屋不可分割的各种附属设备以及一般不单独计算价值的配套设施。主要包括:暖气、卫生、通风、照明、煤气等设备;各种管线,如蒸汽、压缩空气、石油、给水排水等管道及电力、电讯、电缆导线;电梯、升降机、过道、晒台等。属于房屋附属设备的水管、下水管、暖气管、煤气管等应从最近的探视井或三通管算起,确定计税原值;电视网、照明线从进线盒联结管算起,确定计税原值。

纳税人对原有房屋进行改建、扩建的,应相应调增房产原值。

(2) 从租计征。对于出租的房屋,以房产的租金收入为计税依据。"房产的租金收入"是房屋产权所有人出租房产使用权所得的报酬,包括货币收入和实物收入。如果是以劳务或者其他形式为报酬抵付房租收入的,应根据当地同类房产的租金水平,确定一个标准租金额从租计征。

2. 应纳税额的计算

(1) 从价计征的,其应纳税额的计算公式为:

年应纳税额=房产原值×(1-扣除比例)×1.2%

【例 10-1】 某国有企业坐落在某市郊区,其生产经营用房,会计账簿记载房产原值8 000万元,包括冷暖通风等设备 150 万元。该企业还建有一所职工学校、一座内部职工医院和一所幼儿园,房产原值分别为 300 万元、200 万元和 100 万元。另外该企业在郊区以外的农村还建有一个仓库,房产原值 300 万元。当地规定计算房产余值的扣除比例为 30%。计算该企业全年应纳的房产税额。

该企业全年应纳的房产税=8 000×(1-30%)×1.2%=67.2(万元)

提示:冷暖通风等设备应记入房产原值,计征房产税;企业自办的学校、医院、幼儿园自用的房产以及设在农村的仓库,均可免征房产税。

(2) 从租计征的,其应纳税额的计算公式为:

年应纳税额=租金收入×12%

【例 10-2】 某市某居民自有楼房 1 栋共 8 间,其中家庭生活居住 2 间;出租给外地一企业作办事处使用 3 间,每月租金 1 500 元;另外 3 间开办一小卖部经营百货用品(经核定房屋原值60 000元)。当地规定计算房产余值的扣除比例为 20%。则该居民当年应纳房产税额为:

应纳税额=1 500×12×12%+60 000×(1-20%)×1.2%=2 736(元)

【例 10-3】 设在某市市区的 A 企业,系国有生产企业。2015年 1 月份,税务机关对该企业2014年度房产税纳税情况进行稽查,获得如下资料:

(1) A企业2014年初固定资产账面显示，所有房屋及建筑物原值共计6 000万元，其中：管理部门及生产部门用房原值4 600万元；企业内部自办的幼儿园用房原值200万元、医务室用房原值300万元；围墙原值40万元；其余闲置用房4座，原值分别为300万元、250万元、180万元和130万元。

(2) 3月15日，对刚建成的一座生产车间办理竣工决算，并于当月投入使用，原值320万元。同年4月20日，企业因资金紧张，将这座车间抵押给某银行取得贷款200万元，抵押期间该房屋仍由A企业使用。

(3) 6月1日，将原值为300万元的闲置用房向B企业投资，协议规定，A企业每月向B企业收取固定收入2万元，B企业的经营盈亏与A企业无关。当年取得收入14万元。

(4) 6月30日，将原值为180万元的闲置用房出典给某金融机构，获得资金100万元，出典期间该房屋空置。

(5) 8月31日，将原值为130万元的闲置用房转让给C企业，转让价100万元。支付转让过程中发生的税金及费用6万元，账面显示该房产已提折旧50万元。

(6) 9月25日，将原值为250万元的闲置用房融资租赁给D企业，租期从2014年10月1日到2020年9月30日，共6年，每年收取租金80万元，租金于每期期初支付。当地税务机关规定，租赁期内的房产税由出租方缴纳。

已知：当地政府规定，计算房产余值的扣除比例为30%。

要求：根据税法规定，计算该企业2014年度应缴纳的房产税。

解：

(1) 管理部门及生产部门用房应纳房产税额：

应纳税额＝4 600×(1－30%)×1.2%＝38.64(万元)

(2) 自建房屋应纳房产税额：

应纳税额＝320×(1－30%)×1.2%÷12×9＝2.02(万元)

(3) 用于对外投资的房产应纳房产税额：

应纳税额＝300×(1－30%)×1.2%÷12×5＋14×12%＝2.73(万元)

(4) 出典给金融机构的闲置房产应纳房产税额：

1～6月A企业应纳税额＝180×(1－30%)×1.2%÷12×6＝0.76(万元)

7～12月金融机构应纳税额＝180×(1－30%)×1.2%÷12×6＝0.76(万元)

(5) 转让闲置房产应纳房产税额：

1～8月应纳税额＝130×(1－30%)×1.2%÷12×8＝0.73(万元)

(6) 融资租赁房产应纳房产税额：

应纳税额＝250×(1－30％)×1.2％＝2.10(万元)

(7) A企业应纳房产税税额＝31.08＋1.40＋2.48＋0.35＋0.74＋2.52＝38.57(万元)

分析：

(1) 企业办的各类学校、医院、托儿所、幼儿园自用的房产，免征房产税。因此，该企业幼儿园及医务室用房不征房产税。围墙系独立于房屋之外的建筑物，不属于房产的范畴，不征房产税。

(2) 纳税人自建的房屋，自建成之日的次月起征收房产税。

(3) 以房产对外投资，收取固定收入，不承担联营风险的，实际上是以联营名义取得房产租金，应由出租方按租金收入计缴房产税。

(4) 产权出典的，在房屋出典期间由对房屋具有支配权的承典人缴纳房产税。

(5) 房屋转让后从9月份起免征房产税。

(6) 对于融资租赁的房屋，由于租赁费包括购进房屋的价款、手续费、借款利息等，与一般房屋出租的"租金"内涵不同，且租赁期满后，当承租方偿还最后一笔租赁费时，房屋产权要转移到承租方，这实际上是一种变相的分期付款购买固定资产的形式。所以，在计征房产税时，应以房产余值计算征收。

(二) 减免税优惠

1. 国家机关、人民团体、军队自用的房产，免征房产税

上述"人民团体"是指经国务院授权的政府部门批准设立或登记备案并由国家拨付行政事业费的各种社会团体。

"自用的房产"是指这些单位本身的办公用房和公务用房。

上述免税单位的出租房产以及非自身业务使用的生产、营业用房，不属于免税范围。

2. 由国家财政部门拨付事业经费的单位自用的房产，免征房产税

事业单位自用的房产是指诸如学校、医疗卫生单位、托儿所、幼儿园、敬老院、文化、体育、艺术这些实行全额或差额预算管理的事业单位所有的，本身业务范围内使用的房产。

对企业办的各类学校、医院、托儿所、幼儿园自用的房产，可以比照该项规定，免征房产税。

实行差额预算管理的事业单位，虽然有一定的收入，但收入不够本身经费开支的部分，还要由国家财政部门拨付经费补助。因此，对实行差额预算管理的事业单位，也属于是由国家财政部门拨付事业经费的单位，对其本身自用的房产免征房产税。

由国家财政部门拨付事业经费的单位，其经费来源实行自收自支后，应征收房产税。但为了鼓励事业单位经济自立，由国家财政部门拨付事业经费的单位，其经费来源实行自收自支后，从事业单位经费实行自收自支的年度起，免征房产税3年。

上述单位所属的附属工厂、商店、招待所等不属于本单位公务、业务的用房，应征收房产税。

3. 宗教寺庙、公园、名胜古迹自用的房产,免征房产税

宗教寺庙自用的房产是指举行宗教仪式等的房屋和宗教人员使用的生活用房屋。

公园、名胜古迹自用的房产是指供公共参观游览的房屋及其管理单位的办公用房屋。

对于宗教寺庙、公园、名胜古迹中附设的营业单位,如影剧院、饮食部、茶社、照相馆等所使用的房产及出租的房产,不属于免税范围,应征收房产税。

4. 个人所有非营业用的房产,免征房产税

个人所有非营业用的房产,主要是指居民居住用房,不分面积多少,一律免征房产税。对于个人拥有的营业用房或出租的房产,不属于免税范围,应征收房产税。

5. 对行使国家行政管理职能的中国人民银行总行(含国家外汇管理局)所属分支机构自用的房产,免征房产税

6. 经财政部批准免税的其他房产

(1) 为鼓励利用地下人防设施,对作营业用的地下人防设施,暂不征收房产税。

(2) 对毁损不堪居住的房屋和危险房屋,经有关部门鉴定,在停止使用后,可免征房产税。

(3) 在基建工地为基建工地服务的各种工棚、材料棚、休息棚和办公室、食堂、茶炉房、汽车房等临时性房屋,不论是施工企业自行建造还是由基建单位出资建造交施工企业使用的,在施工期间,一律免征房产税。但是,如果在基建工程结束以后,施工企业将这种临时性房屋交还或者估价转让给基建单位的,应当从基建单位接收的次月起,依照规定征收房产税。

(4) 房屋大修停用在半年以上的,在房屋大修期间可免征房产税,免征税额由纳税人在申报缴纳房产税时自行计算扣除,并在申报表附表或备注栏中作相应说明。

纳税人房屋大修停用半年以上需要免征房产税的,应在房屋大修前向主管税务机关报送相关的证明材料,包括大修房屋的名称、坐落地点、产权证编号、房产原值、用途、房屋大修的原因、大修合同及大修的起止时间等信息和资料,以备税务机关查验。具体报送材料由各省、自治区、直辖市和计划单列市地方税务局确定。

(5) 自1988年1月1日起,对房管部门经租的居民住房,在房租调整改革之前收取租金偏低的,可暂缓征收房产税。对房管部门经租的其他非营业用房,是否给予照顾,由各省、自治区、直辖市根据当地具体情况按税收管理体制的规定办理。

(6) 对高校后勤实体免征房产税。

(7) 对非营利性医疗机构、疾病控制机构和妇幼保健机构等卫生机构自用的房产,免征房产税。对营利性医疗机构自用的房产,自2000年起免征房产税3年。

(8) 老年服务机构自用的房产,免征房产税。所称"老年服务机构"是指专门为老年人提供生活照料、文化、护理、健身等多方面服务的福利性、非营利性的机构,主要包括:老年社会福利院、敬老院(养老院)、老年服务中心、老年公寓(含老年护理院、康复中心、托老

所)等。

(9) 自2001年1月1日起,对按政府规定价格出租的公有住房和廉租住房,包括企业和自收自支事业单位向职工出租的单位自有住房;房管部门向居民出租的公有住房;落实私房政策中带户发还产权并以政府规定租金标准向居民出租的私有住房等,暂免征收房产税。

(10) 对邮政部门坐落在城市、县城、建制镇、工矿区范围内的房产,应当依法征收房产税;对坐落在城市、县城、建制镇、工矿区范围以外的尚在县邮政局内核算的房产,在单位财务账中划分清楚的,自2001年1月1日起不再征收房产税。

四、征收与缴纳

(一) 纳税义务发生时间

(1) 纳税人将原有房产用于生产经营,从生产经营之月起,缴纳房产税。

(2) 纳税人自行新建房屋用于生产经营,从建成之次月起,缴纳房产税。

(3) 纳税人委托施工企业建设的房屋,从办理验收手续之次月起,缴纳房产税。

(4) 纳税人购置新建商品房,自房屋交付使用之次月起,缴纳房产税。

(5) 纳税人购置存量房,自办理房屋权属转移、变更登记手续,房地产权属登记机关签发房屋权属证书之次月起,缴纳房产税。

(6) 纳税人出租、出借房产,自交付出租、出借房产之次月起,缴纳房产税。

(7) 房地产开发企业自用、出租、出借本企业建造的商品房,自房屋使用或交付之次月起,缴纳房产税。

(二) 纳税期限

房产税实行按年计算,分期缴纳的征收方法,具体纳税期限由省、自治区、直辖市人民政府确定。

(三) 纳税地点

房产税在房产所在地缴纳。房产不在同一地方的纳税人,应按房产的坐落地点分别向房产所在地的税务机关纳税。

房产税由房产所在地的地方税务局负责征收。

第二节　契　　税

契税是以所有权发生转移变动的土地、房屋等不动产为征税对象,向产权承受的单位和个人一次性征收的一种财产税。

契税是一个历史悠久的税种,在中国最早起源于东晋的“估税”。新中国成立后,政务院于1950年4月颁布了《契税暂行条例》。施行40多年来,其在加强对土地、房屋权属转移的管理,增加财政收入,调节收入分配等方面发挥了积极作用。但是,改革开放后,中国的社会、经济结构已发生了巨大变化,房地产市场得到较大发展,交易形式更加多样、灵活,原契税的有关规定已不能适应经济发展的需要。为此,国务院于1997年7月7日重新制定颁布了《中华人民共和国契税暂行条例》,并于1997年10月1日起施行。

开征契税,有利于广辟财源,增加地方财政收入;有利于保护合法产权,避免产权纠纷;有利于调节财富分配,体现社会公平。

一、征税范围

契税的征税对象是在境内发生土地使用权、房屋所有权权属转移的土地和房屋。其具体征税范围包括如下。

(一) 国有土地使用权出让

国有土地使用权出让是指土地使用者向国家交付土地使用权出让费用,国家将国有土地使用权在一定年限内让与土地使用者的行为。

(二) 土地使用权转让

土地使用权转让是指土地使用者以出售、赠与、交换或者其他方式将土地使用权转移给其他单位和个人的行为。土地使用权转让,不包括农村集体土地承包经营权的转移。"土地使用权出售"是指土地使用者以土地使用权作为交易条件,取得货币、实物、无形资产或者其他经济利益的行为。"土地使用权赠与"是指土地使用者将其土地使用权无偿转让给受赠者的行为。"土地使用权交换"是指土地使用者之间相互交换土地使用权的行为。

(三) 房屋买卖

房屋买卖是指房屋所有者将其房屋出售,由承受者交付货币、实物、无形资产或者其他经济利益的行为。

以下几种情况,视同买卖房屋行为:

(1) 经当地政府和有关部门批准,以房产抵债或实物交换房屋,均视同房屋买卖,应由产权承受人按房屋现值缴纳契税。

(2) 以房产作投资或作股份转让,这种交易形式涉及房屋产权转移,应根据国家房地产管理的有关规定,办理房屋产权交易和产权变更手续,视同房屋买卖,应由产权承受方规定缴纳契税。

但以自有房产作股投入本人独资经营企业,因未发生房产权属变化,不需要办理房产变更手续,因此,免征契税。

(3) 买房拆料或翻建新房,应照章征收契税。买房者不论其购买目的是为了拆用材料还是为了得到旧房后翻建成新房,均要涉及办理产权转移手续,则要征税。

（四）房屋赠与

房屋赠与是指房屋所有者将其房屋无偿转让给受赠者的行为。房屋赠与的前提是：产权无纠纷，赠与双方自愿。房屋赠与应有书面合同（契约），并须办理登记过户手续。房屋的受赠者应按规定缴纳契税。

（五）房屋交换

房屋交换是指房屋所有者之间相互交换房屋的行为。其行为主体有居民、房地产管理机关，以及企事业单位、机关团体等。交换的房屋性质有公房（包括直管房和自管房）、私房。交换的房屋种类有住宅、店面及办公用房等。房屋交换包括两种方式：① 房屋使用权交换。经房屋所有人同意，使用者可以通过变更租赁合同，办理过户手续，交换房屋使用权。对此不征收契税。② 房屋所有权交换。交换双方应订立交换契约，办理房屋产权变更手续和契税手续。房屋产权相互交换，双方交换价值相等，免征契税；交换价值不相等的，按超出部分缴纳契税。

此外，根据税法规定，土地、房屋权属以下列方式转移的，视同土地使用权转让、房屋买卖或者房屋赠与征税：

（1）以土地、房屋权属作价投资、入股。

（2）以土地、房屋权属抵债。

（3）以获奖方式承受土地、房屋权属。

（4）以预购方式或者预付集资建房款方式承受土地、房屋权属。

二、纳税人与税率

（一）纳税义务人

契税以在中华人民共和国境内转移土地、房屋权属，承受的单位和个人为纳税义务人。“土地、房屋权属”是指土地使用权、房屋所有权。“承受”是指以受让、购买、受赠、交换等方式取得土地、房屋权属的行为。“单位”是指企业单位、事业单位、国家机关、军事单位和社会团体以及其他组织。“个人”是指个体经营者及其他个人。“单位和个人”包括内外资企业和中国公民、外籍人员。

需要注意的是，与其他税种不同，契税的纳税人是中国境内转让土地、房屋权属的承受的一方，而非转出的一方。正是因为契税纳税人为承受方，会带来契税征税对象与土地增值税征税对象的规定存在差异。例如，甲企业将国有土地使用权有偿转让给乙企业，因契税纳税人为承受方，所以乙企业作为土地使用权的承受方需要缴纳契税；而土地增值税的纳税人为转让国有土地使用权并取得收入的一方，所以甲企业作为有偿转让方需要缴纳土地增值税。

（二）税率

契税采用3%～5%的幅度比例税率。具体执行税率，由省、自治区、直辖市人民政府在税法规定的幅度内根据本地区的实际情况确定。

三、计算与减免税

(一) 契税应纳税额的计算

1. 计税依据

契税的计税依据应按照土地、房屋权属转移的不同情况分别确定：

(1) 国有土地使用权出让、土地使用权出售、房屋买卖，以成交价格为计税依据。“成交价格”是指土地、房屋权属转移合同确定的价格，包括承受者应交付的货币、实物、无形资产或者其他经济利益。

合同确定的成交价格中包含的所有价款都属于计税依据范围。土地使用权出让、土地使用权转让、房屋买卖的成交价格中所包含的行政事业性收费，属于成交价格的组成部分，不应从中剔除，纳税人应按合同确定的成交价格全额计算缴纳契税。

【例 10-4】 某居民从某房地产开发公司购买商品住宅一套，成交价格 120 万元，双方签订了购房合同。当地政府规定的契税税率为 3%。

根据税法规定，房屋买卖，以成交价格为计税依据计算缴纳契税。则该居民应纳的契税税额为：

$$应纳税额=120\times3\%=3.60(万元)$$

(2) 土地使用权赠与、房屋赠与，由征收机关参照土地使用权出售、房屋买卖的市场价格核定。

【例 10-5】 某影视明星接受某房地产开发公司赠与的商品房一套，市场价格 155 万元，双方签订了赠与的书面合同，并已至房地产管理机关办理了登记过户手续。当地政府规定的契税税率 4%。

根据税法规定，房屋赠与，应由征收机关参照房屋买卖的市场价格核定计税依据计算征收契税。则该影视明星应纳的契税税额为：

$$应纳税额=155\times4\%=6.20(万元)$$

(3) 土地使用权交换、房屋交换，其计税依据为所交换的土地使用权、房屋的价格差额。上述交换价格不相等的，由多交付货币、实物、无形资产或者其他经济利益的一方缴纳契税；交换价格相等的，免征契税。土地使用权与房屋所有权之间相互交换，也按照该项规定征税。

【例 10-6】 某公司2014年度发生两笔房产互换业务，均并已办理了相关手续。第一笔业务换出的房产价值 420 万元，换进的房产价值 650 万元；第二笔业务换出的房产价值 830 万元，换进的房产价值 560 万元。当地政府规定的契税税率为 3%。

根据税法规定，房屋交换，交换价格相等的，免征契税；交换价格不相等的，由多交付货币的一方缴纳契税。因此，第一笔交换业务，应由该公司缴纳契税，第二笔交换业务应由对方承受方缴纳契税。则该公司应纳的契税税额为：

应纳税额＝(650－420)×4％＝6.90(万元)

(4) 以划拨方式取得土地使用权，经批准转让房地产时，由房地产转让者补缴契税。其计税依据为补缴的土地使用权出让费用或者土地收益。

【例 10－7】 某企业1990年2月取得政府无偿划拨的一块土地的使用权，2014年7月该企业向政府主管部门提出转让土地使用权的申请，经审核，主管部门批准其转让该土地使用权，并要求该企业补缴土地使用权出让费用 80 万元。当地政府规定的契税税率 3％。

根据税法规定，纳税人以划拨方式取得土地使用权，经批准转让房地产时，以其补缴的土地使用权出让费用为计税依据补缴契税。则该公司应纳的契税税额为：

应纳税额＝80×3％＝2.40(万元)

需要说明的是，上述成交价格明显低于市场价格并且无正当理由的，或者所交换土地使用权、房屋的价格的差额明显不合理并且无正当理由的，由征收机关参照市场价格核定计税依据。

(5) 房屋附属设施征收契税的依据：① 采取分期付款方式购买房屋附属设施土地使用权、房屋所有权的，应按合同规定的总价款计征契税。② 承受的房屋附属设施权属如为单独计价的，按照当地确定的适用税率征收契税；如与房屋统一计价的，适用与房屋相同的契税税率。

【例 10－8】 高校教师张某购买一套商品房，市场价格 160 万元。张某作为教师，按当地政策规定可按市场价格优惠 5％，同时，因一次性付款，开发商又给予 3 万元的优惠。购房的同时，张某另支付 10 万元购买了小区内拥有产权的地下车位一个。当地政府规定的契税税率 3％。

根据税法规定，房屋买卖中契税的计税依据为不动产的成交价格；购买房屋附属设施土地使用权、房屋所有权的，应按合同规定的总价款计征契税。则张某应纳的契税税额为：

应纳税额＝[160×(1－5％)－3＋10]×3％＝4.77(万元)

2. 应纳税额的计算

契税应纳税额的计算公式为：

应纳税额＝计税依据×税率

应纳税额以人民币计算，转移土地、房屋权属以外汇结算的，按照纳税义务发生之日中国人民银行公布的人民币市场汇率中间价折合成人民币计算。

【例 10-9】 甲生产企业2014年7月份有关业务情况如下：

(1) 取得土地使用权，向政府有关部门交付土地使用权出让费300万元。

(2) 协作单位乙企业因无力偿还甲企业债务280万元，经双方协商，乙企业以自有房产折价抵偿甲企业债务，房产原值为320万元。

(3) 因生产经营需要，甲企业以一幢价值300万元的房产与丙企业一幢价值360万元的房屋交换，支付差价款60万元。

(4) 本月购买房屋一幢，成交价格为800万元。

(5) 接受某国有企业以房产投资入股，该房产经国有资产管理部门评估核定的价格为550万元。

已知：企业所在地政府规定的契税税率为4%。

要求：根据上述资料，计算甲企业本月应纳的契税税额。

解：

(1) 取得土地使用权应纳的契税＝300×4%＝12(万元)

(2) 接受乙企业抵债房产应纳的契税＝280×4%＝11.20(万元)

(3) 房屋交换应纳的契税＝60×4%＝2.40(万元)

(4) 购买房屋应纳的契税＝800×4%＝32(万元)

(5) 接受投资入股房产应纳的契税＝550×4%＝22(万元)

应纳契税税额合计＝12＋11.20＋2.40＋32＋22＝79.60(万元)

分析：

(1) 国有土地使用权出让，由受让方以成交价格为计税依据计算缴纳契税。出让方不缴纳契税。

(2) 以房抵债的，视同房屋买卖，由产权承受人按房屋现值(即房产折价款)计算缴纳契税。

(3) 土地使用权、房屋交换，交换价格不相等的，由多交付货币、实物、无形资产或其他经济利益的一方，以所交换的土地使用权、房屋的价格差额为计税依据计算缴纳契税。

(4) 房屋买卖，由房屋产权承受方以成交价格为计税依据计算缴纳契税。

(5) 以房产作投资，视同房屋买卖，由产权承受方按房产现值(国有企事业房产需经国有资产管理部门评估核价)计算缴纳契税。

(二) 减免税优惠

1. 法定减免税项目

根据契税税法规定，有下列情形之一的，减征或者免征契税：

(1) 国家机关、事业单位、社会团体、军事单位承受土地、房屋用于办公、教学、医疗、科研和军事设施的，免征契税。

(2) 城镇职工按规定第一次购买公有住房的，免征契税。具体是指经县以上人民政府批准,在国家规定标准面积以内购买的公有住房。城镇职工享受免征契税,仅限于第一次购买的公有住房。超过国家规定标准面积的部分,仍应按照规定缴纳契税。

此外,财政部、国家税务总局规定:自2000年11月29日起,对各类公有制单位为解决职工住房而采取集资建房方式建成的普通住房,或由单位购买的普通商品住房,经当地县以上人民政府房改部门批准、按照国家房改政策出售给本单位职工的,如属职工首次购买住房,均可免征契税。

(3) 因不可抗力灭失住房而重新购买住房的,酌情减免契税。"不可抗力"是指自然灾害、战争等不能预见、不可避免,并不能克服的客观情况。

(4) 土地、房屋被县级以上人民政府征用、占用后,重新承受土地、房屋权属的,是否减征或者免征契税,由省、自治区、直辖市人民政府确定。

(5) 纳税人承受荒山、荒沟、荒丘、荒滩土地使用权,用于农、林、牧、渔业生产的,免征契税。

(6) 依照中国有关法律规定以及中国缔结或参加的双边和多边条约或协定的规定应当予以免税的外国驻华使馆、领事馆、联合国驻华机构及其外交代表、领事官员和其他外交人员承受土地、房屋权属的,经外交部确认,可以免征契税。

纳税人符合减征或者免征契税规定的,应当在签订土地、房屋权属转移合同后10日内,向土地、房屋所在地的契税征收机关办理减征或者免征契税手续。

需要说明的是,经批准减征、免征契税的纳税人改变有关土地、房屋的用途,不再属于税法规定的减免税范围的,应当补缴已经减免的税款,其纳税义务发生时间为改变有关土地、房屋用途的当天。

2. 企业改制重组中契税的征免规定

为了支持企业改革的逐步深化,加快建立现代企业制度,促进国民经济持续、健康发展,财政部、国家税务总局《关于企业改制重组若干契税政策的通知》(财税[2003]184号)规定:自2003年10月1日起至2005年12月31日止,有关企业改制重组行为的契税政策,按以下规定执行:

(1) 企业公司制改造。非公司制企业,按照《中华人民共和国公司法》的规定,整体改建为有限责任公司(含国有独资公司)或股份有限公司,或者有限责任公司整体改建为股份有限公司的,对改建后的公司承受原企业土地、房屋权属,免征契税。

非公司制国有独资企业或国有独资有限责任公司,以其部分资产与他人组建新公司,且该国有独资企业(公司)在新设公司中所占股份超过50%的,对新设公司承受该国有独资企业(公司)的土地、房屋权属,免征契税。

(2) 企业股权重组。在股权转让中,单位、个人承受企业股权,企业上地、房屋权属不发生转移,不征收契税。

国有、集体企业实施"企业股份合作制改造",由职工买断企业产权,或向其职工转让部分产权,或者通过其职工投资增资扩股;将原企业改造为股份合作制企业的,对改造后的股份合作制企业承受原企业的土地、房屋权属，免征契税。

(3) 企业合并。两个或两个以上的企业，依据法律规定、合同约定，合并改建为一个企业，对其合并后的企业承受原合并各方的土地、房屋权属，免征契税。

(4) 企业分立。企业依照法律规定、合同约定分设为两个或两个以上投资主体相同的企业，对派生方、新设方承受原企业土地、房屋权属，不征收契税。

(5) 企业出售。国有、集体企业出售，被出售企业法人予以注销，并且买受人妥善安置原企业30%以上职工的，对其承受所购企业的土地、房屋权属，减半征收契税；全部安置原企业职工的，免征契税。

(6) 企业关闭、破产。企业依照有关法律、法规的规定实施关闭、破产后，债权人（包括关闭、破产企业职工）承受关闭、破产企业上地、房屋权属以抵偿债务的，免征契税；对非债权人承受关闭、破产企业土地、房屋权属，凡妥善安置原企业30%以上职工的，减半征收契税；全部安置原企业职工的，免征契税。

(7) 其他。经国务院批准实施债权转股权的企业，对债权转股权后新设立的公司承受原企业的土地、房屋权属，免征契税。

政府主管部门对国有资产进行行政性调整和划转过程中发生的土地、房屋权属转移，不征收契税。

企业改制重组过程中，同一投资主体内部所属企业之间土地、房屋权属的无偿划转，不征收契税。

上述第(5)、(6)项所称“妥善安置原企业职工”，是指国有、集体企业买受人或关闭、破产企业的土地、房屋权属承受人，按照国家有关规定对原企业职工进行合理补偿，并与被安置职工签订服务年限不少于3年的劳动用工合同，以及按照《劳动法》落实相关政策。

3. 其他减免税规定

(1) 房屋的附属设施。对于承受与房屋相关的附属设施（包括停车位、汽车库、自行车库、顶层阁楼以及储藏室，下同）所有权或土地使用权的行为，按照契税法律、法规的规定征收契税；对于不涉及土地使用权和房屋所有权转移变动的，不征收契税。

(2) 继承土地、房屋权属。对于《中华人民共和国继承法》规定的法定继承人（包括配偶、子女、父母、兄弟姐妹、祖父母、外祖父母）继承土地、房屋权属，不征契税。

按照《中华人民共和国继承法》规定，非法定继承人根据遗嘱承受死者生前的土地、房屋权属，属于赠与行为，应征收契税。

(3) 社会力量办学。根据《中华人民共和国教育法》提出的“任何组织和个人不得以营利为目的举办学校及其他教育机构”的精神，以及国务院发布的《社会力量办学条例》中关于“社会力量举办的教育机构依法享有与国家举办的教育机构平等的法律地位”的规定，对县级以上人民政府教育行政主管部门或劳动行政主管部门批准并核发《社会力量办学许可证》，由企业事业组织、社会团体及其他社会组织和公民个人利用非国家财政性教育经费面向社会举办的教育机构，其承受的土地、房屋权属用于教学的，免征契税。

(4) 离婚后的房屋权属。根据中国婚姻法的规定，夫妻共有房屋属于共同共有财产。因夫妻财产分割而将原共有房屋产权归属一方，是房产共有权的变动而不是现行契税政策规定征税的房屋产权转移行为。因此，对离婚后原共有房屋产权的归属人不征收契税。

(5) 城镇房屋拆迁。城镇房屋拆迁中，对拆迁居民因拆迁重新购置住房的，对购房成交价格中相当于拆迁补偿款的部分免征契税，成交价格超过拆迁补偿款的，对超过部分征收契税。

(6) 购买期房后办理退房手续。按照现行契税政策规定，购房者应在签订房屋买卖合同后、办理房屋所有权变更登记之前缴纳契税。对交易双方已签订房屋买卖合同，但由于各种原因最终未能完成交易的，如购房者已按规定缴纳契税，在办理期房退房手续后，对其已纳契税款应予以退还。

四、征收与缴纳

(一) 纳税义务发生时间

契税的纳税义务发生时间，为纳税人签订土地、房屋权属转移合同的当天，或者纳税人取得其他具有土地、房屋权属转移合同性质凭证的当天。所称“其他具有土地、房屋权属转移合同性质凭证”是指具有合同效力的契约、协议、合约、单据、确认书以及由省、自治区、直辖市人民政府确定的其他凭证。

购房人以按揭、抵押贷款方式购买房屋，当其从银行取得抵押凭证时，购房人与原产权人之间的房屋产权转移已经完成，契税纳税义务已经发生，必须依法缴纳契税。

(二) 纳税期限

纳税人应当自纳税义务发生之日起 10 日内，向土地、房屋所在地的契税征收机关办理纳税申报，并在契税征收机关核定的期限内缴纳税款。纳税人办理纳税事宜后，契税征收机关应当向纳税人开具契税完税凭证。

(三) 纳税地点

纳税人应当持契税完税凭证和其他规定的文件材料，依法向土地管理部门、房产管理部门办理有关土地、房屋的权属变更登记手续。纳税人未出具契税完税凭证的，土地管理部门、房产管理部门不予办理有关土地、房屋的权属变更登记手续。

契税征收机关为土地、房屋所在地的财政机关或者地方税务机关。具体征收机关由省、自治区、直辖市人民政府确定。

第三节 车 船 税

车船税是以车船为征税对象，向拥有车船的单位和个人征收的一种税。

我国对车船课税历史悠久。早在公元前129年(汉武帝元光六年),我国就开征了算商车。1945年6月,南京国民政府公布了《使用牌照税法》,在全国统一开征车船使用牌照税。新中国成立后,中央人民政府政务院于1951年9月颁布了《车船使用牌照税暂行条例》,在全国部分地区开征。1973年简化税制、合并税种时,把对国营企业和集体企业征收的车船使用牌照税并入工商税。从那时起,车船使用牌照税只对不缴纳工商税的单位、个人及外侨征收,征税范围大大缩小。1984年10月,国务院决定恢复对车船征税,因原税名"车船使用牌照税"不太确定,实际工作中往往误认为是对牌照征税,因此,改名为车船使用税。1986年9月15日,国务院发布了《中华人民共和国车船使用税暂行条例》,决定从1986年10月1日起在全国施行。各省、自治区、直辖市人民政府根据《车船使用税暂行条例》规定,先后制定了施行细则。2006年12月29日,国务院颁布了《中华人民共和国车船税暂行条例》(以下简称《车船税暂行条例》),并于2007年1月1日施行。

现行车船税的基本规范是中华人民共和国第十一届全国人民代表大会常务委员会第十九次会议2011年2月25日通过的,自2012年1月1日起施行的《中华人民共和国车船税法》(以下简称《车船税法》)。

一、征税范围

车船税征税范围,是指在中国境内属于《车船税法》所附《车船税税目税额表》规定的车辆、船舶。

上述所称车辆、船舶,是指:

(1) 依法应当在车船登记管理部门登记的机动车辆和船舶。

(2) 依法不需要在车船登记管理部门登记的在单位内部场所行驶或者作业的机动车辆和船舶。

上述所称车船登记管理部门是指公安、交通运输、农业、渔业、军队、武装警察部队等依法具有车船登记管理职能的部门。

二、征税人与税目、税率

(一) 纳税人

车船税纳税人,是指在中华人民共和国境内,车辆、船舶(以下简称车船)的所有人或者管理人。

从事机动车第三者责任强制保险业务的保险机构为机动车车船税的扣缴义务人,应当在收取保险费时依法代收车船税,并出具代收税款凭证。

(二) 税目与税率

车船税采用幅度定额税率,适用税额依照《车船税税目税额表》执行(见表10-1)。

表 10 - 1 **车船税税目税额表**

税目		计税单位	年基准税额	备注
乘用车〔按发动机汽缸容量(排气量)分档〕	1.0 升(含)以下的	每辆	60 元至 360 元	核定载客人数 9 人(含)以下
	1.0 升以上至 1.6 升(含)的		300 元至 540 元	
	1.6 升以上至 2.0 升(含)的		360 元至 660 元	
	2.0 升以上至 2.5 升(含)的		660 元至 1 200 元	
	2.5 升以上至 3.0 升(含)的		1 200 元至 2 400 元	
	3.0 升以上至 4.0 升(含)的		2 400 元至 3 600 元	
	4.0 升以上的		3 600 元至 5 400 元	
商用车	客车	每辆	480 元至 1 440 元	核定载客人数 9 人以上,包括电车
	货车	整备质量每吨	16 元至 120 元	包括半挂牵引车、三轮汽车和低速载货汽车等
挂车		整备质量每吨	按照货车税额的 50% 计算	
其他车辆	专用作业车	整备质量每吨	16 元至 120 元	不包括拖拉机
	轮式专用机械车		16 元至 120 元	
摩托车		每辆	36 元至 180 元	
船舶	机动船舶	净吨位每吨	3 元至 6 元	拖船、非机动驳船分别按照机动船舶税额的 50%计算
	游艇	艇身长度每米	600 元至 2 000 元	

1. 税率确定的原则

车辆的具体适用税额由省、自治区、直辖市人民政府依照《车船税税目税额表》规定的税额幅度和国务院的规定确定。

船舶的具体适用税额由国务院在《车船税税目税额表》规定的税额幅度内确定。

(1) 非机动车船的税负轻于机动车船。

(2) 人力车的税负轻于畜力车。

(3) 小吨位船舶的税负轻于大吨位船舶。

2. 需要注意的问题

(1) 货车包括半挂牵引车、挂车、客货两用汽车、三轮汽车和低速载货汽车等。

(2) 挂车按照货车税额的50%计算。

(3) 拖船、非机动驳船分别按照机动船舶税额的50%计算。

(4) 拖船按照发动机功率每1千瓦折合净吨位0.67吨计算征收车船税。

(5) 艇身长度超过30米的游艇,每米2 000元。

(6) 车船税法和本条例所涉及的整备质量、净吨位、艇身长度等计税单位,有尾数的一律按照含尾数的计税单位据实计算车船税应纳税额。计算得出的应纳税额小数点后超过两位的可四舍五入保留两位小数。

(7) 乘用车以车辆登记管理部门核发的机动车登记证书或者行驶证书所载的排气量毫升数确定税额区间。

(8)《车船税法》和条例所涉及的排气量、整备质量、核定载客人数、净吨位、千瓦、艇身长度,以车船登记管理部门核发的车船登记证书或者行驶证所载数据为准。

依法不需要办理登记的车船和依法应当登记而未办理登记或者不能提供车船登记证书、行驶证的车船,以车船出厂合格证明或者进口凭证标注的技术参数、数据为准;不能提供车船出厂合格证明或者进口凭证的,由主管税务机关参照国家相关标准核定,没有国家相关标准的参照同类车船核定。

三、计算与减免税

(一) 应纳税额的计算

车船税由地方税务机关负责征收。纳税人按照纳税地点所在的省、自治区、直辖市人民政府确定的具体适用税额缴纳车船税。

(1) 购置的新车船,购置当年的应纳税额自纳税义务发生的当月起按月计算。

$$应纳税额=(年应纳税额\div 12)\times 应纳税月份数$$

(2) 在一个纳税年度内,已完税的车船被盗抢、报废、灭失的,纳税人可以凭有关管理机关出具的证明和完税凭证,向纳税所在地的主管税务机关申请退还自被盗抢、报废、灭失月份起至该纳税年度终了期间的税款。

(3) 已办理退税的被盗抢车船失而复得的,纳税人应当从公安机关出具相关证明的当月起计算缴纳车船税。

(4) 在一个纳税年度内,纳税人在非车辆登记地由保险机构代收代缴机动车车船税,且能够提供合法有效完税证明的,纳税人不再向车辆登记地的地方税务机关缴纳车船税。

(5) 已缴纳车船税的车船在同一纳税年度内办理转让过户的,不另纳税,也不退税。

【例10-10】 某公司2014年2月1日购入一辆载货商用车,当月办理机动车辆权属证书，并办理车船税完税手续。此车整备质量为10吨，每吨年税额96元。该车于6月1日被盗，经公安机关确认后，该公司遂向税务局申请退税，但在办理退税手续期间，此车又于9月1日被追回并取得公安机关证明。则该公司就该车2014年实际应缴纳的车船税为：

购置的新车船，购置当年的应纳税额自纳税义务发生的当月起按月计算；在一个纳税年度内，已完税的车船被盗抢、报废、灭失的，纳税人可以凭有关管理机关出具的证明和完税证明，向纳税所在地的主管地方税务机关申请退还自被盗抢、报废、灭失月份起至该纳税年度终了期间的税款；已办理退税的被盗抢车船失而复得的，纳税人应当从公安机关出具相关证明的当月起计算缴纳车船税。

该公司就该车2014年实际应缴纳的车船税＝10×96÷12×(4＋4)＝640(元)

【例10-11】 某船运公司2014年度拥有旧机动船5艘，每艘净吨位1 500吨；拥有拖船4艘，每艘发动机功率3 000马力。2014年7月购置新机动船6艘，每艘净吨位3 000吨。该公司船舶适用的车船税年税额为：净吨位201～2 000吨的，每吨4元；净吨位2 001～10 000吨的，每吨5元。则该公司2014年度应缴纳的车船税为：

应纳车船税＝4×1 500×5＋4×3 000÷2×4×50%＋5×3 000×6×6÷12＝87 000(元)

(二) 减免税优惠

1. 法定减免税优惠

(1) 捕捞、养殖渔船：是指在渔业船舶管理部门登记为捕捞船或者养殖船的渔业船舶。

(2) 军队、武装警察部队专用的车船：是指按照规定在军队、武装警察部队车船管理部门登记，并领取军用牌照、武警牌照的车船。

(3) 警用车船：是指公安机关、国家安全机关、监狱、劳动教养管理机关和人民法院、人民检察院领取警用牌照的车辆和执行警务的专用船舶。

(4) 依照法律规定应当予以免税的外国驻华使领馆、国际组织驻华代表机构及其有关人员的车船。

(5) 对节约能源、使用新能源的车船可以减征或者免征车船税；对受严重自然灾害影响纳税困难以及有其他特殊原因确需减税、免税的，可以减征或者免征车船税。

节约能源、使用新能源的车辆包括纯电动汽车、燃料电池汽车和混合动力汽车。对纯电动汽车、燃料电池汽车和插电式混合动力汽车，免征车船税；其他混合动力汽车按照同类车辆适用税额减半征税。

(6) 省、自治区、直辖市人民政府根据当地实际情况，可以对公共交通车船，农村居民拥有并主要在农村地区使用的摩托车、三轮汽车和低速载货汽车定期减征或者免征车船税。

2. 特定减免税优惠

(1) 经批准临时入境的外国车船和中国香港特别行政区、中国澳门特别行政区、中国台湾地区的车船，不征收车船税。

(2) 按照规定缴纳船舶吨税的机动船舶，自车船税法实施之日起5年内免征车船税。

船舶吨税是对在中国港口行驶的外国籍船舶和外商租用的中国籍船舶，以及中外合营企业使用的中外国籍船舶，由海关依法征收的一种税。

按有关规定缴纳船舶吨税是指在中国缴纳船舶吨税，不包括在国外缴纳的船舶吨税。中国远洋轮船在国外缴纳了船舶吨税，在国内仍应按规定缴纳车船税。

(3) 依法不需要在车船登记管理部门登记的机场、港口、铁路站场内部行驶或者作业的车船，自车船税法实施之日起5年内免征车船税。

四、征收与缴纳

(一) 纳税期限

车船税纳税义务发生时间为取得车船所有权或者管理权的当月。

取得车船所有权或者管理权的当月，应当以购买车船的发票或者其他证明文件所载日期的当月为准。

(二) 纳税地点

车船税的纳税地点为车船的登记地或者车船税扣缴义务人所在地。依法不需要办理登记的车船，车船税的纳税地点为车船的所有人或者管理人所在地。

(三) 纳税申报

车船税按年申报，分月计算，一次性缴纳。纳税年度为公历1月1日至12月31日。

(四) 其他管理规定

车船税的征收管理，依照《车船税法》和《税收征收管理法》的规定执行。

复习思考题

一、单项选择题

1. 下列选项中，不属于房产税的纳税人的是(　　)。

A. 在中国境内拥有房屋产权的国有企业

B. 在中国境内拥有房屋产权的集体企业

C. 在中国境内拥有房屋产权的个人

D. 在中国境外拥有房屋产权的外籍个人

2. 下列各项中，符合房产税纳税义务人规定的是(　　)。

A. 产权属于集体的由使用人缴纳

B. 房屋产权出典的由出典人缴纳

C. 产权纠纷未解决的由代管人或使用人缴纳

D. 产权属于国家所有的不缴纳

3. 某公园有办公用房一栋，房产价值2 000万元。2008年将其中的一半对外出租，取得租金收入30万元。已知该地区计算房产余值时减除幅度为30%，则该单位年应纳房产税为(　　)万元。

A. 2.52　　B. 3.6　　C. 6.72　　D. 16.8

4. 下列关于契税的说法中，正确的是(　　)。

A. 外商投资企业和外国企业不征收契税

B. 农民个人购买房屋不征收契税

C. 因他人欠债抵偿而获得的房屋不征契税

D. 契税的税率全国不统一

5. 发生下列活动的单位和个人中，应缴纳契税的有(　　)。

A. 将房产用于偿债的张先生

B. 以房屋权属作价投资的某企业集团

C. 将房产投资于本人经营企业的李先生

D. 购买房产用于翻建新房的马太太

6. 根据契税现行政策的规定，下列表述中，不正确的是(　　)。

A. 不动产成交价格明显低于市场价格且无正当理由的，税务机关可参照市场价格核定契税的计税依据

B. 企业将一处房产转让给某社会团体用于办公，该社会团体属事业单位，因而此转让行为不纳契税

C. 企业改制重组过程中，同一投资主体内部所属企业之间土地、房屋权属的无偿划转，也需要征收契税

D. 国有控股公司以部分资产投资组建新的公司，持股比例为90%，则新建的公司承受国有控股公司的土地时，免征契税

7. 某外商投资企业2008年接受某国有企业以房产投资入股，房产的市场价格为50万元，该企业还于2008年以自有房产与另一企业交换一处房产，支付差价款200万元，同年政府有关部门批准向该企业出让土地一块，该企业缴纳土地出让金100万元，按当地规定契税税率为5%。2008年该外商投资企业共计应缴纳的契税为(　　)万元。

A. 7.5　　B. 12.5　　C. 15　　D. 17.5

8. 下列各项中，根据契税的相关规定不正确的是(　　)。

A. 契税由财产的承受方缴纳

B. 城镇职工按规定第一次购买公有住房的，免征契税

C. 房屋产权相互交换，免征契税

D. 纳税人应当自纳税义务发生之日起10日内，向土地、房屋所在地的契税征收机关办理纳税申报，并在契税征收机关核定的期限内缴纳税款

9. 下列表述中，符合车船税征税现行规定的是（　　）。

A. 电车不需缴纳车船税　　B. 半挂牵引车不需缴纳车船税

C. 挂车不需缴纳车船税　　D. 拖船按照船舶税额的50%计税

10. 某公司拥有船舶2艘，净吨位分别为200.5吨、180.7吨。100马力的拖船1艘；该地船舶车船税税额为：净吨位每吨年税额5元，该公司应缴纳的车船税为（　　）元。

A. 2 155　　B. 2 030　　C. 2 500　　D. 2 250

11. 外商进出口公司有载客汽车4辆，载货汽车4辆，自重吨位分别为20吨、15.4吨、15.6吨、30.5吨，当地省政府规定，载客汽车年税额为250元/辆，载货汽车为60元/吨，则该公司应缴纳的车船税为（　　）元。

A. 5 890　　B. 5 920　　C. 5 950　　D. 5 980

12. 下列各项中，可以免征车船税的是（　　）。

A. 外商投资企业外籍人员自用的车辆

B. 在国外已纳船舶吨税的我国远洋运输船

C. 警用车辆

D. 处于还贷期间的国有交通部门贷款购买的车船

13. 下列车船税的表述中，正确的是（　　）。

A. 纳税人对扣缴义务人代收代缴税款有异议的，可以向纳税所在地的国家税务机关提出

B. 车船税的纳税义务发生时间，为车船管理部门核发的车船登记证书或者行驶证书所记载日期的当天

C. 车船税的所有人或者管理人未缴纳车船税的，使用人应当代为缴纳车船税

D. 跨省、自治区、直辖市使用的车船，纳税地点为纳税人户口所在地

二、多项选择题

1. 以下免征房产税的有（　　）。

A. 少林寺的和尚生活用房　　B. 故宫博物馆的馆藏用房

C. 军队附设的招待所用房　　D. 中小学对外出租的房屋

2. 以下关于房产税纳税义务发生时间的表述中，正确的有（　　）。

A. 纳税人将原有房产用于生产经营，从生产经营之月起，缴纳房产税

B. 纳税人购置新建商品房，自房屋交付使用之次月起计征房产税

C. 纳税人出租出借的房产，自交付出租出借房产之次月起，缴纳房产税

D. 自建的房屋用于生产经营的，自建成之日的次月起，计征房产税

3. 下列各项中，应当计入房产税计税原值的有(　　)。

A. 与房屋不可分割的附属设施

B. 以房屋为载体，不可随意搬动的附属设备和配套设施

C. 需要经常更换的附属设备零配件

D. 对原有房产进行改建，增加房产的部分

4. 在中国境内转移土地、房屋权属，承受的单位和个人为契税的纳税人，下列各项中属于契税的纳税人的有(　　)。

A. 购买房屋的个体工商户　　B. 转让土地使用权的农村居民

C. 接受对方捐赠房屋的外商投资企业　　D. 出租房屋的国有经济单位

5. 某企业购买一栋办公楼时应缴纳的税金有(　　)。

A. 营业税　　B. 土地增值税　　C. 契税　　D. 印花税

6. 下列需要征收契税的包括(　　)。

A. 以获奖方式取得房屋产权　　B. 买房拆料

C. 以实物交换房屋　　D. 等价交换的房屋

7. 关于契税的计税依据，下列说法中，不正确的有(　　)。

A. 以协议方式出让土地使用权的，以成交价格作为计税依据

B. 土地使用权出售，其计税依据为成交价格

C. 土地使用权相交换的，以交换的土地使用权的价格作为计税依据

D. 承受的房屋附属设施权属如为单独计价的，适用与房屋相同的契税税率

8. 下列关于契税的陈述中，正确的有(　　)。

A. 境内转移土地、房屋权属，承受的单位和个人为契税的纳税人

B. 契税的适用税率，各省、自治区、直辖市人民政府可以在3%～5%的幅度税率规定范围内，按照本地区的实际情况决定

C. 对拆迁居民因拆迁重新购置住房的，对支付的购房成交价格全部免征契税

D. 土地使用权交换、房屋交换，契税的计税依据为所交换的土地使用权、房屋的价格的差额

9. 车船税征税过程中，以“辆”为计税依据的有(　　)。

A. 电车　　B. 载货汽车　　C. 专项作业车　　D. 中型客车

10. 下列对车辆税额的特殊规定中，不正确的是(　　)。

A. 对车辆自重尾数未超过0.5吨者，按1吨计算

B. 船舶净吨位尾数在0.5吨以下者，按0.5吨计算；超过0.5吨者，按1吨计算

C. 对车辆自重吨位尾数超过半吨者，按1吨计算

D. 船舶净吨位尾数在0.5吨以下者，免算；超过0.5吨者，按1吨计算

11. 下列表述中，符合车船税征税现行规定的有(　　)。

A. 外商投资企业不缴纳车船税
B. 对车辆自重吨位尾数在半吨以下的，按半吨计算车辆的税额
C. 拖船按照发动机功率每 2 马力折合净吨位 1 吨计算征收车船税
D. 依法不应当在车船管理部门登记的车船不征车船税

12. 下列关于车船税表述中，正确的有（　　）。
A. 属于行为税类
B. 实行从量定额征收
C. 适用于在我国境内拥有或管理车船的所有单位和个人，但不包括外商投资企业
D. 按年申报缴纳

13. 下列车辆中，应纳车船税的有（　　）。
A. 出租汽车　　B. 行政单位办公车辆
C. 自行车　　D. 外商投资企业经营用车

14. 下列车辆中，应缴纳车船税的有（　　）。
A. 电车
B. 事业单位班车
C. 检察院领取警用牌照的车辆
D. 符合国家有关标准的残疾人机动轮椅车

15. 下列关于船舶的车船税的陈述中，正确的是（　　）。
A. 非机动车船全部免税
B. 捕捞、养殖渔船，免税
C. 按照有关规定已经缴纳船舶吨税的船舶，免税
D. 拖船以马力为计税依据征收车船税

参 考 文 献

[1] 庞凤喜,赵迎春,赵惠敏. 中国税制[M]. 北京:中国税务出版社,2008.

[2] 中国注册会计师协会. 税法[M]. 北京:经济科学出版社,2014.

[3] 全国注册税务师执业资格考试教材编写组. 税法(Ⅰ)[M]. 北京:中国税务出版社,2014.

[4] 全国注册税务师执业资格考试教材编写组. 税法(Ⅱ)[M]. 北京:中国税务出版社,2014.

[5] 胡怡建. 中国税制[M]. 北京:科学出版社,2006.